"十四五"职业教育国家规划教材

罪犯心理咨询与矫正（第三版）

主　编 ◎ 邵晓顺

副主编 ◎ 姚　峰

撰稿人 ◎ （以撰写章节先后为序）

邵晓顺　张　权　姚　峰

张昔昌　皮菁燕　刘倍贝

李菊英　齐常华　李　芳

李树英　刘　畅　周　瑞

中国政法大学出版社

2024·北京

图书在版编目（ＣＩＰ）数据

罪犯心理咨询与矫正/邵晓顺主编. —3版. —北京：中国政法大学出版社，2024.4
ISBN 978-7-5764-1456-1

Ⅰ.①罪… Ⅱ.①邵… Ⅲ.①犯罪心理学－教材　Ⅳ.①D917.2

中国国家版本馆CIP数据核字(2024)第080922号

书　　名	罪犯心理咨询与矫正 ZUIFAN XINLI ZIXUN YU JIAOZHENG	
出 版 者	中国政法大学出版社	
地　　址	北京市海淀区西土城路 25 号	
邮　　箱	fadapress@163.com	
网　　址	http://www.cuplpress.com (网络实名：中国政法大学出版社)	
电　　话	010-58908435(第一编辑部) 58908334(邮购部)	
承　　印	北京鑫海金澳胶印有限公司	
开　　本	720mm×960mm　1/16	
印　　张	21.00	
字　　数	388 千字	
版　　次	2024 年 4 月第 1 版	
印　　次	2024 年 4 月第 1 次印刷	
印　　数	1~8000 册	
定　　价	63.00 元	

出 版 说 明

    世纪之交，我国高等职业教育进入了一个以内涵发展为主要特征的新的发展时期。1999 年 1 月，随着教育部和国家发展计划委员会《试行按新的管理模式和运行机制举办高等职业技术教育的实施意见》的颁布，各地成人政法院校纷纷开展高等法律职业教育。随后，全国大部分司法警官学校，或单独升格，或与司法学校、政法管理干部学院等院校合并组建法律类高等职业院校以举办高等法律职业教育，一些普通本科院校、非法律类高等职业院校也纷纷开设高等职业教育法律类专业，高等法律职业教育蓬勃兴起。2004 年 10 月，教育部颁布《普通高等学校高职高专教育指导性专业目录（试行）》，将法律类专业作为一大独立的专业门类，正式确立了高等法律职业教育在我国高等职业教育中的重要地位。2005 年 12 月，受教育部委托，司法部组建了全国高职高专教育法律类专业教学指导委员会。2012 年 12 月，全国高职高专教育法律类专业教学指导委员会经教育部调整为全国司法职业教育教学指导委员会，积极指导并大力推进高等法律职业教育的发展。

    为了进一步推动和深化高等法律职业教育教学改革，促进我国高等法律职业教育的质量提升和协调发展，原全国高职高专教育法律类专业教学指导委员会（现全国司法职业教育教学指导委员会，以下简称"行指委"）于 2007 年 10 月，启动了高等法律职业教育规划教材编写工作。自教材编写工作启动以来，行指委共组织编写、修订教材近百种，该系列教材积极响应专业人才培养模式改革要求，紧密联系课程教学模式改革需要，以工作过程为导向，对课程教学内容进行了整合，并重新设计相关学习情景、安排相应教学进程，突出培养学生在一线职业岗位所必需的职业能力及相关职业技能，体现高职教育的职业性特点。

    为贯彻落实全国职业教育大会和全国教材工作会议精神，根据《"十四五"职业教育规划教材建设实施方案》，2021年12月，教育部启动了"十四五"职业教育国家规划教材遴选工作。我社积极响应教育部有关职业教育国家规划教材建设的部署，从行指委组织、指导编写的近百种教材中挑选出编写质量高、行业特色鲜明的部分教材参与申报，经过教育部一系列评审、遴选程序，我社出版的一批高质量法律职业教育教材入选"十四五"职业教育国家规划教材。此外，另有四本"十三五"职业教育国家规划教材经过复核后纳入"十四五"职业教育国家规划教材。

我社以"十四五"职业教育国家规划教材建设为契机，对高职系列教材进行了全面修订。此次修订坚持以习近平新时代中国特色社会主义思想为指导，积极推进习近平法治思想和党的二十大精神进教材。全面贯彻党的教育方针，落实立德树人根本任务，突出职业教育的类型特点，统筹推进教师、教材、教法改革，以司法类专业教学标准为基本依据，以更深入地实施司教融合、校局联盟、校监所（企）合作、德技双修、工学结合为根本途径，以国家规划教材建设为引领，加强和改进法律职业教育教材建设，充分发挥教材建设在提高人才培养质量中的基础性作用，努力培养德智体美劳全面发展的高素质劳动者和技术型人才。

经过全体编写人员的共同努力和出版社编辑们的辛勤付出，"十四五"职业教育国家规划教材已陆续出版，欢迎各院校选用，敬请各选用院校和广大师生提出宝贵意见和建议，我们将及时根据教材评价和使用情况反馈对教材进行修订，逐步丰富教材内容，优化教材结构，促进教材质量不断提高。

中国政法大学出版社
2024年4月

第三版说明

　　《罪犯心理咨询与矫正》于2023年6月入选"十四五"职业教育国家规划教材（教职成厅函〔2023〕19号）。根据国家规划教材"及时修改更新"的要求，本教材进行修改。

　　本次修改主要遵循高职教育规律，对教材体例进行了较大修改，由原来的章节式修改为"专题+模块"形式。教材内容整体分为四个模块，分别是"理论基础""罪犯心理咨询""罪犯心理矫正""专业队伍建设"。模块一"理论基础"包含两个专题：绪论、罪犯心理构成；模块二"罪犯心理咨询"包含五个专题：罪犯心理评估、罪犯心理健康教育、罪犯个体心理咨询、罪犯团体心理辅导、罪犯心理危机干预；模块三"罪犯心理矫正"包含四个专题：犯因性问题分析维度与模型、罪犯个别化矫正与方案设计、不同类型罪犯心理矫治、罪犯心理矫治效果评估与档案建设；模块四"专业队伍建设"包含一个专题：心理矫治民警队伍建设。这次修改将有助于教师把握教材知识体系，更好实施课程教学工作。

编者

2024年2月

第二版说明

　　《罪犯心理咨询与矫正》于 2020 年 12 月入选"十三五"职业教育国家规划教材（教职成厅函〔2020〕20 号）。根据国家规划教材相关文件精神："对入选的'十三五'国规教材内容进行每年动态更新完善"的精神，本教材编写组据此进行了修改。

　　本次修改主要在第一章，具体有三个方面的内容：一是对精神分析理论作了较大修改，使得相关表述更准确，也更为全面；二是进一步完善了"贝克的认知治疗"理论与技术；三是更换了认知治疗咨询案例，提供了笔者近年来运用认知行为治疗技术对监狱服刑罪犯开展心理矫治取得良好疗效的典型案例，供读者学习参考。

　　《罪犯心理咨询与矫正》（第二版）和第一版一样，适用于全国司法职业教育刑事执行专业及相关专业的本科与大专学生，也可作为公安、司法机关教育矫治罪犯岗位工作人员的专业培训用书，同时，也是政法机关工作人员和其他爱好者的参考读物。

编者

2021 年 8 月

编 写 说 明

《罪犯心理咨询与矫正》是一本以对罪犯的心理问题和犯罪心理开展针对性矫治工作为主要内容，为提高监狱心理矫治技能而编写的具有很强的实用性和操作性的教材。

通过对本课程的学习和训练，要求学员获得罪犯心理矫治的基本知识，掌握矫治罪犯心理问题和犯罪心理的基本方法与技能，能在我国监狱等矫正机构开展心理咨询与心理矫正以及心理健康教育等活动。

本教材主要围绕监狱心理矫治工作来编写，重点阐述罪犯心理矫治的工作内容与工作模式、罪犯心理分析与评估、个体咨询与团体辅导、犯罪心理分析与个别化矫正等。在教材中，首先回顾了我国监狱理论研究和实践工作中关于罪犯心理矫治的概念阐释，在此基础上提出我们对罪犯心理矫治概念的理解，建立起监狱心理矫治工作的框架体系，接着从静态和动态角度对罪犯心理作分析；在介绍了罪犯心理评估和罪犯危险性评估的知识与技术之后，阐述罪犯心理健康教育、个体心理咨询、团体心理辅导和罪犯危机干预的理论与技术，以及犯因性问题的分析维度与模型、个别化矫正方案设计与实施、心理矫治效果评价与心理档案建设等；最后阐述心理矫治队伍建设工作。

本教材有以下特点：一是理论性。有效的罪犯改造需要以理论为指导，因此在教材的开篇介绍了罪犯心理矫治的基本概念、基本理论、基本技术；同时，在阐述心理矫治各项具体方法与技术时，也以一定的理论为基础，从而使得学员能够更深刻地理解并准确运用。二是可操作性。以问题为导向，在提出并清晰分析罪犯各种心理问题之后，提供可操作化的对策，对矫治方法与技术的介绍结合了具体案例，实现情景化学习。三是体系完整。本教材涉及了监狱心理矫治工作的各个方面，如罪犯心理分析与评估、心理健康教育、心理问题和心理障碍咨询与治疗、危机干预、犯罪心理矫正、矫治效果评估、心理档案建设等。四是资料充实。本教材的作者由两部分组成，一部分是多年从事罪犯心理矫治方面的教学研究工作，另一部分是来自监狱一线从事罪犯心理矫治工作，二者都具有较强的理论和实践功底，而教材中所论述的众多案例都是作者在多年工作中积累的。五是重视实训。为了提高教学效果、巩固学习成效，本教材提供了8个实训项目，以二维码形式附在相关章节之后。通过扫描二维码就可以获取实训方案，开展具体实训教学活动。

本教材在结构上可划分为三大部分：第一部分为基础理论，共两章：在阐明罪犯心理矫治概念及理论基础之后，介绍罪犯心理学基础知识。第二部分为操作实务，共九章：首先阐述罪犯心理咨询与矫正的共同基础——罪犯心理评估；然后是心理咨询技能与实务，包括罪犯心理健康教育、罪犯个体心理咨询、罪犯团体心理辅导、罪犯心理危机干预；接着是心理矫正技能与实务，包括犯因性问题分析维度与模型、罪犯个别化矫正与方案设计，以及不同类型罪犯心理矫治、罪犯心理矫治效果评估与档案建设。第三部分为心理矫治民警队伍建设。

本教材的编写分工是（以编写章节先后为序）：

邵晓顺（浙江警官职业学院教授）：第一章；

张　权（浙江省未成年犯管教所教育矫治中心民警，浙江警官职业学院全职教官）：第二章；

姚　峰（安徽警官职业学院副教授）：第三章；

张昔昌（安徽蜀山监狱副监区长，安徽警官职业学院兼职教官）：第四章；

皮菁燕（武汉警官职业学院讲师）：第五章；

刘倍贝（河北司法警官职业学院讲师）：第六章；

李菊英（陕西警官职业学院副教授）：第七章；

齐常华（辽宁公安司法管理干部学院副教授）：第八章；

李　芳（四川司法警官职业学院讲师）：第九章；

李树英（新疆兵团警官高等专科学校副教授）：第十章；

刘　畅（宁夏警官职业学院讲师）：第十一章；

周　瑞（黑龙江司法警官职业学院教授）：第十二章。

本教材由邵晓顺提出编写提纲，并在作者们完成初稿后进行了统稿，然后各位作者根据统稿中提出的修改意见作了进一步的修改，最后由邵晓顺修改定稿。

本教材既可作为司法职业教育专业教材，也可作为监狱等矫正机构心理矫治专业化、职业化培训用书。

本教材在罪犯心理矫治理论与实务操作方面都作了一些积极的探索，如罪犯心理矫治概念体系与工作模式、犯因性问题分析模型、个别化矫正方案设计等。这些探索中有的方面作者已经有所实践，而有的方面需要作进一步的实践检验。加之我们水平有限，时间仓促，错误和不当之处在所难免，热忱希望广大读者和同行提出宝贵意见，以便再版时修正。

本教材在撰写时参考了国内外许多专家学者的研究成果，在此表示衷心感谢。

编者

2019 年 6 月

图书总码

目录CONTENTS

模块一 理论基础

专题一 | **绪论** ▶ 1
学习任务一 罪犯心理矫治概述 / 2
学习任务二 罪犯心理矫治的心理学理论基础 / 12
学习任务三 罪犯心理矫治的学科理论基础 / 27

专题二 | **罪犯心理构成** ▶ 34
学习任务一 罪犯心理静态分析 / 34
学习任务二 罪犯心理动态发展 / 45
学习任务三 矫治视野下的罪犯心理构成 / 52

模块二 罪犯心理咨询

专题三 | **罪犯心理评估** ▶ 59
学习任务一 罪犯心理评估概述 / 59
学习任务二 罪犯心理评估环节 / 68
学习任务三 罪犯危险性评估与矫正分类 / 74

专题四 | **罪犯心理健康教育** ▶ 81
学习任务一 罪犯心理健康教育概述 / 81
学习任务二 罪犯心理健康教育内容 / 89
学习任务三 罪犯心理健康教育实现途径 / 94

专题五 | **罪犯个体心理咨询** ▶ 103

学习任务一　罪犯个体心理咨询概述 ／ 103

学习任务二　罪犯个体心理咨询阶段与过程 ／ 111

学习任务三　罪犯个体心理咨询案例 ／ 123

专题六 | **罪犯团体心理辅导** ▶ 130

学习任务一　罪犯团体心理辅导概述 ／ 130

学习任务二　罪犯团体心理辅导组织与实施 ／ 138

学习任务三　罪犯团体心理辅导案例 ／ 155

专题七 | **罪犯心理危机干预** ▶ 161

学习任务一　罪犯心理危机干预概述 ／ 161

学习任务二　罪犯心理危机干预实施步骤 ／ 174

学习任务三　常见罪犯心理危机干预 ／ 178

模块三　罪犯心理矫正

专题八 | **犯因性问题分析维度与模型** ▶ 191

学习任务一　犯因性问题分析维度 ／ 191

学习任务二　犯因性问题分析模型 ／ 210

学习任务三　犯因性问题分析案例 ／ 217

专题九 | **罪犯个别化矫正与方案设计** ▶ 221

学习任务一　矫正需求与个别化矫正方案 ／ 221

学习任务二　个别化矫正方案设计与案例 ／ 227

学习任务三　矫正项目设计与案例 ／ 243

专题十 | **不同类型罪犯心理矫治** ▶ 250

学习任务一　不同犯罪类型罪犯心理矫治 ／ 250

学习任务二　不同刑期罪犯心理矫治 ／ 260

学习任务三　不同特征罪犯心理矫治 ／ 268

专题十一 罪犯心理矫治效果评估与档案建设 ▶ 276

学习任务一 罪犯心理矫治效果评估 / 276

学习任务二 罪犯心理矫治资料整理 / 288

学习任务三 罪犯心理档案建设 / 291

模块四 专业队伍建设

专题十二 心理矫治民警队伍建设 ▶ 296

学习任务一 心理矫治民警职业能力建设 / 296

学习任务二 心理矫治民警健康维护 / 307

学习任务三 心理矫治职业化 / 309

参考文献 ▶ 318

·模块一 理论基础·

专题一 绪 论

学习目标

了解罪犯心理矫治的学科理论基础，主要是心理学、教育学、社会学与犯罪学等学科的主要概念和基本理论，理解心理学主要流派理论与罪犯心理矫治的关系，掌握罪犯心理矫治的概念，明确罪犯心理矫治的内容与工作模式。

重点提示

罪犯心理矫治概念，工作内容与工作模式，精神分析，行为主义，认知心理学，人本主义，学科理论基础

20 世纪初，罪犯心理矫治在西方国家的矫正机构首次出现并运用，至今已有一百多年的历史。中华人民共和国监狱开展心理矫治活动始于 1985 年，有监狱工作者运用心理测验量表对罪犯进行了测量与研究。1987 年原上海市少年犯管教所率先开设心理诊所，开展对未成年犯的心理测验和心理咨询工作。1989 年全国监管改造工作会议提出要开展心理咨询活动，建立罪犯心理矫治工作制度，推动与促进了全国范围内的心理矫治工作。2003 年 6 月，司法部发布《监狱教育改造工作规定》，单列一章"心理矫治"，对监狱开展心理矫治工作提出了较为具体的要求。2009 年 2 月和 10 月司法部监狱管理局发布《关于加强监狱心理矫治工作的指导意见》（司狱字〔2009〕28 号）和《关于进一步加强服刑人员心理健康指导中心规范化建设工作的通知》，就监狱心理矫治工作以及心理矫治硬件建设提出了规范、统一的要求。

目前，罪犯心理矫治工作已经在我国各监狱得到基本普及，罪犯心理矫治理论研究取得诸多进展，如罪犯心理矫治的概念与意义、性质与定位、体系与内容、理论与技术等方面都取得了系列成果。本章从监狱心理矫治工作实际出发，主要介绍罪犯心理矫治的概念、内容与工作模式、心理学及相关学科理论基础。

学习任务一　罪犯心理矫治概述

【案例】1-1

罪犯李某，25岁，初中文化，犯故意伤害罪被判处有期徒刑3年。自述情绪低落、自卑无助、焦虑烦躁、内心痛苦，在听了监狱组织的心理健康课后主动要求咨询。监狱心理咨询师通过摄入性谈话、心理测验对罪犯心理问题做出评估诊断，在了解其情绪困扰的内在原因之后，运用放松训练对抗焦虑紧张，通过理性情绪疗法帮助其建立合理信念，经若干次咨询收到良好的矫治效果。

【思考】

通过本案例，我们可以发现：①在监狱服刑的罪犯容易产生心理问题，那么如何评估罪犯的心理问题？②本案例是面对面的咨询方式，这是怎样的一种心理矫治方式？③案例中的"放松训练""理性情绪疗法"具体是什么措施？

一、罪犯心理矫治的概念

准确理解罪犯心理矫治的概念，是学习掌握罪犯心理咨询与矫正理论、技术与方法的基础。

（一）理论界对罪犯心理矫治概念的阐释

罪犯心理矫治理论研究中对罪犯心理矫治概念的表述主要有：

1. 罪犯心理矫治是指我国监狱运用心理科学的原理和方法，通过对罪犯开展心理评估、心理卫生与心理健康教育、心理咨询与治疗、心理预测等一系列活动，帮助他们消除不良心理及其他心理障碍，维护和恢复心理平衡，促进心理健康，增强生活的适应性。[1]这一概念具体指明了罪犯心理矫治的四项具体工作（心理评估、心理卫生与心理健康教育、心理咨询与治疗、心理预测）、两个方面的工作内容（不良心理、心理障碍）以及三个工作目标（恢复心理平衡，促进心理健康，增强生活适应性）。

2. 犯罪心理矫治是指通过对犯罪者的矫正处遇和心理治疗，消除其反社会性和犯罪心理，实现再社会化，使其成为适应社会的守法公民。[2]这一概念指明了罪犯心理矫治的两项具体工作（矫正处遇、心理治疗）、两个方面的工作内容（反社会性、犯罪心理）以及两个工作目标（再社会化、守法公民）。

3. 服刑人员心理矫治是指利用心理学原理和方法调整服刑人员心理和行为

---

〔1〕 章恩友主编：《罪犯心理矫治技术》，中国物价出版社2002年版，第2页。
〔2〕 罗大华、何为民：《犯罪心理学》，浙江教育出版社2002年版，第496页。

并促使其发生积极变化的活动。[1][2]这一概念则指明了两个方面的工作内容
(服刑人员心理和行为)以及一个工作目的(积极变化)。

4. 罪犯心理矫治就是监狱运用心理科学的原理和方法，通过对罪犯开展心
理健康教育、心理评估、心理咨询与治疗、心理危机干预等一系列活动，帮助
他们消除犯罪心理及其他心理问题，维护心理健康，重塑健全人格，提高适应
社会的能力，以促进改造目标的实现。[3]这一概念指明了罪犯心理矫治的四项
具体工作(心理健康教育、心理评估、心理咨询与治疗、心理危机干预)、两个
方面的工作内容(犯罪心理、心理问题)以及三个工作目标(维护心理健康，
重塑健全人格，提高适应社会能力)。

分析上述罪犯心理矫治的概念可以发现，我国监狱学理论研究中关于罪犯
心理矫治概念表述存在差别，不仅工作内容不同，而且工作目标也不一致。有
学者把这种现象归之为对罪犯心理矫治狭义与广义两种理解所造成。[4]心理矫
治如果着眼于解决罪犯心理问题、心理疾病的，称之为狭义的罪犯心理矫治；
如果还着眼于消除犯罪心理，或使罪犯产生积极变化的，称之为广义的罪犯心
理矫治。

(二) 罪犯心理矫治概念的实践版本

司法部监狱管理局《关于加强监狱心理矫治工作的指导意见》是我国监狱
在罪犯心理矫治领域的全面部署与积极实践。该文件对监狱心理矫治工作的定
义是：监狱心理矫治专业人员和社会心理学工作者运用心理学的原理、技术和
方法，了解罪犯心理状况，帮助罪犯调节不良情绪，改变不合理认知，预防、
改善和消除心理问题，矫治犯罪心理，促进心理健康的活动。监狱心理矫治工
作的主要内容是：对罪犯的心理健康教育、心理评估、心理咨询与心理治疗、
心理预测与心理危机干预等。主要目标是：监狱对罪犯开展心理健康教育的普
及率达到应当参加人数的100%，罪犯心理健康教育合格率达到90%；监狱对新
入监罪犯的心理测试率达到应参加人数的100%；罪犯的不良心理得到有效改
善，心理疾病得到及时治疗；监狱对危险罪犯、顽固罪犯、危害国家安全罪犯
等重要罪犯的心理测试、心理状况动态跟踪、心理矫治档案建档率达到100%。

司法部监狱管理局关于监狱心理矫治工作的文件，指明了罪犯心理矫治工
作四个方面的内容：一是帮助罪犯解决心理问题，二是开展罪犯心理障碍和心
理疾病的治疗工作，三是矫正罪犯的犯罪心理，四是心理危机干预。对监狱心

---

〔1〕 吴宗宪主编：《中国服刑人员心理矫治》，法律出版社2004年版，第2页。
〔2〕 吴宗宪主编：《中国服刑人员心理矫治技术》，北京师范大学出版社2010年版，第2页。
〔3〕 章恩友编著：《罪犯心理矫治》，中国民主法制出版社2007年版，第3页。
〔4〕 邵晓顺主编：《服刑人员心理矫治：理论与实务》，群众出版社2012年版，第4~10页。

理矫治工作内容的这一规定，具有前瞻性和全面性，是科学的认识。然而，综观这个文件的相关规定也存在一定的局限性，即对监狱心理矫治工作的定义与其主要内容及工作目标的阐述前后不一致，比如在定义中规定了帮助罪犯解决心理问题和矫治犯罪心理两方面的工作，但没有把"治疗罪犯心理疾病"规定其中；在监狱心理矫治工作的主要内容和主要目标中，指出了罪犯心理咨询与心理治疗工作，但是犯罪心理矫正却没有纳入其中。

根据上述两个方面的分析，我们认为，要科学认识监狱心理矫治工作，可以把它定义为：罪犯心理矫治是指监狱心理矫治专业人员和社会心理学工作者主要运用心理学的理论、技术与方法，准确评估罪犯心理状况，帮助罪犯解决心理问题，治疗心理障碍和心理疾病，开展心理危机干预，矫正犯罪心理，促进罪犯心理成长的活动。心理矫治工作的目标指向是确保全体罪犯平安有序服刑，消解罪犯的犯因性，促使其积极改造，努力实现"守法公民"的改造目标。

二、罪犯心理矫治的工作内容

如前所述，理论研究者在解读罪犯心理矫治概念时，都包含了心理矫治的工作内容，但是又各有不同。概括这些工作内容，包括了心理问题、心理障碍、犯罪心理和心理危机四个方面。然而，罪犯心理矫治的工作内容除了上述四个方面，还应当有另外一个内容，这就是罪犯的心理成长。罪犯与社会人群中的许多人一样，都需要在心理上获得有效成长，也有权利获得心理成长。

在监狱服刑时产生心理危机的罪犯，应当是罪犯中的少数甚至是极少数。有心理障碍（心理疾病）的罪犯也应当是罪犯中的少数或一小部分。服刑生活中产生或存在心理问题的罪犯应当不少，但一般来说也不会是罪犯全体都有。而作为一个犯了罪的人，犯罪心理是每个罪犯都存在的。另外，心理成长对绝大多数罪犯甚至全体罪犯都是需要的。因此，罪犯心理矫治的工作对象应当是全体罪犯而不是罪犯中的部分人。

通过上述分析，罪犯心理矫治内容也就清楚了，这就是：罪犯的心理问题、心理障碍（心理疾病）、心理危机和犯罪心理，以及罪犯的心理成长。

（一）心理问题

心理问题又可称为心理不健康状态，是指人的心理过程处于动态失衡的状态。它包含一般心理问题、严重心理问题和神经症性心理问题三个类型，[1]是心理咨询的工作内容。也就是说，监狱心理咨询的工作内容是罪犯的各种心理问题。

（二）心理障碍

心理障碍又可称为心理异常，是指丧失了正常功能的心理活动。有学者认

---

〔1〕 郭念锋主编：《心理咨询师（基础知识）》，民族出版社 2005 年版，第 328 页。

为，心理疾病是严重或比较严重的心理异常，是多种心理障碍集中或综合的表现。[1]因此，我们对心理障碍与心理疾病不作严格区分，另外，本教材所指的心理障碍还包括心身障碍。心理障碍（心理疾病）是监狱心理治疗的工作内容，也就是说，监狱心理治疗工作内容是罪犯的各种心理障碍（心理疾病）。

（三）犯罪心理

犯罪心理是指支配犯罪人实施犯罪行为的各种心理因素，如犯罪动机、犯罪人格、犯罪思维模式、反社会的价值观念系统等。[2]犯罪心理是监狱心理矫正的工作内容，也就是说，监狱心理矫正工作内容是罪犯的各种犯罪心理。

上述三个工作内容之间存在同一现象，即心理问题或心理障碍与犯罪心理同一。心理问题不同于心理障碍，但有时罪犯的心理问题与其犯罪心理同一，或者心理障碍与犯罪心理同一。例如，罪犯的偏执性思维模式，既是其产生心理问题的根源，也是造成其犯罪的主要原因。[3]

另外，罪犯的犯罪心理在服刑过程中有可能促发罪犯产生心理问题或心理障碍。例如，挥霍享受欲望强烈的犯罪人在监狱服刑中面对简单的餐食和严格的行为规范，常常产生不满、痛苦、愤怒等消极情绪。如果罪犯的这种消极需要没有改变，消极情绪就会持续存在，就容易导致其产生心理问题。

（四）心理危机

心理危机是指罪犯认为遇到了自己的资源和应对机制无法解决的困难时的心理状态。心理危机是监狱危机干预的工作内容，也就是说，监狱危机干预工作内容是解决罪犯各种各样的心理危机。

（五）心理成长

心理成长是指通过系列心理教育以及上述四个内容的工作，促进罪犯了解、掌握心理学和心理健康知识，纠正不合理认知，建立良性思维模式，正确认识自己以及自己与他人的关系，获得心理成长。

三、罪犯心理矫治的工作模式

国内学者在如何实施罪犯心理矫治工作上观点并不统一，或者说有关罪犯心理矫治的对象、工作内容及矫治手段上存在着诸多差异。

有研究者认为，"大体而言，服刑人员心理矫治包括心理咨询和心理治疗（包括各种心理治疗和行为治疗）两大部分"。[4]"必须明确，服刑人员心理矫治工作的对象，主要是心理健康或基本健康（亚健康）的服刑人员；服刑人员

[1] 傅安球：《实用心理异常诊断矫治手册》，上海教育出版社2001年版，第5页。
[2] 刘邦惠主编：《犯罪心理学》，科学出版社2009年版，第4页。
[3] 邵晓顺：《限制减刑服刑人员犯罪案例分析与启示》，群众出版社2013年版，第23~25页。
[4] 吴宗宪主编：《中国服刑人员心理矫治》，法律出版社2004年版，第4页。

心理矫治的适应症应该主要是服刑人员中的一般心理问题和一些比较轻微的心理障碍或者比较轻微的精神疾病。对于那些患有严重精神疾病的服刑人员，应当送到专业的精神病院中监护和治疗。"[1]

另有学者认为，"对存在心理问题或患有不同程度心理障碍的罪犯，应当进行专业性的心理咨询或心理治疗。""对具有反社会性为核心的不良个性心理的罪犯，应当通过心理咨询或行为疗法来促进教育改造、劳动改造的效果。"[2]

虽然学者们在罪犯心理矫治的工作内容上可以归纳为心理问题、心理障碍、犯罪心理以及心理危机四类，但是在阐述具体矫治对象时基本围绕具有心理问题和心理障碍的两类罪犯，因而其矫治途径常常也就只有两个——心理咨询与心理治疗。即使是针对反社会性的不良心理，依然采用的是心理咨询或者行为治疗的方法，而且被看作是教育改造与劳动改造的辅助手段。

我们认为，罪犯心理矫治区别于教育改造、劳动改造和监管改造，是监狱改造罪犯的独立手段，而不是辅助手段。这是因为，首先，它有其特有的工作内容，且非教育改造、劳动改造和监管改造手段所能替代解决的。其次，罪犯心理矫治工作对象是全体罪犯，即使是"患有严重的精神疾病被送到专业精神病院监护和治疗的罪犯"，仍然是监狱心理矫治的工作对象。这些罪犯只是矫治地点不在监狱而已，没有改变"罪犯心理矫治工作对象是全部罪犯"这一根本性特征。再次，全体罪犯都需要开展犯罪心理矫正工作，罪犯心理矫治工作能给全体罪犯带来矫正效应。最后，罪犯心理矫治中五个方面的工作内容，其矫治路径、工作模式各有特色。简言之，罪犯心理问题对应心理咨询工作模式、罪犯心理障碍对应心理治疗工作模式、罪犯的犯罪心理对应心理矫正工作模式、罪犯心理危机对应危机干预工作模式、罪犯心理成长对应心理矫治综合模式的理论架构如图 1-1 所示。

（一）心理及行为问题对应心理咨询工作模式

罪犯经评估诊断确认存在心理问题和行为问题，那么就需要采取心理咨询工作模式。

罪犯心理咨询是指监狱或社会的心理咨询师运用心理学特别是咨询心理学的理论与技术，帮助罪犯解决心理问题，恢复心理平衡和维护心理健康的活动。心理咨询工作模式主要包括两个部分：监狱组织开展罪犯心理咨询的工作模式和咨询师开展心理咨询的工作模式。监狱心理咨询工作模式分为四阶段四过程，即罪犯分监区（监区）初步评估阶段与上报过程、罪犯心理健康指导中心审核

---

〔1〕 吴宗宪主编：《中国服刑人员心理矫治》，法律出版社 2004 年版，第 7 页。

〔2〕 章恩友编著：《罪犯心理矫治》，中国民主法制出版社 2007 年版，第 6 页。

阶段及进一步评估筛选和匹配指派心理咨询师过程、咨询阶段及心理咨询过程、罪犯分监区（监区）巩固阶段和后续关注过程。[1]个体心理咨询和团体心理辅导也有其相应的工作模式，本教材专题五和专题六作详细阐述。

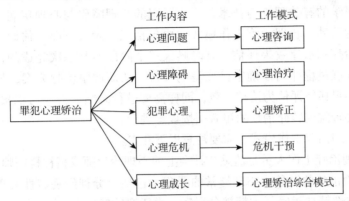

图1-1　罪犯心理矫治工作理论架构

实施心理咨询工作模式，需要注意以下几点：

1. 心理咨询工作人员应当是监狱或社会上的心理咨询师。无资质的人员不应开展罪犯心理咨询工作。

2. 心理咨询的对象是心理正常但心理不健康的罪犯，即有心理问题的罪犯，包括一般心理问题、严重心理问题和神经症性心理问题，以及部分神经症罪犯。

3. 罪犯心理咨询有其特定的工作流程与规范，心理咨询师需要遵照执行。

4. 罪犯心理咨询一般依据的是心理学特别是咨询心理学的理论与技术，但在心理咨询过程中，对其他相关学科理论与技术并非绝对排斥。另外，心理咨询师没有处方权，不允许在心理咨询中给来访罪犯开处方。

5. 罪犯心理咨询是一种被动干预方式。罪犯有了心理问题，以他自己主动寻求咨询为主。虽然监狱民警可以要求或者安排罪犯来接受心理咨询，但是如果罪犯不愿意或者已经进入了心理咨询室但仍然不愿意接受咨询，那么就不应强迫他做心理咨询。

（二）心理障碍对应心理治疗工作模式

经心理治疗师的初步评估和精神科医师的专业诊断，罪犯患有心理障碍（心理疾病）的，就要启动心理治疗工作模式。

有学者对心理治疗的内涵作了界定，并对罪犯心理咨询与心理治疗在工作

---

〔1〕　可进一步参阅邵晓顺主编：《服刑人员心理矫治：理论与实务》，群众出版社2012年版，第306～308页。

对象、处理问题领域、工作模式、从业人员、意识层次、所需时间以及起源等七个方面作了区分。[1]这些阐述有其积极价值。我们认为，罪犯心理治疗是指监狱或社会的专业工作者（心理治疗师和精神科医师）运用心理学特别是临床心理学和医学的有关理论与技术，治疗罪犯的心理障碍与心理疾病，促其恢复心理健康的活动。心理治疗工作模式主要包括三个阶段，即评估诊断、药物治疗或心理治疗和治疗效果评估。有时候这三个阶段不是一次完成的，治疗过程中常常要开展过程评估以确定已取得的疗效，从而调整治疗方案，最终实现治疗目标。如果最终评估为治疗无效，同样需要进行总结，为今后积累治疗经验。另外，需要转院或转介治疗的患者须按规定进行。

实施心理治疗工作模式，需要注意以下几点：

1. 心理治疗工作人员是监狱或社会上的心理治疗师或精神科医师。

2. 心理治疗的对象是心理异常的罪犯，包括部分神经症、性心理障碍、人格障碍、重性精神障碍（如精神分裂症、躁狂抑郁症）等。

3. 心理治疗主要采取主动干预方式。当罪犯患有心理障碍（心理疾病）时，常常需要监狱机关主动作出治疗安排，让其接受心理治疗或医学治疗。

4. 从总体上来看，罪犯心理治疗主要按照医学流程与规范来实施。

5. 罪犯心理治疗主要依据心理学特别是临床心理学与医学特别是精神医学的理论、治疗技术与方法。治疗罪犯的心理障碍（心理疾病）常常需要药物治疗，或者以药物干预为主、心理干预为辅。当罪犯的心理障碍经治疗后处于稳定期时，可以心理干预为主、药物治疗为辅；稳定期的罪犯还可以接受心理咨询干预。一般来说，较严重的心理异常，如神经症，以心理干预为主，而严重的心理异常，如重性精神障碍，以医学干预为主。

由于罪犯心理治疗需要由心理治疗师或精神科医师来承担，常常需要精神病学知识作基础，一般也需要药物治疗，其专业程度高，因此，本教材对罪犯心理治疗工作不作具体阐述。

（三）犯罪心理与不良行为对应心理矫正工作模式

国内外关于犯罪心理矫正的研究不多。这主要是因为有关罪犯心理矫治及研究常常局限于罪犯的心理问题与心理障碍。我们认为，罪犯心理矫正是指监狱或社会矫正工作人员基于心理学以及相关学科的理论、技术与方法，矫正罪犯的犯罪心理，使其不再重新犯罪的活动。心理矫正工作模式主要包括四个阶段，即犯罪心理分析、针对性矫正方案设计（个别化矫正方案和分类矫治方案）、方案实施和效果评估。在实施矫正方案的过程中也要开展效果评估，并根

〔1〕 章恩友编著：《罪犯心理矫治》，中国民主法制出版社2007年版，第158~162页。

据评估结果对方案进行调整，然后继续实施，最终实现矫正目标（犯罪心理的消解或消除）。完成心理矫正的个案要进行全面的总结，为今后进一步开展心理矫正工作积累经验。心理矫正工作模式的重点是对罪犯犯罪心理的准确分析和针对性矫正方案的设计。这两个方面国内的理论研究与实践工作都处在探索阶段。本教材专题八和专题九对此作详细阐述。

实施心理矫正工作模式，需要注意以下几点：

1. 明确犯罪心理的具体内容是开展罪犯心理矫正工作的必要条件。要分析罪犯的犯罪心理，除了矫正工作人员必须具备心理学知识之外，还需要具备犯罪学知识以及其他学科知识。

2. 罪犯心理矫正工作主要依据心理学的理论、技术与方法，但其他学科如教育学、犯罪学、社会学等学科理论与技术也需要借鉴与运用。心理矫正所采用的心理干预技术，与心理咨询、心理治疗工作模式所采用的心理技术没有根本性区别。

3. 罪犯心理矫正工作中，监狱机关及工作人员可以采取主动介入方式，矫正工作人员也不一定要持有心理咨询师或心理治疗师资格证，但需要有心理学知识作为基础，特别是矫正工作不能违背心理学基本原则。

4. 心理矫正工作一般来说需要制订矫正方案。如果罪犯的犯罪心理较为简单，经过一两次或若干次心理矫正活动就可以得到转化，可以事先不设计书面的心理矫正方案。如果罪犯的犯罪心理很复杂、顽固且严重，矫正不是一个简单的过程，有时还需要其他矫正工作人员的配合，那么就应当事先设计一个有针对性的心理矫正方案，并按方案实施。

5. 罪犯心理矫正工作要积极开发心理矫正项目，有助于提高心理矫正的效率和效果。

（四）心理危机对应危机干预工作模式

当罪犯出现了自杀、人际冲突、家庭变故等危机事件并引发罪犯产生心理危机时，就需要启动危机干预工作模式。

罪犯心理危机干预也称心理介入或危机调停，是干预者通过应激处理和情绪急救，调动罪犯自身潜能，消除心理冲突，恢复心理平衡，安然度过危机，防止事故发生的一种活动。危机干预模式一般有三种，即平衡模式、认知模式和心理社会转变模式。危机干预步骤包括确定问题、保证求助者安全、给予支持、提出并验证可变通的应对方式、制订计划和得到承诺。具体内容于本教材专题七阐述。

实施罪犯危机干预模式，需要注意以下几点：

1. 危机干预者原则上是监狱或社会的心理咨询师。干预者除了专业素质之外，还应当具备道德素质、自我反省能力和诚实品质，以及具有丰富的生活经验。

2. 罪犯心理危机与社会普通人的心理危机本质上是一致的，只是在产生的具体原因、形式和内容上有时会有不同。

3. 危机干预是从简短心理治疗基础上发展起来的帮助处于危机状态的个体度过危险的方法。干预者对罪犯心理危机进行干预时，除了根据具体情况给予咨询、支持之外，特别需要去注意倾听罪犯的陈述。危机干预的三类基本技术是：沟通和建立良好关系的技术、支持技术以及干预技术。

4. 危机干预与心理咨询和治疗存在诸多差别。无论是评估诊断，还是干预治疗以及具体技术的运用等都有区别。

5. 罪犯危机干预工作强调预防的重要性。要在罪犯中开展心理危机教育，使罪犯认识到各种危机产生的原因，以及各种变故来临时可以采取的应对措施。

（五）四个工作模式之间的关系

罪犯心理咨询、心理治疗、心理矫正与危机干预四个工作模式之间，既存在一定的相互联系，也有着一定的区别。

1. 四个工作模式都以心理学的理论、技术与方法为基础。因此，精神分析理论与治疗技术、行为主义理论与治疗技术、认知理论与治疗技术以及人本主义理论与治疗技术等，不仅在罪犯心理咨询中要运用，在罪犯心理治疗与罪犯心理矫正工作中同样要运用。但是，四个工作模式在理论基础上亦存在一定的区别。罪犯心理治疗除了心理学知识，还要运用医学特别是精神医学知识，而罪犯心理矫正要以习近平新时代中国特色社会主义思想为指导，以心理学知识为基础，结合运用其他学科知识如教育学、犯罪学、社会学知识来开展工作。危机干预更强调行为的、认知的和人本主义的方法与技术的运用。

2. 四个工作模式都要以双方良好的关系作为基础。罪犯心理咨询、心理治疗、心理矫正与危机干预都强调在双方良好的关系中，运用心理学的技术与方法来解决罪犯心理方面的问题。在咨询师、治疗师或矫正官与罪犯之间，只有建立起良好的相互信任关系，咨询、治疗、矫正与危机干预才有可能取得成效，达到目的。

3. 四个工作模式所涉及的意识层次基本相同。不管是罪犯心理咨询，还是罪犯心理治疗或者是罪犯心理矫正以及危机干预，都需要在罪犯的意识与潜意识层面去开展工作。只是它们所涉及的意识或潜意识层面的具体内容可能相同，亦可能不相同。

4. 四个工作模式在实现工作目标时所需要的时间可能相同也可能不相同。罪犯心理咨询所需时间与简单犯罪心理矫正时间大致相同，而严重犯罪心理矫正所需时间与罪犯心理治疗所需时间可能相差不大。罪犯危机干预是短程的，但危机结束后的心理干预也许是长程的。

5. 四个工作模式中工作人员的主动性有相同也有区别。罪犯心理咨询中，心理咨询师常常是被动的，即"咨询师不追来访者"；而罪犯心理治疗、危机干预与罪犯心理矫正中，工作人员常常是主动的，需要心理治疗的罪犯要求监狱机关主动去开展治疗工作，罪犯的犯罪心理也要求我们主动去开展矫正工作，危机干预更是如此。

6. 工作流程有相同也有区别。不管是罪犯心理咨询，还是罪犯心理治疗、罪犯心理矫正或者是罪犯危机干预，在开展工作时都要求遵循一定的流程与规范，但各自的具体工作流程与规范不尽相同。

7. 对从业人员的要求有区别。罪犯心理咨询要求从业人员是监狱或社会的心理咨询师；罪犯心理治疗要求从业人员是监狱或社会的心理治疗师或精神科医师；罪犯心理矫正要求从业人员是掌握并能够运用心理学知识的监狱或社会矫正工作人员。因此，罪犯心理咨询与罪犯心理治疗，要求工作人员有相应的资质，而罪犯心理矫正一般不需要有资格证。当然，有心理咨询师或心理治疗师证书的人，以及精神科医师来开展罪犯心理矫正工作，这应当允许。另外，罪犯的精神障碍评估诊断必须由精神科医师来承担，心理咨询师不能做此项工作。罪犯危机干预者原则上应当是心理咨询师，而且是专业经验和生活经验都丰富的咨询师。

8. 工作内容有区别。罪犯心理咨询的工作内容是罪犯的心理问题，包括一般心理问题、严重心理问题和神经症性心理问题，以及部分神经症；罪犯心理治疗的工作内容是罪犯的心理障碍（心理疾病），包括某些神经症、性心理障碍、人格障碍以及重性精神障碍等；罪犯心理矫正的工作内容是罪犯的犯罪心理；罪犯危机干预的工作内容是罪犯的心理危机。

（六）心理成长对应心理矫治综合模式

罪犯心理成长常常是在各项心理矫治工作之中或者经过有效的心理矫治后获得的，其工作模式与前面四个工作模式相比，规范性不明显。

罪犯心理成长的基础是学习掌握心理学和心理健康基础知识，这一点有赖于监狱心理教育工作。心理教育以集体教育为主，关键在于对罪犯心理教育内容做精心规划与设计。这就要求心理咨询师与相关工作人员准确评估罪犯在心理方面的错误观点及不良认知，以制订具有针对性的心理教育方案。

罪犯心理成长还常常表现在解决心理问题之后获得了新的认知和新的思维模式，对自己和周围世界有了新的认识。当罪犯成功地解决了心理危机，一般也能获得心理成长。而对犯罪心理的矫正，则促进了罪犯心理的成长。由于监狱心理治疗资源的有限性与心理障碍本身的特殊性，罪犯从心理治疗中获得心理成长也许较为困难。

　　在罪犯心理矫治的现实工作中，经常遇到的情况是：对某罪犯的心理矫治不是局限于前述一个方面的工作内容，而是需要在多个方面来展开工作，比如某罪犯既有心理问题需要咨询，又有犯罪心理需要矫正，还有性格问题需要心理教育，等等。但是，咨询师或监狱民警在开展心理矫治工作时，一定要有"工作内容与相应工作模式"的清晰概念，即清晰该罪犯存在怎样的心理工作内容之后，就应当运用相对应的工作模式。只有这样才能使心理矫治工作做到有条不紊且富有成效。

　　罪犯心理矫治工作内容与模式如表1-1。

表1-1　罪犯心理矫治工作内容与模式

	工作内容	工作对象	工作模式	理论基础	工作人员
罪犯心理矫治	心理问题	部分罪犯	心理咨询	心理学特别是咨询心理学	心理咨询师
	心理障碍	少数或部分罪犯	心理治疗	心理学特别是临床心理学，医学特别是精神病学	心理治疗师或精神科医师
	犯罪心理	全体罪犯	心理矫正	心理学和其他学科特别是犯罪学、社会学、教育学等	监狱民警和/或社会矫正工作者
	心理危机	少数或极少数罪犯	危机干预	心理学	专业经验和生活经验丰富的心理咨询师
	心理成长	绝大部分罪犯或全体罪犯	心理矫治综合模式	心理学	监狱民警和/或社会专业人士

 学习任务二　罪犯心理矫治的心理学理论基础

【案例】1-2

　　罪犯郑某，32岁，因盗窃罪被判有期徒刑5年。服刑后因不适应监狱环境而产生焦虑、紧张、恐惧等消极情绪，出现头痛、胸闷、心悸和入睡困难等身体不适。心理测验结果显示郑某患有轻度焦虑与抑郁。体格检查正常，有自知力，无幻觉妄想。监狱心理咨询师运用系统脱敏法和认知行为疗法对郑某进行了 5 次咨询，效果良好，两月后随访显示疗效可靠。

【思考】

本案例罪犯因入监适应不良而产生了心理问题并出现心身障碍，咨询师所采用的系统脱敏法和认知行为疗法如何理解和操作？对罪犯的心理矫治还有哪些基本的矫治技术与方法？

罪犯心理矫治有其心理学理论基础。一般认为，精神分析、行为主义、认知心理学和人本主义代表着心理学发展过程中的四个主要理论流派，它们构成了罪犯心理咨询与矫正的基本理论基础。

一、精神分析

精神分析理论由弗洛伊德（Freud，S.）于 19 世纪末创立，是现代心理咨询与治疗的奠基石。从事心理咨询与矫正的工作人员，可以从研习精神分析理论开始。

精神分析理论主要是从心理冲突的角度来看待人的本性。这种冲突有时是意识层面的，但是多数时候是潜意识的层面。潜意识冲突对人的思维和行为具有主导作用。潜意识中的欲望（攻击和性）与外界现实在内心引起的冲突是导致人产生心理障碍的深层原因。成年人的内心冲突可以追溯到儿童期的幻想、愿望、创伤等。童年时期的创伤会被压抑到潜意识，通过神经症症状，以象征性的方式表达出来。通过心理咨询与治疗，当潜意识冲突被意识化，症状自然就可以得到缓解甚至消除。

（一）精神分析的基本理论与概念

1. 意识层次说。弗洛伊德认为，人的精神活动分为意识、前意识和潜意识。意识是指人能够认识自己和认识环境的心理部分，在人的注意集中点上的心理过程都是意识的，如人对时间、地点、人物的定向力，人对当前事物的辨认能力等。前意识是介于意识和潜意识之间的部分，它是可以回忆起来的经验，是可以招回到意识中的那部分经验和记忆。意识是心理能量活动的表面成分，潜意识才是它的多数成分。弗洛伊德以浮在海面上的冰山作为比喻，意识只是冰山的水面部分，水面下的多数部分是潜意识。潜意识包括个人原始的冲动和与本能有关的欲望等，通常是被社会风俗习惯、道德、法律所禁止的内容。它们虽然不被本人所意识，但是并没有消失，而是在潜意识中伺机欲动，寻求满足。它们常常改头换面，以一种象征性的方式进入意识层面，如梦境。

2. 人格理论。弗洛伊德认为人格结构有三个部分：本我（id）、自我（ego）和超我（superego）。本我是指原始的自己，包含生存所需的基本欲望、冲动和生命力。本我是一切心理能量之源，是无意识的，不被个体所觉察。本我按"快乐原则"行事，它不理会社会道德、外在的行为规范，它唯一的要求是获得快乐，避免痛苦。本我的目标乃是求得个体的舒适，生存及繁殖。自我是自己可意识到的执行思考、感觉、判断或记忆的部分。自我的功能是寻求"本我"冲动得以满足，而同时保护整个机体不受伤害。它遵循"现实原则"，为本我服务。自我一部分有意识，一部分无意识，主要是有意识的。超我是人格结构中代表理想的部分，是个体成长过程中通过内化道德规范、内化社会及文化环境的价值观念而形成的。其功能主要在监督、批判及管束自己的行为。超我的特点是追求完美，所以它与本我一样是非现实的。超我大部分是无意识的，要求自我按社会可接受的方式去满足本我。它遵循"道德原则"。

3. 心理发展阶段理论。心理性欲发展阶段理论是弗洛伊德关于心理发展的主要理论。他认为，人类的心理发育可以分为数个可观察阶段，这些阶段的发展顺序是由遗传决定的，但是每个阶段能否顺利渡过却是由社会环境决定的。心理性欲发展阶段可以分为口欲期（出生到 1.5 岁左右）、肛欲期（1.5~3 岁）、性蕾期（3~6 岁）、潜伏期（6~12 岁）、生殖期（12 岁后）五个阶段。每个阶段都有需要解决的课题，具体表现为亲子之间的冲突。这些冲突若顺利解决，就能进入下一发展期，如果未能解决，则被压抑进入了潜意识，到成年后，在一定外界刺激的作用下，这些潜意识冲突会再度显现。童年期的基本经历、内心冲突和精神创伤是成年人神经症、心身疾病甚至精神疾病发生的主要原因。

4. 焦虑与自我防御机制。焦虑是由于情感、记忆、欲求压抑、意识层面经历的幻灭而造成的担忧以及对未来的恐惧。焦虑的产生是本我、自我与超我彼此争夺有限的心理能量而相互冲突的结果。在心理矫治过程中，当来访者袒露自己的防御心理时，他们会体验到焦虑。这种焦虑被看作是在咨询与治疗中承担风险的一种必要的副产品，最终能导致建设性改变的一个过程。

自我防御机制是由于本我、自我与超我的冲突产生焦虑状态时，自我以合理的方式消除焦虑但未能奏效，此时就必须改换为非理性的方法如自我防御机制来缓解焦虑状态，从而达到自我保护，免于发生身心疾病。

弗洛伊德指出，自我防御机制是在潜意识层面进行的，因而具有自欺性质。同时，自我防御机制往往具有否定或歪曲事实的特点，其作用在于保护自我，不至于由焦虑而导致疾病的发生，在防治心理疾病中有积极作用，但没有道德上的欺骗含义。正因为自我防御机制有这种积极作用，所以每一个人不论是正常人或神经症，都常用自我防御机制来抵制疾病的发生，但每个人会根据自身发展的层次和焦虑的程度而选择不同的自我防御机制。常见的自我防御机制有压抑、否定、投射、退化、转移、反向形成、合理化、固着、补偿、认同、升华、幽默等。

5. 抗拒与移情。抗拒是指个体不愿把被压抑或否定的潜意识内容带到意识中来，在心理矫治过程中，也可把抗拒看作是阻止来访者处理潜意识内容，使得咨询无法进展的行为。来访者抗拒时，常常会表现为对咨询毫无反应或拒绝参加，如来咨询时经常迟到、漠不关心、不信任、行为不合作等，以此来逃避自我探索。

移情包括正性移情与负性移情。正性移情是患者将自己过去生活里对重要人物的感情、态度等，不自觉地转移向咨询师，表现得十分友好、敬仰、爱慕等。负性移情是患者把咨询师视为过去经历中某个给他带来挫折、不快、痛苦或压抑的对象，在咨询情境中，原有的情绪被转移到了咨询师身上，从而在行动上表现出不满、拒绝、敌对、被动、抵抗、不配合等。移情的出现，在咨询中是有价值的。它使来访者重新经历以前不敢碰触的情感，协助来访者从此时此刻的经验中领悟过去对现在的影响，使来访者化解那些曾使他固着、妨碍成长的矛盾，便能促进他对已有的适应不良行为模式发生改变。

（二）主要治疗技术

1. 自由联想。自由联想是来访者在未经思索的状态下自发性地说出内心的话，以获取潜意识里冲突线索的方法。在咨询过程中，自由联想是鼓励来访者揭示被压抑的潜意识内容的过程，以便能对自己心理动力有更深刻的洞察。来访者常常被要求报告自身的经验，保持充分的开放，允许来访者说出任何问题与内容。咨询师从中收集相关信息，找到来访者的潜意识冲突，并通过分析使来访者意识到这些冲突，解开症结所在。

2. 梦的解析。梦的解析也是探索潜意识的方法。梦是通往来访者潜意识大门的捷径，梦的解析是了解来访者压抑的本能愿望的有效手段。弗洛伊德认为，人在睡梦状态中，自我的控制减弱，潜意识中的欲望通过乔装打扮出现，以象征性的形象使欲望得到满足。因此，梦是有象征性意义的，其可分为梦的显意和梦的隐意。梦境的显意具有象征性，是性和攻击冲动的象征，隐含了许多难以被他人接受的欲望和冲动。将潜意识的隐意通过象征进入显意的意识层面叫做梦的工作，而通过梦境的显意找到梦的隐意，称为释梦。通过对梦的分析和解释，咨询师揭开梦的层层伪装，寻找梦的真相，从而进入来访者的潜意识世界。从显意到隐意，咨询师需要借助自由联想技术，要求来访者对梦的内容进行自由联想。

3. 解释。解释是一种用于对自由联想、梦、抗拒、移情等现象进行分析的咨询与治疗技术。解释包括咨询师的提示、认同、澄清、界定、联结、比较等具体方法。解释的目的是揭示症状背后的潜意识动机，指出来访者行为中防御和逃避的成分，促使来访者对其产生症状的潜意识冲突获得领悟，从而引起症状以及行为的改变。在进行解释时，咨询师必须指出并解释行为的潜在意义，来访者可运用适当时机准确地解释内容、整合新的材料，从而产生新的洞察。

咨询师在进行解释时要注意以下事项：一是解释最好是与来访者的觉察具有密切关系的内容，即咨询师必须解释那些来访者自己还没有明白，但已经准备好去接受并能接受的内容；二是解释应当在来访者情绪能承受的范围内，由浅入深地进行；三是在解释潜藏于防卫或抗拒之下的情感或冲突之前，最好指出其防卫或抗拒的形式；四是要限制所提供的解释的量，在一次心理咨询过程中，提供单独一个解释或一组相关联的部分解释是最好的；五是咨询师解释时应保持耐心，不能操之过急；六是最好避免使用专业术语。

（三）精神分析疗法咨询案例

罪犯何某，男，17 岁时因犯抢劫罪被判有期徒刑 12 年。在未成年犯管教所服刑 2 年后调到成年犯监狱服刑。目前 22 岁。

何某因对抗管教，春节前被单独关押，春节期间监狱从人道主义出发，让其回到分监区过年，正月初四又要将其关进小房间。警官在送其回小房间的途中，何某称自己吞了牙刷柄，警官将信将疑，将其送到监内医院做 B 超，由于牙刷柄是透明的，医生并没发现胃中有牙刷柄。警官认为这是欺骗行为，就到提审室对何某进行提审。在提审期间，何某肚痛难忍，在地上打滚。警官见其不像伪装，当即与监狱医院联系并请社会专家医生来认定，经专家做彩超确定何某胃中确实有一根长的牙刷柄。在何某配合下，专家将牙刷柄从其胃中取出。随后警官继续提审何某。提审完后，何某提出在送单独关押前，一定要见监狱某心理咨询师一面。何某一见到咨询师就痛哭说："我真后悔，我真不该配合他们把牙刷柄取出。"并说："请你救救我，只有你能救我，若把我单独关押，我就死定了。你若不信，看我肚子上这一条刀疤，那是我在未管所服刑时，因违规要被警官关禁闭，我把事先备好的刀片在肚子上拉了一刀，后来就没关成了。"何某连死都不怕，却怕关小房间，原因何在？

监狱心理咨询师运用自由联想方法，经 3 次咨询终于找到缘由。何某 3 岁左右时，其兄不小心把一盆烧热的开水倒在其身上，造成大面积烫伤。父母经多方求治均无效，医生劝父母放弃，父母无奈只好放弃，但祖父母心有不甘，死马当活马医，用土办法救治并使其活了下来，随后一直由祖父母抚养。但不幸的是祖父母在他五六岁时相继过世，何某又不得不回到父母家。当时何某父母在镇上工厂打工，其兄已读小学，每天父母只是把他关在小房间里，这样一关就是将近两年，这两年也是他最无聊、最无奈、最痛恨的两年。随着年龄的增长，这段经历渐渐被淡忘，"可怕的小房间"进入潜意识。在监狱服刑时由于违规要到小房间单独关押，这时小时候的小房间场景似乎再现，让何某极度恐惧，但又说不出任何缘由。这是其潜意识中"可怕的小房间"的想法影响所致。心理咨询师与何某一起回顾成长经历，让来访者有机会再次正视自己的问题，了解问题的真相，在何某的潜意识恐惧意识化后，就消除了对小房间的恐惧。咨询结束后直至刑释前，何某没有再出现违规行为。

二、行为主义

行为主义与精神分析不同，从一开始它就植根于实验研究。行为主义理论是以大量严格的科学实验结果为依据、提出行为的脑机制、解释异常行为，而后提出治疗方法。

（一）理论基础

1. 经典条件反射理论。经典条件反射又称巴甫洛夫条件作用，是以无条件反射为基础而形成的。巴甫洛夫（Pavlov, I.）是该理论首创人，他的经典条件反射学说奠定了行为主义理论的基础。他用狗做实验：狗吃食时会引起唾液的分泌，这是先天的，称之为无条件反射。给狗听铃声，不会引起唾液分泌，但如果每次给狗吃食物前出现铃声，这样反复多次之后，铃声一响，狗就会出现唾液分泌。铃声本来与唾液分泌无关，由于多次与食物结合，铃声就具有引起唾液分泌的作用，铃声成为进食信号。这时，铃声已经转化为信号刺激（即条件刺激），这种反应就是条件反射，也称为应答性条件作用。行为主义创始人华生（Watson, J. B.）根据巴甫洛夫的经典条件反射原理，进行了模拟恐怖实验。[1]华生认为，无论人的什么行为，都是后天学习的结果。习得的任何行为，都可以通过学习而加以消除，这就为行为矫正奠定了基础。

2. 操作性条件反射理论。20世纪20年代末，新行为主义学者斯金纳（Skinner, B. F.）认为，人的行为主要是由操作性条件反射所构成。斯金纳用白鼠进行著名的操作性条件反射实验：在"斯金纳箱"中放有一根杠杆和一个食物盘，只要按压杠杆，就有食物落入食物盘中。实验时，把一只饥饿的白鼠放在箱中，开始时它到处乱跑寻找食物，偶然按压杠杆而获得食物，经过多次反复，就学会了按压杠杆来获得食物的行为。因为食物的出现是对按压动作的强化和奖励，故又称为"奖励性学习"。斯金纳还设计了一个"惩罚性学习"的实验：把"斯金纳箱"从中隔开，但在隔板上面可以通过，在箱子右侧的底部有电击装置，左侧则没有。把白鼠放进箱里右侧，它会因电击在箱右侧乱跑，最后学会一有电击就逃到箱左侧的行为。操作性条件反射实验证明，行为是在奖

---

〔1〕 ［美］约翰·布鲁德斯·华生：《行为主义》，李维译，浙江教育出版社1998年版，第148~154页。

励或惩罚的作用下形成的。

3. 社会学习理论。由美国心理学家班杜拉（Bandura，A.）所创立。社会学习理论的基本立场是，个人的行为既不是由动机、本能、特质等个人内在的结构决定的，也不是如早期行为主义所说的由环境力量决定的，而是由个人与环境的交互作用决定的。即人的行为受到内在因素与外在环境因素的交互作用影响，行为与环境、个人内在因素三者互相影响，构成一种三角互动关系。行为同时受到环境和个人的认知与需要的影响，人的行为又创造、改变了环境，个人的不同动机以及对环境的认识使人表现出不同行为，这种行为又以其结果使人的认知与动机发生改变。

社会学习理论还认为，人的大部分社会行为是通过观察、模仿他人而学会的。通过观察而学习的能力使人们能够获得较复杂的、有内在统一性的、模式化的整体行为，而无需通过行为主义设想的那种沉闷的尝试错误逐渐形成这些行为。按照信息加工的模式来分析观察学习过程，可以把它分为四个阶段：注意、保持、动作再现以及动机激励过程。现代社会学习理论认为，人并不仅仅受到自己行为的直接后果的影响，还受到观察他人所遇到的结果（替代强化），以及由个人对自己的评价、认识所产生的强化（自我强化）的影响。

在观察学习中起决定性影响的因素是环境，如果环境发生变化，人的行为也会相应地变化。人们只要控制这种条件，就可以促使社会行为向着社会预期的方向发展。对榜样的观察是学习新行为的条件，新的行为就是行为的榜样。榜样，特别是受到人们尊敬的人物的行为具有替代性的强化作用。

（二）主要治疗技术

1. 系统脱敏法。这是一种利用对抗性条件反射原理，循序渐进地消除异常行为的方法。由精神病学家沃尔普（Wolpe，J.）创立。他做过这样一个实验：把一只猫关在笼中，每当食物出现引起猫的取食反应时，即对其施以强烈电击。多次实验后，猫便产生了强烈的恐惧反应，拒绝进食。这样在食物出现时，猫便产生了饥而欲食和怕电击而退的对立反应。然后，沃尔普用系统脱敏法进行治疗。首先，他在原来实验的笼外给猫食物，猫虽然有恐惧电击的反应，但终因食物的诱引而前去取食，此后多次重复，逐步回到原来的实验情境，只要不重复电击，也能将猫引回到笼中就食。

系统脱敏法主要用于治疗焦虑和恐惧。沃尔普提出了施治程序：①了解引起焦虑和恐惧的具体刺激情景；②将各种引起焦虑和恐惧反应的刺激由弱到强排成等级；③帮助求助者学习一种与焦虑和恐惧反应相对立的松弛反应；④把松弛反应逐步地、有系统地伴随着由弱到强的焦虑或恐惧刺激，使两种互不相容的反应发生对抗，从而抑制焦虑或恐惧反应。

2. 厌恶疗法。厌恶疗法又称惩罚消除法，是一种通过处罚手段引起的厌恶反应，去阻止和消退原有不良行为的治疗方法。其具体做法是将欲戒除的目标行为或症状与某种不愉快或惩罚性的刺激结合起来，通过厌恶性条件作用，达到戒除或至少是减少目标行为的目的。这种方法在临床上多用于戒烟、禁酒等，也可用于治疗强迫症和恋物癖等。例如，为了消除酗酒的不良行为，可以在其酒兴正浓时给予不愉快的惩罚刺激，如使用催吐吗啡或电击等，使其造成对酗酒的厌恶。为了减轻求助者在接受厌恶治疗时所承受的痛苦，可以运用"厌恶想象疗法"进行治疗，即让求助者观看和想象该不良行为遭到惩罚时的痛苦情境。厌恶疗法的使用要依赖求助者有心戒除不良行为的强烈动机，因此在运用厌恶疗法时，还应配合教育、宣传手段使求助者自愿接受治疗。

3. 条件操作法。条件操作法又称正强化法，即当求助者出现所期望的心理行为时，马上给予奖励，以增强适应性行为。[1]

另外，还有多种治疗方法，如生物反馈法、自我调节训练法、现实疗法等。各种行为疗法的治疗原则和程序大致相同，主要施治过程是：确定异常行为作为治疗目标——找出其发生原因——决定具体的治疗方法——根据求助者行为改变的情况，分别给予正强化（如表扬、奖励）或负强化（如批评、惩罚）——根据异常行为转变情况，调整治疗方法，巩固疗效。

（三）行为主义疗法咨询案例

罪犯陈某，是监区技术骨干，所在监区的劳动项目为机械加工。该监区加工项目中，锯条的使用非常频繁，锯条的技术维护显得非常重要。陈某总是恐惧、担心因锯条断裂而影响生产劳动进程，这种恐惧已经影响到了他的日常改造生活，同时还出现了身体不适症状，因而主动要求咨询。监狱心理咨询师运用系统脱敏疗法对陈某进行矫治。主要包括三个步骤：一是建立恐怖的等级层次，由最恐怖（锯条断裂）至最不恐怖（运动打球）之间，建立七个等级；二是进行放松训练；三是要求陈某在放松的情况下，按某一恐怖或焦虑的等级层次进行脱敏治疗。采用以想象脱敏训练和实地适应训练，从最低级到最高级，逐级训练，以达到心理适应，经过 9 次咨询，陈某听到锯条断裂已不感到恐怖。

三、认知心理学

认知心理学和认知治疗理论发展于 20 世纪五六十年代，这一理论的基本观点是：人的认知过程影响情感和行为；通过纠正不良认知，就能改善来访者的情绪和行为。经过多年的发展，认知治疗成为具有循证证据支持的有效的治疗

---

〔1〕 吴宗宪主编：《中国服刑人员心理矫治技术》，北京师范大学出版社 2010 年版，第 255~270 页。

方法。下面介绍贝克（Beck，A.）的认知治疗和艾利斯（Ellis，A.）的理性情绪疗法。

（一）贝克的认知治疗

1. 基本理论。贝克的认知疗法最初主要是针对抑郁症病人，他认为，抑郁症的核心是对自己、对他人、对世界和对未来的消极观念。这种消极的认知图式是关于自己和环境的过分僵化的信念，包括核心信念、中间信念等。抑郁症病人经过歪曲的、自动化的信息加工模式，就会产生抑郁情绪。因此，贝克提出了他的认知模型：歪曲的或失调的思维是所有心理障碍的基础；失调的思维也对人们的情绪和行为有重要影响。贝克将歪曲的或功能不良的思维模式归类为：全或无思维、灾难化、去正性化、情绪推理、贴标签、夸大或缩小、选择性提取、读心术、过度概括、个人化等。这些消极自动思维使来访者无法正确地对待周围事物和自己，用有色眼镜去观察周围，因此势必出现情绪困扰。

2. 治疗技术。用认知疗法对来访者进行咨询与治疗时，首先是监控来访者的自动化思维，明确负性自动化思维在何时、何地出现。通过这样的练习，让来访者学会辨识负性自动化思维。其次运用苏格拉底式提问等技术评价自动化思维，运用思维记录表或思维自检工作表对负性思维进行检控与调整。最后进行认知概念化，并识别中间信念与核心信念；运用核心信念工作等技术矫正信念，发展起新的核心信念，最终实现消极认知改变，进而改善情绪，消除症状，实现治疗目标。

（二）艾利斯的理性情绪疗法

理性情绪疗法又称合理情绪疗法，其主要观点是：人生来就具有理性以及非理性的思维，有利于和不利于生存的生活态度，因此人表现出双重性，既能保护自己、与人交往、自我实现等，也会逃避现实、因循守旧、逃避成长。心理咨询与治疗就需要矫正非理性信念、不合理的情感以及不合理的行为。理性情绪疗法的核心理论是 ABC 理论。

1. ABC 理论。在 ABC 理论中，A 代表诱发事件；B 代表个体对这一事件的看法、解释和评价，即信念；C 代表继这一事件后，个体的情绪反应和行为结果。一般情况下，人们都认为是外部事件 A 直接引起情绪和行为反应的结果 C。但理性情绪疗法不这样看。ABC 原理指出，诱发事件 A 只是引起情绪和行为反应的间接原因，人们对诱发事件所持有的评价、看法、解释，即 B 才是引起人的情绪和行为反应的更直接的原因。例如，两位员工一起走在路上，迎面碰到他们的主管，但对方没与他们打招呼，径直走了过去。两人中的一人对此的想法是："主管可能正在想事情，没注意我们。就算是看到了我们而没有理睬我们，可能是有特殊的原因。"另一人却有不同的想法："主管肯定是故意这样做的，他看不起我。他有什么了不起，这样做太过分了！我一定要问个明白。"这样两人的情绪与行为反应就会不同，前者可能无所谓，该干什么就干什么；而后者就会怒气冲冲，以至于无法平静下来做事。从这个例子可以看出，对于同样一个诱发事件，不同的看法可以导致不同的结果。如果 B 是合理的、现实的，那么由此产生的 C 也是适应的；反之，非理性的信念就会产生情绪困扰和不适应的行为。ABC 理论认为，个体认识系统存在的非理性、不现实的信念，是导致其情绪障碍和神经症的根本原因。

非理性信念有许多，可归纳为三类：①绝对化要求。这是不合理信念中最常见的，人们以自己的主观意愿作为判断，认为某个事情必定会发生或必定不会发生。这种信念常常与"应该""必须"相联系。比如，有的父母认为 3 岁前的孩子每天晚上必须在 8：30 之前哄睡着；某女青年认为自己的男朋友应该每天送花。②过分概括化。用一种以偏概全的思维方式来认识事物，比如看到对方的某个错误，就认为对方一无是处。③糟糕至极。出现了一件不好的事情，便认为是非常糟糕，要出现灾难性的结果。

2. 理性情绪疗法的基本技术。理性情绪治疗过程可以用 ABCDE 模式来表示：A——诱发性事件；B——由 A 引起的信念（对 A 的评价、解释等）；C——情绪和行为的后果；D——与不理性的信念辩论；E——通过治疗达到新的情绪及行为的后果。这里关键是 D，即与不理性信念的辩论。理性情绪疗法是一种整合式治疗法，根据当事人的情形采用认知技术、情绪技术和行为技术多种治疗方法。常用的理性情绪治疗技术主要有：与不合理信念辩论、合理情绪想象、认知家庭作业等。

（1）与不合理信念辩论。这是理性情绪疗法最常用的方法，来源于古希腊哲学家苏格拉底的辩论法，即所谓"产婆术"的辩论技术。苏格拉底的方法是让你说出你的观点，然后依照你的观点进一步推理，最后引出谬误，从而使你认识到自己先前思想中不合理的地方并主动加以矫正。这种辩论的方法是指从科学、理性的角度对来访者持有的关于他们自己、他人以及周围世界的不合理信念和假设进行挑战和质疑，以动摇他们的这些信念。

与不合理信念辩论是一种主动性和指导性很强的认知改变技术，它不仅要求咨询师对来访者所持有的不合理信念进行主动发问和质疑，也要求咨询师指导或引导对方对这些观念进行积极主动的思考，促使他们对自己的问题深有感触。这样做比来访者只是被动地接受咨询师的说教更有成效。

（2）合理情绪想象技术。来访者的情绪困扰，有时就是他自己向自己传播的烦恼。例如，他经常给自己灌输不合理信念，在头脑中夸张地想象各种失败的情境，从而产生不适当的情绪体验和行为反应。合理情绪想象技术就是要帮助来访者停止传播不合理信念的方法，具体步骤可分为以下三步：

第一，使来访者想象进入到产生过不适当的情绪反应或自我感觉最受不了的情境之中，让他体验到强烈的负性情绪反应。

第二，帮助来访者改变这种不适当的情绪体验，并使他能体验到适度的情绪反应。这常常是通过改变来访者对自己情绪体验的不正确认识来进行的。

第三，停止想象。让来访者讲述他是怎样想的，自己的情绪有哪些变化，是如何变化的，改变了哪些观念，学到了哪些观念。对来访者情绪和观念的积极转变，咨询师应及时给予强化，以巩固他在理性情绪治疗中所获得的新的情绪反应。

（3）认知家庭作业。认知性的家庭作业实际上是咨询师与来访者之间的一次咨询性辩论结束后的延伸，即让来访者自己与自己的不合理信念进行辩论，主要有两种方式：合理情绪治疗的自助量表（RET 自助表）和合理自我分析报告。

合理情绪治疗自助量表是先要求来访者写出事件 A 和结果 C；然后从表中列出的十几种常见的不合理信念中找出符合自己情况的 B，或写出表中未列出的其他不合理信念；要求来访者对 B 逐一进行分析，并找出可以代替那些 B 的合理信念，填在相应的栏目中；最后一项，来访者要填写他所获得的新的情绪和行为。完成 RET 自助表实际上就是来访者自己进行 ABCDE 工作的过程。

合理自我分析报告和合理情绪自助量表类似，也是要求来访者以报告的形式写出 ABCDE 各项，只不过它不像 RET 自助量表那样有严格规范的步骤，但报告的重点要以 D，即与不合理信念的辩论为主。

（三）认知疗法咨询案例

罪犯王某，35 岁，因盗窃被判处有期徒刑 5 年 8 个月。王某犯罪前在浙江打工，也做点小生意。入狱后改造至今刑期过半，但因改造表现不好，未减一天刑。王某曾在看守所自杀；入狱后因不服民警管教曾攻击民警；同时因对判决不服扬言出狱后要报复社会，因此，王某存在高自杀、高暴力、高再犯风险。

咨询师在一年零两个月的时间里对王某共咨询了 20 次。咨询分为三个阶段。

阶段一（第 1—3 次）：收集来访者信息，个案概念化，共同制订咨询目标和咨询计划；对自杀风险作初步干预。

明确来访者要求个体咨询的原因，共同讨论并建立"问题清单"，引导王某对问题进行重要程度和优先等级的排序；了解问题发生、发展的过程及相关因素，收集相关的个人成长史，形成初步的个案概念化。根据问题清单和个体概念化，共同讨论咨询目标，制订相应的咨询计划。按照风险的紧急程度，咨询师对王某的自杀风险首先进行初步干预。对王某在看守所的自杀行为作简要回顾，然后一起讨论针对某种特定情境，除自杀之外可做的其他选项，使王某明确在遇到困境时并非只有自杀一个选项。同时，向来访者提出"不付诸行动"的要求，即要求王某承诺在咨询过程中不发生、不实施自杀行为。

阶段二（第4—16次）：识别和挑战自动思维，讨论问题解决策略，针对中间信念和核心信念进行工作，激发来访者改变；对来访者的自杀、暴力、再犯风险展开认知治疗。

在个案概念化和咨询计划指导下，首先对自动思维进行识别、评估和挑战，这也是整个咨询的关键。例如，针对情景"身体不舒服向民警报告要求去医院看病，民警说知道了"产生的自动思维"我作不了自己的主""我的命运是我不能掌控的"等，咨询师运用思维记录表引导来访者辨认自己的自动化思维，运用功能失调性思维记录表引导来访者进行认知重建，来访者逐步形成新的认知"我身体不舒服，民警知道了，他会根据我的病情和监狱实际情况作出具体安排的；我自己也可以做些什么来改善身体状况。"由此难过与沮丧情绪减少。此阶段还运用问题解决策略来处理王某与监狱民警及同犯沟通不良的问题；通过行为实验技术，鼓励王某与民警及同犯多交流、多沟通，改善彼此关系，建立起新的社交圈子。

其次针对中间信念和核心信念进行工作，以实现来访者根本转变。经过前10次咨询，王某已经能有意识地使用学到的认知技术对自动思维叫"停"，并进行更全面、更合理的分析，日常的负面情绪有了较好的改善。同时，王某也进一步思考，为什么自己总是在类似情境中，有如此习惯化的反应？这类问题提示针对信念工作的时机已经到来。运用"箭头向下技术"引导王某看到表层的自动思维与深层的核心信念之间的关系，再对不同情境的类似反应模式进行归纳，找出王某为了应对核心信念而发展出的中间信念，通过苏格拉底式提问、认知连续体技术、自我暴露等方法，引导王某形成适应性、功能性更强的规则和假设。最后，引导王某对形成和强化核心信念的因素进行探索，通过核心信念工作表、极端对比、重建早期记忆等技术对自我控制感及相应能力进行全面评估，实现信念矫正。同时，对王某的自杀、暴力、再犯风险进行强力干预。

阶段三（第17—20次）：巩固咨询效果，准备结束，预防复发。

随着咨询的进展，王某的问题有了明显的改善，最初的咨询目标基本达到；王某也在咨询中越来越多地参与并做出决定，初步担任起做"自己的咨询师"的角色，咨询结束的时机已经到来。在最后阶段，咨询师首先跟王某一起共同总结其在咨询中的收获，引导其将改变的因素再次与认知治疗的原理相结合并反复强化。鼓励王某在生活中持续比较新旧信念，并积极按照新信念行动。最后，与王某进一步展望对未来美好生活的期待，重点围绕不再重新犯罪进行了讨论，以及面对今后可能遇到的各种困境时的应对措施，防范重新犯罪。

四、人本主义

人本主义是心理学中的"第三势力"，是在反对弗洛伊德（精神分析）和行为主义中发展起来的，其认为心理学应当重视人性中的自由意志和人的价值。人本主义心理学主张把人的本性的价值置于心理学研究的核心，使心理学真正成为一门关于人的科学。大多数人本主义心理学家相信人的本性是善的，重视人的自我发展和成长，相信人是一种"正在成长中的存在"，因此成长是人性共有的特点。人本主义把人的潜能和价值作为心理学的研究对象，它强调要研究人自身的潜能和价值。罗杰斯（Rogers，C. R.）和马斯洛（Maslow，A. H.）是其中杰出代表。

人本主义治疗理论基本思想是：心理治疗不是去治疗病人的行为，而是要依靠来访者自己来进行自我探索，去发现和判断自我的价值，调动自己的潜能，认识自己的问题，从而改变自己的症状。咨询师只需为来访者提供适宜的环境和创设良好的氛围，给予来访者无条件的积极关注，对来访者的病情表示理解，设身处地为他着想，在这样的氛围中，来访者自己就可以得到改变与成长。罗杰斯认为治疗成功的关键不在治疗技巧而在咨询师对来访者的态度。

（一）理论基础

1. 对人的基本看法。任何人在正常情况下都有积极的、奋发向上的、自我肯定的无限成长潜力。如果人的自身体验受到闭塞和压抑，使人的成长潜力受到削弱或阻碍就会表现为心理病态和适应困难。创造一个良好的环境使他能够和别人正常交往、沟通并发挥潜力，从而来改变其适应不良的行为。

（1）人的主观性。每个人都有对现实的独特的主观认识，人们的内心是反对那种认为只能以单一的方式看待真实世界的观点。强调人的主观能动性，每个来访者都保存着他们对主观世界的能动作用。

（2）人的实现趋向。人本主义假定人身上有一种最基本的、统御人的生命活动的驱动力量。人类有一种成长与发展的天性，心理咨询与治疗应趋向此种人类天性。

（3）人性基本可以信赖。人基本上是诚实的、善良的、可以信赖的。这些特性与生俱来，而某些"恶"的特性则是出于防御的结果而并非出自本性。

人本主义认为，人最基本的生存动机就是全面地发展自己的潜能，以使自己成长并达到自我实现。这种积极的人性观与人生观对心理咨询与治疗行业具有积极的意义。它不把人看成是被潜意识（攻击与性）控制的人，也不把人当成是被外界现实环境控制的人（经典行为主义理论对人的认识），从而使心理学对人的认识、对人的内在本质的认识深化并全面起来。

2. 马斯洛的需要层次理论。人本主义心理学最著名的理论是马斯洛的需要层次说。这个需要层次金字塔的顶端是自我实现，尤其是实现人的创造价值，这是最高层次需要的目的和归宿之一。

马斯洛把人的需要分为五个层次，可概括为基本需要和发展需要两个大的部分。基本需要（因缺乏而产生的需要）：生理需要（空气、水、食物、住所、睡眠、性生活等）、安全需要、爱与归属的需要；发展需要（存在的价值）：自我尊重和他人尊重的需要、自我实现的需要。

马斯洛认为人类行为的心理驱动力不是性本能，而是人的需要。人在满足高一层次的需要之前，至少必须先部分满足低一层次的需要。第一类需要属于缺失需要，可引起匮乏性动机，为人与动物所共有，一旦得到满足，紧张消除，兴奋降低，便失去动机。第二类需要属于生长需要，可产生成长性动机，为人类所特有，是一种超越了生存满足之后，发自内心的渴求发展和实现自身潜能的需要。满足了这种需要个体才能进入心理的自由状态，体现人的本质和价值，产生深刻的幸福感，马斯洛称之为"高峰体验"。马斯洛认为人类共有真、善、美、正义、欢乐等内在本性，具有共同的价值观和道德标准，达到人的自我实现关键在于改善人的"自知"或自我意识，使人认识到自我的内在潜能或价值。人本主义心理学就是促进人的自我实现。

3. 罗杰斯的自我理论。罗杰斯认为，自我概念是人格形成、发展和改变的基础，是人格能否正常发展的重要标志。

罗杰斯将自我和自我概念做了区分。自我是一个真实的"我"，而自我概念则是对他自己的觉知和认识。当自我与自我概念的实现倾向一致时，人就达到一种理想的状态，即达到了自我的实现；而当"自我"得到的经验、体验与"自我概念"矛盾、冲突时，自我概念受到威胁，就产生了恐惧，通过防御机制否认和歪曲自身的经验、体验。当经验、体验与自我的不一致被知觉到时，焦虑就产生了。一旦防御机制失控，个体就会产生心理失调。

罗杰斯认为，只要人与人之间无条件真诚地尊重、关怀，个体就能够调节自己的经验，使自我更趋于理性，更完善、更成熟。

人本主义心理学在罪犯心理矫治中有其借鉴意义。心理矫治强调咨询师对来访罪犯的共情、积极关注、尊重、理解等，这与人本主义心理学的基本要求是一致的。

（二）求助者中心疗法的主要咨询技术

求助者中心疗法的技术主要是促进心理成长的三种技术。

1. 促进设身处地的理解的技术。咨询师对来访者的共情态度与理解可以从两个方面表示出来：一是咨询师的非言语行为，二是咨询师与来访者的言语交流。咨询师对来访者的各种体验能够感同身受，并且能够把这种感受反馈给来访者。可以让来访者感到被理解、被接纳，愿意深入地探讨自己的问题，同时也有利于来访者了解自我的真实情感，更深入地剖析自我，能够触及真正的自我。

2. 坦诚交流的技术。在咨询过程中，咨询师是一个真实的、统一的人。他必须是他本人，真诚地感受自己，没有隐藏在专业角色的背后，言行一致，如果情况允许，也可以真诚地表达自己。

3. 表达无条件积极关注的技术。无论来访者表现何种行为、何种情绪，咨询师都对来访者投入积极关注的情感，不做评价地、无条件地接纳他，相信来访者具有成长的潜力，相信他们具有自我指导的能力，支持他们去发展自己的潜力，支持他们发展独特的自我。

这三种技术都是围绕着与来访者建立开放、信任的相互关系而进行的，目的是帮助来访者达到自我了解和促进自我成长。

（三）人本主义疗法咨询实例

罗杰斯治疗抑郁症。[1]

罗杰斯运用爱以及共情技术体会来访者内心强烈的感情，并帮助来访者对自己的决定和判断负起责任。

　　来访者：我不知道是否我对事情是一知半解，而且并没有真正掌握它，不是真正认真地对待事情。

　　咨询师：也许你是在每一处都挖一下，而不是在某个地方真正地深入挖掘。

　　来访者：（缓慢地思考着）唔，对，是有这种成分，好啦，这实际上责任在我。我的意思是，看来我不能依靠他人给我指导。我必须真正自己体验。

　　咨询师：你开始真正理解了，认识到也许没有人能给你指导。

　　来访者：噢，（长时间停顿，思考）我有种害怕的感觉。（说完轻轻一笑）

　　咨询师：害怕？这是个令人担心的事情，你的意思是什么？

　　来访者：唔……（很长的停顿——显然她自己在进行感情斗争）

　　咨询师：关于你的意思，你想多说一些吗？这真正令你感到害怕吗？

---

〔1〕 郭念锋主编：《国家职业资格培训教程：心理咨询师（二级）》，民族出版社 2012 年版，第108~109 页。

来访者：（笑了）我不知道我是否很明白。我的意思是——看来我好像是在摆脱约束。（暂停）但似乎我是处于一种脆弱的状态中。可是，当我把这种感觉说出来，似乎在我还没有说时这种感觉就出现。这似乎是——我想摆脱的东西。

……

咨询师：你的意思是，说某些事情时，给你带来某种感觉，在说此时这种感觉很强烈。同时，正是你所说的害怕的感觉，是吗？

来访者：唔，我正这么感觉。例如，我感到这是一种起伏的感觉，或者是压抑下来或是释放出去。好像这是某种很大而强烈的感觉。然而，启动它几乎是一种单独释放出来的躯体的感觉，并且我已找到一种支援来阻止这种感觉。

咨询师：你觉得这种东西深沉、强烈而且向前涌动，与此同时，你感到好像是当你谈论它时，就会帮助你摆脱束缚。

来访者：唔，也许这就是我不了解的——我被困扰的一种模式——我认为。

咨询师：这种十分重要的模式有几分动摇了。

来访者：噢，（停顿，慎重地却是坚定地）我想，我不太了解，但我有种感觉，我打算开始多做我认为应该做的事，还必须……有许多我需要做的事情。看来我的生活途径有多种，我必须采取新的行为方式，但是，也许我认识到自己在某些事情上能做得更好。

 学习任务三 **罪犯心理矫治的学科理论基础**

【案例】1-3

罪犯张某，18岁，文盲，因抢劫罪被判处有期徒刑3年。该犯无生产技术，在建筑工地做搬运水泥等工作挣钱维持生活，因被他人教唆利用而抢劫钱物。入监改造后，监狱评估发现该犯家庭养育方式不良，又缺乏正规的学校教育，因而社会化程度低、认识能力低下、自我意识不良、是非观念不清、价值观念错误。对此监狱制订个别化矫正方案，安排他进入扫盲班学习并参加适合他今后谋生的技能学习，开展社会规范教育以实现再社会化，同时开展心理重建工作，帮助他树立正确的价值观念和是非观念，提高自我意识水平，提高识别能力，防止重新犯罪。

【思考】

在本案例中，监狱制订的个别化矫正方案，除了心理方面的内容，还开展了文化、技术与思想方面的教育矫正活动，另外还涉及再社会化知识等，因此，罪犯心理矫治常常需要结合运用其他学科知识，以共同发挥教育矫正功能。

罪犯心理矫治特别是心理矫正在开展具体工作时，常常需要依靠心理学以及其他许多学科知识共同发挥作用。罪犯心理矫治的学科基础除了心理学各门具体学科理论，还包括其他诸多学科理论如哲学、法学、犯罪学、社会学、教育学、伦理学、生理学、精神病学等，特别是教育学、社会学与犯罪学学科理论，是罪犯心理矫正所必需。

一、罪犯心理矫治的心理学基础

心理学是研究人的心理现象与行为规律的一门科学。心理矫治之心理学科基础，主要有普通心理学、社会心理学、发展心理学、变态心理学、健康心理学、心理测量学、咨询心理学等。

普通心理学，是整个心理学大厦的基础。普通心理学中的心理学基本概念，不仅是学习其他心理学知识所必需，也是心理矫治工作者相互顺利交流的学科语言基础。学习普通心理学，要注意掌握一个基本理念，就是个体的心理与生理是相互作用的，应建立身心一体观的思想认识。

发展心理学，是关于个体一生心理发展变化的理论知识。艾里克森等学者的心理发展阶段理论[1]是重点。同时，要关注儿童期、少年期以及青年期心理发展理论，以及这些发展阶段心理的不良发展与犯罪的关系。这是分析犯因性问题和开展矫正需求评估的重要内容。

社会心理学，是研究社会情境中人的心理与行为规律的科学。人从出生时的自然人发展成为一个社会人，需要经过社会化，形成正确的社会角色。社会化失败是造成个体犯罪的重要原因。这是分析犯因性问题的又一途径。

变态心理学，是研究心理与行为异常表现的学科。对罪犯异常心理的诊断评估，是开展心理矫治工作的基本内容。调适罪犯的心理不健康状态，是监狱心理咨询师的工作范围。

犯罪心理学，是研究犯罪人的犯罪心理形成、发展和变化规律的一门学科。犯罪心理是罪犯心理矫治的主要内容之一，是心理矫正工作的"标的物"。个体犯罪心理形成的影响因素与过程分析、犯罪心理内容分析，是其中最主要的内

---

〔1〕［美］赫根汉：《人格心理学导论》，何瑾、冯增俊译，海南人民出版社 1986 年版，第 155~172 页。

容，是心理矫治工作者需要掌握的基本功。

罪犯心理学，是研究在刑罚执行条件下罪犯的心理与行为规律的学科。犯罪人经拘捕、受审与判决，最后进入监狱服刑，由于受监狱这一特定环境的影响，罪犯的心理与行为会产生一定的特异性。心理矫治民警应关注这种特异性。

二、罪犯心理矫治的教育学基础

教育学是研究人类教育现象和教育问题，揭示一般教育规律的学科。教育现象与教育问题，有教育本质，教育、社会、人三者关系问题，教育目的与内容，教育实施的途径、方法、形式以及它们间的相互关系，教育过程，教育主体，教育制度，教育管理等。

教育的本质是实现人的全面发展。然而，犯罪人在自身成长过程中由于接受教育少，往往得不到全面发展，表现为受教育少，知识贫乏，因而认识能力低下，个体素质的基本面存在缺陷。这是造成个体犯罪的内在主要原因之一。

罪犯心理矫治工作应当符合教育的规律。监狱教育矫正工作的目的之一，应当是朝着人的全面发展去筹划。同时，对罪犯开展的所有矫正活动，都应当选择合适的教育途径，选择符合罪犯身心发展的教育方法与形式。只有这样，才能使矫治工作事半功倍。对罪犯教育过程的管理与实施，亦应当符合教育管理的规则与要求。监狱教育矫正工作中要注意避免违反教育规律。

三、罪犯心理矫治的社会学基础

社会学是研究社会行为的科学。个体成长过程是获得合适的社会行为的过程。而犯罪行为，是一种不合适的社会行为，社会学称之为越轨行为。犯罪行为是社会学研究领域之一。

社会化是社会学最重要的概念之一。它是指个体通过与社会的交互作用，适应并吸收社会的文化，成为一个合格的社会成员的过程；也是个体通过学习，获得知识、技能与规范，培养社会角色，成为一个社会人的过程。

许多罪犯知识、技能不足，规范意识差，是社会化过程的失败者，因而需要再社会化。再社会化是指用补偿教育或强制方式对个人实行与其原有的社会化过程不同的再教化过程。监狱、未成年犯管教所、公安看守所等矫正机构所实施的就是强制再社会化过程。它是再社会化的主要形式之一。矫正工作人员可以从个体社会化的结果（知识技能与规范、社会角色）角度来分析罪犯的犯因性问题。

四、罪犯心理矫治的犯罪学基础

犯罪学，是研究犯罪现象与行为的学科。研究犯罪现象可区分为宏观与微观两个层面。从社会角度、社会层面来研究犯罪现象及其规律的，称之为宏观犯罪学。从个体角度、个体层面来研究犯罪现象及其规律的，称之为微观犯罪学。从矫治工作需要出发，矫正工作人员应更重视学习掌握从个体层面研究犯罪现象规律的微观犯罪学理论。这些理论知识中，有两部分内容更为重要：一是国内外的犯罪学理论，如理性选择理论、差异交往理论、紧张理论、社会控制理论、标签理论、冲突理论等；[1]二是有关犯罪原因的理论，即影响个体犯罪的因素，一般包括社会因素、生理因素、心理因素等。影响个体犯罪的社会环境因素主要有家庭、学校、社区邻里和工作单位等。这是分析罪犯犯因性问题、开展矫正需求评估时应把握的基本维度。而对个体犯罪的生理因素与心理因素的分析，即犯因性生理与心理问题的把握，是罪犯心理矫正工作中非常重要的内容。

五、罪犯心理矫治的其他学科基础

哲学是世界观与方法论，是关于世界的本质、发展的根本规律、人的思维与存在的根本关系的理论体系。马克思主义哲学是我国各项工作的指导思想。哲学的根本问题是思维和存在、精神和物质的关系问题。存在决定意识，意识对存在有能动的反作用，这一哲学的基本命题，不仅是我国罪犯心理矫治工作的哲学基础，而且也可以用于指导具体的矫正工作。比如，正常与异常心理的判断，当罪犯的意识不是反映存在状态，而是罪犯臆想的，违反了存在决定意识的规律时，那么其心理就是异常的。意识对存在的能动作用，要求矫治工作人员在开展罪犯心理矫治时要注意罪犯的能动作用，考虑到罪犯内在的思想与心理。那种不考虑罪犯的能动作用，只按照矫治工作人员的意愿去行事的做法，违反了哲学的基本规律，必然影响工作的成效，甚至造成工作的无效。另外像"内外因作用规律"，即外因是事物变化的条件，内因是事物变化的根据，外因通过内因起作用。在教育矫正罪犯现实中，常常会遇到罪犯对自身犯罪行为过于强调客观影响因素的情形。对此，矫治民警可以根据这一哲学规律予以分析与指导。再如普遍联系的观点，要求矫治工作人员在分析罪犯的犯罪原因时，一定要按照多因素交互作用的观点去分析。从单一因素角度去探寻罪犯的犯因性问题，往往会得不到正确的结论，会阻碍罪犯心理矫治工作的有效开展。

习近平新时代中国特色社会主义思想是当代中国马克思主义、二十一世纪马克思主义，是国家政治生活和社会生活的根本指针。监狱机关各项工作包括心理矫治工作必须以习近平新时代中国特色社会主义思想为指导，坚持好、运用好习近平新时代中国特色社会主义思想的世界观和方法论。即必须坚持人民至上、必须坚持自信自立、必须坚持守正创新、必须坚持问题导向、必须坚持

---

〔1〕 可参见江山河：《犯罪学理论》，格致出版社、上海人民出版社 2008 年版。

系统观念、必须坚持胸怀天下。[1]"六个坚持"体现了对整个世界以及人与世界关系的总的看法和根本观点，也体现了认识世界和改造世界的方法论要求。罪犯心理矫治作为改造罪犯的基本手段之一，必须遵循这一方法论的要求。比如，在坚持守正创新上，由于心理矫治的许多理论是由国外心理学家创立的，我们在运用这些理论时必须与中国实际相结合，坚持洋为中用，而不能生搬硬套。同时，我们要积极探索具有中国特色的心理矫治理论与方法，做到罪犯心理咨询与矫正工作的创新发展。而坚持问题导向则是罪犯心理矫治工作的重要方法论，所有的罪犯心理咨询与矫正工作，都必须坚持问题导向，要以罪犯真实存在的心理与行为问题作为矫治的目标，而不能无的放矢。在罪犯心理矫治工作中坚持系统观念具有特殊意义。首先，这是认识罪犯心理的重要方法论，因为罪犯心理是一个相互联系与相互作用的复杂系统，必须要以系统思维来实现对罪犯心理的科学认识。其次，这是开展罪犯心理矫治工作的重要方法论。不仅因为心理矫治的各种方法技术要联合起来系统运用，而且要成功改造罪犯，必须思想教育、心理矫治、行为矫正等各方面工作系统发力，才能收到良好的改造效果。

法学是研究法、法的现象以及与法相关问题的一门学科，是关于法律问题的知识和理论体系。法的重要特征之一就是它的社会规范性，它是一种普遍的、明确的、广泛适用而具有约束力的社会规范，因此它不是一般的社会规范，不同于对人的行为有相当约束作用和影响力的社会习惯、道德等社会规范。这根本在于法是由国家制定和颁布并由国家强制力保证其实施且具有普遍约束力这一重要特征所决定的。因此，个体行为有其底线，这就是法律法规。人的行为不能突破法律法规这个底线。这是教育罪犯必须明确的基本法制观念。又如刑法中的罪刑相适应原则。它是指犯多大的罪，就应当承担多大的刑事责任，重罪重罚，轻罪轻罚，罪刑相称，罚当其罪。罪刑相适应原则的内容：①刑罚的轻重应当与犯罪人所犯罪行相适应；②刑罚的轻重应当与犯罪人的人身危险性相适应。在矫正现实中，罪犯对所犯罪行与刑罚的关系认识常常不准确，许多罪犯认为自己刑罚过重，需要矫治民警按照这一原则给予讲解与指导。

伦理学是以道德现象为研究对象的一门学科。人类社会的道德现象包括道德活动现象、道德意识现象以及与这两方面有密切关系的道德规范现象。所谓道德活动现象，主要指人们的道德行为、道德评价、道德教育、道德修养等，以及个人和社会、民族、集体的道德活动；道德意识现象指个人的道德情感、道德意志、道德信念，以及各种道德理论和整个社会的道德意识；道德规范现

---

〔1〕 本书编写组编著：《党的二十大报告辅导读本》，人民出版社2022年版，第17~19页。

象一般指人们在社会实践中形成的应当怎样或不应当怎样的行为原则和规范，是调整人和人之间关系的伦理要求或道德准则。罪犯的犯罪行为一般来说都是违反伦理道德的。而且许多罪犯的是非观念、道德观念往往是颠倒的、错误的，需要根据人类社会的道德规范、社会主义的道德规范给予指导与规正，以帮助他们树立正确的是非、价值观念。

人体生理学，简称生理学，是以生物机体的生命活动现象和机体各个组成部分的功能为研究对象的一门学科。人体生理学的任务就是研究构成人体各个系统的器官和细胞的正常活动过程，特别是各个器官、细胞功能表现的内部机制，不同细胞、器官、系统之间的互相联系和相互作用，并阐明人体作为一个整体，其各部分的功能活动是如何相互协调、相互制约，从而能在复杂多变的环境中维持正常的生命活动过程。生理是心理的物质基础，心理现象以及个体的犯罪心理与行为，都离不开个体的生理基础而存在。整个人体可分为八个系统：运动系统、循环系统、呼吸系统、消化系统、泌尿系统、生殖系统、神经系统和内分泌系统。与心理现象关系最密切的是神经系统与内分泌系统。对个体犯罪现象的分析以及罪犯心理矫治工作的生理维度思考，是国内犯罪学研究与矫正工作中需要加强的。

人作为一个整体，作为研究对象，可以从多角度、多视角来分析，不同的角度可以发展起不同的研究领域、研究内容，发展起不同的学科范畴。而其中系统、协同的观点，在运用学科理论去分析与矫正罪犯时需要给予应有的重视。

本章小结

1. 罪犯心理矫治是指监狱心理矫治专业人员和社会心理学工作者运用心理学的理论与技术，准确评估罪犯心理状况，帮助罪犯解决心理问题，治疗心理障碍和心理疾病，开展心理危机干预，矫正犯罪心理，以促进罪犯心理成长，使其不再重新犯罪的活动。心理问题、心理障碍（心理疾病）、犯罪心理、心理危机以及心理成长是罪犯心理矫治的工作内容。罪犯心理问题对应于心理咨询工作模式，罪犯心理障碍（心理疾病）对应于心理治疗工作模式，罪犯犯罪心理对应于心理矫正工作模式，罪犯心理危机对应于危机干预工作模式，罪犯心理成长对应于心理矫治综合模式。

2. 罪犯心理矫治的心理学理论基础主要是四大学派。精神分析认为早年经历与创伤成为潜意识会影响个体当前心理生活，潜意识意识化就能实现心理矫治。行为主义认为条件反射是心理的内在机制，以新的条件反射代替旧的条件反射就可以矫治个体心理与行为。认知心理学认为决定人们情绪与行为的不是事件本身而是对事件的认知，改变认知就能矫治情绪与行为。人本主义认为人性是善的，要重视人的价值与潜能；个体自身存在改变的内在因素，只要给予无条件积极关注就能激发个体内在潜能从而改变其心理与行为。

3. 罪犯心理矫治的学科理论基础既包括心理学各分支学科，亦包括其他相关学科理论特别是犯罪学、教育学与社会学理论。

问题思考

1. 如何正确理解罪犯心理矫治的概念？其工作内容是什么，工作模式是怎样？

2. 罪犯心理矫治的心理学理论基础有哪些？试选择其中的一个流派结合案例作简要分析。

3. 谈谈你对罪犯心理矫治学科理论基础的理解。

拓展阅读

1. 邵晓顺主编：《服刑人员心理矫治：理论与实务》，群众出版社 2012 年版。

2. 吴宗宪主编：《中国服刑人员心理矫治技术》，北京师范大学出版社 2010 年版。

3. 章恩友编著：《罪犯心理矫治》，中国民主法制出版社 2007 年版。

专题二　罪犯心理构成

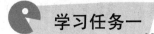　　**学习任务一**　　罪犯心理静态分析

【案例】2-1

　　罪犯李某，男，25岁。朋友聚餐时与邻桌发生争执，将邻桌一人殴打致死后逃离。潜逃5年后李某自首，因故意伤害致人死亡被判10年有期徒刑。李某入狱后表现较好，但是情绪极为不稳定，有时顶撞警官，抗拒改造；有时又在家人与警官的帮教下悔恨落泪。李某自述父母经常外出打工，小时候由爷爷奶奶抚养长大。初中后随父母外出读书，父母工作劳累一天回家后，经常拿他出气，致使其经常离家出走。李某还自述天资不好、成绩不佳不愿上学，常因逃学而遭父亲殴打。之后，他因迷恋网游实在无心念书而退学，结交不良朋友混迹社会，经常出入娱乐场所，好斗逞勇，被治安拘留多次却屡教不改，直到发生惨剧后才悔恨不已。

【思考】

　　通过上述案例，我们发现，罪犯李某犯罪心理的形成受诸多因素的影响，那么：①李某犯罪心理的形成主要受哪些因素的影响呢？②入狱后，该罪犯的矫正心理是积极的、消极的还是抗拒的呢？

　　罪犯因违法犯罪由审判机关依法裁定，进入监管场所接受刑罚处罚。面对严格的监规纪律，罪犯原有的常态心理和犯罪心理，在刑罚环境和刑罚执行活动的影响下，在其特有的认知过程、情感特点、意志特征、心理状态、需求欲望、价值取向和人格特征的作用下，逐渐产生刑罚心理和矫正心理，最终形成罪犯心理。

　　概括地说，罪犯心理是罪犯在接受刑罚处罚的过程中，在常态心理和犯罪心理的基础上，受服刑环境的影响所产生的复合心理，包括常态心理、犯罪心理和服刑心理三个部分，服刑心理又包含了刑罚心理和矫正心理。罪犯心理是在常态心理、犯罪心理和服刑心理相互影响、相互作用下形成的，是罪犯服刑期间行为表现的内在依据。如图 2-1 所示：

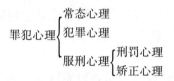

图 2-1　罪犯心理静态结构图

一、罪犯常态心理

　　罪犯常态心理是罪犯作为一个社会人而存在的、与社会正常人群一样的心理现象。罪犯虽然与正常人心理存在较为明显的差异，但仍然具有正常人的物质和精神需要，在心理过程和心理特征所遵循的规律等方面，也与正常人有相同之处，罪犯同样具有社会正常人群所具有的各种心理现象。

　　常态心理是罪犯心理的重要组成部分，是其接受教育矫治的基础。罪犯的常态心理既有与社会正常人群在心理内容及心理形成发展规律上的一致性，也有在承受刑罚处罚情形之下的特殊性。

　　（一）罪犯和守法公民心理上的一致性

　　1. 罪犯和守法公民在心理产生机制和心理活动内容等方面存在一致性。从心理机制上看，两者都是神经系统的反射活动，都是对客观现实的主观能动的反映；从心理内容上看，感知觉、记忆、思维、情绪情感、意志行为等心理现象都来源于外界客观现实，二者都会有诸如"喜怒忧思悲恐惊"的情绪反应以及需要、动机、兴趣、理想、信仰等个性倾向。

　　2. 罪犯和守法公民都经历基本相同的社会生活。二者都在社会环境中生活，接受自身周围的社会环境刺激，在社会生活的范围、内容、方式等方面存在相同之处；二者的成长过程和心理发展程度亦有相同之处。

　　3. 罪犯和守法公民接受基本相同的社会教化。两者都经历了基本相同的社会化过程，学习知识、技能和社会规范，接受家庭、学校和社会的教育和影响，形成基本的人生价值观和世界观。

（二）罪犯心理的特殊性

1. 在心理内容上，罪犯常态心理具有显著的"监狱化"特点。罪犯的某些需要比守法公民表现得更为强烈。如吃、喝等基本生活需要被强化，而自尊等需要被弱化。

2. 在满足需要的途径上具有特殊性。在需要的满足方式上，罪犯常常以压抑、代偿、幻想等方式寻求心理的平衡、满足和解脱，如性需求常常以相互交流以往的性经验和性体验或通过同性恋行为来满足。

3. 在需求的满足程度上，较社会守法公民要低。如罪犯的人际关系，是在矫正过程中形成的、建立在个人情感基础上的相互联系，他们的人际关系要受到某些限制，不能随意发展，有些甚至被禁止。这与守法公民在社会生活中具有情感性、直接性和个人性的人际关系明显不同。

二、犯罪心理

犯罪心理是影响和支配犯罪人实施犯罪行为的各种心理因素的总称。这些因素包括认知、情感、意志、性格、兴趣、需要、动机、理想、信念、价值观以及心理状态等主观范畴[1]。犯罪心理与犯罪行为密切相关，犯罪行为是犯罪心理的外在表现，犯罪心理并非一定导致犯罪行为，但犯罪行为必然是在犯罪心理的影响和支配下进行的。

（一）犯罪心理形成的主要理论及其影响因素

1. 主要理论。犯罪心理的形成是多种因素相互影响、相互制约、相互渗透的复杂过程。对此，国内外有许多流派与观点。国外的主要理论流派有：犯罪生物学派、社会学派、心理学派、学习理论和多元理论等。国内的主要理论观点有：外因论、内因论、内外因论、聚合效应论和综合动因论，他们都从各自的理论视角，探讨犯罪心理的形成。其中影响较大、具有代表性的主要理论观点是，社会学派中的聚合效应论和综合动因论，犯罪生物学派中的遗传论观点和心理学派中的本能冲动说等。

聚合效应理论认为，引起犯罪心理的诸多因素的作用（主要因素的作用、次要因素的作用、主要因素与次要因素相互影响产生的增效作用）聚合在一起，产生犯罪心理活动的效应。[2]该理论强调，分析犯罪心理的形成过程，不仅要抓住对特定的犯罪主体起主要影响作用的因素，而且要注意各种因素的相互作用。

---

〔1〕 罗大华、何为民主编：《犯罪心理学》，中国政法大学出版社2007年版，第51页。

〔2〕 李世棣等编著：《犯罪心理学》，中国人民公安大学出版社1986年版，第49页。

综合动因论由罗大华教授等提出，他们认为"个体犯罪原因是一个整体系统，这个整体系统是由若干相互联系和相互作用着的主体内外因素所构成的，形成多层次多维度的原因网络结构。犯罪综合动因论注重个体犯罪原因的整体性、层次性、结构性和动态性，认为人之所以犯罪，是多种主体内外因素综合的互为动力作用的结果。"[1]

遗传论观点由意大利学者龙勃罗梭提出，他通过对死囚犯的尸体解剖研究，提出天生犯罪人的观点，认为人之所以实施犯罪行为，主要是由于生理遗传因素。

本能冲动说由弗洛伊德提出，他认为"力比多"是犯罪心理产生的唯一根源，是一切犯罪的源动力。精神分析理论把人格结构分为本我、自我和超我三个层次，认为犯罪行为的发生是由于自我对超我的控制减弱，本我的力量过于强大所致，是幼儿时期就有的性冲动和超我控制不平衡的表现。

2. 主要影响因素。犯罪心理的形成受诸多因素的影响，如社会环境因素、个体因素、自然因素和情境因素等，如图2-2。

（1）社会环境因素，主要包括社会变革、社会转型或者国际局势变化等导致的社会失范、贫富不均、利益冲突、人际冲突、心理失衡等，诱使一些人出现自我意识和社会意识的剧烈冲突，致使自我控制能力减弱，背离社会道德准则，甚至触犯法律走上犯罪道路。

（2）个体因素包括个体的生理因素、心理因素和行为因素。

个体不同的生理特征，如不同的遗传特性、年龄和性别的差异、体质的特性等，都会使个体产生不同的犯罪心理，实施不同的犯罪行为。个体的生理特征是犯罪心理形成的基础，是犯罪心理形成的相关因素，但不是决定性因素。

个体的心理因素，主要指个体认知、情感、智能及其人格方面的不良心理品质。这些消极的心理因素，容易导致个体对客观现实做出消极的反应，导致犯罪行为的发生。主要包括认知偏差、情绪失调、智力低下和人格缺陷等。

认知偏差，主要是指感觉失实、知觉失真、思维倒错等造成个体分辨是非能力降低，导致犯罪心理和行为的发生。情绪失调，是指一些负性的情绪导致非理性的、冲动性的消极行为的发生，如在愤怒情绪支配下，造成个体丧失理智，难以自控，实施凶杀、伤害等犯罪行为。智力低下，从司法实践看，虽然智能的高低并非导致个体犯罪的决定性因素，但它也确实影响了犯罪概率和犯罪类型。人格缺陷，包含两个方面的含义：一是个体的性格、气质特征，如暴力罪犯中胆汁质的人多见，盗窃罪犯中黏液质的人多见。外向型性格更多地发

---

〔1〕 罗大华、何为民主编：《犯罪心理学》，中国政法大学出版社2007年版，第117页。

生攻击性犯罪，内向型则更多地发生隐蔽性犯罪；二是变态的人格，如反社会型人格、偏执型人格、情绪不稳定型人格犯罪率多于正常个体。

行为因素主要指个体某些不良的行为活动，诸如不良的行为习惯与定势、不良的行为内容以及模仿不良的行为模式等。这些行为活动，必然导致个体行为的导向出错，导致犯罪心理的形成和犯罪行为的发生。

（3）自然因素是指促成犯罪心理形成的各种自然环境和条件，如地理条件、社区环境、时间因素、天气状况、气候季节因素、自然灾害等。自然因素只有与个体原有的生理因素、心理品质和社会因素相结合，才能对犯罪心理的形成具有实际意义。

（4）情境因素是指与犯罪有关的现场的客观场景因素，包括被害人因素、现场其他人因素和现场的氛围等。如犯罪人的体态及语言、犯罪机遇、受害人的不当刺激、现场其他人的态度、受害人的反抗程度等。

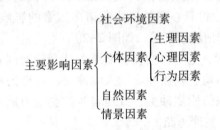

图 2-2　犯罪心理形成的主要影响因素示意图

（二）犯罪心理的形成过程和形成模式

1. 犯罪心理形成的一般过程。对于绝大多数犯罪人而言，犯罪心理的形成是一个渐进的、自觉的过程，主要包括：强烈欲求与满足方式的选择、品德缺陷与抑制力的缺乏、萌发犯罪意向、形成犯罪动机和确定犯罪目的、形成犯罪决意。

犯罪人的个人需要与社会需要往往处于对立的地位，并且这种需要大多是畸形的、膨胀的。犯罪人的心理需求既有强烈的常态欲求，也有非常态的欲求。强烈的常态欲求并非坏事，问题在于犯罪人常常采取非法的手段来满足。另外，一些犯罪人的欲求不但强烈，而且膨胀和畸形，是法律禁止的变态欲求，如吸毒、性淫乱等。犯罪人的心理需求与满足方式的选择是其犯罪心理形成的起点。

犯罪人采用非法手段满足自己的心理需求，与他的品德缺陷与抑制力缺乏有关，也就是说这些犯罪人往往存在人格缺陷，这是他们在社会化过程中的不足而导致的偏离社会规范的个性。正是因为他们具有明显缺陷的个性，在外界诱因的刺激下，便产生模糊的、朦胧的、没有特定指向的、从事犯罪活动的内心冲动，从而进入萌发犯罪意向的阶段。

但仅有犯罪意向还不足以着手实施犯罪。只有当行为人具有犯罪意向之后，在某些刺激或情景，如适合犯罪的条件，强化犯罪意向的情境与氛围，实施犯罪的机遇等因素的影响下，并在行为人自我调控机制的作用下，才会形成犯罪动机，明确犯罪目的。当行为人的犯罪动机和犯罪目的明确时，也就进入了犯罪决意阶段。犯罪的决意阶段，包括了犯罪行为手段的选择和犯罪行动时机的捕捉两个环节。至此，犯罪人犯罪心理正式形成。

2. 犯罪心理的形成模式。犯罪心理的形成模式，可分为常见模式和特殊模式两大类。

（1）常见模式又大体有渐变型、突发型、机遇型三种。

第一，渐变型是一种典型的犯罪心理形成模式，大多数的犯罪人都属于这种模式。这种犯罪心理的形成，常常经历了一个从量变到质变的过程，具有渐进性；同时，由部分质变到整体质变，具有渗透性；另外，从朦胧的犯罪意向到明确的犯罪心理形成，具有自觉性。以渐变的模式形成犯罪心理的犯罪人，他们从少年时期受到成长环境中不良因素潜移默化的影响，因错误的社会化而逐渐形成犯罪心理；或者是在其生活的某一阶段因受错误思想的腐蚀而形成犯罪心理。前者称为原发型，犯罪恶习深，矫治难度大；后者称为继发型，犯罪恶习浅，矫治难度相对低。

第二，突发型犯罪心理的形成具有突发性和情境性。行为人事先并无劣迹或预谋，往往在受到特定事件、环境或气氛的刺激后而实施犯罪行为；另外，犯罪人还会出现认知范围狭窄、意志薄弱，不能自控，因而具有情绪性。常见的突发式犯罪心理，由人际冲突、回避危险或特定气氛等三种情形引起，与犯罪人的社会化程度不足或心理品质的缺陷有一定联系。

第三，机遇型犯罪心理的形成模式是在犯罪人接触到了某种机遇后才产生的。犯罪人在接触到有利于实施犯罪行为的机遇之前并无犯罪意图。犯罪机遇是诱发犯罪人产生此种犯罪心理的关键因素。这类犯罪人又可分为机会型和境遇型两种，他们虽事先无犯罪意图，一般多系品德不良或有心理缺陷者，在遇到犯罪机遇时，经不起诱惑而起意犯罪。

（2）特殊模式在犯罪案例中所占比例较小，是指在实施犯罪行为时，意识状态比较模糊的一种犯罪心理形成模式，可分为习惯型、朦胧型和变态型三个类型。

第一，习惯型是指犯罪人在一定的情况下自动地实施某些犯罪行为的倾向。犯罪人的行为习惯有一定的潜意识性，有时会在潜意识状态下进行。需要特别指出的是，习惯型犯罪，受行为人整体意识水平支配，因此并非是犯罪人在完全的无意识状态下进行的行为。

第二，朦胧型是指行为人在其意识状态比较模糊的状态下，由犯罪意向直接引发犯罪行为。没有经过"强烈欲求与满足方式的选择、品德缺陷与抑制力的缺乏、萌发犯罪意向、形成犯罪动机和确定犯罪目的、形成犯罪决意"等阶段，其犯罪动机处于朦胧状态，没有被犯罪人清楚地意识到。

第三，变态型是指犯罪行为是由于犯罪人的变态心理而引起，由如偏执型人格、情绪不稳定型人格、反社会型人格，或是异装癖、恋物癖及其他性心理障碍等所引发。

（三）犯罪心理的类别及其特征

犯罪心理的特征，包括了犯罪人在犯罪过程中表现出来的认知、情绪情感、意志、需要、动机及个性等方面的内容。学者李玫瑾根据犯罪人不同的知、情、意和个性特征，将犯罪心理分为危险心结类和危险人格二种。

1. 危险心结类的犯罪心理。具有危险心结的犯罪人一般表现出以下特点：作案人的心智和社会性一直表现正常；成长与生活背景也相对稳定；情感活动表达正常甚至较为丰富；他们大多具有道德感和自觉能力；犯罪多具有意外性，有的犯罪还伴有严重暴力性和变态性；犯罪多具有令人意外性。[1]危险心结所引起的犯罪又可分为知结类犯罪、情结类犯罪和意结类犯罪。

（1）知结类犯罪心理。犯罪动机指向性明显或具体；具有正常心智下的认识狭窄性；犯罪多带有报复性；人格大多具有偏执性；心结多与日常挫折有关。这类人更容易在人际冲突中遭受挫折并产生强烈的愤怒情绪，当愤怒累积到一定程度时，就会因为一些微不足道的小事而爆发激烈的情绪。

（2）情结类犯罪心理。其表现更为复杂，一般具有以下特征：犯罪动机具有发泄与泛化性；具有正常心智的情感孤独性；犯罪多有表达性与满足感；犯罪呈现"并非错乱"的疯狂；心结多与情感创伤有关。这类犯罪人的情结可以追溯到其在依恋期的心理经历，发生在青年期至成年期的异常犯罪；情结可以源自其父母在孩子依恋期的各种无心之错。这类犯罪人的情感创伤，最初的体验是孤独、恐惧、无助和失败，当他们长大成人后，原先的孤独变成了对周遭人物的敌视感，害怕某种对象的恐惧感变成了愤怒感，曾经无能和失败变成了强悍和强暴。所以情结类的犯罪，犯罪人表达往往是与其原来表现相反的情绪感受或行为表现。

（3）意结类犯罪心理。犯罪动机往往令人费解；具有正常心智下的心理遮掩性；犯罪具有隐秘和谋划的特点；行为人具有人格保守性；意结多与潜意识

---

〔1〕 李玫瑾：《犯罪心理研究——在犯罪防控中的作用》，中国人民公安大学出版社 2010 年版，第 119 页。

内容有关。这类犯罪人看起来是一个具有正常心理的人，却实施令人困惑的犯罪行为，让人感到匪夷所思，难以道出其犯罪的缘由。这类犯罪人内心的愤怒和冲突，或不自知或不想自知而迁怒于他人的愤怒，常导致攻击性的、变态性的或不明缘由的犯罪。

2. 危险人格类犯罪心理。危险人格是指对他人和社会具有威胁与危害倾向的一种人格现象的总称。[1]主要包括反社会人格、犯罪人格和缺陷人格三类。

（1）反社会人格。反社会人格是一种变态人格，一般起始于15岁以后，普遍存在对他人权利的忽视以及侵犯，无责任心、无羞耻感、无后悔心，是其典型特征。具体表现为不遵守法律及社会规范，反复说谎、欺诈、冲动、易怒、好斗、做事不计后果，无视自己或者他人的安全，一贯地不负责任，内心缺乏愧疚感。反社会人格对他人和社会的扰乱和破坏行为没有理由。这类人格是易于犯罪的，根据李玫瑾等学者的研究，这类人在我国犯罪群体中所占的比例约为15%。

（2）犯罪人格与缺陷人格。犯罪人格是未成年个体在基本社会化进程中出现障碍所导致的异常人格，是与犯罪直接有关的人格问题。缺陷人格是由于未成年个体在人格形成时期，抚养方式过分溺宠而造成的人格严重缺陷，致使其在成年后出现持久性的社会适应障碍与行为问题。缺陷人格与犯罪人格都是个体在社会化过程出现了障碍及人格形成的关键期内出现了问题所导致。两者的不同之处在于，犯罪人格的形成过程中出现的社会化障碍，更多地表现在情感和爱的匮乏，而缺陷人格的社会化障碍，更多地表现在宠爱或溺爱。犯罪人格的形成源于家庭的生而不养问题，而缺陷人格则源于家庭养而不当的问题。

三、服刑心理

服刑心理是指罪犯在监管场所接受刑罚处罚期间，承受刑罚环境的刺激所产生的心理，是罪犯对刑罚处罚这一客观现实的主观能动反映，包括刑罚心理和矫正心理。

（一）刑罚心理

刑罚的威慑力量给罪犯造成巨大的震慑力和强大的精神痛苦，对罪犯的心理产生深刻而强烈的刺激。罪犯的刑罚心理是罪犯对刑罚现实的反映，包含三方面的含义：①罪犯实施犯罪行为，受到刑罚处罚，是刑罚的承受者，因此罪犯的刑罚心理，也即是刑罚承受者的心理。②罪犯的刑罚心理是其"犯罪心理"和"矫正心理"相互联结、相互作用和相互转化的中间环节。③罪犯刑罚心理

---

〔1〕 李玫瑾：《犯罪心理研究——在犯罪防控中的作用》，中国人民公安大学出版社2010年版，第45页。

具有积极和消极两方面的"双重属性",并且在刑罚功能得以充分发挥的时候朝着积极方面转化。在刑罚的威慑下,绝大部分罪犯会感到前所未有的心理压力和痛苦,从而消除其原有的犯罪心理,是积极的刑罚心理效应。但也有少部分罪犯虽然强烈地感受到刑罚带来的痛苦,但是对刑罚持强烈的否定态度,产生消极的刑罚心理,引发一系列消极的情绪情感体验,出现消极矫正的行为。

1. 刑罚感受度。罪犯对刑罚的态度,称为刑罚感受度,是指刑罚作用于罪犯后所产生的罪犯对刑罚的评价态度,包括对刑罚痛苦的评价态度和对刑罚效用的评价态度。将刑罚痛苦的评价态度作为横向的维度,并分为弱、中、强三个等级;同时将刑罚效用的评价态度作为纵向的维度,并分为低、中、高三个等级。两条数轴相交,产生了刑罚感受度的四个区域(图2-3)。罪犯的刑罚感受度处于其中的某一个点。其典型的区域特征表现如下:

有效域。罪犯能强烈地感受到刑罚带来的痛苦,同时也承认刑罚的正确性并理解刑罚的意义,能认判服法、认罪悔罪,并积极参与矫正活动。大部分罪犯具有这种心理。

初效域。罪犯对刑罚的痛苦感受度较低,但对刑罚的正确性及其意义持肯定评价,短刑期的罪犯大多具有这种心理。

无效域。罪犯对刑罚的痛苦感受和效用都比较低,对教育矫治持不合作的态度,大多数刑期不长的累犯、惯犯性质的罪犯具有这种心理。

负效域。罪犯能强烈地感受到刑罚惩罚带来的痛苦,同时对刑罚持强烈的否定态度,不认罪悔罪,不认判服法,对教育矫治持非常对立的态度。少数罪犯具有这种心理。

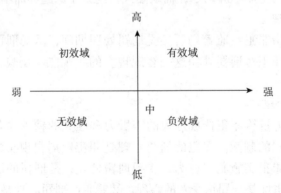

图2-3　刑罚感受度

2. 罪犯对刑罚的评价。在刑罚心理中占主导地位的,是罪犯对"罪"及"刑"的认识和评价,罪犯在接受教育矫治的过程中,会据此对自己的行为进行

相应的调节和控制。

从刑罚感受度的角度分析，罪犯对"罪"及"刑"的评判可分为三个方面的维度。

（1）认罪服判（对应初效域）。罪犯能认罪服判，能承认自己的犯罪事实，认识到审判机关对其量刑的正确性，这是其悔罪服法的前提，也是其接受教育矫治的良好心理基础。

（2）悔罪服法（对应有效域）。罪犯能对自己所犯下的罪行进行忏悔和反省，在思想上理解刑罚的意义，在心理上接受法律的价值，是刑罚功能充分发挥的结果。

（3）不认罪服法（对应无效域或负效域）。罪犯不认罪服法，其人身危险性就增加，教育矫治的难度增大。不过，刑罚感受度并非一成不变，经过良好的教育矫正，罪犯的刑罚感受度，对刑罚的评价和认罪态度都会发生变化，从而出现认罪服判和悔罪服法的情形。

3. 刑罚心理状态下罪犯的情感特征。受刑罚处罚是一种重大打击，罪犯的痛苦、抑郁、畏惧、敌意、逆反等消极情绪和挫折反应在所难免。罪犯刑罚心理最核心的情感特征是痛苦和抑郁。

罪犯的痛苦情绪，也是刑罚预防犯罪和矫正罪犯所需要的。罪犯痛苦情绪的形成，首先是来自其人身自由被剥夺与限制，刑罚都以影响罪犯的人身自由为基本特征。其次是来自家庭方面的因素，让成年罪犯感到痛苦的多是婚姻的解体，让未成年犯感到痛苦的多是父母对他们的"抛弃"。最后是来自各种各样的制度约束，法律制度和监规纪律的约束，好比一个个"枷锁"，让罪犯倍感痛苦。

抑郁是悲伤、愤怒、焦虑、自卑感、罪恶感和羞耻感等的复合情绪。罪犯的抑郁，是矫治过程中受各种内外因素的共同影响而产生的负性情绪，是压抑而又无法解脱的结果。认知偏颇和性格缺陷是造成罪犯抑郁的主要原因。

4. 罪犯刑罚心理状态下的自我意识特点。罪犯的自我意识，是他们对自己在服刑改造过程中的生理状况、心理特征的认识，以及对自己的社会地位和方式、自己和周围关系的认识。罪犯自我意识的发展过程是其心理不断成熟和再社会化的过程。罪犯刑罚状态下的自我意识缺陷，主要表现为自卑、自负、自我中心、消极的自我防御机制、理想自我与现实自我脱节等方面。

（二）矫正心理

矫正心理是指罪犯在接受或参与矫正活动的过程中所产生的心理。其主要含义有：

1. 罪犯是刑罚的承受者，因此同刑罚心理一样，罪犯的矫正心理也是刑罚承受者的心理。罪犯从犯罪主体到承受刑罚的主体，就决定了他必须在承受刑罚处罚的同时，接受刑罚矫正。罪犯接受教育矫正是法定的，具有强制的性质，但其接受矫正的动机和态度是内在的和能动的。

2. 罪犯的矫正心理，是以刑罚为中介，对自身犯罪行为的重新认识与否定，从而消除犯罪心理，形成守法观念，重建守规守法心理的过程。随着教育矫正活动的深入，罪犯在接受刑罚处罚，体验痛苦情感的同时，能将这种痛苦的体验与自己的罪行相联系，进行深刻反省和自我剖析，逐渐形成遵纪守规的思想和自觉守法的心理，实现人生观和世界观的根本转变。

3. 罪犯的矫正心理具有"被迫矫正"和"自觉矫正"的双重特征，在刑罚功能得以充分发挥的情况下，是一种积极向上的心理过程，是罪犯对其犯罪心理和犯罪行为的否定，也是他们成为守法公民的心理基础。

刑罚的惩罚具有强制性，罪犯接受教育矫正是被迫和痛苦的过程。但由于矫正活动从内容到形式都具有强大的激励功能，从思想观念的转变、文化知识的提高、技术技能的获取，到文娱体育活动的参与和分享，分级处遇和行政奖励等，都具有强大的吸引力和激励作用，因此，随着教育矫正活动的深入，绝大部分罪犯都会在刑罚惩罚和教育矫正双重力量的作用下，实现由"被迫矫正"到"自觉矫正"的转化。

4. 罪犯的矫正心理，从个性倾向看，主要包括矫正动机和矫正态度。罪犯的矫正动机主要包括功利性动机、亲和性动机和成就动机。其中，功利性动机在罪犯动机中所占的比例最大，而成就动机是促使罪犯抑制恶习，消除违规心理，重构守法心理的重要基础。罪犯的各种生理性和社会性的需要，人生价值观、法制道德观、服刑环境、社会环境和激励机制是促成罪犯矫正动机形成的重要因素。

罪犯的矫正态度，也是他们的服刑态度，是罪犯对服刑活动的一种相对稳定和持久的评价、心理反应倾向和行为倾向，是一种内化了的针对服刑活动而产生的具有一定结构（认知、情感和行为倾向）的特殊心理过程。罪犯的矫正态度一旦形成，会对其教育矫正产生全方位的影响。积极的矫正态度是推动罪犯弃恶从善、服从管理、接受矫正的重要力量。

5. 罪犯的矫正心理，按表现形式，可分为积极矫正心理、抗拒矫正心理和消极矫正心理。

（1）积极矫正心理。能在矫正过程中遵守法律法规，听从指挥，服从管理，积极劳动，努力参加思想、法律、技术和文化等多项教育活动。

（2）消极矫正心理。既想轻松服刑又想避免惩罚是这类罪犯的主要心理矛盾。他们或投机取巧或混刑度日，在学习劳动等各个矫正环节，做一天和尚撞一天钟，想尽办法寻求舒适和轻松的工种，甚至出工不出力。具有消极矫正心理的罪犯常常具有消极的心理防御机制，大多采用压抑、否认、回避、投射、被动攻击等方式，缓解内心的压力。

（3）抗拒矫正心理。服刑初期的罪犯都有不同程度的抗拒和防御心理。经过教育矫正，绝大多数罪犯的抗拒和防御心理逐步减弱，心理和行为朝着良性的方面转化。但也有极少数罪犯不思悔改、对抗管教，形成抗拒矫正的心理，出现打架斗殴、自伤自残、拒绝劳动、起哄闹事等行为，以获得心理上的变相满足。

罪犯的刑罚心理和矫正心理同时存在，不可分割。罪犯承受刑罚的痛苦心理会在矫正心理中无时无刻地有所体现，罪犯对刑罚的态度也会直接作用和影响他们的矫正态度。同样，积极或消极的矫正心理也会影响刑罚心理，影响罪犯对刑罚的感受度。

 学习任务二　罪犯心理动态发展

【案例】2-2

罪犯贺某，女，21岁，容留卖淫罪，被判有期徒刑3年。经查阅案卷得知，贺某读初三时逃学到浙江、江苏等地卖淫3年左右，后又容留他人卖淫。因审判时贺某神情呆木、言语不清，被送往鉴定机构进行司法精神鉴定。结果显示：贺某无精神病，具有完全刑事责任能力。

经过近两年的教育矫正，民警发现贺某的精神状态出现恶化：在劳动现场，贺某手舞足蹈，精神亢奋，严重时会脱光自己衣服；就寝期间，贺某会大声唱歌，影响他人休息。但除此外，没有出现伤害他人的行为。

【思考】

通过本案例，我们可以发现，服刑期间的罪犯容易产生心理问题，那么：①如何评估罪犯的心理问题？罪犯的心理问题有哪几种类型？②本案例中贺某的心理发生了恶性变化吗？她的心理问题究竟属于何种性质？

罪犯心理动态发展主要包括罪犯心理的形成机制与形成阶段、罪犯心理良性发展和恶性变化的规律和特点。

一、罪犯心理的形成

（一）影响罪犯心理形成的因素

罪犯心理的形成受诸多因素的影响，既有生物、生理的影响因素，也有心理、社会的影响因素。这些因素相互影响，共同作用，最终促成罪犯心理的形成。

1. 生物学因素。包括遗传、体质、性别、年龄、神经类型、血型、解剖结构等因素所起的作用。研究已证明，个体的大脑结构与功能、神经生化与内分泌因素、物质代谢、心理异常的遗传、染色体异常等因素都会对人的心理起到重要作用。如大脑边缘系统的一些区域受到刺激和损害，会出现异常的心理反应。

2. 社会—文化因素。主要是指监狱改造环境、纪律制度、人身自由、权利义务、生活条件、刑期、文化程度、恶习、犯罪前科、人际关系以及通常意义上的民族传统、风俗习惯、宗教信仰等。

罪犯一般易产生"社会—文化"的失衡现象。刚入监时，由于难以适应监狱环境，产生抑郁、焦虑乃至惧怕的负性情绪。在服刑过程中，由于他们还与原来的社会环境保持着千丝万缕的联系，因此许多客观情况，如亲人丧亡、家庭纠纷等，会不时影响他们的心理，引起情绪波动。尤其是多种社会生活事件交替发生时，他们的心理压力就格外大。

3. 心理因素。主要包括：一是个性倾向性因素。包括需要、动机、兴趣、理想、信念和世界观等。个性倾向性因素对罪犯服刑心理形成的影响主要体现在心理活动的选择性、对从事活动的态度体验和行为方式上。一个兴趣广泛、需求正常、动机良好、态度端正的罪犯，在服刑过程中形成的心理会相对正常，表现出积极的服刑心理。二是性格特征因素。包括性格的现实态度特征、意志特征、情绪特征和理智特征。这些要素与罪犯服刑心理形成的关联度甚高，如具有敌对和愤怒情绪特征的罪犯，常常具有消极的服刑心理。三是人格异常因素。冲动性、反社会性、分裂样、偏执型、自恋型等不同类型的人格障碍，对罪犯服刑心理的形成具有重要影响。如以情感爆发伴明显行为冲动为特征的情绪不稳定型人格障碍的罪犯，常常具有抗拒教育改造的心理，刑罚的惩罚功能在他们身上得不到应有的体现。

（二）罪犯心理形成的机制

心理应激反应和心理防御机制相互关联、相互渗透，共同作用于罪犯，在罪犯服刑心理的形成中起着至关重要的作用。

1. 应激反应机制。应激反应是指个体因为应激源所致的生物、心理、社会、行为方面的变化，常称为应激的心身反应。[1] 应激反应是机体固有的对环境需求的反应，具有保护性和适应性，它包含警戒期、阻抗期、衰竭期三个阶段。

〔1〕 姜乾金主编：《医学心理学》，人民卫生出版社 2005 年版，第 99~100 页。

进入衰竭阶段后，个体会对存在的威胁产生剧烈反应。长期下去，人的适应能力可能耗尽，最后出现崩溃。这时机体会被它自身的防御力量所消耗、损害，最终导致身心疾病。

罪犯在心理应激状态下，会产生各种消极情绪，包括愤怒、抑郁、焦虑、悲伤、恐惧等。这既是一种必要的反应，以便咨询者作出应变对策，同时，又会对人的身心产生影响，乃至引起生理、心理机制的病变。如恐惧状态下会出现认知偏颇、判断力减弱、失去理智，还会引起躯体的变化如动作软弱、脸色苍白、血压上升、呼吸加快，乃至精神错乱、行为失常等。

2. 心理防御机制。心理防御机制是指人在无意识中，为消除由心理冲突或挫折所引起的焦虑，维持和恢复心理平衡的一种自我保护的方法。罪犯的心理防御机制是在他们遇到困难时，所采取的一种能够回避面临的困难、解除烦恼、保护心理安宁的方法。罪犯中常见的心理防御机制有压抑、否认、退行、幻想、投射、隔离、升华等。

（1）压抑。压抑是心理防御机制最基本的方式，当一个人的某种观念、情感或冲动不能被超我接受时，下意识地将极度痛苦的经验或欲望抑制到无意识中去，以使个体不再因之而产生焦虑、痛苦的情形。虽然被抑制的东西没有被意识察觉到，但是在潜意识中它仍然起着作用。只不过有时会以改头换面的象征化的形式表现出来。罪犯过分地使用压抑的心理防御，压制正常的欲望或本能，往往会产生一些心理问题。

（2）否认。把引起精神痛苦的事实予以否定，以减少心灵上的痛苦。采用否认的心理防御，防卫性地否认事实或实际存在的痛苦，严重的会使罪犯引发精神障碍。

（3）退行。当人们感到严重挫折时，害怕担负成人的责任。放弃成人的处理方式，而退到困难较少、阻力较弱、较安全的儿童时期，无意中恢复儿童期对别人的依赖，未成年犯常常采用此种心理防御，表现出某些异常行为。

（4）幻想。个体遇到现实困难时，因为无力处理实际问题，就任意想象应如何处理困难，使自己存在于虚幻的想象世界之中，以获得心理平衡。成年个体如果经常以此种方式应付实际问题，必然导致心理的病态。

（5）投射。将自己的一些不良动机、态度、欲望或情感，赋予到他人或外部世界上，从而推卸责任或把自己的过错归咎于他人，以得到心理解脱。如罪犯将自己的争吵违规，看作是对方对自己的"刁难"造成的。

（6）隔离。把部分事实从意识境界中加以隔离，不让自己意识到，以免引起精神的不愉快。最常被隔离的，是整个事情中与事实相关的感觉部分。如罪犯面对民警的严厉批评教育无动于衷，所采取的就是隔离的心理防御机制。

（7）升华。升华是一种积极的心理防御机制。把社会所不能接受的内在冲动、欲望，通过防御转向更高层次的、社会能接受的目标。罪犯采用升华的心理防御，就会产生积极的矫正心理，对积极服刑改造，重新社会化起到良好的作用。

二、罪犯心理的发展变化

罪犯心理的形成和发展变化是一个动态的、连续的过程，一般可分为三个阶段。

（一）起始阶段

罪犯心理包含了常态心理、犯罪心理和服刑心理。它们相互作用，相互影响，常态心理和犯罪心理影响服刑心理的形成，服刑心理也反过来影响常态心理和犯罪心理。因此，从广义上理解，常态心理的形成自然就是罪犯心理形成的起始环节。但从人们的思维习惯上看，似乎罪犯心理的形成始于犯罪人犯罪心理的形成更为妥当，因此，有学者就从狭义的角度，把犯罪人犯罪心理的形成看成是罪犯心理形成的起始环节，[1]理由有二：一是犯罪心理的形成是以社会化过程中形成的不良心理为基础的，与常态心理没有直接关系；二是犯罪是个体触犯刑法的行为，实施犯罪行为的自然人称犯罪人。显然，犯罪人心理可分为犯罪心理、犯罪嫌疑人心理和被告人心理。历经逮捕、起诉和审判诸多环节的犯罪人，不一定都会成为罪犯，但罪犯都必然经历犯罪、犯罪事实被揭露和审判的诉讼过程。所以，犯罪人的心理不同于罪犯心理，但罪犯心理一定是在犯罪人犯罪心理的基础上形成的。因此，从狭义上理解，罪犯心理形成始于犯罪心理的形成，是犯罪人犯罪心理的进一步发展。

（二）关键阶段

犯罪人实施犯罪行为后，在被侦查、起诉和审判的一系列诉讼过程中，是他们从犯罪心理向刑罚心理逐渐转化的时期，也是他们心理变化最为激烈的时期。这一时期，即刑罚适用阶段，是罪犯心理形成的关键时期。

刑罚适用和定罪量刑对犯罪人的心理影响是巨大的，他们处于准服刑的心理状态之中。犯罪人因实施犯罪行为而成为被告，受到刑罚处罚的威胁，此时他们尚抱有幻想，存有"无罪释放或重罪轻判"的侥幸心理，这种侥幸心理也是当初激发和维持他们实施犯罪行为的强大心理支撑点。同时，由于对惩罚处罚的担心，他们的恐惧、忧虑、紧张的心理也表现明显。因此，侦查和审判机关彻底地查清他们的犯罪事实，充分揭露他们犯罪情节、性质和恶性程度，根据有罪必罚和罚当其罪的原则，对他们进行正确的定罪量刑，是刑罚适用公正

〔1〕　黄兴瑞主编：《罪犯心理学》，金城出版社 2003 年版，第 89~90 页。

性的基本要求，也是日后罪犯认罪服判、悔罪服法的重要前提条件，对其形成积极的服刑心理，减少刑罚惩罚的负面效应起到了至关重要的作用。

（三）形成阶段

美国精神病学家霍尔姆斯（Holmes，T.）等人对五千多人进行社会调查，把人类社会生活中遭受到的生活危机归纳并划分等级，编制了一张生活事件心理应激评定表（表2-1）。表中列出了43种生活变化事件，以生活变化为单位，对指标加以评分。研究发现生活事件与随后1年内的重大健康变化有关。其中"坐牢"的LCU为63，位于配偶死亡（LCU 100）、离婚（LCU 73）、夫妇分居（LCU 65）之后，与亲密家庭成员死亡（LCU 63）得分一致。

表 2-1　社会适应评定量表

等级	生活事件	LCU	等级	生活事件	LCU
1	配偶死亡	100	23	儿女离家	29
2	离婚	73	24	离婚纠纷	29
3	夫妻分居	65	25	杰出的个人成就	28
4	坐牢	63	26	妻子开始或停止工作	26
5	亲密家庭成员死亡	63	27	上学或毕业	26
6	个人受伤或患病	53	28	生活条件变化	25
7	结婚	50	29	个人习惯的改变	24
8	被解雇	47	30	与领导的矛盾	23
9	复婚	45	31	工作时间或条件变化	20
10	退休	45	32	搬迁	20
11	家庭成员健康变化	44	33	转学	20
12	妊娠	40	34	娱乐变化	19
13	性困难	39	35	宗教活动变化	19
14	家庭增加新成员	39	36	社会活动变化	18
15	业务上的新调整	39	37	抵押或贷款少于1万美元	17
16	经济状况的改变	38	38	睡眠习惯上的改变	16
17	好友死亡	37	39	一起生活的家庭成员数目改变	15
18	工作性质变化	36	40	饮食习惯改变	15
19	夫妻不和	35	41	休假	13
20	抵押超过1万美元	31	42	圣诞节	12
21	抵押品赎回权被取消	30	43	轻微违法行为	11
22	工作职责上的变化	29			

注：LCU，即生活变化单位。

虽然生活事件心理应激评定表是根据美国的情况制定的，但人类的心灵具有相通性，因此，对我们仍具有重要参考价值。对于罪犯而言，经过诉讼阶段的准服刑心理阶段，被审判机关定罪量刑而被投送到矫正机构，接受刑罚处罚和教育矫正，是一项重大挫折和心理应激事件。在这一心理应激源的支配下，面对挫折，经由不同罪犯个体认知评价后，可以引起心理上的不同反应，出现积极的或消极的心理应激反应和心理防御，产生刑罚心理和矫正心理。罪犯心理也由此彻底形成。

三、罪犯心理的良性转化

罪犯心理的转化，即罪犯心理的良性发展，是罪犯在服刑期间，心理变化符合教育改造的目标和重新社会化的要求，犯罪心理不断消除，守法心理逐渐形成的过程。

（一）影响罪犯心理转化的因素

罪犯心理的转化，既受外部环境因素，如社会因素、家庭因素、监狱环境因素、刑罚惩罚因素、管教民警等的影响，也受内在心理因素，如法制观念、道德观念、人生价值观，悔过心理等的制约。这些内外因素相互配合、相互作用，最终促使罪犯的心理向积极方面发展。

外因通过内因起作用，在影响心理转化的诸多因素中，罪犯内在心理因素是主导性因素。法制观念、道德观念、人生观等影响着人的一生，它们每时每刻都起着重要作用。罪犯在接受教育矫正的过程中，法制观念慢慢得到重建，道德观念得到恢复，人生观又回到了正确的道路上。法制观念、道德观念、人生观的正常化推动着罪犯心理转化。悔过自新是罪犯真正认识到自己所犯罪行对社会、家庭、被害人及自己所带来的严重后果，从内心认罪服法，愿意重新做人，这是罪犯心理转化的最重要的内在动力因素。

在外部因素中，管教民警起着重要作用。他们是刑罚执行的主体，对罪犯的管理、教育和疏导在矫正中起着重要作用。罪犯正确的人生观、价值观、法制观念、道德观念的形成，良好行为习惯的养成，需要他们付出不懈的努力。另外，罪犯群体的共同舆论和共同规范，也是罪犯心理转化的重要外部因素。

（二）罪犯心理转化的过程

罪犯心理转化是罪犯从消极矫正向积极矫正的心理过程，从本质上看，是其矫正态度的转变过程，是一个再社会化过程。罪犯心理转化一般都要经历服从、同化、内化三个阶段。

1. 服从阶段。罪犯在服刑的初期，从表面上看，能服从监督或管理，态度似乎发生了变化，但其犯罪心理依然根深蒂固，各种不良情绪如抵触心理、否认心理、不服判心理、恐惧心理等依然存在。经过多种形式的教育矫正，罪犯的思想才渐起变化，对自己的罪行也开始有初步的认识，服从阶段是罪犯参与积极矫正的前提和基础。

2. 同化阶段。经过一段时间的教育矫正，罪犯逐渐适应监狱环境，对自己的罪行也有了一定认识，此时，他们能面对现实，进行深入的反思，产生了积极的矫正动机。当然，在同化阶段，由于罪犯原有的违法犯罪心理具有顽固性，导致他们出现思想和心理上动摇或倒退。罪犯思想和心理的动荡反复是同化阶段的一种正常心理现象。

3. 内化阶段。罪犯在这个时期，已基本适应了监狱环境，也清楚自己的社会角色，其犯罪心理基本消除，正确的人生价值观、道德观、法制观等已基本恢复建立起来，对矫正已有了明确的计划和目标，遇到挫折也能正确对待而不是感情用事。此时，罪犯开始从内心深处接受教育矫正，虽然有时思想波动，但总体而言比较平稳，进入了自觉改造的阶段。罪犯的心理内化过程就是其再社会化过程，因此，内化的作用机制就是个体再社会化过程的心理机制，是罪犯心理转化的重要机制。

四、罪犯心理的恶性变化

罪犯心理的恶性变化是指罪犯在服刑期间，由于原有犯罪心理的延续，或受其他不良因素的影响，其心理发展的方向不符合重新社会化的要求和教育矫正的目标，导致抗拒改造的心理和行为出现。罪犯心理的恶性变化主要由相互间的感染造成。

（一）感染的途径

罪犯的恶性变化是其原有不良心理和新的不良心理相互作用而形成的。主要途径是罪犯相互间恶习劣行的感染。这种感染分为交叉感染和深度感染。

交叉感染包含两层含义：一是相互性，即罪犯既是感染者，又是被感染者。二是罪犯感染了与原有恶习劣行不同的新的恶习劣行。

深度感染，是指罪犯经过与其他同类型罪犯的消极互动，进一步加深了原来的恶习劣行。尽管监狱对罪犯的直接管理和定置定位管理的要求严格，但是由于罪犯在监管场所毕竟需要进行集体学习和劳动，过着群体生活，所以相互间的感染在所难免。

（二）感染的方式

罪犯感染的方式有以下几种：一是传授与教唆。主要是具有反社会人格障碍的累犯，对一些初次接受教育矫正的罪犯，进行有意识地传授或教唆一些犯罪行为和犯罪思想。二是潜移默化的影响。由于罪犯私下的关系较正式群体之间的关系更为紧密，因此耳濡目染，罪犯间消极亚文化的传播有时比教育矫正的主流文化更容易传播、感染和扩散。三是主动学习。少部分罪犯，出于逃避惩罚、对抗教育改造的目的，主动地、有意识地学习其他罪犯的一些犯罪技能，或反教育改造的做法、体会和经验。

在感染过程中，感染者对被感染者的影响往往不是发生在个体之间，而是通过群体的多重互动综合产生作用的，[1]因此，发生在非正式群体内部的感染具有放大效应。

 学习任务三　　矫治视野下的罪犯心理构成

【案例】2-3

罪犯陈某，36岁，盗窃罪，被判有期徒刑5年，某监狱伙房监区厨师。一年前，在炒菜时因操作不当，被灶台火苗多处烧伤，面部毁容。从此一进厨房就感到非常恐惧，不敢进厨房炒菜，出现惊慌、心跳加快、呼吸急促、四肢发抖的症状。陈某被捕前就是一位厨师，喜欢厨艺，擅长炒菜。事故发生之后，他也曾多次尝试着去炒菜，但每次人还没进厨房，就开始紧张，勉强进去，最终都是因为害怕而逃了出来。陈某也知道当时是由于操作不当而发生的意外，只要操作得当，进厨房炒菜都不会发生危险，但就是摆脱不了恐惧，因此内心极其痛苦。

【思考】

通过本案例可以发现罪犯陈某在事故后出现了明显的心理异常。那么：①罪犯陈某产生的心理异常属于什么性质？②如果是心理障碍，又是哪种心理障碍？这种心理障碍有哪些特点呢？

一、矫治视野下罪犯心理构成解读

立足矫正罪犯的不良心理和行为，是矫治视野下解读罪犯心理构成的应有之义。这种解读是否科学、精准和到位，势必影响对罪犯的心理矫治和教育管理。如果把罪犯心理的良性发展和恶性变化视为罪犯在监禁环境下与原有心理与人格相互作用下结成的"果"，那么矫治视野下对罪犯的心理构成的解读，旨在探讨罪犯心理形成的"因"。

从矫治视野解读罪犯心理构成，首先可以把它分为正常心理和异常心理两个方面。正常心理包括健康心理和不健康心理，其中不健康心理又包含一般心理问题、严重心理问题和神经症性心理问题；异常心理包括各种神经症、人格障碍和精神障碍等（如图2-5）。

---

〔1〕 黄兴瑞主编：《罪犯心理学》，金城出版社2003年版，第117页。

其次，矫治视野下的罪犯心理构成，还可以把它分为常态心理和犯罪心理（犯因性问题）。而犯罪心理是监狱心理矫正的工作内容。

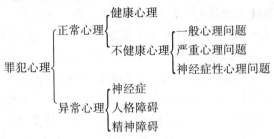

图2-5 罪犯正常心理与异常心理构成图

二、罪犯的心理问题与心理障碍

（一）心理问题

1. 一般心理问题。一般心理问题是由现实因素激发，持续时间短，情绪反应能在理智控制之下，不严重破坏社会功能，情绪反应尚未泛化的心理不健康状态。[1]具体而言，须具备以下四个条件：

（1）由于现实生活、工作压力、处事失误等因素而产生内心冲突，并由此体验到不良情绪，如焦躁、厌恶、烦恼、懊悔、自责等。

（2）不良的情绪不间断地持续满1个月，或间断性地持续2个月，仍不能自行化解。

（3）不良情绪仍处在理智控制之下，能始终保持行为不失常态，能基本维持正常的工作、学习、生活和社会交往，但效率有所下降。

（4）不良情绪的激发因素仅局限于最初的事件，即便是与最初事件有联系的其他事件，也不引起此类不良情绪。

上述四个条件，包含了"刺激的性质、反应的持续时间、强度和是否泛化"四个维度，通常它们是判别一般心理问题和严重心理问题的重要维度。

2. 严重心理问题。严重心理问题是由相对强烈的现实因素激发，初始情绪反应剧烈、持续时间长久、内容充分泛化的心理不健康状态。严重心理问题有时伴有某一方面的人格缺陷。[2]严重心理问题须具备以下四个条件：

（1）引起心理问题是因为强烈的、对自己威胁较大的现实事件所刺激，并体验到各种痛苦情绪，如怨恨、委屈、失落、恼怒、悲哀等。

（2）痛苦情绪间断或不间断持续在2个月以上，半年以下。

---

〔1〕 郭念锋主编：《心理咨询师（基础知识）》，民族出版社2005年版，第333页。

〔2〕 郭念锋主编：《心理咨询师（基础知识）》，民族出版社2005年版，第334页。

（3）遭受的刺激强度越大，情绪反应越强烈，多数情况下会短暂地失去理性的控制。在随后的持续时间里，痛苦程度可逐渐减弱，但却难以解脱，对工作、学习、生活和社会交往有一定程度的影响。

（4）痛苦情绪不但是被最初的事件刺激所引起的，而且被与最初事件刺激相类似、相关联的事件刺激，也能引起此类的情绪痛苦，即反应对象被泛化。

反应对象是否被泛化，是区别一般心理问题和严重心理问题的重要指标。一般心理问题的反应对象不泛化，而严重心理问题的反应对象是泛化的。

3. 神经症性心理问题（可疑神经症）。这是第三种类型的心理不健康状态，是比上述两种心理问题更为严重的心理问题，它已接近神经衰弱或神经症，或者它本身就是神经衰弱或神经症的早期阶段。

最后，需要注意的是，如果罪犯在出现"严重心理问题"后的 1 年之内，社会功能方面出现了严重缺损，那么就应该作为可疑神经症患者或其他精神疾病患者提出会诊和转诊精神科。

（二）心理障碍

异常心理导致的心理障碍，是罪犯心理状态偏离正常的现象。监狱心理咨询师了解心理障碍的特征及其表现，是为了鉴别精神障碍与非精神障碍，以便在必要时将心理障碍患者转诊给精神科医生。根据心理异常的严重程度，它可分为神经症、人格障碍和精神障碍。

1. 神经症。神经症是一种轻度的心理障碍，具有焦虑、强迫、恐惧等不同的症状，主要表现为持久的心理冲突。病人觉察到或体验到这种冲突并因此深感痛苦，且妨碍心理功能或社会功能，但没有任何可证实的器质性病理基础。罪犯中常见的神经症有焦虑症、抑郁症、恐怖症、强迫症等。

（1）焦虑症。焦虑症是一种以焦虑情绪为主的神经症，以广泛和持续焦虑情绪或反复发作的惊恐不安为突出表现。其焦虑的情绪并非由实际存在的威胁或危险引起，紧张不安与恐慌的程度与现实处境不相符合。焦虑症主要有惊恐发作和广泛性焦虑两种表现形式。

惊恐发作又称急性焦虑，往往在没有明显诱因或无相关的特定情境下，突然出现恐惧、害怕或担心。出现类似心脏病发作的症状，每次发作持续时间数分钟到数十分钟，一般不超过 1 个小时，然后又突然或逐渐消失，恢复常态，但经过一段时间又会复发，如此反复。

广泛性焦虑又称慢性焦虑，以经常性和持续性的无明确对象或固定内容的提心吊胆和恐惧为特征，是一种漂浮性的无名焦虑。表现为精神运动性不安，坐立不安，来回走动，害怕会有不利的事情降临到自己头上，并且伴有心慌、心跳加速、气急、出汗、口干、胸闷气短、嗓子发堵、尿频、尿急等显著的植物神经系统功能紊乱症状。

（2）抑郁症。抑郁症是一种以情绪低落并伴随着强烈持久的内心冲突为特征的神经症。它既可表现为轻度的抑郁情绪，也可表现为严重的抑郁情绪。其基本症状是，兴趣减退甚至丧失，对前途悲观、失望、无助，自我评价低，感到生活没有意思。抑郁症是罪犯中最为常见的神经症。具有抑郁症的罪犯，常常有自杀倾向，有的甚至多次自杀。

（3）疑病症。疑病症是一种担心或相信自己患有严重躯体疾病的持久性、病理性的优势观念为主要特征的神经症。具体表现为对自身的健康过分担心，对自己的身体过分地注意和感觉过敏，害怕或相信自己患了某种严重疾病，并因此痛苦。患有疑病症的罪犯会因此反复要求就医，检查结果正常的结论和医生耐心正确的解释均不能打消其疑虑。

2. 人格障碍。罪犯中常见的人格障碍有反社会型人格障碍、偏执型人格障碍、情绪不稳定型人格障碍。

（1）反社会型人格障碍。反社会型人格障碍又称无情型人格障碍或社会性病态、悖德性人格等。罪犯的反社会型人格障碍起因复杂，一般认为，原生家庭的破裂和儿童时期被父母抛弃或受到忽视，缺乏父母生活和情感上的关照和呵护，是罪犯形成反社会型人格障碍的重要家庭因素；同时生物遗传因素和病理生理因素，在此人格的形成过程中所起的作用也不容忽视。至于是先天素质占主导地位，还是后天影响因素占主导地位，因个体的不同而有差异。

无责任心、无羞耻感、无后悔心、无同理心、有侵犯性是反社会型人格障碍的典型心理特征。他们在幼年时常常学习成绩差，有说谎、偷窃、酗酒、斗殴、破坏公物、逃学违纪等行为，成年后情感肤浅而冷酷，以自我为中心，脾气暴躁，自控能力差，法纪观念淡薄。目前，对反社会人格障碍的治疗缺乏有效的干预方法，心理治疗作用不大，民警的言传身教和对其严格的管理教育和强制性惩罚比心理治疗更有效。

（2）偏执型人格障碍。偏执型人格障碍是一种以猜疑、敏感和偏执为主要特征的人格障碍类型，多见于男性罪犯。不和谐的家庭关系和家庭教育不良是偏执型人格障碍形成的重要因素，如家庭教育的粗暴凶狠、过分苛求、严厉、放纵、溺爱、不加管教、放任自流或家人的经常争吵、家人道德败坏和违法乱纪等因素，对偏执型人格的形成有重大影响。

偏执型人格障碍罪犯成天提防他人，常常怀疑别人欺骗他、耍阴谋诡计，因而不信任任何人，常表现社交困难。这类罪犯生性固执、喜好争辩，过于自信，自认为能力非凡，如果受到一些挫折，就会偏执地认为他人在千方百计地阻挠他，影响他发挥才能，觉得被人背弃了，被人暗算了，或被人欺骗了，有时还可表现为长年累月的长期诉讼。这类罪犯还非常敏感，容易感到被人羞辱，而且立即会采取拒绝的心理防御和表现，使人觉得与他们难以相处，让人觉得他们浑身是刺，不可打交道。这类罪犯常表现为孤单、沮丧和紧张。

运用合理情绪疗法，通过分析和矫正他们不合理的非理性观念，有时会有比较好的效果。如将他们"世上没有好人，我只相信自己"和"对他人的攻击，我必须立即予以反击"等观念，转化为"世上既有好人也有坏人，我应该相信那些好人"和"对他人的攻击，立即反击未必是上策"等观点，有助于矫治这类罪犯的偏执。

（3）情绪不稳定型人格障碍。情绪不稳定型人格障碍是一种以行为和情绪具有明显冲动性为主要特征的人格障碍，也称攻击性人格。此人格障碍有两个特定的亚型，冲动型和边缘型，在男性罪犯中多见。

不合理的教养以及不良环境是造成情绪不稳定型人格障碍的重要因素。另外，人体内雄性激素分泌过多也是形成情绪不稳定型人格障碍的相关因素。情绪不稳定型人格障碍伴随的攻击行为，可以是主动形式的攻击，也可以是被动形式的攻击，其主要特征是以被动的方式表现其强烈的攻击倾向。这类人外表上表现得被动和服从，内心却充满敌意，他们的敌意和攻击感强烈，但又不敢直接表达。

认知疗法和系统脱敏法对矫治该类人格障碍的罪犯有效。通过认知调整，使他们认识到人生在世会遇到各种各样的挫折，应正视挫折，总结经验，找到原因，并加以分析，从而改变一遇到挫折就采取攻击的行为。在采取系统脱敏治疗时，找出一系列让患者感到冲动的事件，设计不同等级，进行多次重复的放松训练，也可以使该类人格障碍的罪犯得到一定程度的矫正。

3. 精神障碍。ICD-10将精神和行为障碍分为11类。罪犯中常见的精神障碍有精神分裂症和心理障碍，另外监狱罪犯可能出现伪装精神病的情况。

（1）精神分裂症。精神分裂症是一种病因未明的常见精神障碍，具有感知、思维、情感、意志和行为等多方面的障碍，以精神活动的不协调或脱离现实为特征。患者通常意识清晰，智能基本正常，但某些认知功能会出现障碍。患者病程迁延，呈反复加重或恶化，多发于青壮年，常缓慢起病。发作期间自知力基本丧失。可分为偏执型、紧张型、单纯型、青春型、未定型五种。

（2）心境障碍。心境障碍也称情感性精神障碍，是以明显而持久的心境高涨或心境低落为主的一组精神障碍。心境障碍主要有以下几种表现：躁狂发作、抑郁发作、双相障碍和持续性心境障碍。

躁狂发作的主要特征是：情绪高涨、思维奔逸、精神运动性兴奋。抑郁发作的主要特征是：情绪低落、思维缓慢、语言动作减少和迟缓。双相障碍的主要表现是：躁狂发作和抑郁发作反复交替出现，反复交替过程中可有长短的缓解期，缓解期内表现可完全正常。持续性心境障碍的特点为：持续性并常有起伏的心境障碍，每次发作较少或极少严重到足以描述为轻躁狂，甚至不足以达到轻度抑郁。

（3）伪装精神病。伪装精神病又称诈精神病，是为了摆脱某种困难，推诿某种责任，获得某种利益，而故意伪装的精神病。

伪装精神病有如下特征：伪装者的躯体功能障碍和职业功能障碍的严重程度，比真实的精神病严重；一般都对医生的观察和检查采取不合作、不友好，甚至抗拒的态度；精神症状表现不准确和不完全符合任何一种精神病的临床表现；总是主动地向医生陈述或者一再强调他们的伪装症状表现；伪装精神病的罪犯其病程长短不定，经常带有阵发性或者突发性的特征。

三、罪犯的犯因性问题

犯因即犯罪原因，是诱发和影响犯罪行为发生的各种因素。"犯因性"，可定义为"犯罪原因性的""具有犯罪原因性质的""起犯罪原因作用的"。据此，犯因性问题可表述为具有犯罪原因性质的或起犯罪原因作用的各种因素。

罪犯的犯因性问题具有客观性、差异性、综合性和可矫正性等特点。犯罪现象必然伴随犯因性问题，这是不以人的主观意志而客观存在的。个体的生命历程和其所处的社会、家庭环境的复杂和多样，决定了犯因性问题的差异性和多样性。影响行为人实施犯罪的具有犯罪原因性质的因素众多，既有政治、经济、文化、法律等社会环境因素，也有个体的生物生理因素；既有个体主观的因素，也有外在环境的客观因素。分析和研究犯因性问题是犯罪预防的重要基础，也是科学矫正罪犯的前提条件。监狱心理矫治工作者需要深入学习掌握有关犯因性问题的概念与理论，为有效开展罪犯心理矫正工作服务。关于犯因性问题的内容，详见专题八。

本章小结

1. 罪犯心理是罪犯在接受刑罚处罚的过程中，在原有的常态心理和犯罪心理的基础上，在特定的服刑环境刺激下所产生的复合矛盾心理。罪犯心理的静态构成包括常态心理、犯罪心理和服刑心理（刑罚心理和矫正心理）三个部分。常态心理和犯罪心理影响服刑心理的形成，服刑心理也会影响常态心理和犯罪心理。罪犯心理是多重心理的有机组合，是罪犯服刑期间行为表现的内在依据。

2. 罪犯心理的形成、变化和发展，是罪犯心理的动态构成。罪犯心理的形成受诸多因素的影响，既有生物、生理方面的影响因素，也有心理、社会的影响因素。罪犯心理转化要经历服从、同化、内化三个阶段。受内外因素相互制约、相互作用，罪犯心理可朝积极方面发展；由于相互感染，罪犯的心理也可能出现恶性变化。

3. 从心理矫治角度解读罪犯心理构成，可分为正常心理与异常心理、常态心理与犯罪心理两个层面。正常心理包括健康心理和不健康心理，其中不健康心理又包括一般心理问题、严重心理问题和神经症性心理问题；异常心理包括神经症、人格障碍和精神障碍；犯罪心理又可称为犯因性问题，主要包括思想意识、需要动机、自我意识缺陷等。

问题思考

1. 如何正确理解罪犯心理的概念？罪犯的刑罚感受度与其矫正效果的关系如何？

2. 罪犯心理形成的影响因素有哪些？如何理解罪犯心理形成的三个阶段？

3. 如何理解矫治视野下的罪犯心理构成？

拓展阅读

1. 邵晓顺主编：《服刑人员心理矫治：理论与实务》，群众出版社 2012 年版。

2. 段晓英主编：《罪犯改造心理学》，广西师范大学出版社 2010 年版。

3. 李玫瑾：《犯罪心理研究——在犯罪防控中的作用》，中国人民公安大学出版社 2010 年版。

·模块二　罪犯心理咨询·

专题三　罪犯心理评估

学习目标

　　理解罪犯心理评估的概念与内容，通过教师讲解与示范以及学生对心理量表的模拟运用，掌握罪犯心理评估的方法与环节、标准化心理评估的操作过程，并认识到准确有效的评估是罪犯分类和危险性评估的基础。

重点提示

　　罪犯心理评估概念，评估内容与方法，心理评估环节，人身危险性评估，罪犯分类，危险性评估的方法

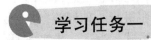 **学习任务一　罪犯心理评估概述**

【案例】3-1

　　罪犯王某，男，24岁，未婚。服刑3年来和同犯发生多次口角，受到管教民警处理后认为警察处理不公，因此和管教民警发生多次对抗，受到严肃处理，心里感到委屈，主动要求心理咨询。

【思考】

　　对前来接受心理咨询的王某，民警心理咨询师应当从哪些方面来评估他的心理状况？采用什么方法进行心理评估呢？

　　罪犯心理评估类似于医学通过各种手段和方法对病人进行诊断、会诊、确诊，以便因人施治和对症下药。所以对罪犯的心理评估是对罪犯进行有针对性的、有效的心理矫治和教育改造的前提和基础，是十分必要和不可或缺的过程。罪犯心理评估贯穿罪犯从入监、服刑到出监的全部动态过程，是将罪犯经过教育改造和心理矫治转变成一个守法公民的整体过程。罪犯的心理评估又是监狱

管理和心理矫治民警对罪犯的心理活动、情绪反应、异常表现和潜在危险性的一种认知和评价过程。

一、罪犯心理评估的概念

罪犯心理评估是指监狱心理学工作者对罪犯的过去、现在的个性特征、智能状况、心理健康、行为表现和潜在危险性等进行评价和鉴定的过程，也包括对罪犯出监后可能发生的再犯危险性进行评定的过程。但它不同于医学诊断和一般对有心理疾患的病人的心理评估，因为评估对象是罪犯。尽管基本原则和方法同样是依据心理学的，但有其特殊性目的、要求、内容和评估方法。

罪犯心理评估最直接和最现实的目的是通过心理评估过程对罪犯的全部生理与心理的状态和特征，包括诸如个性、情感、人格、智力、认知、思维、需求（欲望）、人生观、价值观、人际关系、遗传因素、行为动机、心理异常等进行全面、深入、细致、客观、准确的评估和鉴定，以便适时地对罪犯给予正确和恰当的教育与矫治。

二、罪犯心理评估的方法和步骤

在罪犯心理评估实践中，常采用的方法有心理测验法、会谈评估法、行为评估法、生活史调查法、犯罪事实判断法等。

（一）心理测验法

罪犯心理测验是心理测验技术在监狱工作中的运用，是对罪犯进行心理评估的重要方法之一。我国监狱近年来的实践表明，对罪犯进行心理测验，是检测罪犯心理状况、发现心理问题、进行心理诊断的有效方式，为进一步实施罪犯心理矫治提供了依据。

1. 罪犯心理测验的实施方法与操作步骤。

（1）实施方法。在监狱内，组织对罪犯的心理测验，通常采用团体测验和个体测验两种形式，而且多采用问卷测量法，即让受试罪犯根据自己的情况，回答一些问题，以推测其心理状况。

第一，团体测验法。团体测验是在监内由一位主试者（必要时可配几名助手）对多名罪犯施测。团体测验的优点主要在于节约时间，可以短时间内收集大量资料，也可消除或减少罪犯的疑虑，从而获得较为真实的资料，提高测量的准确性。

第二，个别测验法。个别测验每次仅以一名罪犯为对象，通常由一位主试者在一定时间内对其施测。其优点在于主试者与罪犯在面对面的情况下进行，主试有较多的观察与控制机会。但由于罪犯特有的防御心理，因而个别测验的使用要严格掌握：①心理咨询过程中，为了确定来访罪犯的某些心理特征，可以个别对罪犯进行心理测验；②罪犯感到有某种心理障碍，主动提出要求，可以进行个别心理测验；③需要做出精神病鉴定的，可由精神病医师单独测验；④由于文化程度偏低、身体状况欠佳等原因，不能参加团体测验的，可单独测验。

（2）操作步骤。规范化的罪犯心理测验的实施，最基本的要求是使所有受试罪犯在相同的条件下表现自己的真实想法与行为。为此，施测前要为罪犯准备合适的环境条件，施测过程中则要使用标准的指导语，确定标准的时间。对罪犯实施心理测验，一般分为三步：

第一步：准备。目的是为测验创造合适的环境和条件。具体工作包括：

准备测验题目、答题纸，并在施测前清点、整理、安排好。

提前一天通知受试罪犯所在分监区，按要求提前准备好团体测验的场所，并提前向罪犯通知测验的目的、时间、地点，通知受试罪犯准备好测验所需的笔墨等工具。

熟悉测验指导语。主试在个别测验中记住指导语是职业的基本要求。即使是团体测验，先熟悉指导语也会使主试在朗读指导语时少出差错，在测验中感到自然、轻松。

熟悉测验的具体程序，团体测验有辅助人员参与时，要明确分工，明确任务和要求。

第二步：施测。受试罪犯在限定的时间内，按测验的要求，做出自己真实的反应。为此，在施测开始后应做好以下工作：

安排罪犯按顺序进入施测场地，坐好，并待其平静后，由主试说明测验的目的、意图，并告知测验的结果与其改造表现无关。

按一定的语速、音量朗读指导语。念完指导语后，主试应询问被试有何问题。主试回答被试的提问，不能另加自己的想法。指导语也是测验的情境之一。不同的指导语会直接影响到被试罪犯的回答态度和回答方式。

控制施测过程中的环境。为了避免外界环境干扰，可以在门外挂上"正在测验，请勿打扰"的牌子，也可以由辅助人员在门外监控。监区民警在施测期间谢绝入内，主试和辅助人员在施测期间不要随意走动，也不要查看或观看被试答题。

第三步：收尾。测验结束时，按同一时间递交问卷和答题纸，以避免先后交卷，相互影响。

试题和答题纸收上来后应整理、清点，确保如数收回。

主试者应在测验结束后，及时对受试者进行正面教育，以免罪犯对测验结果妄加猜测，引起思想顾虑，影响其正常改造。

2. 罪犯心理测验的常用量表。目前，我国监狱对罪犯进行心理测验常用的量表大体有三类：

（1）智力测验。一个罪犯智力水平如何，影响他对事物和问题的认识能力，进而影响其改造进程。罪犯是否有智力障碍，需要通过心理测验来鉴别。

斯坦福—比奈量表和韦克斯勒智力测验量表是目前我国常用的两个智力测验量表。对罪犯进行智力测验比较适用的是韦克斯勒智力测验量表。由于智力测验是个别施行的，费时费力，对罪犯很难做到普测，常常是有重点地进行。

（2）人格测验。我国监狱常用的人格测验有：

第一，气质测验量表。用于测定罪犯的神经和气质类型。

第二，行为类型问卷。这是从外部行为和人的情绪体验上进行自我观测评定的性格量表，目的在于发现 A 型行为。A 型行为的特征是：情绪不稳定，社会适应性差，急躁、外倾，人际关系不融洽等。

第三，艾森克人格问卷（EPQ）。由英国心理学家艾森克（Eysenck，H. J.）夫妇编制。分成人、儿童用两式。前者多用于成年犯监狱，后者可在未成年犯管教所 15 岁以下的未成年犯中使用。主要用来检验罪犯的内外向（E）、情绪稳定性（N）、倔强性（P）三个个性维度。

第四，卡特尔 16 项人格因素量表（16PF）。由美国心理学家卡特尔（Cattell，R. B.）根据其人格特质理论编制。这一量表能较好地反映人格的复杂层面及其组合，信息量较大，有利于发现罪犯的心理缺陷，了解罪犯心理健康方面的问题，可用于对入监罪犯的诊断。

第五，明尼苏达多项人格测验（MMPI）。由美国心理学家哈撒韦（Hathaway，S. R.）和麦金利（McKinley，J. C.）于 1940 年编制，共包含疑病、抑郁、歇斯底里等 10 种临床症状量表，是目前国内外用于诊断精神疾病的主要量表之一，也是一种用途广泛的人格量表。我国司法领域常用该量表来做精神诊断鉴定和预测罪犯刑满释放后的行为倾向。

（3）心理健康状况测验。

第一，症状自评量表（SCL-90）。该量表由德若伽提斯（Derogatis，L. R.）编制，包含个体心理健康十个方面的内容，涉及思维、情感、行为、人际关系、生活习惯等方面的偏离和异常。用来检测一定时间内罪犯心理健康的综合症状，可作为进一步检查的基础。

第二，焦虑自评量表（SAS）。由庄（Zung，W. K.）于 1971 年编制，它是一个含有 20 个项目的自评量表，具有广泛适用性，可在咨询门诊中了解罪犯的焦虑症状。

第三，抑郁自评量表（SDS）和抑郁状态问卷（DSI）。抑郁自评量表由庄于 1965 年编制，1972 年增编了供检查者询问使用的版本——抑郁状态问卷，改自评为他评。该量表可用于衡量罪犯抑郁症状的轻重程度及其在矫治中的变化。严重抑郁者可能导致精神分裂和自杀，值得重视。

以上量表各有其特定的功能和价值，使用时要注意其针对性，慎重选择。

（二）会谈评估法

在心理矫治领域，大量研究证据表明，会谈是一种很常用，但也是最难掌握的一种评估手段。成功的评估会谈者需要经过特殊的指导和训练，才能从罪犯那里得到准确和有效的信息，以帮助其制订矫治方案。

1. 会谈方式。会谈评估的具体方式分为非结构式会谈和结构式会谈。

（1）非结构式会谈。非结构式会谈允许会谈评估者自由地重复问题、引入新问题、修改问题顺序等，并且随罪犯自发的思维而变化。这种会谈的灵活性便于评估者采用适合罪犯特定情形的不同技术。

评估者通过非结构式会谈所掌握的有用信息，如罪犯过去的历史、当前问题的描述、临床心理状况检查的结果、家庭成员和主要人物的看法等，就可以对罪犯的心理状况作出分析和总结。

（2）结构式会谈。为了减少非结构式会谈由于不同会谈风格和范围所导致的不可靠性，出现了结构式会谈。在针对罪犯的结构式会谈中，对于同一个罪犯，如果给予预先固定的标准化问题，不同的会谈评估者可以得到同样的信息。

为了发挥两种会谈方法的优点，克服它们的缺点，后来又发展起半结构式会谈。会谈评估者的临床判断和个人风格在半结构式会谈中起很大作用，在这种半结构式会谈中，问什么、如何问和如何记录都有较大的自由。

2. 会谈的基本技巧。

（1）增强被评估罪犯的谈话动机。如让被评估罪犯知道谈话的重要性，因为只有通过谈话，罪犯所存在的问题才能被知晓，从而使会谈者帮助其找出解决问题的办法。另外，会谈者应及时对被评估罪犯的谈话给予强化或鼓励。

（2）减轻被评估罪犯对会谈的焦虑。在会谈开始时，主动来寻求咨询的罪犯往往带有种种期望，希望他的问题会被了解，会得到答案。他们希望将和自己面谈的人是有能力和可靠的。因此，会谈者应尽量采取措施减少被评估罪犯的焦虑。可以使用的技巧包括：让罪犯确信他们的谈话内容是绝对保密的；以宽容和接纳的态度去倾听罪犯的谈话，尽量站在罪犯的立场上，设身处地地考虑罪犯的言谈及感受；尊重罪犯的意见，当罪犯遇到不愿向会谈者提及的内容时，评估者应尊重他们的意见。

（3）注意提问的技巧。可以采取逐步缩小问题范围的方式，即会谈开始时先询问一些非核心的问题，如小时候与父母相处得如何、小时候学习成绩如何等，以此来减轻罪犯的心理紧张。另外，还可以采取带领式提问。如一个有强烈报复心理的罪犯，表现出整天沉默寡言、躺在床上看天花板的反常行为，会谈提问摘要如下：

问：你是因为什么事进来的（指罪行）？

答：盗窃。

问：刑期已经快满了（提前了解到的情况），你出去后想到要做些什么来谋生？

答：出去之后种地。

问：听说你当时犯事与你岳母有关，你现在家庭关系好吗？

答：是，是因为给岳母家借钱，借的是高利息，后来实在还不上，工作单位又不景气，这时有人叫我一起去偷柴油，我就去了。可我进来不到两个月，妻子就跟别人走了（情绪表现出压抑和愤怒），上次来的时候就是那个男人陪她来的，那个男人我认识。

问：那你想到过报复吗？

答：想到过。而且，再判刑就不是几年的问题了（至此，该犯的想法已经明晰）。

问：你想过吗？为了岳母一家，或是为了妻子，你付出了 5 年的时间在监狱度过，而她们表现得这样不近人情，你觉得把自己的余生再搭在这些人身上，值得吗（该犯陷入了沉思，第二次会谈时，他做了更细致和详细的陈述，想到了自己的父母，自己的生命价值。后来的追踪调查显示，该犯的压抑和愤怒情绪得到了缓解）？

当会谈评估者在倾听被评估罪犯的叙述而联想到一些可以进一步提问的内容时，为了保持会谈内容的连贯性或和谐的谈话气氛，会谈评估人员可以采取按捺稍候提问法。如罪犯徐某，被认为是"公开顶撞监狱民警"的抗拒改造分子，并被关禁闭数次。有会谈评估者做了如下提问：

"看过了你母亲的来信，你有一位知书达理的母亲是吗？"

"母亲每次来信都这样盼望你早日回家吗？"

"你被减过刑吗？"

"你曾经与管教人员发生过冲突吗？"

"你能不能说说当时这样做的原因？"

徐某将内心的感受，当时没有按照监狱民警的要求去做的原因，自己过去的犯罪经历和自己认为的脾气秉性很自然地讲出来，并减轻了禁闭带来的负面情绪。

（4）在会谈评估提问中，还可以使用多种技巧，如帮助罪犯回忆往事、感情移入、重复罪犯的语言、反问等，这些都是监狱警察在实际运用中需要注意的方面。只有对会谈法有了一定的了解，并不断摸索和积累经验，才能很好地掌握罪犯的心理和行为特征，从而制订切合实际的矫治方案。

（三）行为评估法

行为评估法包含自然观察、模拟评估、参与观察、自我监控、自我陈述法、心理生理评估等。对罪犯心理评估有直接借鉴意义的有下列几种：

1. 自然观察法。自然观察法是指在自然环境中对行为进行系统检测和记录的方法。观察者一般是受过训练的。由于这种方法是在自然环境中对行为的研究，最少使用推论，因而结论较为可靠。

自然观察法目前被广泛应用到各种目标行为和群体的研究中，监狱民警与罪犯之间的相互影响、罪犯群体中的互动关系等都可以通过自然观察法进行评估。

2. 模拟评估法。模拟评估法是安排一种使得目标行为易于发生的测量情境，将被评估者置于这种情境中，观察、记录其行为表现及特点的方法。这种方法特别适用于观察那些在自然环境中难以观察到的低比率行为（如让一个曾犯盗窃罪的罪犯进入一个无人看守的仓库，然后观察其行为），或几乎从不发生的行为（如让一个性焦虑患者发起与异性的谈话）。

模拟评估法常见的有情境模拟和刺激性模拟。情境模拟，是在一种人为布置的情境中评估个体行为，如为暴力型犯罪者设置矛盾纠纷的情境。刺激性模拟，是给被评估罪犯提供人为刺激，如给性欲型犯罪者一定的性刺激，以此来检验其控制性冲动的能力。

3. 参与观察法。参与观察就是使观察者成为被观察者自然环境的一部分。这不仅可以降低费用，而且还有可能减少反应性，并与自然观察密切相关。在观察中，由一个处于被观察者自然环境中的人（如同监舍或同组劳动的犯人）监测和记录在具体时间内预先选定的行为。如同监舍的犯人可以监测其他犯人夜间气喘发作的次数；一个接受咨询帮助的犯人可以监测每天同组犯人做出的令人愉悦事件的次数；一个改造积极的犯人对其他犯人的行为养成情况的观察等。与模拟观察相似，参与观察还适用于低发生率行为和那些对外部观察者具有较强反应性的行为（如性的相互影响、反社会行为、药物滥用等）。因为参与观察引入了一种新的社会关系（观察者和被观察者），所以必须细心练习以排除这种关系的干扰。

（四）生活史调查法

生活历程是了解犯罪者人格特征的基础，评估罪犯心理不能脱离对罪犯生活史的了解。调查生活历程的方式，既可以向本人、亲属及有关人员直接接触，当面询问，又可以查阅历史形成的多种记录资料，如书信、日记、工作学习记录材料、人事档案材料或前科案卷材料等。对罪犯生活史的调查，可主要侧重于违法犯罪史、受教育史、从业史三个方面。具体调查内容及维度参阅本教材第八章。

（五）犯罪事实判断法

犯罪事实不同于一般的生活事实。犯罪事实是判断犯罪者人格与心理状况的主要依据。分析犯罪事实，重点放在以下三方面：

1. 分析犯罪性质。一般来说，罪犯所犯罪行的性质在一定程度上能反映其人格特点、显示其主观恶性。杀人犯、故意伤害犯往往具有滥用暴力的人格特点，而诈骗犯往往具有不诚实的品格。

2. 分析犯罪方法、犯罪对象、犯罪动机。罪犯的犯罪方法、犯罪对象、犯罪动机可以较深刻地反映其人格状况。如一个强奸孕妇的罪犯和一个使用针扎火烙方法虐待其亲生母亲的罪犯，必然具有残忍、良心淡漠的人格特点；一个因女儿被强奸后自杀而对犯罪人实施报复杀人的罪犯，其人格虽有易激惹、自控力差的一面，但也有刚烈、疾恶如仇的一面。

3. 分析犯罪后的表现。对罪犯实施犯罪后的行为表现进行分析，也可在一定程度上透视其心理状况。如果行为人犯罪后积极抢救被害人、积极退赃，表明罪犯具有较多的常态心理，悔改余地较大；如果罪犯销赃灭迹、拒不认罪，则表明其犯罪坚定性较强、犯罪心理稳固。

三、罪犯心理评估原则

（一）平等尊重和信任的原则

科学的罪犯心理评估应该遵循两个主体或者说是主体（监管者和心理分析师）与客体（服刑的罪犯）之间是平等的医生与患者之间的关系的原则，是"人与人"认知对方的合作互动的过程。"罪犯也是人"，应该确信罪犯是可以被教育和改造好的。所有评估者应该充分尊重被评估者的人性和人格，否则罪犯心理评估是难以进行下去的，而且也是难以做到客观、真实、正确和有价值的。

（二）客观性与主观能动性相结合的原则

1. 罪犯心理评估必须要建立在客观和公正的基础之上，不允许妄加猜测、主观臆断，或者以偏概全、以点带面地下结论。因为，"医学上的误诊"是要命的，违反了客观性的原则，罪犯心理评估就失之偏颇，甚至于完全错误。拿错误的"诊断"进行矫治只会适得其反，不仅不利于罪犯的矫治，而且会引起罪犯的逆反心理和反抗情绪，甚至引发其危险性，从而导致灾难性的严重后果。

2. 做好罪犯的心理评估是一项复杂的系统工程。在具体评估过程中，评估者要充分发挥主观能动性，从教育矫治罪犯的实际需要出发，运用自己掌握的知识和技能，对可能搜集到的全部信息和资料认真仔细地加以分析和选择，去伪存真，做出正确的评估诊断。然后拿出客观公正的评估报告，在此基础上，提出切实可行的教育矫治方案。这个过程需要评估者有高度的责任心和使命感，需要评估者有丰富的知识和经验，以及娴熟的专业技能，需要评估者做耐心、细致、艰苦的努力和工作。因此，坚持客观性和主观性相结合的原则才能做出正确的罪犯心理评估。

（三）个性与共性相结合的原则

罪犯心理评估过程中，要掌握和考虑罪犯群体的共性，如错误的世界观、病态的人生观、扭曲的道德观、单薄的法纪观、强烈的畸变需要、不良的兴趣和嗜好、不成熟的或错误的自我认识、低层次或病态的自我体验、薄弱的自我调控等。了解和熟悉罪犯的共性便掌握了罪犯共同的心理结构，以及他们带有普遍性和规律性的动力系统和调控系统。这对于罪犯个体的心理评估是十分重要的。

因为罪犯个体是罪犯群体中的一员，不管罪犯个体之间有多么大的差异性和特殊性，但罪犯群体的共性和同一性却是趋同的、一致的。用带有普遍性和规律性的共性去分析、评估罪犯，无疑是一种正确的思维模式和操作方法。但是，罪犯心理评估针对的往往是个案，这就要求具体问题，具体分析，绝不能不管张三李四、不分青红皂白、囫囵吞枣、一视同仁，更不能盲目地套用共性而漠视和抹杀个性的心理特征、动力机制和行为表现。因此，必须对罪犯个体特定的心理、气质、人格、理智、认知、情感、意志和行为习惯、遗传因素、社会关系等，进行个性化和有针对性的了解和分析，综合个性和共性的特征来考量、判断，并做出系统的、完整的罪犯心理评估，体现个性与共性相结合的原则。

（四）定性与定量相结合的原则

在罪犯心理评估过程中，对掌握信息资料既要进行定性的分析，又要进行定量的分析，把二者有机结合起来，综合两方面分析的结果，做出科学的、准确的判断。

定性分析是一种直观型和经验型的分析方法，是对信息资料进行全面的分析、比较、概括、综合后，从中找出本质的东西和症结所在。定量分析是指对信息资料进行量化的、科学的统计、归纳和整理，通过现代科学技术手段和诸多具体的、量化的标准，建立相应的数理模型。

（五）理论与实践相结合的原则

罪犯心理评估是在心理学的理论指导下，充分运用不断发展和完善的心理学技术，最大限度地发挥评估者的主观能动性和被评估者的积极参与性，对罪犯群体或个体的心理作出科学和理性的判断。

必须指出的是，罪犯心理评估在很大程度上是理论层面上的认知和判断，但实际效果如何要由实践来检验其正确性和可靠性，加之罪犯心理评估难以避免其相对性和时效性，因此，永远不可能完全、绝对地与罪犯的心理活动状态和行为表现吻合一致。所以，评估的正确与否必须用罪犯教育矫治的实际需要和最终效果来衡量和检验。

 学习任务二　罪犯心理评估环节

【案例】3-2

罪犯李某，男，25岁，因盗窃罪被判处有期徒刑7年。入监后表现良好，但近期由于女友提出要与其分手而感到非常痛苦。症状表现为失眠多梦，不思饮食，劳动时心不在焉，不能自制地反复回想与女友相处的时光，对女友的绝情感到愤怒，甚至割腕自杀。通过观察发现，该犯近来经常因为琐事与其他罪犯发生争执并且动手打人。经民警批评教育后，依然我行我素，有几次还在民警教育的过程中与民警发生争执。因此，监狱将李某划分为特殊预防对象，及时安排对其进行心理咨询。

【思考】

本案例中，监狱民警收集李某的服刑表现与症状表现资料，并依此把他确定为特殊预防对象。这是经过怎样的评估而确定的？特殊预防对象又是怎么一回事？

一、技术性评估环节

（一）评估罪犯犯罪前生存环境及个体当时认识状况

1. 犯罪前生存状况评估。一个人犯罪的原因是多方面的，有经济、政治或其他原因，犯罪动机可能是主动的，也有可能是被动的。了解一个人犯罪之前的生存状况，对了解其犯罪的直接和间接原因具有重要意义。生活历程是了解犯罪者人格特征的基础，了解的方式，既可以向本人、亲属及有关人员直接接触、当面询问，也可以查阅历史记录资料，如书信、日记、工作学习记录材料、人事档案材料或前科案卷材料等。

（1）家庭及家庭关系、家庭气氛、家庭教养方式评估。罪犯在监狱服刑，通过这些人的回忆，往往有助于了解家庭方面的有关情况，并且通过他们在陈

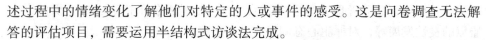

述过程中的情绪变化了解他们对特定的人或事件的感受。这是问卷调查无法解答的评估项目，需要运用半结构式访谈法完成。

（2）当时生活水平与经济状况评估。评估罪犯犯罪前的生活水平与经济状况，目的在于区分是由于生活所迫（过度贫穷）还是由于贪图享乐导致犯罪，抑或是职业犯罪（将犯罪看作是一种惊险刺激、一种无法抑制的欲望）。评估当时的生活水平，除了客观指标，更要关注犯罪个体对生活水平的主观感受，有人是因为通过社会比较，产生"不患寡而患不均"的心理导致心理失衡，从而走上犯罪道路的。

（3）生活中重要人物的评估。有些人的犯罪是受了各种外部环境因素的影响，如暴力美学的过度宣扬、家庭成员中的暴力行为影响等，使得一些青少年将某些杀手或暴力形象内化为自己的榜样，从而走上犯罪道路。洞察或评估罪犯生活中对其影响很大的人，并进一步考察是哪些方面曾令其不能忘怀。这样的评估结果对系统考察犯罪影响因素、提出预防犯罪的对策有长远意义。

（4）同辈群体状况评估。对入狱前曾经交往的同辈群体行为、习气、学业状况、与学校和教师的关系等方面的评估。通过了解罪犯以前在群体中充当的角色，能洞察出该罪犯的人际交往范围和接受外界影响的特点，对于制定监狱教育矫治措施有重要意义。对于喜欢接受领导的、喜欢领导别人的、易于接受暗示的、能够控制他人的这些不同类型的罪犯，在教育矫治中可因材施教，也可结合其他的人格特点进行劳动岗位安排。

（5）生活史采集。生活史采集包括：教育成长过程特点及生理、姿态、相貌状况；家庭与近邻的历史、经济、文化教育情况，家庭生活气氛，人际关系情况，恋爱、婚姻与配偶子女的关系等；学业和职业情况；整个社会化过程的发展状况，包括学科成绩，就业经过，角色地位，经济收入，与朋友、老师、同学等之间人际关系等；结交朋友的年龄、性格、个性倾向特点以及情感深度、矛盾纠葛、离散结合等；兴趣娱乐爱好；违纪、不良行为、违法、犯罪行为以及各种处分记录等。

2. 认知能力与认知偏差评估。对生活事件、社会中存在问题的态度与处理方法受个体的认识水平制约，解决问题的能力受人的认知水平、信念、意志力和问题难度的影响。认知上的偏差常常导致人走上错误乃至犯罪的道路。常见的认知偏差有：对社会不公正现象的放大；对社会比较结果的过度体验；对自尊与"面子"的夸大；对自我的极端认识——自卑或自大；对人生发展的悲观信念；对社会的蔑视；对英雄的理解偏差等。

（二）评估罪犯入监后生存环境

1. 监狱环境。监狱环境是罪犯服刑生活中不可回避的问题。监狱的文化环境、劳动环境、监狱管理者塑造的监狱气氛，如是否公正执法、是否积极谋求监狱的良性发展等，对罪犯心态调整有重要影响。

2. 罪犯人际环境评估。罪犯人际环境包括罪犯与罪犯之间、罪犯与监狱民警之间、罪犯与亲属之间的关系。对于罪犯的友谊关系，管理者最好做到心中有数。评估罪犯的人际环境，适时予以指导，对预防日后的重新犯罪有重大意义。

（三）评估罪犯危险性

1. 暴力危险性评估。通过行为观察与跟踪观察即通过实况记录，了解犯罪者在一般状况和特定状况下所实施行为之特征，了解其在不同情境、不同活动内容、不同精神状态下的行为特点，其目的在于从中分析了解罪犯的智能、技能，工作能力；分析了解罪犯的忍耐力、自制力、意志力；分析了解罪犯的人际关系状况。行为观察本身不属于心理诊断方法，而是为心理诊断提供基础资料。

2. 罪犯自杀危险性评估。主要是针对那些因悲观厌世、改造受挫等而具有自杀倾向的特定对象进行自杀危险性评估，而不是针对所有的罪犯。

3. 罪犯动态刺激因素评估。此种评估方式是指随着生活环境的改变，监狱管理者和分管改造的监狱民警必须跟踪监测能引起罪犯情绪波动的刺激因素，如家庭来信中的有关刺激、犯罪之前朋友的各种信息、同案犯信息、监狱民警对罪犯的态度、违反监狱纪律后的处理、罪犯之间的人际冲突等。评估这些信息以便必要时能采取控制措施，避免监狱事故的发生。

（四）评估罪犯心理健康状况

1. 罪犯心理困扰。对主动要求心理咨询或行为上出现异常的罪犯，应首先对其心理上面临的困扰进行评估和疏导，并由专职人员对此记录在案。如一个因打架斗殴被判刑的罪犯，过度自责，后来发展到给监狱民警写信，说自己有余罪没有交代，以前偷过他人拖拉机零件，但由于管教民警没有充分重视，该罪犯认为自己罪孽深重，非常自责，时常用一只手不断抠挖另一只手心，而管教民警依然没有重视，最后该犯自杀身亡。如果专业人员介入，很容易识别这种过度焦虑的外在表现，及时给予干预也许可以避免自杀事件的发生。

2. 罪犯行为异常。在行为上出现反常的罪犯，应综合评定，排除躲避劳动、寻求保外就医、逃避惩罚等原因后，请医生和心理矫治民警或者是精神科医生共同诊断。

3. 罪犯精神失常。对精神失常罪犯的心理评估，包括诊断精神疾病诈病和真正的精神疾病，并及时采取控制措施，能有效避免因这些失常者带来的监狱秩序的混乱。

（五）评估罪犯人格发展

罪犯对自己前途充满信心、对自己人格发展有更高的追求，是罪犯学会自我教育、自我激励，实现从他律到自律转变的重要前提。当他们重新认识了做人的基本准则，懂得了珍爱自己的生命，鼓励他们寻求发展，追求人生价值的真正实现，是人格发展评估的终极目标。

（六）评估罪犯重新犯罪可能性

罪犯重新犯罪评估虽然是一个不容易作出的预测，但社区和公众仍希望监狱机关能给出一个答案。随着预测水平的提高和社会整体治安状况的好转，重新犯罪的评估准确性有所提高。社会整体治安状况的改善，减少了刑满释放人员重新犯罪的可能性。单纯根据狱内表现来推定重新犯罪的可能性会出现比较大的偏差，因为出狱后的就业状况、原先"朋友"的重新纠集、狱内新结识"朋友"的新组合等情况都是监狱所无法掌控的，而这些因素又直接影响着他们重新犯罪的可能性。因此，从某种意义上来说，重新犯罪是一个需要社会综合治理的问题。

二、工作性评估流程

（一）入监初期心理评估

对入监初期的罪犯进行心理评估，主要是为了了解罪犯的心理状况，为建立罪犯心理档案、进行分类教育矫治和个别化矫正提供原始资料和心理学依据。因此，在罪犯入监初期，应有专门人员对罪犯的过往生活史和生存环境进行访谈，并确定评估目的和评估标准。

评估步骤：

1. 进行心理测试。应用心理测验量表，掌握罪犯的个性特征、犯罪心理、心理健康、防御方式等与教育矫治密切相关的心理状况，为进一步的评估诊断提供科学依据。

2. 开展心理调查。通过查阅档案、访问、面谈、观察等手段，初步掌握罪犯的心理现状，预测其未来的行为倾向。

3. 进行心理诊断。根据心理测试和调查的结果，对罪犯的心理状况进行综合评定，并对罪犯的个性特征、行为方式、心理问题等做出恰当的评价。

4. 制订教育矫治方案。在弄清罪犯的心理发展历史和现状的基础上，根据心理诊断结论，提出相应的管理教育措施和心理矫治方案。

5. 建立心理档案。以罪犯心理评估诊断结论与矫治方案为主，建立罪犯心理档案。

（二）服刑中期心理评估

1. 罪犯心理预测。心理预测包括危险性预测和心理发展预测。罪犯危险性预测是根据测量结果以及罪犯现实表现、来自监狱内外的刺激因素等，预测罪犯危险性的大小，为确立重点防范对象及防范项目提供依据。罪犯心理发展预测是指根据罪犯不同年龄、不同刑期、不同经历、不同犯罪类型所体现出的不同特点，预测其共性和个性的心理发展问题，为监管改造特别是心理矫治提供依据。

2. 罪犯心理危机评估。根据罪犯心理危机产生的原因和发生的过程，在评估时可将其划分为三个水平：一般预防水平、重点预防水平和特殊预防水平。

（1）一般预防水平：这类罪犯没有明显异常的言语和行为，有自知力和定向力，在情绪方面有一定的不稳定性。对此，可以通过各种心理矫治措施，提高罪犯自我调节和控制能力，增强对各种挫折的耐受力和应付能力。

（2）重点预防水平。根据入监初期心理评估的结论，重点预防水平是对有轻度心理障碍罪犯的预防。针对此类罪犯建议采取心理咨询等措施，预防恶化，并促其向良性转化。

（3）特殊预防水平。根据心理危机预测结果，对具有潜在心理危机发展倾向或现实危机表现的罪犯的预防。如对有自杀观念尤其是有自杀企图的、有过度焦虑表现的、有明显的精神分裂症症状等的罪犯，应实行特殊预防，以确保其自身和他犯的安全。本节开头的案例即符合特殊预防对象的评估条件。

3. 罪犯心理健康状况评估。通过量表测验、行为观察、会谈等评估手段，对罪犯当前的心理健康状况进行评估，是罪犯服刑中期心理评估的一项重要内容。其中包括对监禁生活的适应状况（是积极适应还是消极适应）、是否有异常的行为和心理表现、是否有精神病症状等进行评估，系统掌握其心理健康状况，并提出促进罪犯心理健康水平的建议。

4. 罪犯心理咨询和矫正评估。罪犯服刑中期，由于长期的同性群体生活，长期远离亲人，以及长期从事强制性学习和劳动等，罪犯的心理困惑、心理问题（如焦虑、抑郁、痛苦等），以及由于心理问题导致的生理反应（如焦虑导致的失眠，伪装疾病导致的身体机能退化等）会相继出现。

罪犯心理咨询与矫正评估，是评估者通过会谈评估、行为评估、心理测验等，进行归纳、总结和判断，进而提出咨询和矫正建议，协助其他咨询和矫正工作人员拟定咨询与矫正计划。在这种评估中，主要目的是帮助来访罪犯认清自己的心理问题所在，以提高其应对挫折和各种应激事件的能力，改善其心理与行为适应方式，促进人格的完善和成熟。另外，还要帮助来访者明确自身存在的犯罪心理，通过民警的心理矫正，消解其犯罪心理，实现守法公民的改造目标。

（三）服刑后期心理评估

服刑后期的心理评估，既是对罪犯心理矫治效果的检验，也是改造质量综

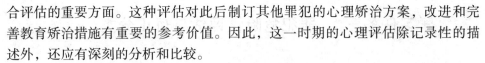

合评估的重要方面。这种评估对此后制订其他罪犯的心理矫治方案，改进和完善教育矫治措施有重要的参考价值。因此，这一时期的心理评估除记录性的描述外，还应有深刻的分析和比较。

1. 出狱前心理检测。罪犯出狱前应对其进行各种心理测试，并将结果与入监时或改造中期的测试报告相对照，比较两次或多次测试结果的差异，以检验教育矫治效果。如对一名激情杀人犯，入监时艾森克个性测验情绪分很高，证明其情绪极不稳定，而出狱时情绪分有所下降，说明该犯暴躁的性格已发生一定的良性转化，自我调控能力有所提高。相反，如果出狱时的情绪分与入监时一样甚至高于入监时的分数，说明其不良的性格品质不但没有改变，反而变得更加严重。

2. 社会心理成熟水平及认识能力的评定。罪犯出狱前，按照改造质量评定的一般标准，根据日常行为考核、阶段性综合评定、改造对策调整效果的记录等，对罪犯的社会认知水平、社会情感水平、意志的自我调控水平以及犯罪恶习、不良个性品质与习惯的矫正、良好行为习惯的养成等做出等级评定。

3. 不同类型罪犯改造质量的心理评定。罪犯出监前，根据分类改造标准的各项指标，对不同类型的罪犯进行分类评定或有针对性的模拟检测。如委派物欲型罪犯独立从事与金钱、物质有关的工作，以考查其抗御金钱、物质诱惑的能力；对于那些由于性格缺陷而犯罪的情绪型罪犯，可对其设置遭受他人侵犯的心理挫折情境（可以是观看影片，让罪犯说出自己的观后感），以此来考查其对挫折的心理承受力和自我调控能力，并根据各项考查结果，做出相应的等级评定。

4. 社会适应能力的评定。这是为了检验罪犯重返社会后能否良好适应社会。因为回归社会后，会遇到各种挫折和困难，能否以理智和意志克服这些困难，应付各种挫折，是衡量罪犯社会适应能力的主要标志。对于罪犯出监后可能遇到的各种困难、挫折、诱惑等，可编制成一系列"怎么办"的心理问卷，让罪犯回答。通过测验，了解罪犯出监后对这些可能遇到的问题的心理准备程度，考察其回归社会后的社会适应能力。

此外，还要对罪犯进行文化知识和职业技能的评定。通过狱内的文化、技术教育，对于罪犯已经达到的文化水平（已取得的学历）和职业技能水平（已取得的技术等级），应与其入监时的上述两项指标相对照，看是否有所提高，是否具备了以自己的一技之长立足于社会的能力。这也是衡量罪犯未来社会适应能力的重要方面。

学习任务三　罪犯危险性评估与矫正分类

【案例】3-3

罪犯陈某，男，因抢劫罪被判有期徒刑 15 年。投入监狱服刑后，陈某对家人保证："你们放心，我会非常努力改造，很快获得减刑，我相信自己最多待 8~9 年就会出去。"陈某改造非常积极，实现了自己的诺言，很快减刑了一年半。当他准备再次大干以获得减刑机会时，民警因为教育矫治需要，调整了他的工种。陈某以前的工种已经操作得非常熟练，调整后的工种从未接触过，陈某感觉民警有意和自己过不去，并认为干这样一个生疏的工种自己怎么能积极改造获取减刑？在这种思想的驱使下，他干脆撂挑子不干了，从积极改造很快变成了一名自甘堕落的落后分子，对抗管教，不思进取。这种转变让他周围的人都很难理解，他本人也有很多矛盾和委屈。

【思考】

本案例中的陈某有危险性吗？如何评估他的危险性呢？

所谓罪犯危险性评估与矫正分类，是指国家刑罚执行机关的专业机构或社会专门机构对在监狱服刑改造的罪犯运用特定的工具和技术，分别做出罪犯入监人身危险性测评、罪犯在囚危险性评估和罪犯出监再犯风险预测和鉴定的一项综合性、专门性的工作总称。它是一种从过程角度防范和控制监狱风险、社会治安风险的监狱管理制度，是行刑个别化的一项基础性工作，也是为接下来使罪犯接受监狱有效矫正的基础性工作。

一、罪犯危险性评估的意义

（一）有利于实现监狱的根本宗旨

我国监狱工作宗旨是"改造人"，因此"改造人"就是监狱工作的灵魂和刑罚的价值追求。监狱能否实现"改造人"的工作宗旨，最终实现刑罚的价值追求，前提条件是监狱的安全和稳定。监狱民警能在法治的行刑环境中履行宪法和法律赋予的神圣使命，科学分析判断服刑客体的人身危险性，理性把握行刑过程中的风险防范，准确预测刑释人员重返社会后可能带来的社会危险性，对于确保监狱正确执行刑罚，顺利完成惩罚和改造罪犯的根本任务，实现预防和减少犯罪的根本目的，全面落实以"惩罚与改造相结合，以'改造人'为宗旨"的监狱工作方针奠定了基础。

（二）有利于维护监所安全秩序，确保公正执法

监狱作为国家刑罚执行机关，面临着现阶段我国押犯总量的不断增加，押犯

结构的重大变化，以及社会环境的异常复杂，狱内不安全因素日益增多的客观现实。监狱风险剧增，监内秩序复杂多变，监所安全面临内外因素的挑战。因此监狱要有效化解风险，确保有效公正执行刑罚，维护社会主义法治和秩序，就必须建立罪犯危险性评估机制和监狱风险防范机制。做到未雨绸缪，防患于未然。

（三）有利于化解监狱民警职业风险，实现监管职业风险控制

当前，狱内改造与反改造斗争激烈，特殊的工作性质和工作环境带来了诸多的职业风险。作为监狱行刑主体的民警，面临的考验和挑战日益增多，其中，人身安全风险尤为突出。个别罪犯为发泄对社会和法律的不满，不惜铤而走险，把监狱民警作为攻击和侵犯的对象，通过暴力袭警以达到逃脱的目的，如内蒙古呼和浩特二监的袭警案给监狱民警人身安全带来严重的威胁。建立罪犯危险性评估有助于监狱民警及时预见危险，并有效防范化解。立足"早预见、早预防、早发现、早化解"，从而有效降低监狱职业风险的发生概率。

（四）有利于预防犯罪，实现社会治安有效治理

随着社会主义民主和法制观念日益深入人心，国家要实现社会长期有效治理，构建社会主义和谐社会就必须有一个安全稳定的社会环境。随着社会不断文明进步，人民群众对社会治安的预期也越来越高，社会对犯罪的打击力度和治理强度也不断加大。对犯罪趋势及监内罪犯构成变化情况有充分的认识和把握，对刑释前罪犯的再犯风险准确预测并及时采取补救措施，能及时向社会治安管理部门和机构反馈准确信息实施超前预防，对于实现社会治安综合治理和治安形势的根本好转意义重大。

二、罪犯危险性评估体系和标准

罪犯危险性评估的基点是现实构成的监狱安全危险（包括对民警、同犯、罪犯自身、监管秩序和监狱管理制度）和未来构成的社会安全危险。大量事实证明"对社会危害最大的是被判过重刑，出狱后没有受到就业安置而重新犯罪，做大案、恶性案件的人"。因此，建立在现实和未来安全风险预测基础上的罪犯危险性评估标准，其立足点和着力点是危险因素而非矫治因素，故结合中外对监狱罪犯危险性评估的实践经验，建立适合我国监狱罪犯实际的评估体系和标准尤为重要。

（一）违法记录和犯罪前科

根据在押犯犯罪史调查和大量统计分析，犯罪群体尤其是青少年犯罪群体中作案次数多、作案时间长的惯累犯是监狱安全和社会治安的危险源。据某市一项调查，罪犯中曾受过拘役、劳动教养、判刑监禁的占判刑罪犯总数的28%。这些有过违法记录和犯罪前科人员中有许多视犯罪为日常习惯和一种生活状态，违法犯罪心理定势趋于强化，且有丰富作案经验和逃避司法机关打击的熟练做

法，犯罪心理、惩罚承受心理极强。这些人不仅成为狱内危害性较大的教唆犯或顽危分子，而且成为监狱安全的潜在威胁。

（二）个体心理健康体系与标准

目前，我国一些监狱对罪犯进行认知心理和行为检测，主要是通过专门的测评量表来进行评估，用以评估激发罪犯心理外化为危险性的犯罪行为的动力因素。心理学和罪犯心理学理论告诉我们：人的行为是人的内部心理状态和客观刺激相互作用的结果；罪犯入监服刑的整个过程中将具有潜在危险性的犯罪意向外化为犯罪行为，都是其个体主观的动力因素和监狱客观环境中的有关刺激因素相互作用的结果，它包括个体认知、情绪和行为三个层面。

罪犯危险性心理与行为是罪犯消极改造心理和行为的有机组成部分，是罪犯原有犯罪心理在服刑过程中的表现。只有充分认识罪犯改造期间的心理特征，才能科学地推断出罪犯危险性心理的原发因素，从而实现针对性监管和矫治。

在评估基础上，可以归纳出罪犯的心理健康评价指标，分为五个方面：罪犯情绪的易变性，罪犯焦虑抑郁症状，罪犯适应性，罪犯精神异常状况，罪犯心理偏执性。

（三）个体自然因素

个体自然因素包括个体生理、性别、年龄、文化、犯罪情节与手段、服刑表现和态度等。研究罪犯个体不同自然状况、文化背景和犯罪行为表现及服刑表现和态度等差异性，对于全面客观地把握罪犯个体的心理和行为特点，剖析和研究其服刑改造规律，实现分类管理和实施个别化教育矫治都具有重要意义。诸如是否有精神、心理和身体方面的疾病问题，职业技能和特长情况，智力与受教育情况，有无保护性关押的需要等，对新收监罪犯分押分管具有重要的参考价值。

（四）早期与当前家庭环境因素

早期家庭因素是指罪犯所在的家庭成员在罪犯早年对其的态度、家庭的遗传基因与环境状况等。美国匹兹堡大学斯蒂苏·马努克在"遗传因子与攻击性关系"研究中认为"只有对于那些愤世嫉俗、充满敌意或父亲文化程度较低的人来说，一种较弱的单胺氧化酶—A（MAOA）基因才与攻击性行为有关。相比之下，对于那些不愤世嫉俗、没有敌意或父亲文化程度较高的人来说，MAOA基因较弱的人并不比MAOA基因较强的人更具有攻击性。"对监狱罪犯的调查表明，当前家庭环境状况对服刑罪犯极端心理的影响主要表现在三个方面：①罪犯遭遇家庭抛弃或家庭发生重大变故，如父母去世、妻子离婚、子女流离失所等，罪犯会因失去精神寄托，或因悔恨内疚产生极端暴力行为。②一部分亲情犯罪的罪犯因长期悔恨、自责和内疚，产生对自己的极端加害行为。③一部分无家庭、无亲人，生活无着落，又身无一技之长的罪犯内心极度自卑和失落，

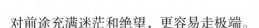

对前途充满迷茫和绝望，更容易走极端。

经典精神分析理论认为，凡被视为权势重的、地位高的人，往往会在潜意识里被认为是早期关系中的重要人物。在监狱这个特殊环境中，民警和罪犯朝夕相处，民警对罪犯实施管理教育，罪犯往往把童年和重要关系人（如父母的关系）的情感转移到现在和民警的关系中。如果民警在管理罪犯时能够充分了解到罪犯的早期关系，如父母对罪犯早期是如何教育的，罪犯对父母报有什么样的感情，和父母有没有发生过冲突行为，是什么样的冲突行为，等等，就可以实现对罪犯的心理、行为的有效把握和预测，以及针对性地管理矫治罪犯。

根据罪犯最常有的几种原始家庭关系，可以得到罪犯危险等级与管理策略，如表3-1。

表3-1 罪犯早年家庭养育关系与管教对策表

重要关系人早年管教方式	罪犯对重要关系人的心理反应	罪犯的危险等级（星号越多危险等级越高）	民警对罪犯的管教策略
溺爱	怨恨（由于溺爱导致了犯罪）	★★	适当交流
暴力	反抗	★★★★★	尽量不用粗暴、严厉的言行管教
暴力	顺从（表面上）	★★★★	严厉与说服并用
漠视	希望父母注意，怨恨父母	★★	多交流，多谈话

注：溺爱型家庭是指家庭早期和对孩子的教育属于无原则地满足要求，孩子成年后如果犯罪则在其潜意识里更多的是对早年溺爱的一种怨恨。这种情感如果转移到现在和民警的关系中，民警给予他过多关注，他就会在潜意识里把民警认同为自己的父母，从而产生怨恨。漠视型家庭多见于由于家庭结构缺损或者父母外出打工等原因，造成孩子缺乏应有的关注和爱。这类罪犯潜意识里希望得到民警更多的关注。对这类罪犯如果民警多关注多交流，则会给罪犯更多的温暖，对教育矫治有利。暴力型家庭主要是指以打骂甚至虐待为主，比较少用说理和关爱为主要教育方式的家庭。如果罪犯早期曾经反抗过父母的暴力，如动手打父母等，那么这样的罪犯危险等级最高。民警要慎用粗暴方式管教。如果没有动手反抗过父母的暴力，危险程度也很高，总之暴力培养了暴力，暴力型家庭的孩子成为罪犯后危险程度最高。

星号代表危险等级，星号越多，罪犯危险性越强。

（五）社会因素

社会因素是指社会对罪犯的态度（包括民众和刑事司法政策等）、社会帮教体系完备与运作、社区组织及其受害人等的吸纳、包容与关爱、社会舆论与环境的精神抚慰与熏陶以及社会犯罪诱因的防范和抵制等。如2004年曾发生某省刑释人员简某（男，35岁，初中文化，曾因强奸罪判刑5年，减刑1年提前释放）因其邻居（系其犯罪的受害人）怀疑其盗窃而到公安机关报案，由此生发怀恨之心，将邻居一家及其亲属砍死，制造了重大血案。透过这一案件可见社会因素对罪犯危险性诱发的直接作用和强度。

三、罪犯危险性评估工作流程

罪犯危险性评估工作流程可归纳为以下五个环节：

（一）信息采集

信息采集包括八个方面，即书面信息、犯罪史信息、生活史信息、成长史信息、个体生物信息、服刑史信息、个体自诉信息以及可能获取的其他信息。

（二）量表测试

目前，世界上通用的罪犯心理健康和人格测试量表主要有：一是心理健康量表如症状自评量表（SCL-90），通过躯体化、强迫症状、人际关系敏感、抑郁、焦虑、敌对、恐怖、偏执、精神病性等因子，以及阳性项目分值对个体心理健康状况及危险性心理特征作出测量结果分析。二是人格特征测量如明尼苏达多相人格量表（MMPI）和艾森克人格测验量表（EPQ），为罪犯人格特征和人格缺陷的评估提供重要的数据性资料信息和验证。

（三）个体诊断

个体评估诊断主要采用望、闻、问、切四种方法。"望"是指监狱民警对评估对象的日常行为、表情、情绪变化等的观察分析；"闻"是指通过监狱民警对罪犯的个别谈话，测评工作人员对罪犯的摄入性谈话，评估工作人员对罪犯的回访性谈话以及被测评对象的自诉等途径收集与分析信息；"问"是指摄入性谈话以及设计问卷所得到的针对性、验证性、具体性的信息与分析；"切"是指单项信息分析判断以及问卷评判。

（四）综合分析

综合分析包括对搜集到的所有信息和测量结果进行综合分析评判以及对罪犯个人生活史、成长史、家族史和犯罪史、服刑史进行综合分析判断等两个方面。

（五）科学分类罪犯

我国监狱长期使用的是按照犯罪类型的客观主义分类法，只关注罪犯的客观行为及行为后果，对罪犯之所以犯罪的原因却不予涉及。这种分类只不过是对犯罪的分类，还谈不上是对罪犯真正的分类。罪犯分类要更科学地进行，具体分类下面详述。

四、罪犯分类与矫正

（一）罪犯的分类

1. 精神病罪犯。精神病罪犯包括犯罪前就有精神病倾向的，以及在监狱里因各种原因患精神病的罪犯。据统计该类罪犯占总罪犯数的 2% 左右。这类罪犯主要是要早发现早治疗。如果及时隔离和治疗，效果会比较好，否则危害性很大。

2. 生物因素罪犯。这类罪犯是基于生理原因而导致心理发育不完整或者不健全，包括部分青少年罪犯和病理性精神障碍罪犯。青少年罪犯由于社会阅历的限制，加上青少年的身心还处于一个不断发展的过程，往往表现为较弱的辨认能力和控制能力，心理和情绪不稳定性强。这种不稳定性一方面表现为因心理冲动极易诱发犯罪，另一方面则表现为如果进行正确引导又能够及时矫正其犯罪倾向。所以对于青少年罪犯不宜采用集中关押的方法，以防止交叉感染。同时，对青少年罪犯也较宜采用社区矫正的方法，尽量减少青少年的过错行为对其人生发展带来的不利影响。

病理性精神障碍罪犯包括癫痫病罪犯，各种脑部疾病和脑外伤的罪犯，因身体残疾导致心理障碍的罪犯等。他们因病理性精神障碍导致心理的异常改变从而引发犯罪。这类罪犯辨认和自我控制能力程度有差异，对待这类罪犯在正常管理和教育的同时要给予及时的医疗。

3. 人格障碍罪犯。这类罪犯主要有反社会人格障碍、冲动型人格障碍、边缘型人格障碍等。这些人格障碍比较根深蒂固，难以改变。他们常常具有严重的人身危险性，包括惯犯、多数的累犯，以及一些非常残暴的故意犯罪和行为人承认其深刻的反社会性的罪犯，如实施严重危害公共安全犯罪和危及公民人身财产安全犯罪的人，聚众犯罪和有组织犯罪中的组织者和首要分子等。累犯、惯犯以及监狱内的抗改、顽危罪犯的绝大多数都属于人格障碍罪犯。国外的调查发现，这类罪犯占到罪犯总数的 40%~50%。

4. 偶然犯。人格尚不稳定或基本健全，由于受外界条件的作用而临时地表现出犯罪性。他们在犯罪过程中或犯罪后往往有所悔悟，并易于教育和矫正，具有较轻人身危险性，包括许多未成年犯、女性罪犯、防卫过当者、职务犯、胁从犯、中止犯等。

5. 激情犯。这类罪犯主要是由于情绪因素导致的犯罪，是在一定的情境下由于冲动或者激情导致的犯罪，具有一定的偶然性，但是结合其个性心理因素，又具有一定的必然性。这类罪犯无明显人格缺陷，多见于女性罪犯、职务犯。

6. 假性罪犯。假性罪犯由于政治及特定的社会原因而犯罪，并被判刑而成为罪犯。

（二）矫正重点

1. 监狱心理矫治的重点对象为上述第 4、5、6 类罪犯。因为这类罪犯相对来说人格基本完整，犯罪行为和习惯没有根深蒂固，因此这三类罪犯可以作为重点矫治对象。

2. 第1类罪犯为心理治疗的对象。这类罪犯应该早鉴别早治疗，分开关押。

3. 第2类罪犯要注意区分。如果是生理创伤和缺陷导致的人格改变，需要心理矫治和身体治疗并重；如果没有条件进行专门治疗，对这类罪犯最好能给予特殊关注。

4. 第3类罪犯应该是监狱重点防控的目标。尤其是严重的人格障碍罪犯，因为这类罪犯比例大，同时很难矫正。但是如果矫治手段组织得当，也会有一定的矫治效果。对这类罪犯，教育矫治部门应该运用心理学技术分析研究他们的心理变化规律，掌握对他们的矫治策略，同时预防可能会发生的危险。

本章小结

本专题初步讨论了罪犯心理评估的概念、目的、作用和方法步骤等，并对罪犯心理评估的环节进行了阐述，同时对评估与矫正分类的关系以及危险性评估的步骤和方法进行了详细阐述，为后面专题的学习打下基础。

问题思考

1. 罪犯心理评估的概念与原则是什么？
2. 罪犯技术性评估包括哪些内容？
3. 罪犯危险性评估的体系和标准是什么？

拓展阅读

1. 邵晓顺主编：《服刑人员心理矫治：理论与实务》，群众出版社2012年版。
2. 马立骥主编：《罪犯心理与矫正》，中国政法大学出版社2013年版。
3. 宋胜尊：《罪犯心理评估：理论、方法、工具》，群众出版社2005年版。

专题三　实训项目

专题四　罪犯心理健康教育

学习目标

　　了解罪犯心理健康的定义，熟悉罪犯心理健康教育的概念、目标、原则，理解罪犯心理健康的标准，掌握罪犯心理健康教育的内容，能够运用心理健康知识开展教育工作，能够设计一个具体的罪犯心理健康教育案例，以促进罪犯心理健康教育的形式与内容的有机结合。

重点提示

　　罪犯心理健康教育概念，原则，目标，功能，罪犯心理健康标准，罪犯心理健康教育的内容，罪犯心理健康教育的途径

　　罪犯心理健康教育是监狱心理矫治工作的重要组成部分。司法部监狱管理局《关于加强监狱心理矫治工作的指导意见》中规定：监狱对罪犯开展心理健康教育的普及率达到应当参加人数的 100%，罪犯心理健康教育合格率达到 90%；并对罪犯心理健康教育的内容、方法、形式作了具体规定。这为我国监狱开展罪犯心理健康教育工作指明了方向。

学习任务一　　罪犯心理健康教育概述

【案例】4-1

　　2014 年 10 月 14 日中午 11 点半，某监狱一监区罪犯在生产区集中就餐。罪犯尹某吃完饭后拿过自己的水杯喝水时，发现罪犯范某用勺子挑饭送到嘴里而不嚼动，于是把水杯中的水倒进了范某的饭碗中。他一边倒水一边嘻嘻哈哈地说要给范某加点汤。范某见状立刻站了起来，二话不说挥手一拳打在了尹某脸上。尹某霎时愣住了，说："你干什么？"范某也不答话，又一拳直捣尹某头部，打中尹某右眼眉头位置，导致右眼眉骨上表皮破裂，鲜血直流。整个过程前后不到 10 秒钟。坐在旁边的犯人反应过来后立即拉开了范某，范某看到尹某的惨状，愣愣地站到一边。现场值班民警立即带领尹某到监狱卫生所检查治疗，进行了医疗处置。

【思考】

罪犯服刑改造期间很容易发生意想不到的打架斗殴等违规违纪行为。本案例中罪犯范某为什么会如此冲动？现场民警该如何予以教育呢？

一、罪犯心理健康教育的概念

（一）健康的概念

一百多年前，西方的"生物医学模型"理论认为健康就是"不生病"。随着社会的发展和科学技术的不断进步，人们对健康的理解有了新的认识，人们发现心理因素对人的生理健康影响非常明显，社会因素也与生理健康密切相关，"生物心理社会模型"理论整合了心理、生理和社会因素对健康的影响。1948年联合国世界卫生组织（WHO）成立时公布的章程中写道：健康是在生理、心理和社会适应都达到良好的状态，而不仅仅是没有疾病和虚弱的状态。1990年该组织（WHO）又将"健康"定义修正为：一个人只有在身体、心理、社会适应和道德等四个方面都健全的人，才是完全健康的人。而《牛津高级英汉双解词典》对"健康"的定义是：健康指一个人身体的或者心理的状态（health：condition of a person's body or mind）。我国2005年出版发行的《现代汉语词典》对"健康"的定义是：（人体）发育良好，机理正常，有健全的心理和社会适应能力。

（二）心理健康与心理健康教育

心理健康的定义受个人社会文化背景和研究问题的方法、观点、立场的影响，加之心理健康问题本身非常复杂，心理健康教育的定义众说纷纭，有学者将各种定义总结归纳为三种类型：①"精英思路"类型，其定义为个体心理在本身及环境条件许可范围内所能达到的最佳功能状态，但不是十全十美的绝对状态。②"众数原则"类型，其定义指个体内部协调与外部环境的良好适应的协调统一，是多数人都可以达到的状态。③"折中思路"类型，其定义把心理健康界定为个体内部协调、与外部社会相适应并发挥心理潜能。综合各种类型后笔者认为：心理健康是指个体具备一种正常稳定、积极主动的心理功能状态或特质，表现为心理上协调一致，内部和谐，外部适应，并适当追求发展。

尽管现代科学早已证明心理健康是健康的一个重要方面，但在现实生活中大多数人依然只是注重身体（生理）的锻炼，而不注重心理的锻炼，监狱内在押的罪犯更是如此。大部分罪犯不理解心理健康的意义，更有许多罪犯无视心理健康问题。因此，开展罪犯心理健康教育非常有必要。

（三）罪犯心理健康教育含义

在监狱工作实践中，罪犯心理健康教育就是指监狱在对罪犯的教育矫治工作中，通过向罪犯传授心理学和心理健康基本知识，运用行为训练和实践指导的方法，让罪犯学会认识自己、分析自己、接纳自己，从而自觉调整心理状态，积极面对服刑生活，促进心理发展，提高罪犯自我教育和自我改造的自觉性、积极性，实现罪犯重新社会化的一种教育矫治活动。

二、罪犯心理健康教育的意义与定位

（一）开展罪犯心理健康教育的意义

1. 适应监管改造工作发展的必然要求。中华人民共和国成立以来，伴随着监狱事业的不断发展，监狱的基础设施日趋完善，对罪犯的改造方法和改造手段日益多样，被誉为改造罪犯"第四大基本手段"的心理矫治工作应运而生。随着我国社会主要矛盾发展为人民日益增长的美好生活需要和不平衡不充分的发展之间的矛盾，许多罪犯因为不平衡而产生的不良心理甚至病态心理凸显，这个现象对监管的安全稳定和监狱改造罪犯的工作目标都产生了消极的影响。早在 1995 年，司法部《关于创建现代化文明监狱的标准和实施意见》（司法通〔1995〕107 号）就已经规定了对罪犯开展心理矫治的考评要求。2007 年司法部印发了《教育改造罪犯纲要》，把开展罪犯心理健康教育作为罪犯教育的主要内容之一。而《关于加强监狱心理矫治工作的指导意见》进一步规定了罪犯心理健康教育工作的相关指标。目前，罪犯心理健康教育工作已经在监狱实践中得到了全面贯彻执行。

2. 提高监狱改造工作效能的必然需要。据调查，现在押罪犯中患有不同程度心理问题与心理疾病人数占比高达 65%，这个数字不一定准确，但从侧面反映了这一问题的真实存在。[1]许多研究者对在押罪犯开展的心理测验结果表明，我国在押罪犯总体心理健康得分明显低于社会正常人群，而且大多数罪犯对自身存在的心理问题没有正确认知和自我调节能力。这就要求监狱在改造实践中必须大力开展对罪犯的心理健康教育。通过心理健康教育，使罪犯学会自我分析、自我调节和自我教育，学会在劳动、学习和人际交往中更好地发挥自身的潜能，调动自身的主观能动性，这必将大大提高监狱改造工作的效能。

3. 实现监狱工作宗旨的根本需要。监狱坚持"惩罚与改造相结合，以改造人为宗旨"的监狱工作方针。《中华人民共和国监狱法》（以下简称《监狱法》）第 1 条和第 3 条规定了"正确执行刑罚，惩罚和改造罪犯，预防和减少犯罪""将罪犯改造成为守法公民"的任务。"守法公民"这一目标，要求罪犯经过服刑改造，不仅能够遵纪守法、自食其力，而且还应该具有健康的心理，有应付和处理生活事件的能力。"守法"不仅是一种外在行为，同时还需要拥有守法的

---

〔1〕 王利杰、曹化霞主编：《监狱学基础理论》，中国检察出版社 2011 年版，第 46 页。

健康心理。这就需要在运用常规手段改造罪犯的同时，还必须进行有效的心理健康教育。

4. 保障罪犯开展心理矫治工作的基础。在罪犯中开展心理矫治工作，要求罪犯能够接受，积极配合，否则就难以达到矫治效果。在罪犯心理矫治工作中，一些罪犯的不了解、不理解成了开展工作的"拦路虎"。例如，一些罪犯不配合心理测试工作，不想让人了解自己的内心想法，所以不实事求是地填写表格；有些罪犯认为心理咨询只是空洞说教，没有作用，拒绝配合等。所以，心理健康教育是心理矫治工作正常开展的基础保证，心理测量的准确度如何，心理咨询与治疗的效果如何，都依赖于罪犯对自己心理的正确认识以及对这项工作的了解程度。而对罪犯的心理健康教育本身也可以提高罪犯的自我调节能力，起到预防心理问题与心理疾病的作用。

（二）罪犯心理健康教育的定位

1. 与罪犯教育改造工作的关系。罪犯心理健康教育是罪犯教育改造工作的重要组成部分，是我国罪犯教育改造工作理念的创新、方法的新发展、时代的新要求。心理健康教育工作的指导理念、预期目标、工作模式与教育内容，都必须遵循教育规律，必须服从于整体教育改造理念与改造任务，并始终围绕"改造人"的监狱工作宗旨来制订计划与实施。司法部《教育改造罪犯纲要》规定，罪犯心理健康教育是罪犯教育的主要内容，在教育的手段上强调开展罪犯心理健康教育，提高罪犯的综合素质，提高罪犯适应回归社会生活能力。

2. 与罪犯心理矫治工作的关系。心理健康教育是罪犯心理矫治工作的主要内容之一，对于提升罪犯对心理矫治工作的信任与认可，营造积极、良好的心理矫治氛围，激发罪犯对自我心理健康的理解与关注，提高罪犯心理问题的求助动机，强化自我改变的动力，将咨询或辅导中习得的理念与技能应用于当前与今后的生活都具有重要作用，因此罪犯心理健康教育是开展心理矫治工作的基础性工作。

3. 与罪犯思想教育工作的关系。罪犯心理健康教育与罪犯思想教育是密切相关的，都是以"改造人"为宗旨。很多罪犯在监管改造中表面服从监管要求，但内在的思想包括人生观、价值观、世界观依然扭曲。如果不加以改变，刑满释放后很容易发生再犯罪行为。通过心理健康教育矫正其错误的、消极的、不健康的心理，打开其心结，令其真诚悔过，激发其内心深处的进取心，增强改造信心，使其明白人生道理，从而选择健康的、守法的人生道路。

三、罪犯心理健康教育的目标与对象

（一）心理健康教育目标

罪犯心理健康教育目标：向罪犯传授心理健康知识，积极参加监狱开展的心理矫治活动，帮助罪犯恢复健康心理，预防出现新的心理问题，提高心理素质，增强罪犯调适能力。

具体来说，就是通过心理健康教育，促进罪犯对心理卫生、心理健康知识的了解；帮助罪犯挖掘犯罪心理根源，积极面对监禁现实，树立改造信心，努力适应监禁环境；克服冲动、焦虑、以自我为中心等不良心理；学习调节愤怒、恐惧、抑郁等消极情绪的能力；控制冲动、攻击、畏惧等不良情绪，提高人际交往能力，建立和谐人际关系；调整心态，提高抗挫折能力，形成积极向上的人生观、价值观；促进自我认知、自我反省、自我接纳、自我完善和自我发展。

（二）心理健康教育的对象

监狱开展心理健康教育的对象应该是全体罪犯，而不仅仅是有了心理问题或心理存在障碍的罪犯。心理学研究表明，人的心理健康是一个发展的、相对的概念，任何人都不可能在心理上完全健康，因此，所有人都需要接受心理健康教育，所有在押罪犯都不例外，都需要接受心理健康教育。

四、罪犯心理健康教育的原则与功能

（一）罪犯心理健康教育原则

心理健康教育原则是监狱心理健康教育工作者需要首先了解掌握的内容。

1. 教育性原则。此原则是指教育者在教育过程中应当始终坚持正确的政治方向，坚持社会主义的核心价值理念，注重引导罪犯树立正确的人生观、价值观，培养罪犯积极进取乐观的生活态度；提高罪犯正确认识自我，理解他人，理性看待问题的能力；增强罪犯对心理健康的正确认识，提高自我调适的能力。罪犯心理健康教育是一种特殊内容的教育，是一种开启智慧的教育，是一种体验式的感悟教育，是一种实事求是的教育。

2. 主体性原则。此原则是指在心理健康教育中要充分认识到受教育的主体是罪犯。通过创新方法和载体，采用罪犯喜闻乐见的形式，结合监狱各项教育活动，突出罪犯参与的主体性。罪犯心理健康教育是助人自助的教育活动，助人是手段，自助才是目的，罪犯心理健康教育的目标就是普及心理健康知识，预防心理问题，提高心理素质，维护心理健康。说到底，这是一个主动和自觉的过程，如果没有罪犯积极的认可和主动的参与，心理健康教育将成为灌输式的强制行为，达不到预期的效果。因此，罪犯心理健康教育要做到以罪犯为主体，积极鼓励、引导罪犯主动参与、自觉学习。在教育实践中，罪犯会提出针对民警执法、刑事政策、刑罚惩处等方面的意见建议，对此监狱民警不能回避。解答这些问题也是罪犯心理健康教育内容的一部分，更是尊重罪犯在心理健康教育中的主体地位。

3. 全面性原则。罪犯心理健康教育的对象是全体罪犯，全体罪犯都是心理健康教育的参与者，因此，罪犯心理健康教育工作的设计、方案的实施、内容的选择、教育的形式等都要着眼于罪犯共同的需要和普遍存在的问题，采取多方法、多维度的手段帮助罪犯解决心理健康问题，以提高罪犯的心理素质和心理健康水平为心理健康教育的基本立足点与最终目标。心理健康教育还需要监狱在罪犯教育管理中的所有力量全面协调配合。罪犯心理健康教育是一个长期的过程，监狱、社会、罪犯家庭都要关心罪犯心理健康，通过集体教育、个别教育、专门辅导、心理咨询以及社会帮教互相结合的方法，才能取得好的效果。

4. 发展性原则。许多罪犯存在不同程度的心理和人格问题，但是，我们依然坚信，每一位罪犯都是可以被教育，而且可以改变的，这是罪犯心理健康教育的价值所在。罪犯心理健康教育的目标与内容，以建设性和发展性的指导为主，促进罪犯在不同阶段的自我成长、自我发展，就是以罪犯的成长为中心，以问题为导向，实现心理健康教育的预期目标。

5. 差异性原则。不同的犯罪类型、服刑阶段、改造岗位、家庭背景、身心素质的罪犯，犯罪意识、个性心理、抗挫折能力、人际交往能力、社会适应能力等都表现出差异性。心理健康教育的过程也要因人施教，突出重点，加强调查，充分掌握罪犯情况，针对不同对象，采取不同的教育方式与内容，以实现教育效果的最大化。

6. 整体性原则。罪犯心理健康教育中要注意到个体心理具有完整性和统一性，在具体分析中坚持个体身心因素与外部环境因素的互动变化，全面把握罪犯心理问题或倾向性问题的形成，制定针对性的教育与辅导对策，避免罪犯心理健康教育中的片面性和局限性。

（二）罪犯心理健康教育的功能

1. 发展性功能。罪犯心理健康教育是以促进罪犯心理健康发展，人格品质完善，提升适应社会能力，为罪犯回归社会、适应社会、立足社会、实现再社会化打下坚实的基础为目的的。通过心理健康教育引导罪犯树立正确的人生观、价值观，提高自我接纳水平、环境适应能力、抗挫折能力，保持心态平衡，促进人际交往等发展性目标。

2. 预防性功能。所谓预防性功能，就是通过对罪犯开展心理健康教育，提高罪犯自我调适能力，预防新的心理问题产生。罪犯在监禁环境中，时刻都会因他犯、家庭、社会、监狱等各方面的影响，在认知现实问题中带来心理上的困惑，甚至产生心理障碍。通过心理健康教育，引导罪犯合理认知，控制情绪、宣泄情绪，和谐人际关系，顺利解决服刑期间遇到的困惑与困难，坚定改造的信心。罪犯心理健康水平与自我调节能力的提高，可以减少心理问题的发生，提高与外界环境互动的能力，实现预防性功能。

3. 矫治性功能。对于已经产生的现实心理问题，通过心理咨询、团体辅导和专题讲座等形式，实现对罪犯心理问题的矫治，以排除心理困扰，重新恢复心理平衡，实现心理健康发展。罪犯心理健康教育矫治性功能是对心理基本健康的罪犯而言的，对于有严重心理问题或心理疾病的罪犯，其矫治功能在于纠正他们不合理认知，改善不良情绪，提高心理能力，为下一步心理矫治工作打下基础。

五、心理健康标准

（一）一般心理健康标准

人生理是否健康，我们已经拥有很多科学手段予以诊断，如通过数据判断、仪器检测，也可以通过观察变化来进行。而一个人的心理是否健康，则要复杂得多。既要看个体的客观表现，还要看个体的主观感受。有学者在总结国内外心理健康各标准后概括为六种标准类型，即统计学标准、社会规范标准、主观经验标准、生活适应标准、心理成熟标准和生理学标准。

具体地，心理学家马斯洛（Maslow, A. H）提出了心理健康的十条标准：

1. 有充分的自我安全感。
2. 能充分了解自己，并对自己的能力作适当的评估。
3. 生活的目标切合实际。
4. 与现实的环境保持接触。
5. 能保持人格的完整与和谐。
6. 具备从经验中学习的能力。
7. 能保持适当和良好的人际关系。
8. 能适度地表达和控制自己的情绪。
9. 在不违背社会规范的前提下，能适当地满足个人的基本需求。
10. 在不违背社会规范的条件下，有限度地发挥自己的个性。

（二）罪犯心理健康标准

对监狱在押的罪犯而言，在特殊的监禁环境之下会有特殊的心理健康标准。有学者提出了六个标准理论：[1]

1. 有正确面对现实、把握现实的能力。心理健康的罪犯对自己的犯罪原因、犯罪后果及其可能受到的刑罚有较为客观的认识，对自己被监禁的现状能采取成熟的、理性的适应方式，接受现实。对于自己在服刑改造中所遇到的困难和挫折，能运用切实有效的方法妥善解决，能承受一定的压力。

2. 有正确的自我意识。正确的自我意识是指在押罪犯既能客观地评价别人，

〔1〕 章恩友：《罪犯心理矫治基本原理》，群众出版社2004年版，第127~128页。

更能正确地认识和对待自己，接纳自我。能够了解自己，对自我有客观的评价，既不妄自尊大，也不妄自菲薄，保持恰当的自信，不过分苛求自己，也不过分放纵自己，能为自己制订切合实际的改造目标和计划，脚踏实地，扬长避短，尽自己最大的努力改正错误，走正确的积极改造之路。在监狱，也能实现自尊、自爱、自信、自强。

3. 能和他人建立良好的人际关系。良好的人际关系是维持个体心理平衡和个性正常发展的重要条件。心理健康的罪犯应该与警官及大多数罪犯保持交往，能和他人建立协调、良好的关系。在与人相处时，能保持适当的距离，对他人持尊重、欣赏、信任、关心、包容等正确的态度，对人诚信、谦虚，能听取别人的不同意见，也能容忍别人的不足和缺点。虽然也有不喜欢甚至厌恶的对象，但不会主动挑起冲突。

4. 有健全的情绪体验。所谓健全的情绪体验，是指高兴、喜悦、欢欣等积极愉悦的情绪多于愤怒、恐惧、焦虑等消极不良的情绪。心理健康的罪犯在服刑过程中，能基本保持情绪稳定、自信等生活状态，能恰当地表达自己的喜怒哀乐，控制好自己的不良情绪，对未来持有希望和信心。在遇到挫折时，能较好地调整自己消极的情绪，遇到不能解决的问题，能够正确地求助，主动改变自我，积极地调节自我。

5. 有正常的行为和协调的个性。心理健康的罪犯，其行为一般具有一贯性、稳定性，而不是矛盾的、反复无常的。在遇到外界刺激和压力时，行为反应适当，反应的强度、方式与受到刺激的强度相一致，该激动时激动，该冷静时冷静，恰如其分，心理活动和行为方式和谐统一。

6. 能够在学习和改造生活中发展自己。学习和改造是我国教育矫治罪犯最重要的手段与形式。心理健康的罪犯能够积极接受学习和改造任务，并能够在学习和改造活动中发挥自己的智力与能力，得到锻炼发展，获得实现感。

（三）正确看待罪犯心理健康标准

心理健康是相对的、动态的、发展的，实践中要正确认识和把握罪犯心理健康的标准，需要注意以下几点：

1. 心理健康各项指标的不平衡性和整体性。心理健康各项指标应该作为一个整体看待，罪犯一时的情绪波动不代表其心理异常，某一方面出现的不健康心理和行为也并不等于其心理不健康，更不等于有心理疾病。一个心理健康的罪犯，并不代表其各项指标都健康，因此，不能仅从一时一事就简单地给罪犯下心理不健康的结论，应该加以综合分析。

2. 心理健康标准的相对性。心理健康的标准是相对的，它与不健康的心理之间没有泾渭分明的界限，在一定程度上可以互相转化。罪犯如果不注意对心理健康知识的学习，树立科学的健康观，那么在监狱这一特殊环境的影响下或者是遭遇重大挫折时就有可能会从健康心理状态转化为不健康心理，甚至发展成心理疾病。相反，如果罪犯有了心理问题，能够及时得到矫治调节，也会恢复到健康心理状态。

3. 心理健康标准的理想性。心理健康的标准是一个理想的标准，它为实践工作提供了衡量罪犯心理是否健康的尺度，所有罪犯都达到这些标准是不可能的。心理健康没有止境，每一个罪犯都可以根据自己的实际情况，通过调整，坚持不懈地追求心理发展的更高层次，更好地发挥自身的潜能。

 学习任务二　　罪犯心理健康教育内容

【案例】4-2

2015 年 6 月 18 日早晨，天刚蒙蒙亮。某监区监舍值班罪犯王某到盥洗室准备洗漱时，突然发现有个人挂在水管上，仔细一看，原来是罪犯钟某。值班罪犯立即上去抱下钟某，将其放置在盥洗室的地上，迅急报告给监区值班民警。

值班民警接到报告后，迅速赶到盥洗室，立即组织现场紧急抢救，同时向监狱值班领导报告事故情况，并采取措施封锁保护现场。很快，监狱值班医生赶到现场，把钟某送到社会医院进行紧急抢救，但由于发现时间太晚，钟某经抢救无效后宣布死亡。

事故发生后，监狱对钟某自杀的原因进行了详细调查。经查：钟某于 1999 年实施抢劫犯罪后，为了逃避抓捕，在外潜逃了 11 年多，于 2010 年才被公安机关抓获，被判刑 18 年。在监狱服刑期间，钟某一直没有得到亲人的谅解，被亲人抛弃，所有亲属均不与其联系，更没有亲属来监会见。漫长的刑期加上亲属的抛弃导致钟某心灰意冷，觉得生活没有未来。由于长期的心理问题积累，该犯最终选择了自杀。

【思考】

对于罪犯服刑期间遇到的各种困扰，不同的罪犯会有不同的表现。对此，监狱民警如何才能及时发现问题并给予相应的心理教育，防止类似悲剧重演？心理教育的内容又是什么呢？

一、罪犯心理健康教育的一般内容

（一）一般心理健康知识教育

一般心理健康知识教育非常重要，实践中许多罪犯对心理健康不了解，对心理健康教育有误解，甚至歧视参与心理健康教育、心理咨询、团体辅导等的罪犯，嘲笑参与心理健康教育活动是脑子有问题。因此，需要向罪犯普及心理健康基本知识，引导罪犯树立关于心理健康的科学观念，懂得心理健康的表现和判断标准，了解心理健康的因素及其关系，对自身出现的心理问题学会自我调适或主动寻求心理咨询，增强心理承受和自我调控情绪的能力，提高心理素质，最终能针对自身犯罪情况找出导致违法犯罪的不良心理，学会自我矫正。此外要向罪犯介绍监狱心理健康、心理矫治工作的开展状况，告诉罪犯求助途径；宣传个体心理与群体心理互动规律，积极营造"人人关注心理健康，健康心理关护人人"的良好改造氛围。

（二）自我意识教育

帮助罪犯正确地认识自己，评价自己，理性看待别人的评价意见；帮助罪犯转变角色，树立正确的改造目标，调整好改造心态；帮助罪犯正确认识各种情绪，学习一些日常生活中放松、宣泄、注意转移的方法，提高调适情绪和控制自己行为的能力；教育罪犯正视自身个性心理方面的缺陷或不足，了解人格缺陷与自身犯罪、监禁适应等方面的关系，促进自觉改变与自我完善；帮助罪犯对自身存在的心理问题的觉察与识别，了解自我调节的方法，以及寻求心理帮助的途径，提高罪犯心理健康的自我维护水平。罪犯经过自我意识教育，掌握心理调适的一般方法，可以更好地面对教育矫治中遇到的困难和挫折。

（三）人际关系教育

罪犯服刑期间，生活、学习、劳动场所人员密集，相互间容易产生矛盾；与亲人隔离，沟通渠道有限；与民警虽然朝夕相处，但界限分明，在这个特殊的"社会"里，人际关系敏感、紧张。人际关系教育就是帮助罪犯了解服刑改造期间常见的人际问题，提高人际感知能力和理解他人的能力，及时发现和觉察自身与家庭、同犯和民警之间存在的人际问题，帮助罪犯掌握人际沟通的基本知识与技巧，促进相互之间的尊重、理解、信任、包容，建立和谐、良性的人际关系。

（四）监禁适应性教育

罪犯心理健康教育可以融合于罪犯思想教育、文化教育、技术教育、政策前途教育等教育之中，紧紧围绕改造人的工作目标来运行。针对服刑初期、中期、后期等不同阶段特点，针对不同性别、年龄、罪行、刑期、身体状况等特征，以及改造中出现的新情况、新问题，积极开展监禁适应性教育。比如，减刑假释政策调整，或者监狱内季节性流感暴发，又或者违规违纪受到处罚后等，都可以开展监禁适应性教育。

（五）价值观教育

价值观是人们对客观世界和行为结果的评价及看法，对人的行为动机有支配和制约作用，具有相对稳定性和持久性的特点。世界观、人生观、价值观是个体心理的最高层次，对人的各种心理活动起着调节指引作用。一个心理健康的人，不一定要具有较高社会意义的世界观、人生观、价值观，但是一个具有错误世界观、人生观、价值观的人，其心理常常会不健康。许多罪犯与监禁环境不适应的原因在于其世界观、人生观、价值观出现了错误或偏差，开展以社会主义核心价值观为重要内容的心理健康教育有其必要性。

二、不同服刑阶段心理健康教育内容

罪犯心理健康教育是一项长期性的基础工作，罪犯在不同的服刑阶段心理特点和心理问题有所不同，因此，根据罪犯所处的服刑阶段开展针对性的心理健康教育，对罪犯顺利完成服刑改造生活有着重要的现实意义。

（一）服刑改造初期的心理健康教育

服刑改造初期是指罪犯从入监到服刑半年至一年的时间段。罪犯从被逮捕到入监经历了巨大而又痛苦的社会角色变化，人身自由被剥夺，社会地位丧失，家庭也遭受重大打击，内心经历着担惊受怕、孤独自怜、后悔愧疚、怨恨愤怒等复杂而痛苦的心理体验，认知、情绪、行为一时都难以面对监禁生活，心理落差大，各种消极情绪明显。

罪犯刚进入监狱，对监狱情况不了解、监管环境不熟悉、监禁生活不适应，依然怀念过去的自由生活，担心被亲人和社会抛弃，不知能否度过或怎样度过漫长的刑期，因此会产生恐惧、烦躁、怨恨、否认、悲观、思亲恋家等心理。

这一时期心理健康教育的主要内容是：积极开展认罪悔罪、角色调整、环境适应教育和面对现实、接受现实，调整自我，制订以服刑计划为主题的心理健康教育；加强因监禁带来的消极心理疏导和教育工作，缓解心理压力，做好心理调节；教育罪犯调整心态，自觉遵守监规纪律，调适自己的不良心理，以更好、更快地适应服刑改造生活。

（二）服刑改造中期的心理健康教育

改造中期是指罪犯入监后半年或一年至刑满释放前半年或一年的时间段。对许多罪犯来说，这一阶段相对较长。罪犯经过入监教育，心理上基本适应了改造生活，但也有少数罪犯适应较慢。即使心理适应的罪犯，也会出现反复情况。例如，家庭变故、日常改造生活中的人际冲突、刑事政策的变化等，都会导致罪犯思想上的波动，容易引起罪犯愤怒、焦虑、抑郁、敌视、报复等心理问题的产生，因此需要不断解决一些新的问题。这一时期心理健康教育的主要内容是：

1. 激发罪犯积极向好的改造心态。罪犯服刑改造期间最大的期望是早日获得自由、早日回归社会。在服刑改造中期，开展刑事行政政策奖惩教育，培养罪犯争取获得行政刑事奖励的动机，激发罪犯积极向好；以刑满回归人员的典型成功案例，激励罪犯积极向好；通过对狱内违规违纪、消极抗改等落后分子予以惩戒，警示、教育罪犯改错向好；积极开展亲情帮教，把罪犯亲人的期盼转化为罪犯积极向好的动力；及时向罪犯宣传社会日新月异的发展变化，教育罪犯只有积极努力改造，才不会被社会淘汰。

2. 教育罪犯学会应对压力的能力。罪犯由于监狱、家庭、社会以及自身原因会面临许多压力。压力是一把"双刃剑"，有的罪犯承受不了，自暴自弃，甚至走上自杀或又犯罪道路；有的罪犯化压力为动力，改造更加顺利，经过努力，生命得到升华。教育罪犯树立正确的改造目标，不混刑度日，把刑期当学期，学习知识、学习技能、学习规范，提高自己、充实自己。帮助罪犯制定一个切实可行的改造计划，在遇到挫折、困难时鼓励罪犯坚持改造方向，不随波逐流，不因一时一事而改变。教育罪犯客观认识自我，既不过高评价自己也不过分贬低自己：评价过高就会自高自大，容不得批评意见，一旦失败又自轻自贱，多见于改造顺利、社会背景特殊、家境优越、个性张扬的罪犯；评价过低会造成消极、否定的情绪体验，对改造、对生活失去兴趣，自卑自怜，自怨自恨，多见于家庭变故、身体残疾患病、性格内向的罪犯。

3. 教育罪犯掌握人际交往的能力。人际交往具有自我表现、信息获取、人际协调、自我需要满足和身心健康保健等多方面功能。罪犯在服刑期间仍然需要正常的人际交往，主要是与罪犯、民警和亲属有限范围内的人际交流。教育罪犯人际交往和谐的首要因素是尊重，尊重自己，尊重他人。认识到每个个体都是不同的，不可能和所有人都能和谐共处，要容许个体间的差异。要学会宽容，宽容不是纵容，要有原则，对罪犯中的不好现象不姑息，更不能同流合污。主动与民警和亲人沟通，发生矛盾和冲突时要冷静，不顶撞，以免激化矛盾，使问题复杂化、扩大化；要坦诚说出自己的想法和看法，不推诿，不歪曲事实；反映意见要注意方法，不鲁莽；学会正确对待民警和亲人的善意批评和指导，诚恳沟通，换位思考，理解民警和亲人的良苦用心。

4. 教育罪犯适应社会的能力。要教育罪犯学会感恩，感恩亲人、感恩民警、感恩社会。犯罪伤害了他人和社会，也伤害了自己的亲人。要懂得父母养育之恩、夫（妻）不弃之恩；要感恩民警"像父母、像医生、像教师"的关心教育之恩；还要感恩社会不计前嫌，给出路之恩。懂得感恩是罪犯能否重新做人的第一步，一个不懂感恩，觉得社会他人都亏欠自己，把自己与社会他人放在对立面的人，也一定为社会所不容。教育罪犯学会控制情绪，许多罪犯之所以犯罪就是因为冲动，容易走极端，不能控制自己的情绪。教育罪犯正确认识自己，知道自己的智力财力能力，把握好自己在社会生活中的位置，不盲目攀比，不好高骛远，脚踏实地过好自己的生活。

5. 对于罪犯群体性心理问题要及时掌握，及时澄清真相。监狱是人员高度密集的地方，容易发生流行性感冒、腹泻等疾病。随着老弱病残罪犯的增多，罪犯实际服刑时间的增长，罪犯因病死亡、自然死亡及猝死等情况会增多。这些问题可能会引起部分罪犯过分担忧甚至人心惶惶的场面。近些年来，罪犯减刑假释政策和改造考核制度变化较大，事关罪犯切身利益，容易引起罪犯情绪波动。对此，监狱应及时掌握罪犯表现情况，做好澄清、解释工作，告知注意事项，以尽快恢复群体心理稳定，避免谣言和危机扩散。

6. 不同类型罪犯的心理健康教育。我国监狱对罪犯进行分类管理，根据性别，分为男犯和女犯；根据年龄，分为成年犯和未成年犯。不同类型的罪犯应采取针对性的心理健康教育内容。

（1）未成年罪犯心理健康教育。许多未成年罪犯社会化程度低，以自我为中心，情绪不稳，行为冲动，内心空虚，想法混乱冲突，心理健康教育"应注重提升他们的情感智商，通过情感教育和情感技能培训，帮助他们控制好自己的冲动情绪，学会用理智来作出更恰当的行为决策"。同时，也应针对青春期的生理、心理特点，开展性健康、性知识、性道德教育，帮助他们形成健康的性心理。

（2）女犯心理健康教育。女犯与男犯相比，具有情感细腻多变、敏感多疑、情绪波动性大、意志缺乏坚定性等特点。应通过人生观、价值观、道德修养教育、理想信念教育、政策前途教育等，培养她们自尊、自爱、自强的品质。同时，针对女性的特殊生理现象及心理反应，对青年及中老年女犯进行月经期、更年期的心理健康教育，使她们了解自己的生理、心理状况，做好生理、心理准备，从而减少或克服生理、心理的不适症候，顺利度过人生的特殊阶段。

（3）老病残犯心理健康教育。老年罪犯、患有慢性疾病或残疾的罪犯，一方面受制于特殊的身份和监禁环境的限制，治疗上的一些诉求难以满足，心理存有落差，甚至对监部医院和民警存有抱怨；另一方面，尽管计分考核、减刑假释政策制度予以了优待，但一部分缺乏家庭关爱的重症罪犯、高龄罪犯，保外就医无望，面临着"生命"短于"刑期"的现实困境，情绪上悲观绝望，改造中得过且过，消极应付。心理健康教育应针对性进行相关医疗规定与制度教育，如病残鉴定、外出就诊、保外就医的解释，消除由于误解引起的非理性情绪和想法；进行社会责任、感恩自律、自强自信教育，鼓励老病残罪犯担责守纪，生活自理；适度放宽老病残罪犯看电视、打牌等休闲、娱乐时间，引导培养看书、练字、习画等健康爱好，使老病残罪犯有所好、有所乐、有所追求。

对于不同犯罪类型的罪犯，也应针对性开展心理健康教育，如暴力型罪犯情绪稳定性差，行为冲动不计后果，应着重进行控制愤怒、行为后果责任教育；性犯罪型罪犯应着重进行性健康、性道德教育；《中华人民共和国刑法修正案（八）》中的9类限制减刑罪犯可以尝试从法制教育、人性感化、感恩教育、生命价值、与被害人换位思考等角度予以教育。

（三）服刑改造后期的心理健康教育

改造后期为刑满前6个月或1年。此时，一方面由于长期改造的压力基本消失，罪犯产生即将回归社会的期盼与向往；另一方面，这也是由"监狱人"向"社会人"转变的过渡时期。这一时期罪犯心理健康教育内容主要是：

1. 巩固心理健康教育成果。面对即将结束的刑期和对未来生活的憧憬，罪犯通常会产生积极的回归心理，对此应及时通过正强化机制和反馈机制，予以肯定、支持与鼓励。

2. 纠正罪犯的消极回归心理。罪犯在服刑后期，原本残存的不良心理与期盼回归心理相结合，容易发展出消极的回归心理。具体表现为：过于自信与自卑心理、强烈的需求心理、翻案报复心理、补偿心理等。对于这些消极心理，监狱民警应通过负强化机制，予以否定、批评与纠正。如：引导罪犯调整好心态，减轻自卑心理；合理定位补偿心理，消除报复心理。另外，对于罪犯过于自信的心理也不容忽视，要引导罪犯正确评价自我，设想出狱后可能遇到的困难，提高挫折承受能力与抵御犯罪诱因的能力。

3. 教会罪犯心理调适的方法。一些罪犯因监禁服刑形成了"监狱人格"。因此，要教给罪犯心理调适的方法，以减少乃至消除监禁生活带给他们的负面影响。同时，使他们在脱离严格的监管生活回归社会后，能够自觉地调整心态，巩固积极改造成果，避免重新犯罪。

学习任务三　罪犯心理健康教育实现途径

【案例】4-3

罪犯李某，男，28岁，抢劫罪，在即将刑满释放时，却害怕自己出监后再陷入以前的"粉友圈"，又会再犯罪。服刑期间家人不接纳他，担心回去后更不会接纳自己，并遭到社会歧视，因此不愿意出监，要求继续留在监狱劳动，只要给其吃住就行。随着出监日期的临近，李某出现了失眠、头疼等症状，还伴有紧张、心烦意乱、坐卧不安、忧心忡忡、内心恐惧等消极情绪与行为。与他犯矛盾不断，并顶撞谩骂警官，多次受到处罚。

为了教育李犯以及与李犯有类似心理与消极情绪的罪犯，监狱开展了系列教育工作：一是邀请工商税务部门和地方劳动就业保障部门到监狱讲解就业常识，开展就业指导；二是邀请出监后创业成功的人士到监狱现身说法；三是利用狱内电视、广播等宣传媒体，拍摄、录制和播放成功企业和奋斗成功人士的宣传资料；四是组织李某所在的出监教育学习班走出监狱，到企业参观学习。通过回归激励的措施，让其亲身感受社会的发展和变化，增加他们对回归社会的渴望。

为帮助罪犯增强立足社会谋生就业的能力，在李某出监教育期间，监狱挑选了8名罪犯组成一个发展性团体，进行结构性团体辅导；组织其参加烹调、计算机操作、机电维修、插花设计等实用技术的专题培训。在监狱邀请社会企业进监举办的招聘会上，该犯成功地与一家企业签订了就业意向书，为顺利回归创造了条件。

【思考】

该案例中李某为什么能够出现如此根本性的改变？又是如何实现的呢？

一、罪犯心理健康教育的主体和模式

（一）罪犯心理健康教育的主体

1. 以监狱民警为主体。监狱民警，特别是监狱心理咨询师熟悉与监管改造相关的法律法规、刑事政策、监管制度，也全面掌握罪犯的改造现状和过往历史，在罪犯心理健康教育中起重要作用。近年来，监狱机关相当重视罪犯心理健康教育，通过培养和引进心理学专业人才的方式，建立了一支专业化的心理矫治工作队伍，承担着罪犯心理健康教育的主要任务。

2. 社会专业人士为补充。将罪犯改造成为守法公民，是监狱改造工作的最终目标。监狱邀请社会专业人士参与各种形式的罪犯心理健康教育活动，有利于罪犯了解社会，接受新的思想与观念，修正错误的人生目标与方向，也有利于提高进一步进行罪犯心理健康教育的质量。

3. 以罪犯为辅助。罪犯之间身份相同，改造生活境遇相同，心理上互相接受程度高，容易引起同感，易于互帮互助互学。罪犯间主要是通过相互促进心理健康知识的学习，对有心理困惑的罪犯提供初步帮助，相互交流体会，共同提高心理健康水平。

（二）罪犯心理健康教育的模式

心理健康教育模式是指以某种框架或结构为基础来开展心理健康教育。根据社会各界开展的心理健康教育形式，结合监狱工作实践，罪犯心理健康教育工作可以采取以下四种模式：

1. 专题讲座模式。专题讲座具有灵活性、针对性、及时性的特点。监狱在心理矫治工作实践中可以根据需要和罪犯群体心理特点，及时选择合适的教育内容开展专题讲座。例如，罪犯入监时开展"如何尽快适应监狱生活"的专题讲座；针对暴力类罪犯开展"如何控制好自己情绪"的讲座；国家刑事政策变化导致罪犯产生焦虑情绪时开展"如何克服焦虑情绪"的讲座等。根据罪犯的心理特点和改造需要，在适当的时候及时开展专题讲座，解开罪犯心结，化解罪犯消极情绪，发挥心理健康教育对罪犯的理性导向功能。

2. 辅导模式。在罪犯心理健康教育实践中，辅导模式是比较常见的形式。例如，警囚之间、罪犯相互之间产生矛盾时的人际关系辅导，罪犯即将刑满时的出监辅导，罪犯不服判决时的刑事政策辅导，罪犯家庭变故时的亲情辅导等。这些常见的日常辅导工作很繁琐，辅导民警应该深入了解罪犯的社会背景、家庭情况、个性特点、价值观念、成长经历、犯罪历史、改造现状等信息，综合判断罪犯真正的心理需求，建立良好的辅导关系，给予准确恰当的心理辅导。

3. 咨询模式。定期开展心理咨询也是监狱心理健康教育的一种有效形式，为罪犯及时解决心理和行为问题，为一线民警管理提供了参考意见。当前监狱心理咨询的形式比较多，如个体咨询、团体辅导、电话咨询、视频咨询等，主要由监狱专职心理咨询师负责，具体内容本教材有专章介绍，在此不多赘述。

4. 矫治模式。监狱心理矫治工作是监狱专业人员和社会心理学工作者运用心理学的原理、技术和方法，了解罪犯心理状况，帮助罪犯调节不良情绪，改变不合理认知，预防、改善和消除心理问题，矫治犯罪心理，促进罪犯心理健康的活动。它有利于罪犯服刑期间不良心理的改善，回归社会以后社会适应能力的增强；有利于监狱及时掌握顽危犯及有严重心理问题的罪犯的心理变化，及时做好防范，提高监管安全水平；有利于提高监狱教育改造罪犯科学化水平，提高改造质量。

（三）罪犯心理健康专题教育案例

1. 专题教育主题。季节交替，罪犯容易出现情绪波动，引发打架斗殴等违纪现象。为此，监狱于9月23日集中开展"避免悲秋心理，学会自我调适"专题教育活动。

2. 心理健康教育的组织形式。

（1）统一集中式。此即将每个监区的罪犯集中到监狱大礼堂实施集中教育，教育结束后各监区带回。

（2）分散式。此即每个监区（或分监区）集中在监区活动室内实施教育。

3. 备课。授课老师根据专题教育内容，结合罪犯的现实改造情况，选择合适的讲授形式，以保证罪犯有效地学习。

4. 授课。授课内容设计如下：

避免"悲秋"心理，学会自我调适

秋天凉爽宜人，但气温变化不定，冷暖交替，容易给人的心理、生理带来一定影响，因此，入秋时节需要注意调适心情。

天气凉爽了，但许多人却容易犯困、精神疲乏。前段时间持续高温，导致人体能量消耗透支，容易发生"情绪疲软"，引发"悲秋"。还因为在人体大脑底部，有一种叫"松果体"的腺体，它能够分泌"褪黑素"。这种激素能促进睡眠，但分泌过盛也容易使人抑郁，气温的变化对其分泌会产生间接影响，尤其是在冷热交替的换季时节。

预防"悲秋"最有效的方法是心理调节，保持乐观情绪，切莫"秋雨晴时泪不晴"地自寻烦恼。秋天，乃"不是春光，胜似春光"的大好季节，是收获的季节，大可不必自寻烦恼，失意伤感地"悲秋"。

今天告诉大家以避免"悲秋"的方法——合理变通，学会自我调适。

1. 回避。这是一种转移注意力的方法。多参加监区、监狱组织的各项文体活动，尽可能躲开导致心理困境的外部刺激。在心理困境中，人的大脑里往往形成一个较强的兴奋灶。回避了相关的外部刺激，可以使这个兴奋灶让位给其他刺激引起的新的兴奋灶。兴奋中心转移了，也就摆脱了心理困境。

2. 转视。就是换个角度看问题。在现实生活中，并不是任何来自客观现实的外部刺激都可以回避或淡化的。同一客观现实或情境，如果从某个角度来看，可能引起消极的情绪体验，使人陷入心理困境；但如果换一个角度来看，也许就可以发现它的积极意义，从而使消极情绪体验转化为积极情绪体验，走出心理困境。

3. 变通。就是变恶性刺激为良性刺激，也叫酸葡萄或甜柠檬效应，心理学上又叫合理化。它是一种通过找一些理由为自己开脱，以减轻痛苦与焦虑，缓解紧张情绪，获得内心平衡的办法。

4. 换脑。就是换一种认知来思考、解释问题。在个体遇到困惑、苦恼、焦虑等心理矛盾和冲突的时候，可以通过换脑法，减少或消除心理认知与心理体验的矛盾冲突。

5. 升华。就是让积极的心理认知固化，把挫折变成财富。人的心理问题长期不能解决，往往与他们的消极心理固化有关。如何克服心理固化，有效的方法是进行心理位移，即选择一种新的、高层次的、积极的、利于他人和社会的心理认知代替旧的心理认知，从而改变消极的心理状态，这就是心理升华法。

6. 补偿。改弦易辙不变初衷，失之东隅收之桑榆。人们难免会由于一些内在的缺陷或外在的障碍以及其他种种因素的影响，导致动机受挫。这时，采取多种方法来进行弥补，以减轻、消除心理上的困扰。这在心理学上称为补偿作用。

7. 求实。根据现实情况调整目标。在教育矫治过程中受到挫折时，就会产生心理紧张或痛苦，避免或缓解这种状况的一个有效措施，就是及时按照实际情况调整自我目标，并变换实现目标的途径和方法。人生路上，如果所面对的现实无法改变，那就先改变自己，学会合理变通，避免"悲秋"心理。

二、罪犯心理健康教育的方法

（一）与罪犯的思想教育相融合

我国《监狱法》第62条规定："监狱应当对罪犯进行法制、道德、形势、政策、前途等内容的思想教育。"思想教育是监狱教育改造罪犯的重要内容之一。但是，当前罪犯思想教育工作中有时存在着罪犯不愿学的现象，严重影响教育改造的效果。著名教育家苏霍姆林斯基指出："教学的效果很大程度上取决于受教育者的内在的心理状态如何。"监狱思想教育要做到富有实效，就必须根据罪犯的心理需要来组织实施。根据罪犯的个性心理发展特点和心理需要，组织思想教育活动，实现思想教育的针对性。罪犯心理健康教育亦然，两类教育完全可以融合在一起，共同发力，实现教育改造的目标。

（二）与中国传统文化教育相融合

中国传统文化是教育改造罪犯的文化之源，而且我国传统文化包含丰富的健康哲学思想。《论语》是我国传统文化的瑰宝和儒家学说的经典，体现出的和谐思想影响深远。如"学而时习之，不亦说乎？有朋自远方来，不亦乐乎？人不知而不愠，不亦君子乎？"从学习、交友、做事不被理解三个方面做到"说、乐、不愠"的积极心态。"智者不惑，仁者不忧，勇者不惧"表达了君子的内心和谐。"吾日三省吾身""毋意、毋必、毋固、毋我"等体现了修身养性的思想。《孟子》充满浩然之气，催人向上。"天将降大任于斯人也，必先苦其心智，劳其筋骨"等告诉我们要经得起考验，要有健康的心态。《老子》强调清静无为修身养性达到心理健康等。传统文化都包含着深刻的心理健康知识，因此，将中国传统文化教育融入罪犯心理健康教育的内容和过程中，将会收到很好的效果。

（三）与罪犯个别教育相融合

个别教育是监狱民警教育管理罪犯最常见的日常工作，是监狱民警的一项基本功。如何才能教育有效，关键在于监狱民警要做到以情感人，这样才能达到教育人、改造人、塑造人的目的。

1. 要做到以情感人，首先要做到尊重罪犯的人格。尽管有些罪犯的人格有缺陷，但是仍然要尊重其人格。罪犯也是有七情六欲的人，他们从内心里希望民警把他们当人看，获得应有的尊重。尊重罪犯的人格，罪犯的自尊心才不会丧失，才有利于提高他们接受思想教育的自觉性。民警要注意加强自我修养，不要总是以管理者自居，高高在上，而要在感情上尽量平易近人，拉近同罪犯的情感距离。尊重罪犯的人格，还必须关注罪犯的需要，把耐心教育同为罪犯办实事结合起来，力所能及地解决他们的实际困难。

2. 要理解每个罪犯的个性和心理需求。在个别教育工作中，我们要实实在在地为罪犯着想，要多从每一个罪犯身上找出一些积极面予以理解。教育者要站在教育对象的角度，去理解他们的感情，促进他们的成长。教育者不是单纯以理论去影响甚至将理论强加给他们，而是提供自然、和谐良好的环境气氛，促进教育对象思想上的变化。个别教育工作实践也证明，在解决罪犯的思想问题时，从理解罪犯的情感出发，根据他们的个性特点和心理需求来开展个别教育，往往就能达到解决思想问题的目的。

3. 对罪犯的态度要诚恳。罪犯被判刑入狱，失去了自由，亲情隔离，在感情、生活等方面都渴望得到关心和理解，特别是当遇到家有危难之时或身体患病之时，更是如此。个别教育实践中，监狱民警要关心罪犯的生活，注意罪犯的情绪变化，在法律和政策允许的范围内，诚心诚意地帮助罪犯解决实际困难。对罪犯关心的方式有多种，有时民警一句富有人情味的话也许就可以成为解决罪犯思想问题的转折点，这就是关心所带来的积极效应。

（四）与罪犯出入监教育相融合

入监教育是罪犯教育改造第一课，必须认真搞好。要制订计划，编好教育材料，有步骤地进行一些入监心理调适。这一课教好了，就为教育改造罪犯打下了良好的基础。入监心理健康教育要结合入监甄别，即在心理健康教育的基础上，进行心理测试，并结合犯罪史和生活史的调查，对新犯的"底数"情况、认罪态度、危险倾向、心理特征进行评估预测，以强化对新收罪犯的情况甄别和针对性教育。

实际工作中，一般对新入监犯的教育重视程度较高。但有的监狱在出监教育上不够重视，出监教育时间相对较短，教育强度相对较弱，针对性不强，比如，出监教育中罪犯由"监狱人"向"社会人"过渡的回归教育、再就业指导和心理健康教育都显不足。出监教育可以针对罪犯出监前的一些心理状况设置心理健康课，进行出监前的心理调适和就业指导。同时，对即将出监的罪犯搞好强化教育、补课教育，以巩固改造成效。

（五）与监狱文化建设相融合

监狱内的墙报、板报与监狱小报以及电子化教育系统、视频信息系统，都应该成为心理健康教育的阵地，因为它们贴近罪犯生活，容易为罪犯所接受。此外，在节假日监狱举行的文艺活动中可以结合罪犯的生活展演一些心理剧。作为监狱文化的一个部分，这也是一种寓教于乐的教育手段。心理剧就是让罪犯扮演自己生活中的某一角色，罪犯可以体会角色的情感与思想，从而自觉改变自己以前的行为习惯。比如，罪犯扮演自己家中的一位成员或者同犯、朋友甚至民警，剧情可以是与罪犯的实际情况相近似的内容。在舞台上，罪犯所扮演的角色，其思想感情与平日的自己不同，可以体验到角色内心的酸甜苦辣，从而触动罪犯内心世界而得到教育转化。

环境教育是一种潜移默化的教育形式，实施环境教育关键在于环境的建设。不仅要建设美观、舒适的硬环境，更重要的是建设适合罪犯监内改造和良好行为养成的软环境。罪犯容易受群体中亚文化、负性文化的影响，如何培育积极的监区文化来削弱和消除负性亚文化的影响，显得尤为重要，可以说，环境是"一双看不见的手"。

（六）与罪犯社会帮教工作相融合

鼓励和支持社会志愿者参与对罪犯的心理健康教育，要把社会帮教和监狱心理健康教育相结合，提高罪犯心理健康水平，最终服务于提高改造质量。首先是"走出去"，和精神疾病专科院、大专院校以及其他一些心理咨询机构保持密切联系，多交流学习，对于提高监狱心理健康教育工作水平可以起到有效的帮助作用。其次是"请进来"，实现教育力量的向外借力。要逐步建立起社会教育资源信息库，提高资源的共享度和利用率，构建起更富有实效的社会帮教工作网络，广泛联系社会工作者、社会志愿者、罪犯亲属等入监帮教，以提高罪犯的心理健康水平。

三、加强罪犯心理健康教育工作

（一）各级组织都要重视罪犯心理健康教育工作

由监狱教育矫治部门牵头负责，把心理健康教育工作与教育改造、狱政管理、劳动改造和解决罪犯实际问题结合起来，认真关注和研究罪犯心理健康教育工作实践中遇到的新情况、新问题。加强民警心理健康教育工作队伍建设，通过优化结构，加大培养力度，抓好管理使用等，使监狱层面专（兼）职心理咨询师、监区心理咨询师各司其职，共同发挥作用。积极为罪犯心理健康教育工作创造必要条件，加强心理服务硬件设施建设，做到教育有时间、工作有场所、测评有设备、经费有保障，不断创新罪犯心理健康教育的内容形式和方法手段。

（二）确保心理健康教育时间，提高教育效果

根据司法部监狱管理局《关于加强监狱心理矫治工作的指导意见》的规定，

罪犯心理健康教育普及率达到应当参加人数的 100%，在押罪犯都应接受心理健康教育。在开展罪犯思想教育、文化教育、技术教育的过程中确保心理健康教育的时间比例和教育内容的落实，教会罪犯懂得心理卫生与身心健康的关系，扎实搞好认知常识教育、积极情感教育、自我意识教育、人际关系教育、人格健全教育，正确处理人际关系，培养罪犯健康人格。重点强化罪犯心理行为的训练内容，通过心理行为训练提高罪犯适应能力、抗压能力、心理应激能力，改善教育效果。

（三）改进民警心理健康教育培训方式，增强培训效果

采取集中培训和网上培训相结合方式，提高民警心理健康教育工作水平。集中培训受条件所限人数不可能太多，主要是针对专职心理咨询师和一些基层骨干。培训可以邀请具有丰富经验的专家进行集中授课，达到进一步激发他们投身心理服务的工作热情，增强抓好心理服务工作的紧迫感，提高开展实际工作能力的目的。全体管教民警都要接受心理健康教育培训，培训方式可以采用视频会议系统和网络授课，其优点是覆盖面广，受众多，时间灵活，容易组织。授课内容要系统丰富，衔接紧密，紧贴监狱实际，理论结合案例进行讲解剖析，重点教会基层民警如何发现心理问题和罪犯常见心理问题应如何处理。同时辅以简单适用、通俗易懂的教材，供监狱民警学习使用，提高他们做好心理健康教育工作的能力，提高监狱心理健康教育水平。

（四）借助"外脑"，密切与相关社会机构的联系

监狱应该多与专科医院、大专院校联系，开展交流活动，充分发挥社会各方面力量，为监狱心理健康教育工作服务。积极探索社会、监狱创新合作的新方法新路子，推动监狱心理健康教育工作更深入更有效地开展，努力提高心理健康教育水平与质量。

（五）建立健全罪犯心理档案

从罪犯入监起就要注意做好心理健康状况测评工作，建立心理档案。民警对罪犯思想状况、家庭情况、犯罪史、成长史、心理状况等都要做好调查，并且对家庭矛盾与家庭困难的罪犯及时搞好帮难解困，对性格内向孤僻的罪犯多予以关注，并及时开展针对性教育矫治工作。对暴力型罪犯、顽危犯要定期开展心理筛查，发现问题及时做好心理疏导和应激干预，对有明显心理问题的罪犯要及时给予心理矫治，以改善他们的心理健康水平。

 本章小结

1. 罪犯的心理健康教育就是指通过向罪犯传授心理学和心理健康方面的基本知识，运用行为训练和实践指导的方法，让罪犯学会认识自己、分析自己、

接纳自己，从而自觉调整心理状态，积极面对服刑改造生活，促进心理健康发展，提高罪犯自我教育和自我改造的自觉性，实现罪犯重新社会化的一种教育活动。其目标是通过向罪犯传授心理健康知识，开展心理咨询活动，预防心理问题，帮助罪犯恢复心理平衡，提高心理素质，增强调适能力。罪犯心理健康的标准是：适应现实的能力，良好的自我认知能力，良好的人际关系能力，健全的情绪体验，个性与行为协调一致，乐于参加学习和教育矫正六个方面。

2. 罪犯心理健康教育的内容有一般内容和不同服刑阶段的内容。一般内容有心理健康常识、自我意识、人际关系、监禁适应性、价值观教育等。不同服刑阶段罪犯的心理特点不同，要根据罪犯所处的服刑阶段，开展针对性的心理健康教育。入监初期主要是心理调适教育，使其尽快适应监禁生活；服刑中期罪犯面对不同的困难和困惑而产生的各种不良心理，要教育罪犯学会自我调适，积极向上；服刑后期主要是巩固教育矫治成果，消除不良心理，继续强化掌握心理调适方法。对未成年犯、女犯、老病残犯特有的心理问题要开展针对性教育，帮助他们形成健康的心理。

3. 罪犯心理健康教育中民警是教育主体，通过融合思想教育、个别教育、出入监教育等方面，抓住关键环节，实现心理健康教育目标，提高教育改造质量。

问题思考

1. 如何理解罪犯心理健康教育的概念？其目标是什么？罪犯心理健康的标准是什么？

2. 根据服刑中期阶段罪犯的心理特点，如何开展针对性心理健康教育？

3. 罪犯心理健康教育的方法有哪些？

拓展阅读

1. 邵晓顺主编：《服刑人员心理矫治：理论与实务》，群众出版社 2012 年版。

2. 马立骥、姚峰：《犯罪心理学：理论与实务》，浙江大学出版社 2014 年版。

3. 司法部监狱管理局编：《心理健康教育》，南京大学出版社 2013 年版。

专题四　实训项目

专题五　罪犯个体心理咨询

　　目前，我国各监狱都开展了罪犯心理咨询工作，其中一些监狱还设有专门的心理咨询热线，建立了心理咨询网络。三十多年的实践证明，在监狱开展罪犯心理咨询工作，不仅有助于促进罪犯身心健康发展，而且有利于维护监狱的安全稳定，提高教育改造质量，促进改造人的根本目的的实现。

学习任务一　罪犯个体心理咨询概述

　　【案例】5-1

　　罪犯房某，女，小学文化程度。一天外出卖桃时，因为钱卖少了被丈夫埋怨了几句，一时想不开，放火烧了自己的房子，又将农药灌入4岁儿子的口中，将其毒死。该犯因故意杀人罪被判处死刑缓期二年执行，剥夺政治权利终身。入监初期，房某改造积极性很高，但随着时间增长，由于看不到出去的希望，房某思想上开始波动，并不断出现攻击性，多次出现以暴力手段伤害他人的行为。有次在车间劳动的时候，房某趁人不备，拿起生产剪刀刺向自己，幸好被及时制止。随后，该犯被送到监狱服刑人员心理健康指导中心，监狱心理咨询师对其进行了面对面的个体咨询。

　　【思考】

　　通过本案例，我们可以发现：①在监狱服刑的罪犯容易产生各种心理问题，那么如何针对这些问题进行心理咨询？②本案例采用了面对面的咨询方式，这是怎样的一种心理咨询方式？③在咨询过程中，监狱心理咨询师和来访罪犯应该遵守哪些心理咨询原则？

一、罪犯个体心理咨询的含义

（一）心理咨询的概念

心理咨询又称心理辅导，它是由专业人员即心理咨询师运用心理学以及相关知识，遵循心理咨询原则，通过多种心理技术和方法，帮助来访者解决心理问题，恢复心理平衡，维护心理健康的过程。心理咨询借助语言、文字等媒介，给咨询对象以帮助、启发、暗示和指导。心理咨询可以使咨询对象在认识、情感、态度、行为等方面产生变化，解决其在学习、工作、生活、身体和康复等方面出现的问题或障碍，促使咨询对象自我调整，从而能够更好地适应环境，保持身心健康。

（二）罪犯个体心理咨询

所谓罪犯个体心理咨询，是指监狱心理咨询师运用心理学的理论、技术和方法，遵循心理学的原则，帮助有心理问题的罪犯发现自身的问题及其根源，改变其原有的认识结构和不良的行为模式，以提高罪犯对监狱生活的适应性和应付各种不幸事件的能力。简言之，就是监狱心理咨询师用心理学的理论和方法对存在心理问题并希望得到解决的罪犯提供帮助的过程。对罪犯心理咨询内涵的理解应把握以下几个要点：

1. 罪犯个体心理咨询的主体是监狱心理咨询师。监狱心理咨询师主要由受过专门训练并取得相应资格的监狱民警担任，偶尔也有社会上的心理学工作者和精神科医生参与。

2. 罪犯个体心理咨询的对象是在监狱服刑的有心理问题的罪犯。在监狱中接受刑罚惩罚的罪犯，处在一个与社会相对隔离、较为封闭的环境中，由于对监管改造生活不适应，以及受到来自家庭、社会等方面的压力，他们容易产生各种心理问题甚至心理障碍，影响改造效果。

3. 罪犯个体心理咨询需要运用心理学的理论、技术和方法，不是简单的说服教育。

4. 罪犯个体心理咨询的目的是帮助罪犯解决心理问题，提高罪犯的自我认识和社会适应能力。

5. 罪犯个体心理咨询与社会心理咨询一样，都必须以良好的咨访关系作为基础。

二、罪犯个体心理咨询的原则

罪犯个体心理咨询的原则是监狱开展心理咨询工作必须遵循的基本准则，

对罪犯心理咨询工作具有重要的指导意义。罪犯心理咨询所坚持的原则，有些与社会上的心理咨询相似，有些则具有特殊性。

（一）保密原则

保密原则是指保守来访罪犯的秘密，尊重来访罪犯的隐私权。遵循保密原则是由心理咨询本身的特殊性决定的，如果不这样做，就会把心理咨询混同于一般的管教工作，失去它应有的作用。一般认为，保密是对监狱心理咨询师的具体要求之一，而且十分重要，因为一旦失去了保密性，罪犯就失去了对监狱心理咨询师的信任感和安全感，咨询就难以正常进行。没有保密，则意味着心理咨询失去了存在的基础。

贯彻保密原则主要包括：在一般情况下，对罪犯在心理咨询过程中的谈话内容不作为"犯情"向主管警官或监狱汇报；对他们即使是错误的言论，也不作为定案处理或考核奖惩的依据；拒绝关于来访罪犯情况的调查；等等。

罪犯个体咨询中，保密原则是最为基本的原则。鉴于监狱工作的特殊性，罪犯心理咨询的保密原则是有条件的，即例外原则。当出现妨碍自身安全与监狱安全的特殊情况，如罪犯有自杀、脱逃、行凶等行为倾向时，就可以突破这一原则，及时与有关部门互通信息，并采取相应的防范措施，以确保罪犯自身安全与监狱安全，防止意外事件的发生。

（二）开发潜力原则

这一点常常被忽视，但却很重要。监狱心理咨询师是否相信罪犯是有发展潜力的，这其实涉及对人性的基本看法，而对人性的基本看法会导致对罪犯的基本态度。这种基本看法、基本态度会影响到咨询的效果，并最终影响咨询目标的实现，因而对监狱心理咨询师至关重要。遵循开发潜力的原则，监狱心理咨询师会更多地启发、调动罪犯自身的积极性、创造性，会更多地把注意力投注于罪犯的发展。这是罪犯个体心理咨询中重要的原则，尤其是对罪犯的发展咨询而言。

（三）综合性原则

综合性原则有多重含义。综合的第一层含义是心身的综合。心理和生理是相互作用、互为因果的，因此，监狱心理咨询师应立足于这二者的结合。中国人常把心理问题躯体化，即心理上的困扰、不适被感知为或表述为各种躯体问题。这里有多方面的原因：其一，许多人没意识到心理问题的存在，或者更容易感觉到躯体问题；其二，许多人即使感觉到了心理上的困扰，但觉得这是自己可以调整的，而躯体不适是需要他人治疗的；其三，许多人习惯于躯体有病的观念，对于心理上的问题却既无辨识能力，更无描述能力；其四，很多人忌讳自己心理上有病，认为这是难为情、羞于启齿的，而有了躯体疾病是可以堂而皇之地去求医的。这是中国文化背景下的普遍心态。通过对新入监罪犯的心理测试发现，大多数罪犯有不同程度的躯体化问题。他们在服刑过程中，往往是生理状况影响心理状态并呈现为心理问题，比如躯体疾病带来心理上的焦虑不安、情绪抑郁，或者生理的某些不足（如身材矮小、肢体有残疾等）引起自卑、苦恼等。这就需要监狱心理咨询师善于分辨，同时能站在辩证统一的高度来分析和应对，而不能孤立地看问题。

综合的第二层含义是原因的综合。引起罪犯心理困扰的原因是生理、心理、社会诸因素交互作用的结果。一因多果，一果多因，互为因果，错综复杂。原因不仅有横向的交叉，而且有纵向的联系，这就要求监狱心理咨询师能够透过现象看本质。对个体的心理问题而言，其原因往往是一个立方体结构，既有横向诸因素的作用，即共时态原因，又有纵向诸因素的作用，即历时态原因，并且这两者是互相交错在一起的。监狱心理咨询师重要且非常关键的一步是找到核心原因。

综合的第三层含义是问题的综合。人的心理活动是一个统一的整体，牵一发而动全身。思维（认知）、情绪、行为三者是互相联系的，难以将三者割裂开来。一般来说，其中的一方有了问题，另外两方也多少或迟早会有相应的改变。罪犯的问题往往不是单一的，情绪障碍常常同时涉及学习、工作、家庭、人际交往等方面。监狱心理咨询师要抓住主要矛盾，寻找最合适的突破口。

综合的第四层含义是方法的综合。当然，这些方法应是相互配合、相互促进的。综合的方法往往针对人心理的各个方面，针对人不同层面的心理需求，如实施宣泄、领悟根源、调整认知、矫正行为、模仿学习等。调查表明，当今从事心理咨询的人，绝大多数采用的是综合性的方法，真正坚守一种方法的人已相当少见。方法的综合有时还包括适当配合使用生物学方法，如对于抑郁症罪犯而言，及时适当地请精神科医师使用抗抑郁剂可以有效地改善症状，从而加快治疗的进程。

（四）中立原则

中立原则是指监狱心理咨询师为了确保心理咨询的客观公正，不得把个人的好恶、利害掺杂进去，也不要受来访罪犯情绪的影响，始终保持冷静清醒的头脑。在咨询中，既不要轻易地批评来访罪犯，也不要把自己的价值观强加于他们。在与来访罪犯建立咨访关系时，即使达到"共情"状态，也不能为罪犯的情绪所左右，要时刻注意"边界"。为此，监狱心理咨询师要时常进行自我心理分析，如有条件应请专业的督导师进行督导，经常反思自己的心理和行为，以免不自觉地违反中立原则。

另外，有监狱心理咨询专家认为，因为咨询对象的特殊性，在监狱做个体心理咨询，中立不是绝对的，这一点和社会上的心理咨询不太一样。监狱心理咨询师有时需要和管教民警保持教育方向的一致，共同促进来访罪犯的个人成长。

（五）促进成长原则

促进成长原则是指监狱心理咨询师对来访罪犯不能只进行外部指导或灌输，而应把咨询重点放在启发或促进其内部成长上。因为每个人都具有理解自己、不断趋向成熟、产生积极的建设性变化的巨大潜能，因而心理咨询的任务就在于启发和鼓励这种潜能的发挥并促进其成熟或成长，而不是包办代替地进行解释和指导。因此，在罪犯心理咨询中，监狱心理咨询师不应主观地指示来访罪犯一定要怎样做或一定不怎样做，而是与来访罪犯共同分析、讨论，设想有助于问题解决的各种方案及不同方案可能导致的不同后果，但究竟采取哪一种方案去解决问题，则应由来访罪犯自己进行选择，监狱心理咨询师不能代替。

促进成长的原则最能体现心理咨询"助人自助"的宗旨。只有这样，才能**真正提高来访罪犯**自身分析问题、解决问题的能力，增强对环境的适应性。当他们再遇到困难或遭受挫折时，才能凭借自身的力量去解决，不会引发新的问题。

（六）预防性原则

预防性原则是指监狱心理咨询师在明确来访罪犯心理问题的同时，应提醒他们预防心理问题的加深和可能出现的其他心理、行为问题。在罪犯心理咨询中坚持这一原则，是因为：首先，心理咨询本身就具有预防意义，如通过心理咨询防止罪犯精神崩溃、自杀、行凶及其他过度反应的发生；其次，心理障碍和生理疾病一样都要贯彻预防为主的方针，通过心理咨询可以传播心理健康知识，这对心理障碍的发生和加深能起到一定的预防作用；最后，在罪犯心理咨询过程中，某些罪犯可能流露出重新犯罪的倾向，通过及时同有关部门取得联系，可预防狱内突发事件的产生。

上述六条原则相互独立，但又相互联系，它们都应建立在咨询终极目标的基础上。因此，凡有助于罪犯心理健康和发展的咨询，就是有效的咨询，反之，就是无效的咨询。

三、罪犯个体心理咨询的技术

罪犯个体咨询中，监狱心理咨询师常常会和来访罪犯探讨其心理问题发生的原因，同时也要帮助他们寻找解决其问题的各种方法，因此监狱心理咨询师需要掌握心理咨询中的各种技术，并灵活地运用到咨询实践中。

（一）参与性技术

1. 倾听。倾听是罪犯个体咨询的第一步。倾听既可以表达对罪犯的尊重，同时也能使对方在比较宽松和信任的气氛下诉说自己的烦恼。善于倾听,不仅在于听,还要有参与,有适当的反应。反应既可以是言语性的,也可以是非言语性的。反应的目的既是向罪犯传达监狱心理咨询师的态度,鼓励其叙述,同时也是深入了解,澄清问题,促进对罪犯的了解。

2. 询问。询问即提问。良好的询问方式可以引导罪犯自我了解和自我觉察,进行深入的自我探索和领悟,产生较好的心理咨询效果。监狱心理咨询师在询问时,要做到语气平和、礼貌、真诚,不能给罪犯以被审问或被剖析的感觉。如何询问是一种技术,需要反复体会和实践。

3. 鼓励和重复技术。鼓励,即直接地重复罪犯的话或仅以某些词语,如"嗯""还有吗?"等,来强化其叙述内容并鼓励其进一步讲下去。鼓励除促进会谈继续外,另外一个功能就是通过对来访罪犯所述内容的某一部分、某一方面或某一点做选择性关注,从而引导罪犯的谈话内容朝某一方向作进一步的深入。

4. 内容反应。内容反应也称说明或者释义,是指监狱心理咨询师把罪犯的主要言谈、思想加以综合整理,再反馈给罪犯。监狱心理咨询师选择罪犯叙述的实质性内容,用自己的语言将其表达出来,最好是引用其言谈中最有代表性、最敏感、最重要的词语。内容反应可以使罪犯有机会再次剖析自己的困扰,重组零散事件和关系。

5. 情感反应。情感反应与释义类似,但是情感反应主要侧重于对罪犯情绪和情感的反馈。情绪是思想的外露,监狱心理咨询师往往通过对罪犯情绪的了解来推测其思想和态度等。一般来说,情感反应与释义同时进行,比释义有更深的情绪含义。

6. 具体化。在罪犯的叙述出现问题模糊、过分概括或概念不清等混乱、模糊、矛盾、不合理的情况时,监狱心理咨询师协助其清楚、准确地表达他们的观点、所用的概念、所体验的情感以及所经历的事件的过程,称之为具体化。

7. 参与性概述。参与性概述指监狱心理咨询师把罪犯的言语和非言语行为包括情感综合整理后,以提纲的方式反馈给罪犯。参与性概述可使罪犯对自己的叙述一目了然,也有助于其在暂停的过程中回顾自己的情况。

8. 非言语行为的理解和把握。正确把握非言语行为,需要监狱心理咨询师多加观察比较和分析思考,要关注到同样的行为在不同人身上所表达的含义不同;当非言语行为和言语内容出现不一致的情形时,要注意抓住其不一致的信息,由此可能会发现心理问题的真正根源。

(二)影响性技术

1. 面质。面质指的是在罪犯言行、理想与现实、前后言语等方面发生不一致时,监狱心理咨询师指出其身上存在的矛盾。面质也称为对质、对峙、对抗、质疑等。

2. 解释。解释是指运用某一种理论来描述罪犯的思想、情感和行为的原因和实质。解释被认为是面谈技巧中最复杂的一种，与释义的区别在于：释义是在罪犯的参考框架中说明实质性内容，而解释则是在监狱心理咨询师的参考框架中运用其理论和人生经验来为罪犯提供一种认识自我的思维与方法。

3. 指导。指导，即监狱心理咨询师直接地指示罪犯做某件事、说某些话或以某种方式行动。指导是影响力最明显的一种技巧。

4. 情感表达。情感表达是指监狱心理咨询师将自己的情绪、情感活动状况告诉罪犯。与情感反应的区别在于，情感反应是监狱心理咨询师反映罪犯所叙述的情感内容，而情感表达则是表述监狱心理咨询师的情感内容。

5. 内容表达。广而言之，监狱心理咨询师传递信息、提出建议、反馈、解释、指导、自我开放和影响性概述等都属于内容表达。心理矫治过程的各项影响性技巧都离不开内容表达。内容表达与内容反应不同，前者是监狱心理咨询师表达自己的意见，后者则是其反映罪犯的叙述。

6. 自我开放。自我开放是指监狱心理咨询师提出自己的情感、思想、经验与罪犯分享，也称自我暴露、自我表露。它与情感表达和内容表达十分相似，是两者的一种特殊组合。

7. 影响性概述。监狱心理咨询师将自己所叙述的主题、意见等经组织整理后，以简明扼要的形式表达出来，即为影响性概述。影响性概述可使罪犯有机会重温监狱心理咨询师所说的话，加深印象，亦可使监狱心理咨询师有机会回顾讨论的内容，加入新的资料，并借此强调某些特殊内容，提出重点，为后续交谈奠定基础。

8. 非言语行为的运用。非言语行为的运用在个体咨询中的作用有三个方面：一是加强言语意义，重音、手势和面部表情与言语一起出现，可使言语的意义更丰富，情绪色彩更鲜明。二是配合言语，如讲话者想继续说下去，那么他会把手停在空中。三是实现反馈，听话者对讲话者作出持续的反应，如用嘴和眉毛表示同意、理解、惊讶、不满等，以此传达情感。

四、罪犯个体心理咨询的形式

（一）面谈咨询

面谈咨询是指监狱心理咨询师与来访罪犯进行面对面的咨询，它是以谈话方式为主的一种咨询形式。这也是监狱中最常见的咨询方式。与其他咨询方式相比，面谈咨询有许多优点：一是来访罪犯在良好的咨询环境中易放松，能更快更直接地进入主题，更容易说出内心深处的想法；二是了解信息全面，不仅可以听到来访罪犯叙述的内容，还可以观察其表情动作、情绪反应等非言语行为，从而做出准确的判断；三是针对性强，监狱心理咨询师能对来访罪犯的具体问题提供有针对性的服务；四是亲切自如，更能达到共情效果；五是保密性好，因而可以消除来访罪犯的顾虑，便于咨询的深入。此外，监狱心理咨询师和来访罪犯都可以随时提出问题，并根据对方的反馈信息，随时调整对策。面谈咨询因其较好的隐蔽性、系统性，因而是心理咨询中最为主要和有效的方法。

由于是面对面咨询，所以对监狱心理咨询师的要求也比较高，要求其不仅要有丰富的专业知识和经验阅历，还要有积极诚恳的态度和娴熟的技巧。

（二）电话或视频咨询

电话或视频咨询也是心理咨询的一种常见形式。监狱电话或视频咨询是指监狱心理咨询师通过电话或网络视频的方式对来访罪犯进行心理咨询。这种咨询方式更适合监狱异性心理咨询师开展工作，既能确保安全又基本能起到咨询的效果，尤其是男犯监狱运用女警资源，使用监狱电话或视频咨询更为切实可行。

视频咨询的效果可能优于电话咨询。监狱在开展电话咨询时，需要注意以下两点：

1. 不要过高估计电话咨询的作用。电话咨询的作用有时是有限的，往往只能为来访罪犯提供心理上的援助，促进来访罪犯提高自身解决问题的能力，或者做一个好的听众，使来访罪犯通过诉说消除自身的烦恼。监狱心理咨询师既不能代替来访罪犯去解决问题，更不可能使来访罪犯的所有问题都得到解决，甚至有时只是给来访罪犯提出一些忠告而已。

2. 监狱心理咨询师要具备较高的素质。由于电话咨询缺乏视觉上的影响力，因而对监狱心理咨询师的语言运用能力要求很高。同时，电话咨询往往又是一次性的，需要在很短的时间内弄清情况，解决问题。这些都要求监狱心理咨询师具备较高的职业素质，能够对各种各样的罪犯应对自如，才能达到咨询效果。

因电话咨询的上述限制，监狱应当更积极地开展视频咨询。

（三）书信咨询

顾名思义，书信心理咨询是通过书信的形式进行的，是指监狱心理咨询师通过书信往来的方式进行心理咨询。监狱心理咨询师根据罪犯来信中所描述的情况和提出的问题，进行疑难解答和心理指导。这种方式除监狱心理咨询师对来访罪犯进行解答咨询外，一般是请社会专家对相关疑难问题进行解答较多。许多监狱都在监内设有咨询信箱。

书信心理咨询的优点是较少避讳，缺点是不能全面地了解情况，只能根据一般性原则提出指导性的意见。来访罪犯的来信往往杂乱无章，所述问题往往过于泛滥，有些甚至超出了心理咨询的范围。因此，监狱心理咨询师在接到来访罪犯的信件时，可以给来访罪犯提供心理咨询的专用病史提纲，或者相应的心理或行为自评量表，让来访罪犯按规定的形式填写后寄回，这样可以使书信心理咨询更加规范。由于方法学上的困难，对于书信心理咨询的效果不太好统计研究，但是实际工作中表明，书信咨询对于某些来访罪犯还是很有帮助和益处的。对于比较严重的心理问题，监狱心理咨询师可以在书信中建议来访罪犯前来面谈咨询。

学习任务二　罪犯个体心理咨询阶段与过程

【案例】5-2

尹某，因合同诈骗罪被判处有期徒刑 5 年。服刑期间多次因琐事与人发生争执并动手，认为家里也不管他，又受人欺负，对生活彻底失去了信心，于凌晨时分企图割腕自杀，幸好被及时制止幸免一死。

【思考】

针对这样的罪犯，由管教民警对尹某进行思想教育是一方面，另外，在开展思想教育的同时进行心理咨询，效果也许会更好。

一、罪犯个体心理咨询的对象

罪犯个体心理咨询的对象不同于一般社会咨询的来访者，他们是有心理问题的监狱罪犯。罪犯入狱后，由于对监管改造工作的不适应，或者受到来自家庭、社会等方面的压力，再加上许多罪犯自身人格的问题，常常会产生一系列的心理问题，极大地影响了改造效果。来访罪犯的心理问题主要表现在以下几个方面：

（一）人际关系问题

罪犯服刑后，由于他们身份和处境的巨大变化，以及由此产生的消极悲观情绪，往往在人际关系方面产生很多问题。罪犯人际关系问题涉及罪犯之间、罪犯与监狱工作人员之间、罪犯与家庭之间等多个方面。这些人际关系方面的问题经常困扰着罪犯，因而成为罪犯心理咨询中遇到的常见问题。

（二）婚姻家庭问题

罪犯被判处剥夺自由的刑罚，并且被关押在监狱服刑之后，罪犯与家庭的关系就会发生很大的变化，如夫妻性生活的中断、罪犯与家人的联系中断或者受到阻碍、罪犯的行为对家庭的声誉产生不良影响等。因此，许多罪犯在服刑期间会产生大量的婚姻家庭问题，需要通过心理咨询寻求解决之策。这方面的具体问题包括：夫妻关系出现破裂时如何处理，维持或改善与家庭成员关系的对策，家人出现重大生活事件时的应对之策，如何减轻因自己服刑给未成年子女带来的消极影响等。

（三）情绪控制问题

在监狱中服刑的许多罪犯有明显的情绪控制障碍，突出地表现为情绪极不稳定，情绪的自我控制能力差，以致会经常性地产生情绪失常现象，甚至会在遇到轻微的刺激时产生强烈的情绪反应，出现暴怒发作等情况。因此，指导罪犯控制消极的情绪，学会控制消极情绪的方法，是罪犯心理咨询的重要内容。

（四）社会技能训练

社会技能训练是罪犯心理咨询的重要内容之一。在一些国家中，人们普遍认为，犯罪行为的发生与犯罪人的社会技能欠缺有关。所谓"社会技能"，主要是指建立和维持良好人际关系的能力。具有较好的社会技能的人，能够比较容易地建立和维持与他人良好的人际关系；相反，社会技能较差的人，难以和他人建立起良好的人际关系，也很难维持好人际关系。许多犯罪行为之所以发生，是因为犯罪人缺乏社会技能，以致不能恰当地解决人际冲突。

（五）监狱适应咨询

监狱适应咨询是指以帮助罪犯顺利适应监狱生活，自觉地在监狱中调整其身心状态，以维持身心健康的心理咨询。这方面的咨询主要是预防性的，包括在罪犯进入监狱之后如何应付这些问题、如何在服刑期间调整自己的情绪平衡、如何保持正常的心理状态、如何避免产生心理危机等。

（六）学习与职业咨询

学习咨询是指为了帮助罪犯有效地学习文化和技术而开展的心理咨询。罪犯在监狱需要参加文化课程的学习，参加各种类型的职业技能学习。在学习过程中，他们可能会遇到与学习活动有关的心理问题，要通过心理咨询加以解决，如学习课程的选择，学习技巧的掌握，学习时间的安排，如何有良好的课堂表现，如何在课堂学习中与别人友好相处，如何查阅参考资料，如何接受更高程度的教育等。由于罪犯中成年人较多，因此，如何提高他们的学习兴趣，如何帮助他们提高记忆力，也是成年犯进行学习咨询的重要内容。

职业咨询是指为了帮助罪犯恰当选择职业和顺利找到职业而进行的咨询。这种咨询能在罪犯服刑期间学习职业技能时进行，也可在罪犯的服刑生活即将结束、要为刑满释放后再就业做准备时进行。

在进行职业选择方面的咨询时，可以对罪犯进行职业能力倾向方面的测验。在进行如何顺利找到工作方面的咨询时，不仅要向罪犯提供有关劳动力市场的信息，而且也要进行人际交往和其他社会技能方面的咨询，如参加面试注意事项，如何给人留下良好的第一印象等。

此外，还可能涉及如何增强罪犯的劳动动机、如何更有效地学习职业技能等方面的内容。

（七）良好社会生活咨询

在监狱罪犯中，存在着很多生活方面的问题。这些问题不仅是他们犯罪的重要原因，也是妨碍他们顺利适应今后社会生活的重要因素。因此，罪犯心理咨询的一个重要方面，就是要让罪犯学会社会接受的生活方式，并且能够按照这种生活方式过上良好的社会生活。例如，在美国联邦监狱系统，对罪犯实行一种自由生活计划。这种计划的内容是通过自我评估过程开始帮助罪犯检查罪犯的生活选择，帮助罪犯制订并实施一项转变自己的计划，使他们能够更加诚实、更加自尊和尊重别人、更有耐性、更负责任。咨询的具体内容包括：

1. 重新考虑他们的生活方式，特别是犯罪行为的代价。

2. 重新考虑犯罪生活方式和不良生活方式中体现的价值观。

3. 理解支持这些价值观的具体思维模式。

4. 理解改变价值观和习惯性行为模式所要经历的过程。

5. 了解活动选择和交往选择如何影响积极的和消极的行为。

6. 评价家庭和社区在自己生活中的作用。

7. 根据上述认识发展一种改变生活方式的计划。

二、罪犯个体心理咨询的流程

罪犯个体心理咨询，也要遵循一定的操作流程。咨询流程是一种人为的划分，不同的监狱其流程不完全相同。一般情况下，其流程如下：

（一）罪犯心理咨询室的准备

关于监狱心理咨询室的设施设备要求，司法部监狱管理局发布的《关于进一步加强服刑人员心理健康指导中心规范化建设工作的通知》中有明确的规定，监狱应遵照执行。

1. 监狱应设立专门的心理咨询室。个体咨询室在空间上要保证相对独立，特别是要保证隔音，保密性好。咨询室布置要比较温馨，一般应光线柔和，易于让人感到轻松、平静。摆设和挂画都要显得自然，色彩温和。还要制定有关咨询室的规章制度，挂在醒目的位置，在来访罪犯不清楚时，监狱心理咨询师应给予具体的说明。

2. 咨询室的设备要满足咨询的需求。一般有以下几类：一是心理测试问卷（或电脑软件）；二是必需的实验仪器，如电脑音响设备、录音笔、放松椅、视频摄像头等；三是桌椅、沙发等家具及餐巾纸等。

3. 在监狱心理咨询师伸手可及的地方最好能放置做笔记的用具，可以随时将来访罪犯所说的重要信息记下来，以防止忘记或记忆不清，或让来访罪犯自己以画画的方式表达不能用语言表达的各种心理感受。

（二）填写《罪犯心理咨询申请单》

由于罪犯处于被监管改造的特殊地位，提出心理咨询要求的罪犯，需办理相关手续。一般先由罪犯提出申请，填写《罪犯心理咨询申请单》，主管民警应当在申请单填写后 2 个工作日内，送至监狱心理矫治中心。监狱心理矫治中心进行审核，审核内容包括预约人的情况是否适合咨询；预约人心理问题基本类型及严重程度等。若不宜咨询的说明原因并提出建议，适合咨询的确定咨询时间、地点，下达罪犯心理咨询通知单及其他需要填写的表格。罪犯收到通知单后，按照上面约定的时间，由主管民警送到心理咨询室接受咨询。

对于一些有咨询愿望但又不愿意让别人知道的来访罪犯，可以由来访罪犯自行填写申请单后投入监狱心理矫治中心的信箱进行预约，再由监狱心理咨询师进行甄别，如果适合心理咨询就告知来访罪犯的监区管教民警。目前，由于我国监狱过于重视监管安全，罪犯基本没有自由活动的空间，因此这种申请方式较难以实现。

（三）来访罪犯的甄选

按正规操作程序，接受咨询前要先进行受理面谈；根据受理面谈的情况，再决定是否安排或安排哪个心理咨询师进行咨询。但在罪犯心理咨询实践中，由于多数监狱的心理咨询室规模较小，真正能够开展心理咨询的民警咨询师较少，因此往往忽略受理面谈，而是直接安排监狱心理咨询师进行咨询。

受理面谈也称预备咨询，是指对来访罪犯所存在的心理问题及对此可能给予的心理援助进行的正式咨询前的谈话。对带有各种心理问题而前来求助的来访罪犯，咨询室能否为其提供咨询服务？如果能，需要制订怎样的咨询计划？由谁来承担心理咨询更合适？这些都属于受理面谈过程后所要解决的问题。因此，受理面谈并不单纯指受理来访罪犯的咨询申请，它是构成心理咨询的重要步骤。受理面谈的担当者多为经验丰富的监狱心理咨询师，当然有时也可由受过专门心理咨询训练的咨询助手承担。需要强调的是，受理面谈并不是心理咨询的正式开始，因此，受理面谈的担当者应避免随意推测和主观假设，以免影响后面心理咨询的顺利开展。

（四）监狱心理咨询师开展咨询工作

经过甄别后，监狱心理咨询师开始对适合心理咨询的来访罪犯开展心理咨询工作。咨询人员要热情接待来访罪犯，然后向对方简要介绍心理咨询的性质和原则，尤其要讲明双方的责任、权利与义务，以便双方初步建立信任关系。这些工作内容一般要在咨询初期完成。

1. 来访罪犯的责任权利与义务。

（1）来访罪犯的责任：①向监狱心理咨询师提供与心理问题有关的真实资

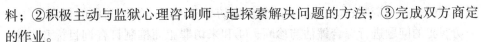

料；②积极主动与监狱心理咨询师一起探索解决问题的方法；③完成双方商定的作业。

（2）来访罪犯的权利：①有权利了解监狱心理咨询师的受训背景和执业资格；②有权利了解咨询的具体方法和原理；③有权利选择或更换合适的监狱心理咨询师；④有权利提出转介或中止咨询；⑤对咨询方案的内容有知情权、协商权和选择权。

（3）来访罪犯的义务：①遵守监狱及监狱心理咨询机构的相关规定；②遵守和执行商定好的咨询方案的各方面内容；③尊重监狱心理咨询师，遵守预约时间，如有特殊情况提前通过监管民警告知监狱心理咨询师。

2. 咨询师的责任权利与义务。

（1）监狱心理咨询师的责任：①遵守职业道德，遵守国家有关的法律法规；②帮助来访罪犯解决心理问题；③严格遵守保密原则，并说明保密例外。

（2）监狱心理咨询师的权利：①有权利了解与来访罪犯心理问题有关的个人资料；②有权利选择合适的来访罪犯；③本着对来访罪犯负责的态度，有权利提出转介或中止咨询。

（3）监狱心理咨询师的义务：①向来访罪犯介绍自己的受训背景，出示执业资格等相关证件；②遵守监狱及监狱心理咨询机构的有关规定；③遵守和执行商定好的咨询方案等各方面的内容；④尊重来访罪犯，遵守预约时间，如有特殊情况提前告知来访罪犯。

根据来访罪犯心理问题简单或复杂的不同情况，心理咨询的次数会有差异。罪犯简单的心理问题，一次或若干次咨询即可结束；而心理问题表现出一定的复杂性时，常常需要进行多次甚至数十次的心理咨询。来访罪犯是否结束心理咨询，以咨询目标的实现情况作为基本依据；实现了咨询目标，就可以与来访罪犯商讨结束心理咨询。

（五）建档与反馈

每次心理咨询结束，监狱心理咨询师要进行回顾小结，建立咨询档案，并根据需要进行反馈。需进一步咨询的，应约定下次咨询时间；监狱心理咨询师对来访罪犯心理问题存在疑惑的应申请会诊；对不宜本人咨询的，监狱心理咨询师要作转介；对有严重心理障碍或心理疾病的来访罪犯，应请相关机构和心理治疗师评估或鉴定。

监狱心理咨询师对来访罪犯的咨询结束后，要进行全面的总结，相关咨询资料归入罪犯心理档案。咨询资料归档时不得违反保密原则。

三、罪犯个体心理咨询的阶段

罪犯个体心理咨询可分为五个阶段：①建立良好的咨访关系，收集来访罪犯心理问题相关资料；②深入探讨分析来访罪犯问题，发掘问题的根源；③对来访罪犯的问题进行综合评估与诊断；④和来访罪犯商榷制订咨询目标和方案；⑤采取行动解决问题与结束咨询。

（一）建立良好的咨访关系，收集来访罪犯心理问题相关资料

1. 建立良好的咨访关系。有效咨询的基本条件，就是监狱心理咨询师必须与来访罪犯有良好的咨访关系。所谓良好的咨访关系，是指监狱心理咨询师以同理、一致、真诚、关爱与支持的态度，让来访罪犯觉得被了解、重视、关心，因而信任监狱心理咨询师，愿意开放自己，与监狱心理咨询师一起探索问题。目前大多数的咨询学派认为咨询关系会影响咨询效果，因为没有良好的咨询关系，咨询只能停留在表面信息的交换而已。

一些非专业人士对咨询的误解，是因为不知道咨询效果需要依赖咨询关系。他们错误地认为：

（1）咨询可以立即让来访罪犯产生改变。

（2）只要监狱心理咨询师与来访罪犯谈过，就必须产生效果，否则就是监狱心理咨询师无能。

（3）咨询是一问一答的过程，所以监狱心理咨询师可以很快地了解来访罪犯的问题，并且分析原因协助来访罪犯了解。

产生这种误解的原因，是他们误以为咨询一开始，就必须立即帮助来访罪犯解决其心理问题。他们不了解，不管监狱心理咨询师有多大能耐，除非来访罪犯愿意，否则监狱心理咨询师无法进入来访罪犯的内心世界，更无法引领来访罪犯觉察未知的感觉与想法。所以，咨询第一阶段的目标不是立即协助来访罪犯解决问题，而是建立良好的咨访关系。

建立良好的咨访关系需要多长时间，取决于监狱心理咨询师与罪犯双方，但可能主要取决于监狱心理咨询师是否能够尊重、理解、积极关注和共情于罪犯。可以肯定的是，没有良好的咨访关系，咨询效果就难以实现。

2. 收集来访罪犯心理问题的相关资料。在咨询开始，来访罪犯会叙述他的问题，此时监狱心理咨询师必须全神贯注聆听来访罪犯的描述，在必要时回应来访罪犯，传递他对来访罪犯的理解。为了收集来访罪犯问题的资料，在必要时咨询师可以主动询问，借以收集来访罪犯的相关详细资料。

资料的搜集一般通过以下方式进行：①摄入性谈话；②观察记录；③访谈记录；④心理测量、问卷调查；⑤实验室记录（心理、生理情况）。

资料的内容包括：①人口学资料；②个人成长史；③个人健康史（含生理、心理、社会适应）；④家族健康史（含生理、心理、社会适应）；⑤个人生活方式、个人受教育情况；⑥对自己家庭及成员的看法；⑦社会交往状况（与亲戚、

朋友、同学、同事、邻里的关系）；⑧当前的生活、学习、服刑状况；⑨自我心理评估（优缺点、习惯、爱好，对社会、家庭、婚姻以及对自己服刑的看法，对个人能力和生存价值的评估）；⑩近期生活中的遭遇；⑪求助目的与愿望；⑫来访罪犯的言谈举止、情绪状态、理解能力等；⑬有无精神症状、自知力如何；⑭自身心理问题发生的时间、痛苦程度以及对服刑生活的影响；⑮心理冲突的性质和强烈程度；⑯与心理问题相应的测量、实验结果。

这一阶段收集到的资料，通常只是来访罪犯外显问题的信息，而不是来访罪犯深层的个人经验资料。原因有二：一是因为咨询第一阶段以建立良好的咨访关系为重点。在没有建立良好关系之前，如果监狱心理咨询师企图带领来访罪犯探索深层经验，必然会引起来访罪犯的心理防卫，造成欲速则不达最终徒劳无功的后果；二是咨询速度的快慢，必须由来访罪犯的状况决定，绝不容许监狱心理咨询师一厢情愿地拔苗助长，因此，一般的情况下监狱心理咨询师通常由来访罪犯表层的问题着手，再慢慢引导到来访罪犯的深层经验。

（二）深入探讨分析来访罪犯问题，发掘问题的根源

当咨询进入第二阶段时，监狱心理咨询师与来访罪犯已经建立起良好的咨访关系，所以监狱心理咨询师可以引导来访罪犯进入深层的内心世界，探索来访罪犯未觉察的经验。

在这个阶段，监狱心理咨询师可以利用第一阶段收集到的资料，引导来访罪犯深入探索有关的主题，从表面的外显行为追溯到问题的根源。由于不同心理咨询师有不同的理论架构，所以探索的方向各不相同。例如，精神分析、认知治疗与行为治疗、家庭治疗等对异常行为的产生各有不同的诠释，探讨的方向自然不同。

资料的分析：

1. 排序。排序是指按出现时间的先后顺序，将所有资料排序。

2. 筛选。筛选是指按可能的因果关系，将那些与症状无关的资料剔除（注意：不可犯"以前后为因果"的错误）。

3. 比较。比较是指将所有症状，按时间排序，再按因果关系确定主症状和派生症状。

4. 分析。分析是指将与症状有关的资料进行分析，找出造成问题的主因和诱因。

在咨询的第二阶段，监狱心理咨询师还应探索来访罪犯的人格、适应与不适应行为的经验史、问题解决模式、逻辑上的错误、不良的习惯、环境的压力等。这些问题都与探索来访罪犯问题的根源有关。

（三）对来访罪犯的问题进行综合评估与诊断

将主诉、临床直接或间接所获资料（含心理测评结果）进行分析比较，将

主因、诱因与临床症状的因果关系进行解释，确定心理问题的由来、性质、严重程度，确定其在症状分类中的位置。

依据综合评估结果，形成诊断。

1. 症状定性。症状定性是指按症状的表现确定其性质。

2. 症状区分。症状区分是指将已经定性的症状和在现象上与其相近、性质相类似的其他症状做细致的区分，并做出明确判断。

3. 症状确定。确定鉴别诊断的关键症状和特征（如有无自知力）。

4. 症状诊断。按现行的症状诊断标准作出诊断结论。

（四）和来访罪犯商榷制订咨询目标和方案

咨询方案是心理咨询实施的完整计划，它是心理咨询进入实施阶段时必备的文件方案，必须根据当前来访罪犯心理问题的性质、采用的咨询方法、咨询的期限、咨询的步骤、计划中要达到的目标等具体情况来制订。所以，每一个甚至每一次咨询的方案，都可能是不一样的。但是，不管具体咨询方案有怎样的区别，其一般原则和基本程序是一致的。

咨询目标和方案都应当由咨询师与来访罪犯共同商定。

（五）采取行动解决问题与结束咨询

咨询第五阶段的目的有二：一是根据和来访罪犯制订的咨询目标和方案，采取行动解决问题；二是结束咨询关系。

就第一个目标而言，在第二阶段的探讨中，来访罪犯已经明白问题的根源。有些来访罪犯可以从第二阶段探索的顿悟中，直接产生行为上的变化。更多的来访罪犯必须藉由监狱心理咨询师协助，从"顿悟"跨越到"行动"，让改变的成果具体呈现在来访罪犯的行为上。

就第二个目标而言，来访罪犯的问题获得改善后，监狱心理咨询师通过具体的评估，实现了和来访罪犯一起制订的咨询目标，同时来访罪犯具有了一定的适应性和解决问题的能力，在与来访罪犯协商同意后，适时结束咨询关系。

四、罪犯心理咨询中特殊情况的处理

（一）阻抗现象的处理

1. 阻抗的概念。阻抗是指来访罪犯在心理咨询过程中，以公开或隐蔽的方式否定监狱心理咨询师的分析，拖延、对抗监狱心理咨询师的要求，从而影响咨询的进展，甚至使咨询难以顺利进行的一种现象。阻抗可以理解为在咨询过程中来自于来访罪犯的某种抵抗咨询的力量。阻抗在本质上是来访罪犯对于心理咨询过程中自我暴露与自我变化的精神防御与抵抗，它可表现为对某种焦虑情绪的回避，或是对某种痛苦经历的否认等。

阻抗既会影响监狱心理咨询师的工作满意度、个人价值感和自尊，也会导致来访罪犯不再轻易暴露自己、退却或直接放弃咨询。因此，要使咨询成功进行，克服阻抗是心理咨询的重要组成部分。这些阻抗可能来自罪犯，也可能来自监狱心理咨询师。从监狱心理咨询师的角度来说，只要对心理咨询有全面而深刻的认识，源自心理咨询师的阻抗是完全可以避免的。而对于来自罪犯的阻抗，因为无法很好地预知，需要对其有较好的认识和处理。

监狱心理咨询与社会心理咨询不同，其工作对象是失去自由的罪犯。前来咨询的来访罪犯许多时候是非自愿的，他们常常是因为频繁地违反监规监纪被管教民警送到咨询室来请求监狱心理咨询师的帮助。特殊的工作对象注定了监狱心理咨询过程比社会心理咨询有更多变、更困难的阻抗。

2. 来访罪犯阻抗的主要表现形式。

（1）讲话程度上的阻抗。来访罪犯的阻抗可以表现在讲话程度上，其形式为：沉默、寡语和赘言，其中尤以沉默最为突出。

沉默可表现为来访罪犯拒绝回答监狱心理咨询师提出的问题，或长时间地停留。因为许多罪犯是被送来咨询的，沉默往往表示了来访罪犯对心理咨询的某种强烈抵触情绪，运用这种方式是来访罪犯对监狱心理咨询的最主动的抵抗，常需要咨询师通过耐心解说和真诚的态度才能消除。与此同时，要注意将阻抗性的沉默与反省性的沉默区分开来，前者是敌对体现，而后者则是领悟的需要。

少言寡语常见于那些被迫前来接受咨询以及对咨询充满戒心的罪犯，也是来访罪犯对心理咨询的抵抗。针对监狱心理咨询师的提问，罪犯不愿意回答，通常是以短语、简单句等形式表现。它同样使监狱心理咨询师产生困惑和挫折感，无法深入了解来访罪犯的内心世界及对心理咨询的态度。

赘言表现为来访罪犯在心理咨询过程中滔滔不绝地讲与咨询无关的话。它多是无意识的，在积极回答监狱心理咨询师提问的表象后面隐藏了某种潜在动机，如减少咨询师讲话的机会、回避某些核心问题、转移注意力等。其原因主要在于来访罪犯回避那些不愿接触的现实问题，以免除由此而产生的焦虑与其他痛苦体验，如与其他罪犯发生的激烈的人际冲突，或始终无法完成的生产任务等。

（2）咨询关系上的阻抗。这种阻抗是指来访罪犯通过故意破坏心理咨询的一般安排与规定来实现其自我防御的目的，其中最突出的表现如不认真履行心理咨询的安排、诱惑监狱心理咨询师等。

不认真履行心理咨询的安排包括不按时来咨询，或借故迟到早退，不认真完成监狱心理咨询师布置的作业等，这些行为均对咨询的顺利进展带来阻碍。迟到是反映阻抗较为可靠的指标，监狱心理咨询师需要帮助来访罪犯认识其迟到的含义，并进一步了解阻抗产生的原因。有的来访罪犯取消预约或在预定时间不来咨询且事先不通知监狱心理咨询师，这通常是较为严重的阻抗。不遵守时间的动机常包括恐惧和怨恨。如果在咨询中期来访罪犯减少咨询次数，往往表明来访罪犯此时已处于困境，或可能是由于监狱心理咨询师的期望过高所致。

诱惑监狱心理咨询师是指来访罪犯通过引起监狱心理咨询师注意其言行、装扮等来影响心理咨询的进程，并提升自己在心理咨询中的地位。如有的来访罪犯对监狱心理咨询师产生兴趣，就会通过自身的刻意打扮，或大讲自己的有趣经历来试图引起监狱心理咨询师对自己的关注。这种密切私人联系的做法，是为了达到控制咨询关系发展的目的。

以上两类阻抗是监狱心理咨询过程中来访罪犯最常见的表现。监狱心理咨询师及时发现阻抗并积极、有效地加以认识和解决，是建立良好咨询关系、强化来访罪犯自我暴露与自我变化的关键。在很多情况下，监狱心理咨询师对于阻抗的认识往往是心理咨询突破的开端。

3. 处理阻抗现象。

（1）通过建立良好的咨询关系解除来访罪犯的戒备心理。监狱心理咨询师一方面要了解阻抗产生的原因和表现形式，以便在阻抗出现时能及时发现并进行处理；另一方面也不必"草木皆兵"，使咨询气氛过于紧张。监狱心理咨询师不必把阻抗问题看得过于严重，似乎咨询会谈中处处有阻抗。若采取这种态度，可能会影响会谈的气氛及咨询关系。过分强调阻抗的结果，把来访罪犯当成咨询中的竞争对手，监狱心理咨询师的"成长动机"与来访罪犯的"阻碍动机"将使会谈变成一场争取输赢的斗争。另外，监狱心理咨询师即便发现了阻抗所在，也不能认为来访罪犯是有意识地给咨询设置障碍。

监狱心理咨询师还应注意，当来访罪犯表示不愿接受某些建议或方法时，不能认为这些一定是某种阻抗。来访罪犯可能会抵触去改变自己，也可能会抵制那些有可能对其造成伤害的事物。因此，监狱心理咨询师对来访罪犯首先要做到共情、关注与理解，尽可能创造良好的咨询氛围，解除罪犯的顾虑，使其能开诚布公地谈论自己的问题，实现对阻抗的处理。

（2）正确地进行心理诊断和分析。正确诊断及分析有助于减少阻抗的产生。来访罪犯最初所谈，可能仅仅是表层的问题，咨询师若能及早把握其深层问题，将有助于咨询的顺利进行。监狱心理咨询师利用真诚的态度及高超的专业技能取得罪犯的信任，以排除会谈的阻抗。

此外，来访罪犯的阻抗也与监狱心理咨询师个人有关。来访罪犯有时出于对监狱心理咨询师的气愤，害怕某咨询师，或感到某咨询师伤害了他，或对其产生了移情等，也会对咨询产生阻抗。在这种情况下，监狱心理咨询师必须首先了解阻抗产生的原因，并着手解决引起阻抗的自身有关问题。对于阻抗，不同的情况要做不同处理。因此，对具体情况的明确分析就显得十分重要。

（3）以诚恳的态度帮助来访罪犯正确对待阻抗。监狱心理咨询师一旦确认存在阻抗，可以视情况把这种信息反馈给来访罪犯。但一定要从帮助来访罪犯的角度出发，并以诚恳的、与来访罪犯共同探讨问题的态度向其提出。可以这样问："每当我提到你和同犯的关系时，总没有得到正面的回答。你自己是怎么看这件事的？"监狱心理咨询师进行信息反馈时实际上要做这样几件事：首先是告诉对方某处可能存在着阻抗；其次是争取得到对方对此的一致看法，确认阻抗的存在；最后是了解阻抗产生的原因，以解释阻抗。

（二）移情现象的处理

1. 移情的概念。移情是指来访罪犯把对父母或对过去生活中某个重要人物的情感、态度和属性转移到了监狱心理咨询师身上，并相应地对其做出反应的过程。发生移情时，监狱心理咨询师成了来访罪犯某种情绪体验的替代对象。移情有负移情和正移情两种形式。

负移情指来访罪犯把监狱心理咨询师视为过去经历中某个给他带来挫折、不快、痛苦或压抑情绪的对象，原有的负性情绪转移到了监狱心理咨询师身上，从而在行动上表现为不满、敌对、被动、抵抗、不配合等。

正移情指来访罪犯把监狱心理咨询师当作以往生活中某个重要的人物，他们逐渐对监狱心理咨询师发生了浓厚的兴趣和强烈的感情，表现出十分友好、敬仰、爱慕甚至对异性监狱心理咨询师表现出情爱的成分，对其十分依恋、顺从。虽然求助的问题逐渐解决，但前来咨询的次数却越来越频繁，特别是生活中的大小事都要监狱心理咨询师出主意，表现出无限信任，甚至关心监狱心理咨询师的衣食住行和家庭生活等。

2. 处理移情现象。精神分析理论十分重视移情，认为移情再现了来访罪犯早年尤其是儿童时期生活的某种情感，这种情感长期被压抑着而无处释放，甚至成了心理问题的一个"情结"。来访罪犯把监狱心理咨询师当作以往生活环境中和他有重要关系的人，把曾经给予这些人的感情（不管是积极的还是消极的）置换给了监狱心理咨询师，借其宣泄积压的心理能量，从而有助于心理平衡。

出现移情是心理咨询过程中的正常现象，透过移情，监狱心理咨询师可以更深入、准确地认识来访罪犯，并运用移情帮助来访罪犯宣泄消极情绪，引导其领悟。例如，可以分析来访罪犯为什么对自己的言行反感，或者有特殊的好感，"你好像不太喜欢我刚才说的……""你能否告诉我，你喜欢我的原因是什么？"来访罪犯也许会回答，之所以不喜欢是因为监狱心理咨询师说话的口气很像他整天爱唠叨的母亲，监狱心理咨询师说话的方式像自己刚刚离婚的丈夫，咄咄逼人，让人喘不过气来；或者监狱心理咨询师像自己日夜思念但已离世的爱人、亲人，像自己敬爱的领导和老师，像自己暗恋的对象等。来访罪犯有时自己也不知道为什么产生移情，但经深入询问，一般都能明白其中的原因。

如果来访罪犯对异性监狱心理咨询师产生正移情，监狱心理咨询师不必害怕，应当婉转地向对方说明这是心理咨询过程中可能出现的现象，但这不是现实中正常的、健康的感情。监狱心理咨询师要有策略地（不要伤害来访罪犯的自尊心）、果断地（让来访罪犯知道监狱心理咨询师明确、坚决的态度）、及早地（要早期发现，早期采取明确态度）进行处理，将其引向正常的咨询关系上来。如果任其发展，不但会阻碍咨询的顺利进行，还可能给双方带来麻烦。

如果监狱心理咨询师觉得自己难以处理移情现象，可以转介给其他的监狱心理咨询师。移情是咨询过程中的过渡症状，监狱心理咨询师应鼓励来访罪犯继续宣泄自己压抑的情绪，充分表达自己的思想感情和内心活动。来访罪犯在充分宣泄情绪后，会感到放松，再经监狱心理咨询师的引导，得以领悟后，心理症状会逐渐化解。

（三）咨询关系不匹配的处理

一旦意识到咨询关系存在不匹配的情况时，监狱心理咨询师应该进行主动调整，如存在冲突时，不把自己的价值观、生活态度或生活方式等强加给来访罪犯，应主动化解冲突。当无法实现匹配时，也可以转介。

转介是指当咨询中出现某些不适宜咨询的情况时，监狱心理咨询师将来访罪犯转介给其他监狱心理咨询师，由其他监狱心理咨询师来帮助罪犯解决其心理问题。转介是一种职业的做法，是符合职业理念和要求的。

转介是咨询过程中常出现的现象，监狱心理咨询师因知识、技术和经验等原因，要想满足各种来访罪犯的需要是非常困难的，加之监狱心理咨询师也是普通人，亦存在自身烦恼、困惑和弱点。因此，监狱心理咨询师既要认识到自己的长处，也要认清自身不足，在工作中扬长避短，不宜勉强接受那些自己并不擅长或难以处理的案例，尤其是对已确定或经尝试后证明效果不佳的案例更应如此。监狱心理咨询师应实事求是地认识自己的咨询能力，不要做超出能力范围的咨询。

1. 调整咨询关系的匹配程度。来访罪犯的特征正好符合监狱心理咨询师的需要，这是一种比较理想的情况。但咨询实践中可能不一定经常遇到这种匹配的情况。因此监狱心理咨询师在工作中要学会调适，使两者尽可能达到比较匹配。调适的基本思路是监狱心理咨询师去适应来访罪犯，而不是相反。

2. 在无法实现匹配的情况下转介。对于有些来访罪犯来说，监狱心理咨询师越早发现问题并及时采取有针对性的咨询策略，就越可能提供有效的帮助，否则将可能耽误时机，加重症状，酿成不良后果。为此，监狱心理咨询师如发现自己与来访罪犯有明显不相适宜之处，或发现自己确实不善处理时，就应以高度的责任感和良好的职业道德，尽快将来访罪犯转介给其他更加合适的监狱心理咨询师，或及时中止咨询，推荐其去寻找更有效的帮助。

3. 转介注意事项。其一，应当事先征求来访罪犯的意见并说明理由。其二，监狱心理咨询师应该向来访罪犯介绍新监狱心理咨询师的基本情况。其三，在转介时向新的监狱心理咨询师详细介绍来访罪犯的情况。其四，如有必要，原监狱心理咨询师可以和新监狱心理咨询师就来访罪犯的情况进行交流。

（四）危机、伤害事件的处理

作为一名监狱心理咨询师，保密是首要原则。在前面讨论这一原则时也强调过罪犯心理咨询的保密原则是有条件的，当出现妨碍罪犯自身安全和监狱安全的特殊情况，如罪犯有自杀、脱逃、行凶等行为倾向时，以及其他需要突破保密原则的情况出现时，可以突破这一原则。对心理咨询中出现的危机、伤害事件，要及时与有关部门互通信息，并采取相应的防范措施，以确保罪犯自身和监狱安全，防止意外事件的发生。

一旦在咨询中涉及类似事件，监狱心理咨询师可以指导来访罪犯主动向监狱机关说明情况；如果来访罪犯不愿意，监狱心理咨询师要告知这些涉及生命安全的事件不在保密范围之内，需要报告监狱机关或者罪犯家人。在咨询的初期，监狱心理咨询师与来访罪犯讨论保密原则时，对保密例外要作出说明。

学习任务三　罪犯个体心理咨询案例

一、案例呈现

（一）来访罪犯一般资料

1. 人口学资料：王某，女，现年22岁，汉族，初中文化，未婚，与男友一起入室盗窃，金额巨大，从犯，被判盗窃罪，判处有期徒刑7年。

2. 个人成长史：王某是家中长女，有一个妹妹和一个弟弟。妹妹19岁在外打工，弟弟17岁高中在读。父亲是一名泥瓦工，母亲打零工。王某父母关系不好，父亲喜欢赌博，经常会把家里仅有的生活费拿去赌并输得精光，母亲很伤心而父亲往往无动于衷，为此母亲常与父亲吵架。王某觉得父亲就像个孩子，感觉母亲有4个孩子。她还觉得父亲麻木，不负责任，比较懒惰，自己不做事还经常指责母亲。

王某家庭三代同堂，生活在农村。母亲与爷爷奶奶关系很不好。他们过去经常吵架，现在少了一些，不吵架时也会在王某面前互相指责和抱怨，尤其是母亲常常会抱怨奶奶，因受母亲的影响王某从小就不喜欢奶奶。虽然和爷爷奶奶同住在一起，却形同陌路。

王某5岁时曾被母亲送到外婆家3个月，原因是弟弟出生导致无人照料她。父母平时很忙，经常晚归，没时间管他们兄妹几个。王某记得小时候的一个情景是，有一次她等待父母回来等了很久，见到父母回来后就哭着要母亲抱，母亲看都没看她就走开了，她当时感到特别伤心，那一年她大约4岁。王某觉得自己的妈妈很无情，完全不重视自己的感受，对自己内心的一些想法不能理解，比后妈还不如，对自己常常视而不见。

（二）咨询的原因

王某第一次前来咨询的原因是与同监舍的犯人关系不好，她很不喜欢同犯A，觉得A不喜欢她，事事针对她。只要A在，她就感到别扭，有压力，常常觉得A在看她，感到很恍惚，并常常伴有头痛头胀的症状，晚上不能入睡，白天的生产任务没办法完成。王某曾和分管民警提出换个监舍，民警不但不理解还觉得王某没事找事，无奈之下王某只好前来和监狱心理咨询师谈谈，看能否帮忙换个监舍。

二、案例分析

（一）自诉

在咨询中，王某谈到自己会过分关注每天的生产任务，在车间很害怕熟悉的人坐在身后，尤其是同监舍的A；会认为A总在后面看着自己，所以在做工的过程中注意力无法集中，并且会伴随头痛，从而影响了生产任务的完成；以至于认为自己再怎么努力，生产任务也完成不了，所以王某不愿意再参加劳动，基本每天请病假，只想待在监舍里睡觉。

（二）核心冲突

王某的核心冲突是特别自卑，很怕被犯人群体冷落忽视，一旦被冷落和忽视，就会觉得头胀，想问题都非常吃力。王某认为她应该受到重视，认为其他的犯人待她应该像家人那样。但她又很矛盾，很担心跟别人建立亲密的关系，当其他犯人或者管教民警靠近她的时候又会逃避，一个人的时候又觉得非常的孤独。王某非常不喜欢自己，不喜欢自己的外貌，常常会感到极度的自卑，认为自己什么都不如其他犯人。

（三）问题形成原因

一个人在幼年时如果总是被忽视，他们在成年后往往会表现出情感冷漠，与人疏离。一方面他们压抑了早年总是被忽视的愤怒，另一方面他们会认同忽略他们的人的想法，认为自己是不值得被爱的，自己是没有价值的，同时也很难去爱他人。

（四）症状分析

担心别人在后面看着自己，监狱心理咨询师认为这是王某的一种反向形成，因为缺乏关注而需要关注，因为害怕被忽视和冷落，而在人际交往中处于回避状态，不愿意和他人交往，即使交往也总是和人保持一定的距离。基于此诊断王某为回避型人格。

三、心理咨询过程

（一）咨询计划和目标

每周咨询一次，每次咨询时间为 50 分钟。根据咨询进展情况适时调整咨询计划，根据咨询目标实现情况商定结束咨询。

1. 近期目标。让王某明白自己为什么不喜欢 A，并且因为不喜欢 A 就要求换监舍来逃避 A。

2. 远期目标。让王某接纳自我，消除自卑，不再担心被忽视和冷落，与他人建立正常的人际关系。

（二）咨询进展与效果

1. 王某明白了之所以要换监舍是因为害怕被熟人关注，在车间劳动时注意力不能集中也是如此，并让王某领悟到害怕关注实际上是需要被关注的表现。

2. 和王某一起讨论了她的退行表现。王某领悟到之所以自己的外表看起来像一个小女孩，是因为她小时候考试成绩好得到了父母的关注，所以想要固着在那个阶段不愿意长大。

3. 王某意识到自己之所以选择和男友在一起盗窃的原因：一是为了引起父母的关注；二是为了报复父母一直忽略自己。

（三）咨询中的重要时刻和变化

第一个重要时刻：咨询进行到第七次时，王某谈到在车间劳动时，她本来很认真地在做工，当时突然听到坐在她身后的 A 和另一个犯人在谈论她，具体说什么她并未听清楚，但王某一听到自己的名字就非常紧张，头开始很胀痛，头脑一片空白，感觉很不舒服。

> 咨询师：你刚才说你并未听到她们具体说什么，只是听到你的名字就开始紧张，而且头也很痛？
>
> 王某：是的，头很痛。
>
> 咨询师：为什么一听到你的名字就会紧张，你是害怕什么吗？
>
> 王某：我不知道。
>
> 咨询师：如果让你猜测一下呢？
>
> 王某：她们肯定在说我的坏话，说我总是做得很慢，而影响了她们。
>
> 咨询师：她们以前说过类似的话吗？
>
> 王某：说过好多次。

咨询师：事实上是这样吗？

王某：是的。在监舍里我就总觉得 A 盯着我看，我就会很紧张。我经常是一紧张就没有办法集中精力做事。我们三个人是一个小组做衣服，我一慢下来，就会影响她们，所以她们老是说我。

咨询师：你的猜测也不无道理。这种紧张的感觉以前也出现过吗？

王某：我以前上学考试的时候，如果有一个熟悉的人坐在我身后，我就会紧张！

咨询师：是不是所有熟悉的人？

王某：不是。如果这个人曾经嫉妒过我或者我曾经嫉妒她，我就会很紧张，会担心如果考试考不好，她会笑话我。

咨询师：是不是以前在任何考试中只要有熟悉的人在背后关注你都会让你紧张？

王某：是的。

咨询师：除了考试，还有其他情景被熟人关注的时候会头胀、会紧张焦虑吗？

王某：不是的。如果我当时做的事情是我所擅长的，我能把它做得很好，这时我就不会紧张，反而这时我希望别人关注我，关注的人越多我会做得越好。我在小学的时候成绩很好，跳绳也跳得很好，那时别人嫉妒我也不会紧张，很享受那个过程。后来我的成绩越来越差，就常常被人忽视和冷落了……

咨询师：我们之前谈到你一听到 A 和其他犯人说到你的名字，你就紧张，你猜测她们在说你的坏话，那可不可以理解为你认为在你们三个人当中，你是做得比较慢的，这是你不怎么擅长的事情，所以你很担心她们关注你的这一点，对吗？

王某：嗯，我确实很担心她们一直盯着我看这一点。

咨询师：在心理学上有一个说法是你恐惧什么常常意味着你渴望什么。那么在你考试或者觉得自己很弱的时候你恐惧被关注又意味着什么呢？

王某沉思了很久，一直不说话。

咨询师：或许这时你也是需要别人关注的……

心理咨询师对王某解释了她之所以害怕被关注，其实是一种反向形成（一种防御机制），实际上是需要被关注，因为小时候一直缺乏被关注。王某领会了这一点，使得咨询有了一个很大的进展和突破。

第二个重要时刻：咨询进行到第 15 次，这一次主要是讨论王某和母亲的关系。

王某：我最近常常哭，我感觉自己很可怜！进来这么久了，我家里除了我弟弟来看过我，其他人一次都没来过。有时候真觉得自己像孤儿，没人关心！有时候觉得我母亲比后妈还恶毒！想起她的所作所为我感觉这一辈子都没有办法原谅，不是说早上起来精神就很好，但是我很多时候早上起来都很疲惫，弄得自己心事重重。

咨询师：没有人来探望，这种感觉确实不太好。

王某垂下头，不语，流眼泪。

心理咨询师没有说话，给王某递上纸巾。

……

（5分钟之后）

咨询师：你好些了吗？

王某依然不语，点点头。

咨询师：你刚才说你母亲比后妈还恶毒？

王某：是的。（抬起头，眼睛里的悲伤少了许多，更多的是愤怒）

咨询师：你这样说一定是她曾经做过什么吧？

王某：我进来之前，有一次要洗头问她洗发水在哪里？她说没有了。结果我在她房间的柜子里找到了，我一气之下把洗发水全部挤在了卫生间。她看到后就冲到我的房间里，把我包里的钱都拿走了，我去夺过来她不给，结果我们俩就打了起来。

咨询师：这件事情发生后你是什么感觉？

王某：我非常绝望，我怎么会有这么冷酷无情的妈，我一定不是她生的。否则怎么会如此待我？

心理咨询师：是不是感觉完全被她忽视了？

王某：是，这种被忽视的感觉一直伴随着我，感觉自己糟糕透了。

咨询师：能多说说那种糟糕的感觉吗？

王某：因为我母亲的这种忽视，我常常会莫名其妙地对她生气，她常说我你怎么总是这样无缘无故发火。

咨询师：你被你妈妈忽视的时候，你是怎样去表达的？

王某：我就说你这人真是太狠了，你老的时候不要叫我抚养你，我以后也不会给你任何钱，我跟你没有任何关系，我就会说得狠狠的。

咨询师：当你说这些话时，你妈妈是什么反应？

王某：我妈就没说任何话。其实我觉得没有刺激到她，因为她相当的麻木，她好像没有把我说的话当真，那我更是生气了……

咨询师：你说这些话本来是要刺激她，引起她对你的重视，不想她没有什么反应，使你更加有了一种被忽视的感觉，对吗？

　　王某：嗯。

　　咨询师：因为常常被你妈妈忽视和冷落，所以你常常需要别人都重视你，都不能冷落你。这在心理学上称之为过度补偿，你认为呢？

　　王某：（沉默良久）嗯，也许我一直都想补偿这一点……

　　这一次咨询让王某理解了自己为什么总是要求其他的犯人和管教民警要像家人一样对待她，是因为从小到大一直被母亲冷落和忽视，在母亲那里没有获得的，希望从他人那里获得。

（四）预后

　　从咨询情况看，王某之所以存在前述问题，是因为长期被母亲忽视冷落，父亲的麻木不仁，与弟弟妹妹的关系疏离。但即便王某理解了导致目前现状的原因，在短期内要想改变与监舍同犯 A 的关系，其实是很困难的。咨询是一个漫长而艰难的过程，唯有更多的陪伴与等待。不过到目前为止，监狱心理咨询师和王某之间建立了比较坦诚信任的咨询关系，希望在这种关系中，通过监狱心理咨询师对王某的关注和接纳，帮助王某慢慢关注和接纳自我，逐渐减少在人际交往中的回避行为，慢慢学会和他人建立正常的人际交往，获得成长。

本章小结

　　1. 罪犯个体心理咨询是指监狱心理咨询师运用心理学的理论和方法，遵循心理学的原则，帮助有心理问题的罪犯发现自身的问题及其根源，改变其原有的认识结构和不良的行为模式，以提高罪犯对监狱生活的适应性和应付各种事件的能力。简言之，就是监狱心理咨询师用心理学的理论和方法，对存在心理问题并希望得到解决的罪犯提供帮助的过程。

　　2. 罪犯个体心理咨询的原则有保密原则、开发潜力原则、综合性原则、中立原则、促进成长原则、预防性原则。罪犯个体咨询的技术有参与性技术和影响性技术。罪犯个体咨询的形式有面谈咨询、电话或视频咨询和书信咨询。

　　3. 罪犯个体心理咨询的工作对象是罪犯的心理问题。其流程是：监狱心理咨询室准备，填写《罪犯心理咨询申请单》，监狱心理矫治中心审核，来访罪犯甄选，监狱心理咨询师开展咨询工作，咨询结束。其阶段是：一是建立良好的咨访关系，收集来访罪犯求助问题的相关资料；二是深入探讨分析来访罪犯问题，发掘问题的根源；三是对来访罪犯的问题进行综合评估与诊断；四是和来访罪犯商定咨询目标和方案；五是采取行动解决问题与结束咨询。

问题思考

1. 如何正确理解罪犯个体心理咨询的概念？其工作对象、工作原则是什么？
2. 罪犯个体心理咨询流程是什么？可以分为几个阶段？
3. 罪犯个体咨询的技术有哪些？
4. 完成一份罪犯个体心理咨询的简要案例报告。

拓展阅读

1. 叶俊杰主编：《罪犯心理咨询与矫正》，华中科技大学出版社 2011 年版。
2. 章恩友编著：《罪犯心理矫治》，中国民主法制出版社 2007 年版。
3. 郭念锋主编：《国家职业资格培训教程：心理咨询师（三级）》，民族出版社 2015 年版。

专题五　实训项目

专题六　罪犯团体心理辅导

　　在我国，专业性的团体心理辅导尚处于发展初期。20 世纪 90 年代初期团体心理辅导进入我国，21 世纪进入专业化发展和本土化探索期。其在各领域的应用也越来越广泛，在罪犯心理矫治领域也得到了积极应用。

　　本专题介绍罪犯团体心理辅导的相关理论、组织实施、方案设计、效果评估等，并结合案例作分析。

 学习任务一　罪犯团体心理辅导概述

【案例】6-1

　　罪犯张某，28 岁，初中文化，因犯盗窃罪、掩饰、隐瞒犯罪所得、犯罪所得收益罪被判处有期徒刑 16 年，剥夺政治权利 3 年。在监狱改造期间，不服管教，顶撞干警，受到记过集训 5 个月的处分。在集训期间，他参加了监狱心理矫治中心举办的团体心理辅导活动。该活动让他感悟颇深，认识到自己内心深处有很多压力和困扰，需要学习他人的优点，明白遇到问题要多与人沟通，对别人要有一颗宽容的心，多从别人的角度思考问题，对今后的改造工作起到了积极的促进作用。

　　【思考】

　　那么，什么是罪犯团体心理辅导，它有哪些特点及功能？罪犯团体心理辅导的类型及要素有哪些？在辅导过程中，需要掌握哪些技术和方法？

一、罪犯团体心理辅导的概念与特点

（一）罪犯团体心理辅导的概念

团体心理辅导是指运用团体动力学的知识和技能，由受过专业训练的团体领导者，通过专业的技巧和方法，协助团体成员获得有关的信息，以建立正确的认知观念与健康的态度和行为的专业工作。团体心理辅导是相对一对一的个体心理辅导而言的，尤其在帮助那些有着共同发展困惑和相似心理困扰的人时，更是一种经济而有效的方式。[1]

罪犯团体心理辅导是在团体情境中对罪犯开展的一种心理矫治形式。它是通过团体内人际交互作用，促使个体在交往中通过观察、学习、体验，认识自我、探讨自我、接纳自我，调整和改善与他人的关系，学习新的态度与行为方式，以发展良好的适应性的助人过程。罪犯团体心理辅导主要是针对群体中具有共性心理问题的罪犯而进行的辅导，如罪犯入监适应问题，人际关系问题，不良情绪调节问题等。

（二）罪犯团体心理辅导的特点

相对于罪犯个体心理咨询而言，罪犯团体心理辅导具有以下特点：

1. 参与度高，互动性强，感染力大，影响广泛。罪犯团体心理辅导要求团体成员共同参与，讨论交流，是一个多向沟通的过程。领导者和成员之间，成员与成员之间都能够相互影响。在团体的情境下，成员可以向不同人学习，也可以从多个角度观察和认识自己的问题或烦恼。通过成员之间相互支持、集思广益，共同探寻解决问题的办法，既减少了对领导者的依赖，也增强了每个成员解决问题的能力和信心。

2. 效率高，省时省力。由于我国监狱等矫正机构中受过专业心理辅导训练的咨询师严重缺乏，虽然取得心理咨询师资格证的人数不少，但大多只是取得了资格，实践经验缺乏。在咨询资源有限的前提下，罪犯团体心理辅导的领导者一次可以处理多个成员的心理问题，大大提高了工作效率，也为更多有心理需求的罪犯提供了专业的服务。

3. 后续效果好，实践结果容易迁移。罪犯团体心理辅导创造了一个类似真实的生活情境，为参加其中的罪犯提供了交流的机会。团体是平时生活的缩影，成员在团体中的表现往往也是他们日常表现的复制品。在充满安全、支持、信任的良好团体气氛中，成员通过示范、模仿、训练等方法，可以尝试某些新的技巧和行为，如人与人之间的沟通、自我表达等。通过对这些新技巧的学习，促进成员更有效地生活，并把他们在团体中习得的新行为迁移到团体之外的日常生活中去。

〔1〕 樊富珉、何瑾编著：《团体心理辅导》，华东师范大学出版社 2010 年版，第 25 页。

4. 适用范围广，特别适用于人际关系适应不良的罪犯。罪犯团体心理辅导对于改善人际关系有特别的作用，因为在团体动力的影响下，人际互动模式有更明显的体现。大量研究显示，一些人际关系不良的罪犯，由于他们缺乏客观的自我评价，缺乏对他人的信任，难以与他人建立和保持良好、协调的人际关系，通过团体心理辅导可以得到较好的改善。

二、罪犯团体心理辅导的功能与局限性

（一）罪犯团体心理辅导的功能

罪犯团体心理辅导在监狱心理矫治工作中的主要作用体现在改造罪犯和预防犯罪两大方面。一次成功的团体心理辅导，对罪犯成员在之后的监狱改造过程中也会起到积极作用，如拉近与管教民警的心理距离，放下防御心理，人际关系也会更加融洽。具体来说，它表现为以下四个方面：

1. 教育功能。罪犯出现心理问题，很多时候是适应不良造成的，如何提高他们的适应能力，建立和谐的人际关系，是罪犯团体心理辅导中教育功能的重要体现。通过团体辅导中人际相互作用的积极体验，罪犯习得如何有效交往、如何解决问题、如何做决定、怎样表达自己的意见等。同时也有助于培养其社会性，习得社会规范及适应社会生活的态度与习惯，明白人际交往中要相互尊重、相互了解，从而形成更为有效的应变能力。

2. 发展功能。每个人在成长过程中，都会遇到各种困难和成长性烦恼，这些问题如果得到合理的解决，人就能够得以成长。通过团体心理辅导，罪犯学习到解决这些问题的方法，提高解决心理问题的能力，更好地了解自己，充分发挥潜能，培养健全人格。在团体心理辅导过程中，通过成员的主动参与和自我探索，增加罪犯对自己、对他人、对生活、对未来的信心和希望，从而达到促进个人发展的目的。

3. 预防功能。罪犯团体心理辅导的一个重要作用是预防犯罪。在团体中，成员之间相互交流探讨今后可能会遇到的问题及可行的解决办法，培养问题处理的能力。这些都可以预防再犯罪并减少出现心理问题的概率，提高个体的心理健康水平。

4. 矫治功能。对有特殊心理问题的罪犯，通过团体特有的治疗因素，可以协助其矫治偏差的心理和行为，培养新的行为习惯。通过设置有针对性的团体活动，对处理罪犯的情绪困扰和心理偏差行为，有良好的效果。

（二）罪犯团体心理辅导的局限性

罪犯团体心理辅导虽然优点很多，某些方面甚至优于个别辅导，尤其是对于人际关系适应不良的罪犯有良好的效果，但是它也存在一定的局限性，主要体现在以下几个方面：

1. 个人深层次的问题不易暴露。罪犯团体心理辅导面对的是团体中大多数罪犯存在的共性问题，对于个人的特殊问题，没有充分讨论和分析的机会。由于其他罪犯成员在场，在信任关系没有良好建立时，个人的深层次问题不易暴露。

2. 个体差异难以照顾周全。团体领导者要照顾到每个成员，由于成员各自的个性不同，心理问题的严重程度也不同，领导者在团体辅导过程中很难顾全到每个成员。一般而言，同一团体中，往往是投入快，积极参与的成员收获更多些，而那些相对被动的成员，由于参与少，收获可能会少一些。

3. 有的成员可能会受到伤害。在团体情境中，个体在没有充分准备的情况下，由于受到团体压力的影响而被迫进行自我暴露，很容易产生不安全感，甚至受到伤害。在团体中获知的某个成员的隐私，事后可能会不经意泄露，并给当事人带来伤害。

4. 对领导者要求高。罪犯团体心理辅导不同于个体心理咨询，领导者在面对多个团体成员时，对其人格特质、专业训练、技术方法、临床经验和伦理道德等方面有更高的要求，不然的话，很容易因个人能力不足而使成员受到伤害。因此，一个优秀的团体领导者，应具备丰富的辅导经验，接受过严格的专业培训以及专业督导，不断自我觉察、学习成长，才能胜任该工作。

5. 并非适合于任何人。罪犯团体心理辅导可以应用在心理矫治工作中的很多方面，但它也并非万能。有些个人特质并不适合团体的发展，如依赖性过强、人际焦虑程度过高或太自我中心的罪犯，在团体中不仅难以获得好处，甚至还会妨碍团体的发展。而有些社交障碍者极端内向、害羞、自我封闭，也不易参加。

三、罪犯团体心理辅导的类型与要素

（一）罪犯团体心理辅导的类型

根据划分标准的不同，可以把罪犯团体心理辅导划分为不同的类型。以下介绍三种常见的划分类型。

1. 根据团体心理辅导理论取向分类，可分为心理分析团体辅导，行为主义团体辅导、当事人中心团体辅导、认知-行为团体辅导、后现代取向团体辅导等。

（1）心理分析团体辅导是将精神分析的理论、原则和方法应用于团体工作的一种辅导形式。其目的在于揭示团体成员的核心冲突，使之上升到意识层面，以此促进成员自我了解，认识并领悟自己被压抑了的种种冲动和愿望，最终消除症状，较好地适应和处理各种生活情境与挑战。

（2）行为主义团体辅导是以行为主义理论为基础，目的是协助团体成员排除适应不良行为，并学习有效的新行为模式。

（3）当事人中心团体辅导是以罗杰斯的以人为中心治疗理论为基础，强调营造温馨的团体气氛，注重此时此地的经验和感受，以促进个人的成长，而不是行为的指导。

（4）认知-行为团体辅导是在团体情境中将认知疗法和行为疗法相结合，帮助团体成员产生认知、情感、态度、行为方面的改变。通过帮助个体学会辨别并改善不合理的信念、价值观、感知、归因等认知及其过程，以有效改变不适应的行为。

（5）后现代取向团体辅导主要以短程焦点疗法和叙事疗法的相关理论为基础，通过团体成员主动投入去解决自身问题，利用自身资源去创造建设性的改变。

2. 根据成员的构成分类，可分为同质性团体辅导和异质性团体辅导。

（1）同质性团体心理辅导。同质性是指团体成员自身的条件、背景或问题具有相似性。该团体的好处是由于成员的相似性使他们容易彼此认同和沟通，但团体动力相对较小，团体效能易停留在表面层次。针对罪犯团体不太适用，团体成员容易被他人"贴标签"，不利于团体的发展。

（2）异质性团体心理辅导。异质性是指成员的条件或问题差异大，是由年龄、经验、地位等不同的人组成的团体辅导。由于该类团体中的成员具有不同经验和不同适应模式，便于团体发展，但在沟通交流和信任关系上较难建立。对罪犯团体来说，心理异常或行为偏差的成员人数在一个团体中不能太多，正向力量要大于负向力量，才有利于团体的正向发展。

3. 根据结构化程度分类，可分为结构式团体辅导和非结构式团体辅导。

（1）结构式团体心理辅导。结构式团体心理辅导是指事先做了充分的计划和准备，安排有固定程序的活动让成员来参与的团体辅导。该类团体辅导比较注重团体所要达到的目标，领导者身份明确，常采用较多的互动技巧，促进团体发展。人数可以是数十至数百人；时间上有短程如开展一两次的，也有长程的，如开展数十次的；交流层次有浅有深，一般适合年轻团体成员。在监狱里，针对罪犯的一般心理问题应用较多。

（2）非结构式团体心理辅导。非结构式团体心理辅导是指不安排有程序的固定活动，领导者配合成员的需要并根据团体动力的发展状况及成员彼此的互动关系来决定团体的目标、过程及运作程序。领导者身份不易被察觉，多以非指导方式来进行。团体成员人数一般在 10 人左右，时间可长可短，交流层次较深，一般适合年龄较大、心智成熟、表达能力较强的人。

（二）罪犯团体心理辅导的要素

团体辅导要素包括团体规模、团体会期、团体活动构建和团体带领者四个方面。[1]

---

〔1〕 邵晓顺等编著：《戒毒人员团体辅导理论与实务》，群众出版社、中国人民公安大学出版社 2019 年版，第 13 页。

1. 团体规模是指参加团体辅导的人员数量。团体规模的大小常常受团体目标、活动内容、成员年龄、领导者经验、问题复杂性、会期长短和场地条件等因素的影响。一般为 6~12 人，8 人左右为最佳。结构式团体心理辅导的成员数量可适当增加。

2. 团体会期包括团体心理辅导持续的时间和辅导的频率。团体会期也受团体目标、成员数量、问题复杂程度、带领者技术水平、成员年龄等诸多因素的影响。一般为 90~150 分钟，时间过短或过长都会影响辅导效果。

3. 团体活动构建是团体存在和团体发展最基本、也是最重要的因素。团体活动是成员互动的载体也是团体心理辅导的核心内容。

4. 团体领导者是在团体活动中，负责带领和指引团体走向的人。一般来说，有效、负责、有专业训练的领导者才能帮助团体达到目标。领导者带领团体的成效取决于其是否能让每位成员充分发挥各自特点，同时又可以保持团体的和谐。

四、罪犯团体心理辅导的技术与方法

（一）罪犯团体心理辅导的技术

领导者要带领罪犯开展团体心理辅导，首先应当接受过专业训练并掌握各种团体辅导的技术。罪犯团体心理辅导有许多技术，既有个别辅导技术，也有团体辅导特有的技术。与个别辅导相似的团体辅导技术有：倾听、澄清、解释、支持、面质与自我表露等。团体辅导与个别辅导最大的不同及成功的关键就是团体成员间的人际互动。在罪犯团体心理辅导过程中，技术的合理运用对营造良好的团体氛围，保证团体成员良性互动，促进团体健康发展都起到至关重要的影响。

罪犯团体心理辅导中最常见的技术，主要是反应的技术、互动的技术和行动的技术。反应技术有倾听、复述、内容反应、情感反应、澄清、提问、摘要、总结，行动技术有起始技术如设定目标、询问、面质、调停、示范以及结束技术。下面重点介绍互动技术。[1]

建立关系是互动技术的基础，也是团体辅导的首要任务。团体领导者必须具备无条件积极关注、真诚、共情、尊重等基本态度，使成员感到温暖、安全，从而在团体中开放自己，形成尊重、接纳、关怀、信任的良好团体气氛。

1. 连结。连结是指带领者将成员间表达的观念、行为或情绪相似之处予以衔接、产生关联，或把成员未察觉到的一些关联的资料予以串联，以帮助成员了解彼此的异同之处，增加认同感，并把感悟到的东西转化为积极改变的行为方向。例如，罪犯甲说："我喜欢和真诚、善良的人交朋友。"罪犯乙说："我身边如果发现虚情假意的人，我肯定不会和他再来往。"领导者："看来你们两个

---

〔1〕　周圆主编：《团体辅导：理论、设计与实例》，上海教育出版社 2013 年版，第 114~119 页。

人都是非常看重朋友的人品，可以再多说一些各自具体的感受或想法吗？"

2. 促动。促动也称催化，是协助成员增加有意义互动的技术，贯穿团体辅导整个过程。领导者采取行动促使成员参与团体，如热身、介绍资料等。

3. 解释。解释是指领导者对团体成员语言行为或非语言行为的陈述给予意义的过程，目的在于帮助成员自我了解，引导成员改变自身行为，发现新的选择和思考问题的角度。例如，领导者："今天的团体进行了二十多分钟，看上去大家谈得很热闹，但谈论的内容却是与团体无关的人和事，大家没有谈自己的事情，是不是与我们彼此间的信任程度有关？"

4. 阻止。阻止是领导者防止团体或部分成员的不适当行为而采取的措施，并非针对个人，也避免贴标签。此时领导者的语气要温和，态度要真诚。例如，某成员经常打断别人的讲话，领导者："某某，我想你可以等他把话讲完之后，再发表自己的看法。"

5. 保护。保护技术是为了确保团体成员在团体中免于不必要的心理冒险或伤害而采取的反应。因为在人数较多的团体里，可能常常出现冲突或其他负向行为，领导者要及时察觉，并做安全疏导。例如，罪犯甲因会见亲人的申请失败很沮丧，其他成员七嘴八舌地盯住他问这问那，但他明显表现出不耐烦。领导者："大家好像非常关心他，很想帮助他，但现在他看上去心情不太好，不知道有谁愿意先来分享自己类似的经验，给大家参考？"

6. 支持。支持是指领导者给团体成员以鼓励，增强其信心，有助于提高团体凝聚力。例如，领导者："刚才李某某讲出了他小时候发生的一些事情，让我很感动，感谢他对我们团体的信任，对大家的信任。看到大家都这么用心地听，积极地反馈，团体内彼此相互信任，我相信大家可以成长得更多。"

7. 反馈。反馈是领导者在了解团体成员行为原因的基础上，表达对成员具体的反应，有利于成员利用这些信息调节自己的行为。反馈的时机很重要，并且反馈时领导者应尽量使用非判断性的语言。反馈可以是领导者给予成员，也可以是成员之间自发地给予。例如，领导者："王某某，听你刚刚讲到在上周和赵某某的沟通里，你应用了换位思考的方法，我看到了你的进步，感到特别高兴，相信你会做得越来越好。"

8. 自我表露。自我表露也称自我开放，指领导者在适当的时候，有意识、建设性地分享自己过去的经验或感受。最有效的表露应该与团体活动紧密相关，而且要在展示个人信息的同时激发团体成员更多地表露自己的愿望。例如，领导者："刚才团体里有3个人都说到了小时候的经历，感觉父母总认为自己不如别人优秀，好像从不关心自己的成长。我也有同样的感受，爸妈对我从来都是只有批评教育，没有表扬，现在长大了才明白他们只是不会表达，教育方式不合理，但内心还是很爱我的。"

9. 折中。领导者以客观公正的立场，邀请团体中的成员表达不同的看法，以确保所有的意见都有一个被听到的公平机会。例如，领导者："刚才大家对人是不是要多交朋友持两种看法，我们刚听完赞成者的观点，另外持反对观点的人，你们的观点是不是也说说？"

10. 聚焦。聚焦包括建立、维持或转移焦点的技术。团体领导者要有能力判断此时团体的焦点为何，以及了解此时此地最恰当的焦点，才能适当地运用聚焦的技术。团体的焦点有时是个人，有时是一个主题或一项活动。应用聚焦技术使团体有明确的发展方向，不会转移话题。例如，领导者："刚才刘某某谈到他个人兴趣时，我发现大家转移了话题，热烈地讨论起自己喜欢的明星，我们的主题是探讨自我，我们还是回到这个主题上，好吗？"

11. 引话。引话一般用在面对一些较害羞或较沉默的成员，领导者需要适当地鼓励他们发言的时候。引话是要被引导者感觉到他们发言很重要，领导者与其他成员非常有兴趣了解他们，但不要强迫他们，以免造成紧张情绪而更加退缩。例如，领导者："小亮，我注意到你一直没有说话，在他们分享的过程中，你也频频点头，不知道你有没有什么感受想和我们分享吗？"

（二）罪犯团体心理辅导的方法

罪犯团体心理辅导的技术和方法有时较难区分，下面对几个常用方法作阐述。

1. 团体讨论。团体讨论是指团体成员对一个共同问题，根据资料与经验，相互合作、深入探讨的方法。在团体讨论过程中，团体成员彼此发表各自观点，相互影响，目的在于沟通意见、集思广益、解决问题。它可以说是罪犯团体心理辅导中应用最为广泛的方法。领导者可以根据成员人数和活动需求，选择合适的讨论方式，常用的有圆桌式、分组式、辩论式和脑力激荡法。团体讨论的目的不在于讨论的结论，而在于讨论过程能使成员充分参与、沟通，体验到自由发表意见的机会，学习尊重别人意见的态度与合作的方法。领导者在设置题目时，要考虑到罪犯的能力范围，问题难度控制在罪犯能够处理但又具有一定复杂性的程度内。

2. 游戏活动。游戏活动是结构式团体心理辅导常用的辅导形式。由于游戏趣味性强，灵活性高，深受服刑人员的喜欢。在团体辅导的不同阶段，选择适当的游戏活动，有助于团体成员的参与，拉近人际间距离，营造轻松、愉悦的团体氛围。成员通过亲自游戏活动的体验，在不知不觉中流露出自己的真实情感，同时也会暴露可能存在的问题，引发思考，产生顿悟。在应用游戏活动时，要注意三方面问题：一是游戏活动的应用一定要和团体辅导目标相结合；二是游戏使用要适度，并且对游戏活动的选择要考虑年龄、文化水平等多方面因素；三是注重游戏活动结束后的讨论和分享，让团体成员能够体会到游戏活动的真谛。

3. 角色扮演。角色扮演是指用表演的方式来启发团体成员对人际关系及自我情况有所认识的一种方法。通常由罪犯扮演在某一特定问题情境中的角色，使其把平时压抑的情绪通过表演得以释放、解脱，同时也可以学习人际关系的技巧及处理问题的方式。角色扮演的情境可以是团体成员个人独特的问题情境，其他成员协助其表演，也可以表演目前成员共同关心的问题，如在监狱中如何避免不必要的人际冲突。角色扮演要尊重成员的自发性，提供自由轻松的气氛，以减少表演者的防卫心理。通过角色扮演，不但是充当演员的罪犯有机会发泄被压抑的消极情绪，控制可能由类似情境引发的焦虑，学会在类似情境中采用新的行为模式，而且也可以启发、教育充当观众的罪犯，使他们在观看的过程中，进行类似的心理和情绪体验。

4. 行为训练。行为训练是指以学习理论为指导，通过特定程序，学习并强化适当的行为，纠正并消除不适当行为的一种心理辅导方法。罪犯团体心理辅导中的行为训练是通过领导者的示范和团体成员之间的人际互动实现的。常见的训练有放松训练、自信训练、情绪表达训练等。一般由领导者示范，团体成员习得新行为后也要及时练习并不断强化。

5. 犯罪得失分析。犯罪得失分析是通过团体的形式，彼此共同分析犯罪行为带来的利益和受到的损失并将二者进行比较的方法。在财产型罪犯中可以使用这种方法。在使用此法时，首先要求罪犯列举出犯罪行为中获得的利益及其价值，包括被审判机关认定的财产价值和其他利益。然后将这些利益及其价值与罪犯所要执行的刑期相除，让罪犯意识到财产犯罪带来的利益究竟有多大，让罪犯讨论究竟是进行财产犯罪的获利大，还是从事正常工作的获利大。

6. 表达性艺术治疗。该方法在罪犯团体心理辅导过程中也有着广泛的应用。它是指借助绘画、音乐、雕刻、舞蹈、戏剧、诗歌朗诵等艺术媒介，通过艺术创作或艺术作品等来表达某些心理信息，帮助成员释放被压抑的情绪情感，以促进其心理成长的一种方式。表达性艺术治疗对于不善言语表达的成员来说尤为适用。

 学习任务二　罪犯团体心理辅导组织与实施

【案例】6-2

某年1月8日至14日，北京市监狱心理矫治中心举办了主题为"寻找回来的世界"团体心理辅导活动。参加活动的20名罪犯来自全监狱各分监区，具有广泛代表性。在7天活动时间里通过一系列主题活动，20名罪犯从相互陌生到彼此信任，在自我认知、自我完善的能力上取得了长足进步，并在整个活动过程中学会了真实表现自己，提升了人际交往能力，增强了对服刑生活和未来生活的信心，取得了良好效果。

【思考】

这是一例成功的罪犯团体心理辅导案例，作为一名团体领导者，如何设计出一套适合罪犯心理需求的团体心理辅导方案？在辅导开展前需要进行哪些准备工作？如何甄选成员？辅导效果如何评估？本节将回答上述问题。

一、罪犯团体心理辅导准备工作

罪犯团体心理辅导在正式开展活动前，领导者需要进行前期的准备工作。

（一）团体形成前领导者的任务

对心理矫治机构来说，团体领导者在准备阶段需要完成以下任务：[1]

1. 制订一个明确的书面计划，以构建一个团体。

2. 向监狱心理健康指导中心提交计划，并取得主管领导的认可与支持。

3. 在可能的情况下，进行必要的宣传，以便向潜在的成员提供适当的信息。

4. 根据自愿参与原则，或者是心理健康指导中心的咨询师、监区管教干警的推介初步确定成员名单。

5. 通过各种渠道尽可能了解成员个体的有关信息，如年龄、文化程度、健康状况、刑罚类型、刑期结构、家庭状况、人际关系、改造冲突等。

6. 结合以上信息进行团体前会谈和评估，甄选出合适的团体成员。

7. 与团体成员所在单位联系，取得所在单位的同意和支持。

8. 为领导团体工作做好心理准备和必要的知识储备。

9. 做好团体活动场地、资料、工具等方面的准备。

（二）团体准备阶段的工作内容

1. 了解罪犯的潜在需要。通过对罪犯实际生活的观察，与监区管教民警的访谈，了解罪犯常见的心理困惑及有待解决的问题。

2. 确定罪犯团体的性质、主题与目标。根据罪犯和监狱的实际需求，确定该团体心理辅导的性质，是发展性的、训练性的还是治疗性的。团体活动的主题是什么，是认识自我、提高心理健康水平还是人际关系的沟通训练或情绪的自我调节等。确定活动的总目标和每次活动的具体目标分别是什么。

3. 搜集相关文献资料。团体性质和目标确定后，领导者需要查阅资料，搜集相关文献，为团体设计提供理论支持。同时也要了解类似团体以前是否有人带领过，有哪些可以借鉴的经验及需要避免的问题。

––––––––––––––

〔1〕 邵晓顺主编：《服刑人员心理矫治：理论与实务》，群众出版社 2012 年版，第 339~340 页。

4. 完成罪犯团体心理辅导计划书。资料准备充分后，领导者及其助手需要考虑活动的时间、地点、规模、效果评估以及道具设计、费用预算等问题，完成团体心理辅导计划书。

5. 规划罪犯团体辅导整体流程及实施情况。详细规划出罪犯团体心理辅导的整体流程，包括如何招募成员，怎样甄选成员，活动具体组织和实施的细节。当出现特殊情况时，根据团体的需求，要提前准备一些备用活动及所需材料，视团体发展的具体情况来灵活调整原先的辅导计划。

6. 对团体心理辅导计划书进行讨论或修订。设计好的团体心理辅导计划书可先在同行组成的小团体中实践一次，与同行、督导讨论试用结果后，再加以修改完善。

（三）评估和甄选成员

一般而言，罪犯团体心理辅导的效果往往与罪犯团体成员是否乐于参加，是否积极投入有关，团体与成员要相互配合得宜，才能产生积极效果。针对罪犯团体心理辅导而言，罪犯普遍戒备心理强，由于对团体心理辅导的形式和内容较为陌生，自愿报名参加的不多，更多的是监区管教民警推介。但即便如此，对团体成员的甄选工作仍尤为必要，并非每个人都适合参加团体心理辅导，不同性质的团体所招收的对象有它的资格限制。针对特殊情况的罪犯，需要通过观察、面谈或收集相关信息资料后，再决定其是否适合参加。

1. 罪犯团体成员甄选需要考虑的因素。

（1）成员背景。需要考虑他们在加入团体之前彼此熟悉的程度。以不熟悉的人数多于相互认识的人数为基本原则，尽量避免因彼此熟悉出现小团体而干扰整个团体的发展。

（2）知识能力水平。成员的受教育程度、学习能力和领悟能力等因素应加以考虑，避免成员之间学习能力差异太大，而不利于团体内的沟通交流。

（3）行为表现。罪犯团体中，行为偏差的成员人数比例不能太大，如果全部都是"问题成员"，他人会给该团体贴标签，成员自身参与动机也会下降。因此，在罪犯团体中，正向力量要大于负向力量，以增加正向团体动力，减少团体的负面影响。

（4）同质性程度。同质性的团体成员可以增加认同感，克服孤独感，但不同背景的异质成员在一起，与现实环境更为相似，有利于了解不同人的心理与行为，有更充分的机会去学习和改变自己，将团体中习得的新行为迁移到团体之外的生活中去。

（5）助手的性别。社会上团体辅导理想的性别比例是男女相当，但罪犯团体心理辅导是由同性别成员组成的，因此选择团体辅导助手时，可以选择异性，这对于情绪识别与控制、人际互动与支持、家庭教育与成长等内容的团体而言，有助于成员更好地投入和换位思考，但是在涉及性生理、性心理与性行为等敏感话题时，则有可能形成阻抗。[1]

2. 罪犯团体成员甄选常用标准。罪犯团体心理辅导甄选团体成员需要从成员的个性特点、心理健康状况、过往经历、动机等多方面考虑，以下列出了一些甄选成员的常用标准。[2]

（1）优先参加团体的条件。基于团体动力和功能等方面考虑，具备以下条件的成员应予以优先选择：自愿参加者，成长动机强，与他人相处自在，无明显身心疾病，参加动机与团体性质相符，过去未曾参加同类型的团体，具有一般表达能力，没有与其他成员明显差异的特质（如唯一的新犯、唯一的外省籍犯、唯一的限制减刑罪犯等）。

（2）不适合参加团体的成员。不适合参加团体的成员，自身不能通过团体收益，反而会给团体带来不良影响，一般包括：极端的自我中心者、自恋狂、过度怀疑他人、极度依赖者、具有分裂和怪异行为倾向者。有脑伤、妄想症、精神疾病、社会功能障碍、极度躁狂症或忧郁症、自杀倾向等心理不健全者，处于危机状况中的人也不适合马上加入一般团体。概括而言，五种人不适合参加团体：丧失对现实知觉的精神病患者；严重的精神官能症者；明显情绪不稳定的人；面对压力会有身心症状的人；正处于危机状态的人。

但是对于治疗性团体，出于特殊的治疗目标，人格方面有障碍的人、神经症患者、康复期精神病患者却是合适的人群。

3. 罪犯团体成员甄选常用方法。

甄选罪犯团体成员的方法有多种，但常用的三种方法是面谈、心理测验和书面报告。[3]

（1）面谈法。领导者与潜在成员一对一地面谈，向他介绍本次团体的目标、内容、运作过程、领导者的专业背景和团体经验、团体成员的权利义务、是否可以中途退出、是否收费、是否录音录像等内容。同时，评估该罪犯是否适合参加，对其背景、精神状况、个性特点、参加动机、问题类型、个体需求等作初步了解。面谈时间一般为 15~25 分钟，向潜在成员提出的主要问题有：你为什么要参加这个团体？你对团体的期望是什么？你以前参加过团体吗？你需要什么帮助？你怎么看待你自己？你愿意改变自己吗？你是否有不愿意与之在一起的某个人或某类人？你认为你会对团体做出哪些贡献？对于团体和领导者你

〔1〕 邵晓顺主编：《服刑人员心理矫治：理论与实务》，群众出版社 2012 年版，第 344 页。

〔2〕 樊富珉、何瑾编著：《团体心理辅导》，华东师范大学出版社 2010 年版，第 13 页。

〔3〕 邵晓顺主编：《服刑人员心理矫治：理论与实务》，群众出版社 2012 年版，第 341~343 页。

有什么问题要问吗？此外，面谈对象不仅限于团体潜在成员，领导者也可以通过与其咨询过的心理咨询师或监区管教民警面谈，以更全面地了解他们。

（2）心理测验法。早在20世纪50年代，舒茨（Schutz，W.）曾针对团体工作制定了一套基本人际关系指标，这套指标主要测试三个层面：一是成员能否与其他人建立良好的关系；二是个人对权力的态度；三是个人坚持自己原则的程度。利用测试结果，不仅可以评价申请者是否适合参加团体，而且可以决定将由相同类型倾向的人组成团体还是由不同类型的人组成团体。

（3）书面报告法。限于监狱的特殊环境，团体领导者逐一面谈有时会有困难，此时可以集中潜在成员，在介绍完本次团体性质、目标、注意事项等内容后，采用书面报告的形式来了解潜在成员的情况（如表6-1所示）。

表6-1　团体成员报名资料

姓名		单位		年龄	
案由		原判刑期		余刑	
入监时间		籍贯		文化程度	
团体经验					
自我评量	（请根据个人情况，于下列问题中填入1~7的点数，1代表非常不同意，7代表非常同意） 1. 我想参加团体（　） 2. 我与人相处感到自在、自然（　） 3. 我喜欢通过别人的经验来促进自我成长（　） 4. 我会全程参加各次团体活动（　） 5. 我会配合遵守团体的有关规定（如完成作业）（　） 6. 在团体中，我愿意用心参加，适当自我开放，分享经验（　）				
自我介绍					
备注					

填表时间：

说明：

1. "团体经验"一栏填写个人以往参加团体的经验，如无则填"无"，如有则填写曾参加的团体的名称、日期、领导者、地点、个人感受等内容。

2. "自我介绍"简要描述个人的个性、兴趣、专长、人际关系、成长经验、参加动机、对团体的期望等。

3. "备注"：填写其他针对本团体或团体领导者的意见。

二、罪犯团体心理辅导发展阶段

团体发展阶段的分类标准很多，最典型的是美国团体咨询专家柯瑞（Corey,G.）的分类：团体初始阶段、团体过渡阶段、团体工作阶段和团体结束阶段。每个阶段都有各自的特征，根据各阶段团体发展的不同，领导者在各阶段也有不同的工作任务，具体内容如下：

（一）罪犯团体心理辅导的初始阶段

初始阶段也称创始阶段或定向探索阶段。

1. 初始阶段的特征。该阶段是团体活动的开始，成员之间比较陌生，由于罪犯本身具有较强的戒备心理，不知道自己要做什么，团体接下来会发生什么，因此成员经常处于沉默的状态，相互交流也常常是表面化的沟通，内心会有比较复杂的情绪体验，可能会有担心、焦虑，也会有好奇和期待等。

2. 初始阶段领导者的任务。

（1）建立信任关系。领导者通过真诚的自我介绍，热忱的投入状态，以尊重、平等的心态对待罪犯团体中的每一位成员，对他们从心理上给予及时的回应和关照。同时协助成员表达他们的焦虑或期望等情绪，努力促进信任感的建立。

（2）确定目标。领导者向成员阐明团体的目标，如通过成员的自我探索，帮助其更好地认识自我并接纳自我；通过与其他成员的沟通交流，学习一定的人际交往技巧，并提高自我解决问题的能力。同时帮助成员个人建立具体明确、真实可行的目标，如在日常改造生活中，不再与其他罪犯发生肢体冲突或学习如何客观看待自己，如何调节自我的不良情绪等。

（3）形成规则并签订团体契约。在团体的第一次聚会中，领导者要帮助团体成员明确并制定团体的基本规则，如聚会的时间、地点和次数；出席和缺席情况与处理；成员的权利和责任；保密问题；有关守则、奖励与惩罚细则等。领导者本身也要自我约束，严格遵守和执行这些规则，并让成员签订团体契约。

（4）指导成员参与活动。在团体初期，领导者告知成员一些积极参与的一般指导原则和方法，帮助其积极参与到团体活动中，帮助他们表达各自的想法和感受，开诚布公地处理团体成员的担忧和问题，并明确他们各自在团体中的责任。

3. 初始阶段常见问题。团体初始阶段的目标是促进成员相互认识，发展信任，了解团体的目标和活动过程，制定团体契约，建立和强化团体规范，鼓励成员积极表达，逐渐形成温暖、平等互助的和谐氛围。在该阶段，领导者如何完成团体的开场，营造温暖、和谐的氛围是非常重要的。所谓良好的开端是成功的一半，不同的开场可能形成不同的团体气氛，没有哪一种固定模式的开场是最好的，只要符合团体活动的目标，以尊重、平等、接纳、包容的心态面对罪犯团体中的成员，语言表达通俗易懂，便于罪犯的理解，体现出团体领导者的真诚态度和专业性就是最适合的。

在初始阶段，当成员出现被动等待与沉默时，领导者如何应对也是该阶段的常见问题。领导者在运用共情、支持、倾听、澄清等技术之外，还可以设计一些无压力的相识活动，促进成员参与到团体活动中。同时领导者也要理解并接纳成员的被动表现，给成员一定的观察、思考的时间，减少他们焦虑不安的情绪。

在罪犯团体心理辅导中，有时不得不面对非自愿参加的成员，领导者必须有计划、有策略地去应对、调适这些成员的负性情绪，特别是在第一次团体活动时就要及时进行引导。[1]具体的引导方式如下：

（1）我知道这里有一些人不是自愿参加这个团体的，现在你们中间我放了一个垃圾桶，在接下来的 10 分钟里，你们可以大声地将自己的不愉快甚至是愤怒说出来，扔进这个桶里，然后我会把桶盖上并拿走它。10 分钟以后，我希望所有人都能全身心地投入到团体活动中来。

（2）每一次我带领这样的团体时，总有一些成员在开始时相当抵触，但到最后，他们总会感谢监狱给他们提供这样一个坦诚、开放、安全、可以分享感受和想法的机会。他们一开始并不了解能在这里收获什么，但无一例外，他们都给了自己尝试的机会。当然，最终他们有的在团体活动中找到了解决问题的方法，有的在团体活动中学到了交往的技巧，有的在团体活动中重新认识了一个完全不同的自我。这样的团体帮助过很多人，包括像你一样的人，相信你也一定能够做到。

（二）罪犯团体心理辅导的过渡阶段

过渡阶段也称为转换阶段。

1. 过渡阶段的特征。在该阶段成员开始试图融入团体，他们通过相互探索、相互适应，逐渐找到自己在团体中的位置。成员会出现一个普遍现象，就是焦虑和防卫不断增加，担心在他人面前过多暴露真实的自己，会被他人嘲笑和伤害。在没有建立良好的信任关系之前，他们也会表现出阻抗——使自己或别人避免对个人问题或痛苦体验作深入探索。有些成员间也会表现出矛盾和冲突甚至对领导者提出挑战。

2. 过渡阶段领导者的任务。在该阶段领导者的任务是在恰当的时机采取介入措施，既要提供必要的支持，又要给予适度的调整，协助团体建立自我表达的模式，协调内部冲突和矛盾，建立信任和团体凝聚力。领导者可以鼓励成员

---

〔1〕 邵晓顺主编：《服刑人员心理矫治：理论与实务》，群众出版社 2012 年版，第 350 页。

承认和表达自己真实的感受，对于成员出现的负性情绪要给予抱持和接纳，而不是批评和指责。协助团体成员认清他们自我防卫反应的方式，创造一种能使他们公开处理阻抗的氛围。帮助成员处理任何影响他们成长的问题和现象。坦率真诚地处理任何对团体领导者的挑战，为团体成员提供示范榜样。

3. 过渡阶段常见问题。过渡阶段的目标是协助分享，促进团体成员互动与彼此信任，鼓励成员表达和处理冲突的情绪，也让成员更深入地觉察自我和感受他人。在该阶段，领导者会面临一些常见问题，具体如下：

（1）出现防卫行为。在团体过渡阶段，由于成员对团体的不信任会出现防卫行为——对自我问题有逃避倾向，注意力重点放在其他成员身上，对团体不投入，说话不着边际，行为上不合作等。如团体中的小李说："我感到团体里的每个人都不会说出自己的真实想法，也没有人会为别人着想。"针对这样的成员，领导者可以用直接对话或者邀请他们谈在团体里的真实感受的方法，而不是用批评或面质的方法去调整他们的防卫和抗拒。领导者可以说"能不能说说此时此刻你在这个团体里的真实感受？"而不是说"你说的每个人是不是太绝对化了，这是不是也包括你在内"等带有批评意味的话语。

（2）处理矛盾冲突。在团体人际互动的过程中，不可避免地会出现观点不一致或情绪反应对立的冲突情形。领导者首先要有充分的心理准备，并正确看待这一现象。很多成员在加入团体之前就存在个性上的种种缺陷，在团体内的行为正是反映了成员在团体外的行为。妥善处理这些矛盾冲突，可以更好地帮助成员提高自我认识，学习互相接纳。当冲突出现时，要注意去了解冲突行为的意义，以及对团体的影响。

对于简单问题，领导者可以直接面对成员之间的冲突，并给予回应。如团体中有成员说："大张看上去很霸道，我最讨厌这类人。"领导者可以直接回应："能不能具体说说你为何有这样的想法，以及在你讨厌这类人之前，你的情绪感受是什么？"或者让其换位思考，先让其他成员谈谈此时此刻的感受。一般情况下，领导者应关注被批评人的反应，而不是先对提出批评的人作反应。同时要引导成员明确参加团体是为了探索自己，而不是为了改变他人。当问题较复杂时，领导者也可以在本次团体活动结束后单独会见以了解双方冲突的原因，在获得成员愿意为解决问题做出的承诺后，再在团体中提出和解决问题。

（3）出现特殊成员。在团体的过渡阶段，成员各自的个性特点也会逐渐呈现，此时团体中会出现一些特殊成员，如长篇大论者、沉默者、哭泣者、喜欢引人注意者、活动不投入者等。领导者首先要分析这些成员特殊表现的原因，再根据具体原因，作出合理应对，而不是过多关注这些特殊成员而忽略了团体的整体进程。对这些特殊人群的应对，也是为了团体的整体发展。

（三）罪犯团体心理辅导的工作阶段

工作阶段也称凝聚力阶段。

1. 工作阶段的特征。由于团体辅导的过程是连贯的，各个阶段存在许多重叠交叉的部分，界限其实并不明显，难以严格区分。在过渡阶段与工作阶段之间，这一点体现得更为明显。过渡阶段的矛盾冲突得到较好处理后，团体进入了创造性的工作阶段。在该阶段团体的信任感和凝聚力达到很高的水平，成员之间更加开放自我，交往自由而直接，也感到团体的支持并愿意尝试改变自我，真正面对并解决自己的问题。该阶段也是团体工作的核心、关键阶段。

2. 工作阶段领导者的任务。该阶段领导者的任务是发现成员中普遍存在的问题，提出讨论，鼓励成员间相互帮助，给予彼此尊重和关怀。协助成员更深入地认识自己，通过团体合作，寻找解决对策，鼓励成员在团体中学习并把领悟到的内容转化为具体行动。

3. 工作阶段常见问题。工作阶段的目标是帮助成员检视自我的问题，不断学习、探索和发现解决问题的方法，激发自我改变。团体发展到工作阶段，虽然其凝聚力和信任感已经达到很高的程度，但在团体进行过程中，仍然会出现一些现象，需要领导者及时介入并加以引导，如团体中某人为另一个成员说话，团体成员注意力集中在团体之外的人、事、物，团体成员中有人在说话的前后常先寻求他人的认同，有的团体成员提出自己因为不想伤害他人所以就选择不说，有的成员认为自己只要等待事情就会转变，团体变成无效率的漫谈等。当出现上述情况时，领导者要及时把团体拉回到"此时此地"，否则团体的进展会受到影响。

另外，在工作阶段，团体成员有可能会出现一些特殊情况，领导者不必拘泥于固有的设计方案，应根据具体情况，选择合适的、更具普遍性和针对性的辅导内容，灵活应对。遇到自己无法解决的问题，可以暂时放一放，留为作业，给成员和自己一个思考时间，本次辅导结束后请教督导，在下一次聚会时再集中处理。

（四）罪犯团体心理辅导的结束阶段

1. 结束阶段的特征。在结束阶段，团体成员间会表现出分离的伤感和焦虑情绪，可能会相互表达祝福和关心，也会思考自己接下来该怎么办的问题。有些成员知道团体即将结束，可能变得不像原来那样积极投入，团体结构有时会出现松散现象。

2. 结束阶段领导者的任务。在团体结束阶段，领导者要回顾与总结团体经验，协助成员对团体经历做出个人的评估，对成员作出的改变给予鼓励，让他们感受到支持力量。提供机会让成员表达对彼此的祝福和对未来的展望，帮助处理分离情绪。检查团体中未解决的问题，激励成员更加深入地思考自己的问题，自主地寻求解决问题的方案，并对团体的效果做出评估。鼓励并帮助成员将新的行为运用到团体外的生活当中，必要时帮助他们制定具体行动计划与措施。

三、罪犯团体心理辅导方案设计

方案设计是罪犯团体心理辅导顺利进行的有效保证，也是团体领导者的必备能力。团体领导者运用团体动力学和罪犯团体心理辅导等专业知识，有系统地将团体活动加以设计、组织、规划，以便领导者带领团体成员在团体内活动，最终达到团体辅导的目标。

（一）罪犯团体心理辅导方案设计需考虑的基本要素[1]

罪犯结构式团体心理辅导一般都有事先安排、设计好的活动来带领团体，针对特定的活动目标及活动主题，让罪犯在具体的情境中感受并循序渐进地学习。领导者在辅导方案设计前要考虑到团体成员的实际需求，有待解决的问题，活动的目标，参加团体的罪犯有哪些特征，活动在什么时间、地点进行，怎样合理地开展，最终效果如何评估等问题。具体总结为以下几个方面，具体见表6-2。

表6-2　团体方案设计需考虑的基本要素

6W+2H+I+E
Why（目标）：为什么要组织这次团体活动？目标是什么？
Who（分工）：由谁来组织？
Whom（性质）：活动以何种方式进行？
What（对象）：参加者是什么人？年龄、性别、特点？
When（时间）：什么时间进行？具体日期、时间长短等。
Where（地点）：在哪里举行？有无后备地点？
How（程序）：如何进行（宣传、招募等）？
How much（资源）：人力、物力、财力。
If（如果）：如果活动中出现特殊情况，有无替代方案？
Evaluation（评估）

（二）罪犯团体心理辅导方案设计原则

罪犯团体心理辅导方案设计需要遵循以下原则：

---

〔1〕　樊富珉：《团体心理咨询》，高等教育出版社2005年版，第257页。

1. 方案的设计要有针对性。领导者在设计方案时，要考虑到罪犯的实际需求以及他们的个性特征，要根据团体的活动目标和团体性质，设计出有针对性的团体活动。

2. 方案的设计要实际、具体可行。方案设计需要包括整个团体的方案及每次团体的活动计划。这些活动不能过于理想化，要根据罪犯和监狱的实际情况，具备实际可操作性，避免对罪犯的身心伤害，达到具体可行的效果。

3. 方案的设计要前后一致。活动方案的设计要基本符合由浅到深、由易到难，由人际表层互动到自我深层探索的原则，循序渐进地引导罪犯团体有效开展活动。

4. 方案的设计要和领导者相适配。领导者在设计方案时要"知己知彼"，了解自己的带领风格以及罪犯团体的特质，选择自己熟悉并擅长的活动，以减少或避免特殊情况的出现。如果根据活动主题，需要设计新活动，领导者必须在团体活动进行之前，先实际预演一遍，以积累经验；如效果不理想，可及时调整设计方案。

（三）罪犯团体心理辅导方案设计内容

完整的罪犯团体心理辅导方案应包括以下内容：[1]

1. 团体性质与团体名称。团体性质说明该团体结构化程度，该团体是发展性、训练性还是治疗性的等。团体名称包括团体学术名称和宣传名称。学术名称体现团体的真实目的和服务对象，而宣传名称需要具有新颖、生动、有吸引力等特点。例如对罪犯的入监适应辅导，宣传名称可以是《心的开始，新的人生》。

2. 团体目标。包括总目标、阶段目标、（某次）活动目标。总目标是团体辅导的总方向，阶段目标是根据团体发展的历程而设定的，活动目标是指每一次团体活动的具体目标。例如针对罪犯的人际关系团体，总目标可以是提高罪犯的人际沟通水平；阶段目标可以是让罪犯认识沟通的重要性，找出自己人际沟通存在的问题，学习人际沟通技巧等；活动目标可以是在"盲行"中感受信任和相互帮助，在"倾听练习"中学习如何倾听等。

3. 团体领导者。包括学术背景、团体带领经验、领导者人数。罪犯团体的领导者需要具备丰富的个体辅导和团体辅导的经验，在带领过程中最好有专家进行督导。

4. 团体对象与规模。包括团体成员人数，参加者特征等。一般来说以教育或发展为目标的团体成员可以相对较多，可达30人左右，在活动时可以分成3~4个小团体，每个小团体要配有助手。咨询或治疗性团体人数不宜过多，一般为6~8

---

〔1〕 樊富珉、何瑾编著：《团体心理辅导》，华东师范大学出版社2010年版，第126~130页。

人。训练性团体一般为 10~12 人。

5. 团体活动的时间。包括计划总时间、次数、间隔。根据罪犯团体成员的时间和团体目标等确定团体活动的次数和间隔。每次活动时间要适宜，一般一周一次，一次 90~150 分钟；同时要考虑尽量不与大多数成员的生产劳动与休息时间相冲突。

6. 团体活动场所。包括活动场所要求、环境布置、座位排列。针对罪犯团体活动场所，首先要考虑安全因素，应在其他监管民警或监控的视线范围内，活动的设计及道具的使用也要注意安全。活动场地尽量安静且不受干扰，活动开始后无关人员尽量不要随意走动，以便成员对活动的投入。房间保持整洁明亮。为便于交流，小组讨论多呈圆形；根据活动类型和场地大小等因素还有扇形、"U"形、半圆形、八角形等供选择。

7. 团体设计理论依据。包括理论名称、主要观点。团体活动过程进行是否顺利，是否达到活动目标，设计合理与否一定需要理论的支持。

8. 团体计划书。包括活动的具体单元、活动主题、总目标和具体目标、活动内容、时间分配等。

9. 团体效果评估方法。包括评估工具、评估时间、评估内容。

10. 其他，包括宣传广告、财务预算、所需道具和材料、活动说明资料等。

（四）罪犯团体心理辅导方案各阶段设计重点

1. 罪犯团体心理辅导初始阶段设计重点。在团体辅导初始阶段，领导者和成员都会感到压力，特别是罪犯团体成员戒备心理较强，容易出现焦虑、担心、拘束、缺乏安全感等。领导者在该阶段最好选取一些自己比较熟悉、简单的无压力的相识活动，对可能发生的状况有所掌握。活动可以用语言交流形式，如自我介绍、他者介绍、"滚雪球"等；也可以用非语言交流形式，如"微笑握手""你做我学""大风吹"等。在成员第一次来到团体活动场地时，领导者可以播放一些轻松舒缓的音乐，创造温暖的团体氛围。同时需要制订"团体契约"，澄清成员的期待和规则，领导者也要说明团体活动的目的，通过成员相互讨论交流，建立团体共识。该阶段活动设计时不应选择深层次的分享活动，避免个别成员产生受伤的感觉。

2. 罪犯团体心理辅导过渡阶段设计重点。在团体辅导的过渡阶段，领导者可以设计一些此时此地的分享活动以激发团体动力，增强团体的信任感和凝聚力，如"同舟共济""啄木鸟行动"等。由于该阶段成员之间彼此信任还不充分，领导者可以设计一些探讨人际关系的活动，引发中等层次的自我表露，如"盲行""我说你画"等。当成员彼此有一定程度熟悉之后，也可以选择"戴高帽"的活动，引导成员之间正向的反馈。

3. 罪犯团体心理辅导工作阶段设计重点。当团体进入工作阶段，团体的信任感和凝聚力达到最强，领导者可以设计引发成员个人深层次的表露活动，成员之间也会有正向和负向的反馈。该阶段也是团体辅导的核心阶段，活动的设计一定要针对团体的目标和成员的需求。有关成员自我探索主题的活动有"我的自画像""人际关系中的我""生命线""人生纪念册"等；有关个人价值观的主题活动有"泰坦尼克号""我的五样""临终遗命""价值拍卖"等；有关处理成员当前困扰的主题活动有"热座""解密大行动"等。在团体辅导活动过程中，如果团体中的成员都对某一问题很感兴趣，领导者也不必拘泥于固定方案，可以根据团体活动现状，灵活选择。

4. 罪犯团体心理辅导结束阶段设计重点。团体发展进入结束阶段，领导者在活动设计上应回到中等层次和表层的自我表露，让成员有机会回顾团体经验，如"天使揭秘""成长雕塑"等活动；让成员彼此给予与接收反馈，相互表达欣赏、祝愿或建议的活动，如"真情留言""礼物大派送"等；或者是让罪犯团体成员学习一些有意义的手语操，如"感恩的心""从头再来"等来增强其自信心，激励其改变的决心和勇气。让成员自我评估进步程度与团体的进行状况，让其对自己的成长有进一步的思考；同时领导者也要注意因离别引发的情绪，选择的活动要使成员心情愉快，达到身心放松的效果。

（五）罪犯团体心理辅导具体活动设计

1. 热身活动。在团体辅导刚开始时，为克服陌生感，增进成员之间的认识和沟通，可进行一些热身活动，同时也为主题活动作铺垫，如"花样握手""大风吹""胡克船长"等。热身活动切忌过多过长，一般的"相识活动"控制在15分钟左右即可。热身不足，团体难以有效启动；热身过度会本末倒置，影响团体正常进行。

2. 主题活动。主题活动是根据团体目标而专门设计的活动。旨在引导罪犯积极参与，鼓励自我表露，调动积极情绪，增加信任感，并解决实际的心理问题。常用的活动方式有绘画、头脑风暴、深入讨论、角色扮演、行为训练等。

3. 结束活动。一般每次团体活动结束前5~10分钟，领导者为该次团体进行总结，让成员分享心得与巩固所学，预告下次团体活动的主题，并指定家庭作业以使成员实践所学。

四、罪犯团体心理辅导效果评估

罪犯团体心理辅导效果评估是指通过不同的方法，搜集有关罪犯团体目标达成的程度，成员在团体内的表现以及对团体活动的满意程度等资料，帮助团体领导者及团体成员了解团体心理辅导的成效。团体评估的主体可以是领导者、团体成员、观察者或是督导者。通过对辅导效果的评估，一方面有助于了解辅

导方案的实施情况以及目标达成的效果，另一方面有助于改进同类团体辅导的
设计、训练策略并促进领导者专业能力的提升。

（一）评估的种类

罪犯团体心理辅导效果评估根据不同的标准有不同分类，根据评估的对象
可以分为对团体领导者的评估和团体成员的评估；根据评估方法可以分为主观
评估和客观评估；根据评估的形式可以分为口头评估和书面评估；根据评估的
侧重点可以分为过程性评估和结果性评估，具体内容如下：

1. 过程性评估。过程性评估是指在团体辅导进行过程中所作的评估。根据
评估情况，领导者可以根据成员的反馈作出调整，改善团体过程。

在过程评估中，领导者可以通过对成员的观察、问卷调查等方式了解成员
在团体内的表现（见表6-3）和感受（见表6-4），也可以让成员轮流对团体作
出口头评价，然后讨论分享对团体的看法。如果团体辅导时间较紧，可以布置
以下问题作为家庭作业，要求成员写下在团体中的收获，内容包括：①团体是
怎样帮助你的？②什么活动让你感到最有帮助？③你对这个团体的感觉如何？
④你喜欢团体的哪些方面？⑤怎样会使团体变得对你更有帮助？

表6-3　团体成员自我评估量表（适合每次团体聚会后的评估）

利用下面的句子，以1~5的尺度等级估量你自己参与团体的状况。1代表"我绝不是这样"，5代表"我总这样"。	
（1）在团体里，我是一个积极投入的成员。	1 2 3 4 5
（2）我愿意完全地投入团体，并且与大家分享目前生活的问题。	
（3）我认为自己愿意在团体里尝试新的行为。	
（4）我愿意尽力表达自己的感情，就像其他人一样。	
（5）在每次讨论之前，我总会花一些时间准备。结束后，我也会花一些时间反省自己的参与情形。	
（6）我尽量以真诚的态度面对其他人。	
（7）在团体里，我总是不断地追求澄清我的目标。	
（8）我总是注意倾听别人在说什么，也会把我的感受直接地告诉他们。	
（9）我总与别人分享我的想法，将自己如何看他们，及如何受他们的影响告诉他们。	
（10）在团体里，我尽量使自己作别人的模范。	
（11）我愿意参加团体各种不同的活动。	

（12）我常会想要参加团体的讲座会。	
（13）不必等他人开口，我就能主动帮助他们。	
（14）在团体建立信任感的过程中，我是采取主动的角色。	
（15）我是在没有防卫的心态下，坦诚地接受别人的反馈。	
（16）我尽量把团体里所学习到的东西，应用到外面的生活。	
（17）我会注意自己对团体领导者的反应，并说出他们是个怎样的人。	
（18）我会避免标定自己和团体其他的人。	
（19）我会避免询问别人问题和给予他们忠告。	
（20）我对自己在团体里的学习负责。	

（摘自段秀玲：《自我成长工作坊——团体领导者实务手册》，天马文化公司 1993 年版，有删改。）

表6-4　我的感想

第一单元　　　　　　姓名：　　　　　日期：
1. 我觉得今天的活动＿＿＿＿＿＿＿＿＿＿＿＿＿＿＿＿＿＿＿＿＿
2. 我觉得团体的气氛＿＿＿＿＿＿＿＿＿＿＿＿＿＿＿＿＿＿＿＿＿
3. 我觉得团体的伙伴＿＿＿＿＿＿＿＿＿＿＿＿＿＿＿＿＿＿＿＿＿
4. 我觉得团体领导者＿＿＿＿＿＿＿＿＿＿＿＿＿＿＿＿＿＿＿＿＿
5. 我觉得我在团体中＿＿＿＿＿＿＿＿＿＿＿＿＿＿＿＿＿＿＿＿＿
6. 我喜欢今天的＿＿＿＿＿＿＿＿＿＿＿＿＿＿＿＿＿＿＿＿＿＿＿
7. 今天让我印象最深刻的一句话是＿＿＿＿＿＿，因为＿＿＿＿＿＿＿＿＿
8. 我对今天活动的建议是＿＿＿＿＿＿＿＿＿＿＿＿＿＿＿＿＿＿＿
9. 对我今天的收获打分：　　　　　　（非常同意 5—4—3—2—1 非常不同意）
①认识我的伙伴 （　）
②认识我们的团体 （　）
③了解生涯的含义 （　）
④了解影响一个人做决定的因素有很多 （　）
⑤其他 （　）

2. 结果性评估。结果性评估是指团体结束时所作的评估。这是团体辅导结束时一项必要的工作。结果性评估常常采用团体领导者事先设计好的评估表测验，在团体结束时让成员填写，然后进行分析（见表6-5）。也可以请团体成员写总结或感谢，通过了解团体成员对团体的感受和看法，有无行为上的变化，以便领导者客观评价团体辅导的效果，便于对今后团体工作的改进。

表6-5 团体成员自我评估量表（适合团体辅导结束时的总体评估）

1. 整个团体心理辅导，你最大的收获是什么？
2. 在整个团体心理辅导过程中，有哪些活动令你印象深刻，原因是什么？
3. 你对团体领导者有何看法？
4. 在这个团体中，有什么让你感到不舒服吗？
5. 如果你没有参加这个团体，你的生活与现在的生活有什么区别？
6. 当你想把团体中学习到的知识运用到生活中去时，你会遇到什么问题？
7. 你参加这个团体对你周围的人有哪些影响？
8. 如果请你用一两句话来说明团体对你的意义，你将如何回答？

（二）常用的评估方法

对于不同类型的团体，评估重点存在差异，选取的评估方法也会有所区别。例如，在发展性团体评估中，领导者会更关心成员间的沟通状况和人际关系的建立；在治疗性团体评估中，领导者更关注成员思维和行为的改变，因此，团体辅导评估必须根据团体的目标而制定合适的评估方法。行为计量、标准化的心理测验和调查问卷是罪犯团体评估中的常用的方法。[1]

行为计量是要求罪犯团体成员自己观察某些行为出现的次数并进行记录，或者要求成员相互之间，或者请与成员有关的人（管教民警、同犯等）观察及记录成员的行为，以评估成员的行为是否有所改善的评估方法。如在人际冲突中，常出现攻击性行为的罪犯，可以记录他发生攻击性行为的次数，作为团体评估效果的一项指标。行为计量法不仅可以记录成员的外显行为，也可以测量成员的情绪和思维。其优点是具有可操作性，不足之处是有时在记录过程中带有观察者的主观情绪，准确度不好把握。

标准化的心理测验是一种对人的心理和行为进行标准化测定的技术。罪犯团体心理辅导的效果可以通过标准化心理测验前测和后测的统计数据，作为效果评估的一项指标。其优点是数据可以量化，具有客观性，但缺点是有研究者认为行为或人格特征在短时间内难以出现较大改变，统计结果的差异很难达到显著性水平。

调查问卷是指由团体领导者设计一系列有针对性的问题，让团体成员填写，内容包括团体辅导的氛围、成员关系、对领导者及辅导过程的满意度、目标达成等方面的意见。问卷内容可以是开放式，也可以是封闭式，便于成员自由回答（如表6-3、表6-4、表6-5）。该方法在罪犯团体心理辅导效果评估中应用广泛。

除上述三种主要方法外，对于带领罪犯团体心理辅导的新手而言，可以通过填写《团体辅导过程记录分析表》，以使自己对团体发展有更清晰的认识并促

---

〔1〕 樊富珉、何瑾编著：《团体心理辅导》，华东师范大学出版社2010年版，第160~161页。

进自我的提升（见表6-6）。

（三）追踪性评估

追踪性评估是指团体结束后一段时间内进行的评估，目的是了解团体效果是否能够持续，是否对团体成员本人或其社会环境产生一定的影响，同时也观察是否有满意的改变。研究发现，团体成员对团体刚结束的评价与团体结束后几个月的感受有较大的区别，不同时间的反馈意见都有研究价值。一般而言，对团体心理辅导效果的追踪可分为个人情况追踪和团体发展追踪。[1]

个人情况追踪指领导者对所有成员进行一对一的情况追踪，由于工作量过大，领导者多数是针对团体中的"特殊"成员进行一次或数次后续追踪，了解他们参加团体心理辅导的后续效果。通常这样的追踪采用个别谈话形式，时间在团体辅导后的几个星期或几个月内，每次时间不超过20分钟。

团体发展追踪指在团体结束后的几个星期或几个月后，一般采用聚会的形式，邀请所有团体成员再回到团体，评估团体辅导对每位成员的影响。这样可以让成员了解在团体之外，各自学习效果的应用情况并相互激励，也可以让领导者了解团体的整体效果，提升自身的业务水平。

表6-6 团体辅导过程记录分析表

一、基本情况
活动次别：第_____次团体
活动主题：_____
时间：_____
地点：_____
领导者：_____ 观察者：_____
参加者：_____
迟到者：_____ 缺席者：_____
二、团体辅导过程概述

活动内容	领导者介入	团体成员反应	时间分配

---

〔1〕 邵晓顺主编：《服刑人员心理矫治：理论与实务》，群众出版社2012年版，第369页。

续表

三、团体活动分析

团体氛围	团体互动分析	成员的改变 （认知、情绪、行为）	其他

四、督导者/观察者心得与建议

签名：　　　　时间：

五、领导者心得与自评

签名：　　　　时间：

 学习任务三　罪犯团体心理辅导案例

一、方案设计

（一）团体名称

我的情绪，我做主——服刑人员情绪管理团体辅导。

（二）团体目标

1. 帮助成员了解情绪的产生，认识不合理情绪对生活的影响。

2. 帮助成员有效控制因不良情绪而引起的冲突，并解决冲突。

3. 帮助成员掌握调节情绪的方法和技巧，学会管理情绪。

4. 提高成员的自信心，使成员积极融入监狱改造生活中，不断完善自我。

（三）团体领导者

领导者：李某某，监狱心理矫治中心工作人员，国家二级心理咨询师，有多次带领罪犯团体心理辅导的经验。

助手：王某某，监狱心理矫治中心工作人员，国家三级心理咨询师。

（四）团体参加对象及规模

监狱服刑人员16人（自愿参加，最好来自不同监区彼此不熟悉，希望改善自己的情绪困扰，无重大精神病史，愿意与人交流，无沟通障碍)。

（五）团体活动时间

共进行 6 次团体活动，每周 1 次，每次 2 小时，一般在休息日的上午 9：00~11：00 进行。

（六）团体活动场所

监狱心理矫治中心团体心理辅导室。

（七）团体设计理论依据

1. 马斯洛的需要层次理论。马斯洛认为每个人都有归属和爱的需要，罪犯在监狱里也有一颗渴望交流和理解、渴望被关爱的心。通过团体心理辅导活动，能够促使他们彼此交流和沟通，满足他们内心的需要。

2. 人本主义理论。人本主义坚持以来访者为中心，为来访者创设一个安全舒适的环境，让来访者自由地表达，对来访者的情感给予接受和理解，表达无条件的积极关注和共情，让来访者自己找到问题所在，并自己决定解决问题的途径。

美国人本主义心理学家罗杰斯认为，在尊重和信任的氛围中，人会有一种积极的、建设性的态度发展的倾向。罪犯在团体心理辅导的温暖氛围里，会逐渐降低自我的防卫心理，更加开放自我，不断探索自我，更好地自我成长。

3. 艾利斯的 ABC 理论。ABC 理论中，A 代表诱发性事件，B 代表个体对诱发性事件的观念或看法，C 代表自己产生的情绪和行为结果。该理论认为，真正影响我们情绪的并不是诱发性事件本身，而是我们对诱发性事件所持的观点或解释。生活中正是由于我们常有的一些不合理的信念才产生情绪困扰。如果这些不合理的信念持续存在，会引发情绪障碍，严重影响我们的生活。

（八）团体计划书与实施活动

表 6-7　团体计划书与实施活动

单元	主题	目标	活动内容	材料
1	缘聚你我	1. 成员相识，相互肯定与接纳； 2. 形成团体规范； 3. 澄清成员对团体的期待； 4. 营造一个温暖的团体氛围。	1. 多元排序，分组； 2. "个性名片"：成员之间相互认识； 2. 制定团体契约：各小组制定团体规则； 3. "天使任务"：在成员之间形成一个相互帮助的系统； 4. 分享对团体活动的感受，并澄清团体成员的目标期待。	A4 纸若干张，中性笔若干支，记号笔 2 支，彩笔 2 套，海报纸 2 张，透明胶 1 卷。

续表

单元	主题	目标	活动内容	材料
2	我的情绪	1. 活跃团体气氛，拉近成员之间的相互关系； 2. 帮助成员辨别、认识各种情绪，并准确表达自己的情绪； 3. 了解别人的情绪，减少因情绪而带来的误解。	1. "你做我学"：热身； 2. "相似圈"：找出成员之间相似之处，如兴趣爱好，习惯等； 3. 猜猜我"心"：成员从准备的情绪卡里抽取一张进行表演，其他成员猜其表演的情绪，表演者分享自己出现这种情绪的情境及原因。	情绪卡若干张。
3	情绪困扰	1. 让成员了解情绪表达在人际交往中的重要作用； 2. 帮助成员认识自己存在的不良情绪； 3. 成员自我探索情绪调节的有效方法。	1. "情绪大转盘"：成员集体按领导者指导语在团体中做动作； 2. "情绪困扰树"：画出自己的情绪困扰； 3. 解决之策：用脑力激荡法探讨解决自己情绪困扰的方法。	印有"情绪困扰树"图片的纸若干张，中性笔若干支，A4纸若干张。
4	情绪导航	1. 帮助成员澄清常见的不合理认知，学会通过调整认知来调节情绪； 2. 帮助成员改变自己的不合理信念。	1. "成长三部曲"：热身； 2. 情绪ABC：成员填写"非理性观念检验表"，领导者介绍情绪ABC理论并总结不合理信念的特征； 3. "情绪变身术"：成员思考"情绪变身表"中主角接下来可能发生的故事，引发对各自情绪问题的思考。	"非理性观念检验表"若干个，"情绪变身表"若干个，中性笔若干支。
5	放飞心情	1. 学习放松技巧，以缓解愤怒带来的生理反应； 2. 帮助成员懂得自己才是情绪的主人，善于发现生活中的快乐元素。	1. "雨中变奏曲"：热身； 2. 放松训练（音乐放松、腹式呼吸、渐进式肌肉放松）； 3. "快乐解码"：成员分享自己的快乐时光，并介绍自己保持快乐的方法。	舒缓放松的音乐。
6	快乐前行	1. 处理离别情绪； 2. 了解成员在团体辅导后的变化，讨论并彼此反馈； 3. 让成员在团体中体会被关注、被尊重的感觉，增加改变的勇气和信心。	1. "天使揭秘"：解开天使任务的谜底，并分享彼此间的感受及自己观察对象的改变； 2. "笑迎未来"：成员彼此分享团体活动后自身的改变，其他成员给予反馈，并相互祝福。	"天使奖状"，A4纸若干张，中性笔若干支。

（九）团体评估方法

成员主观报告与团体记录过程。

（十）活动说明

每次活动都要有过程与内容的详细计划，具体可参考相关资料。

二、案例分析

情绪是人的心理状态的晴雨表，它反映着每个人内在的心理状态。心理学中的情绪是指伴随着认知和意识过程产生的对外界事物的态度，是对客观事物和主体需求之间关系的反应，是以个体的愿望和需要为中介的一种心理活动。情绪对我们的生活具有重要的影响作用。炎炎夏日不仅带给罪犯身体上的不适，情绪的困扰也更加明显。

有研究发现，由于天气炎热，人们饮食量会有所减少，出汗增多，这会影响到大脑神经的活动，使人烦躁不安，易动肝火。罪犯在监狱这个封闭的环境里，更容易心情烦躁，好发脾气，对事物缺失兴趣，常因微不足道的小事与他人产生冲突，不能静下心来思考问题。对于争强好胜的人来说，这种现象更加明显。

监狱生活中会出现很多问题，这些问题中多数都是情绪的反映。一般而言，人们在心情愉悦的时候，做每件事都积极努力，看到的都是"阳光"，对别人的批评也不一定在意。然而若是在情绪低落、消极时，就会看什么都不顺眼，做什么都不顺心，也不会积极努力去完成监狱布置的任务。由于监狱里的罪犯知识水平普遍低下，遇到问题不会合理看待，认知存在偏差，加上部分罪犯在入监前个性上也存在一定问题，遇事容易冲动，情绪对其改造生活的影响更加明显。因此，罪犯在团体心理辅导轻松、快乐、尊重和平等的氛围下，通过有针对性的辅导活动，容易让其认识到自身的不足，改变不合理认知，并学会调节不良情绪的方法，更好地适应监狱改造生活，避免不良情绪的困扰。

本章小结

1. 罪犯团体心理辅导是指在团体情境中对罪犯开展的一种心理矫治形式。其优点是互动性强，感染力大，效率高，影响广泛，特别适用于人际关系适应不良的罪犯；但也存在一定的局限性，个体差异难以照顾周全，对领导者要求高，并非适合于任何人。

2. 罪犯团体心理辅导类型，根据划分标准的不同，可以有不同的种类。在实际矫治工作中，罪犯团体心理辅导的类型更多属于发展性、封闭性和结构性的团体。常用的团体辅导技术有反应的技术、互动的技术和行动的技术，常用的方法有团体讨论、角色扮演、行为训练和犯罪得失分析等。

3. 罪犯团体心理辅导工作实施前，领导者需要根据成员的实际需要，设计合理的团体心理辅导计划，并制订出辅导的整体流程及具体实施方案。在甄选成员时需要考虑成员背景、知识能力水平、个体的行为表现、同质性程度和助手的性别等因素，尤其是要注意团体成员的正向力量要大于负向力量，增加正向的团体动力，减少团体的负面影响。

4. 罪犯团体心理辅导的发展阶段分为初始阶段、过渡阶段、工作阶段和结束阶段。在初始阶段，团体具有结构松散、沟通表面化等特征，领导者任务是建立信任关系，形成团体规则，引导成员积极参与等。在过渡阶段，成员焦虑和防卫增加，有的表现为抗拒等特征，领导者任务是理解和接纳成员，鼓励成员承认和表达自己真实的感受。在工作阶段，团体的信任感和凝聚力达到高水平，成员之间更加开放自我，领导者的任务是协助成员更深入地认识自己，通过团体合作，寻找解决问题的对策。在结束阶段，成员出现分离情绪，团体结构会变得松散，领导者任务是处理分离情绪，总结团体经验，提供机会让成员表达对彼此的祝福和对未来的展望，并对团体的效果做出评估。

5. 团体效果评估可以分为过程性评估和结果性评估，常用评估方法有行为计量、标准化心理测验和调查问卷等。在团体结束一段时间后，也可以对团体进行追踪，以评估罪犯团体心理辅导的长期效果。

问题思考

1. 如何正确理解罪犯团体心理辅导的概念？其特点是什么，类型如何划分？

2. 罪犯团体心理辅导有哪些发展阶段？各阶段领导者的主要任务和活动设计重点是什么？

3. 刚刚入监的罪犯，面对新的环境和各种压力，常常会感到恐惧、失落、烦躁。这也是大部分新入监罪犯的常见现象，监狱心理矫治中心要求开展一段时间的团体心理辅导活动，你作为心理矫治工作人员，针对此现象，要如何甄选成员，并设计一个完整的团体辅导方案？

拓展阅读

1. 邵晓顺主编：《服刑人员心理矫治：理论与实务》，群众出版社 2012 年版。

2. 樊富珉、何瑾编著:《团体心理辅导》,华东师范大学出版社 2010 年版。

3. 曹广健:《服刑人员团体心理辅导策略》,中国财政经济出版社 2013 年版。

专题六　实训项目

专题七　罪犯心理危机干预

　　罪犯因长期的监禁生活，要承受来自各方面的心理压力，容易导致心理危机。罪犯心理危机主要是指罪犯在教育改造过程中，因遭遇重大变故而产生的严重心理失衡状态。具有复杂性、突发性、危险性等特点，易产生打架斗殴、对抗管教、自伤自残、行凶脱逃等危机行为，严重威胁监狱整体安全。罪犯心理危机干预是监狱心理矫治工作的难点。为帮助和指导处于心理危机中的罪犯，缓解其心理矛盾和冲突，恢复其心理平衡，减少和避免监管安全事故的发生，尤其当罪犯出现了自杀、人际冲突、家庭变故等危机事件并引发罪犯产生心理危机时，就有必要启动罪犯心理危机干预工作模式。

 学习任务一　　**罪犯心理危机干预概述**

【案例】7-1

　　罪犯刘某，男，现年 20 岁。因故意伤害罪被判有期徒刑 10 年。

　　刘某曾经是一个文静礼貌、有理想抱负的中学生，一直受到父母、老师和同学的关注。刘某进高中时因摸底考试成绩不理想而倍感失落。同桌王某成绩远超过他，使其更受打击。由于强烈地想超过王某，结果一听到上课铃声心脏就会猛烈地跳动，就像得了心脏病似的难受，可一到下课就正常了。每次考试他都想着要考好，可事实却是一次比一次差，甚至拿到试卷手就会发抖，脑子一片空白。慢慢地刘某上课提不起精神，甚至连头也不敢抬，总觉得老师和同学都在笑话他。就在此时他和王某在宿舍因一点小事发生冲突，经过老师的教育和开导，事情很快就解决了。王某也没把这件事放在心上。可是刘某却认为这是王某对他轻视、挑衅的表现。又联想到开学以来，他认为王某曾多次侮辱自己，断定自己目前的状况完全是王某在背后搞鬼。他越想越气，决心要报复，但又没胆量，总这样憋着，渐渐地感觉胸闷、心慌、头痛和厌食。最后他终于无法控制自己，向王某发出了挑战，邀王某晚上到厕所决斗。去时他随身带了一把水果刀，见到王某时就拔刀相向，结果造成王某重伤，他被判刑 10 年。

入监以后，刘某一直感到压抑，打不起精神，提不起兴趣，茶饭不思，整天无语。想想自己以前对大学的期盼，父母与老师的期待，再想想现在身陷牢狱，父母身心俱疲，感到非常自责，经常暗自流泪，民警几次找他谈心效果都不佳。

心理矫治民警对刘某进行心理干预。首先分析他的犯罪原因，认为考试焦虑是起因，抑郁嫉妒是症结，暴力倾向是祸首，并通过倾听、启发、引导释放压力，鼓励刘某合理宣泄情绪，调节不良认知，正确自我定位，重拾学习兴趣，积极参加自学考试，最后建立起改造信心，积极配合监狱的教育矫治工作。

【思考】

通过本案例我们需要思考：①刘某入监后出现的状况是心理危机吗？②罪犯心理危机有哪些主要表现？③如何进行罪犯心理危机的诊断与评估？④罪犯心理危机需要采用哪些干预技术？通过本章学习，我们将了解掌握这方面的知识与技能。

一、罪犯心理危机与危机干预

（一）罪犯心理危机

1. 危机。危机是指人类个体或群体无法利用现有资源和惯常应对机制加以处理的事件和遭遇。危机往往是突发的，出乎人们的预期。如果不能得到很快控制和及时缓解，危机就会导致人们在认知、情感和行为上出现功能失调以及社会的混乱。

通常来说，危机有两方面含义：一是指突发事件，出乎人们意料发生的，如地震、火灾、空难、疾病暴发、恐怖袭击、战争等；二是指所处的紧急状态。当个体遭遇重大问题或变化，使个体感到难以解决、难以把握时，平衡就会被打破，正常的生活受到干扰，内心的紧张不断积蓄，继而出现无所适从，甚至思维和行为开始紊乱，并进入一种失衡状态，这就是危机状态。危机意味着平衡稳定遭到破坏，进而引起混乱、不安。由此看出，危机更多是指人在应激环境下的一种状态，而非危机事件本身。

2. 心理危机。心理危机是指由于突然遭受严重灾难、重大生活事件或精神压力，使生活状况发生明显的变化，尤其是出现了用现有的生活条件和经验难以克服的困难，以致当事人陷于痛苦、不安状态，常伴有绝望、麻木不仁、焦虑，以及植物性神经症状和行为障碍。当一个人出现心理危机时，当事人可能及时察觉，也有可能"不知不觉"。一个自以为遵守某种习惯行为模式的人，也有可能存在着潜在的心理危机。

3. 罪犯心理危机。罪犯心理危机通常是指罪犯在服刑期间，由于意外事件的发生而产生严重紧张、焦虑、抑郁、愤怒等情绪体验，很有可能会引起自杀、行凶、逃脱等行为，或存在着潜在危机的应激状态。其构成要素主要包括以下几个方面：一是重大的心理应激；二是急性情绪扰乱，表现出紧张、焦虑、抑郁等情绪状态；三是认知改变、躯体不适和行为改变不符合任何神经症、精神病的诊断标准；四是当事人出现特殊问题而自己的应对潜能与之失衡。

罪犯心理危机是一种特殊机构中的危机，即监狱中的危机。监狱的隔离性、特殊的人际关系、罪犯行动自由受到限制和剥夺等是监狱特有的自然因素，其很可能成为罪犯危机产生的一个重要的背景因素。从现实情况看，监狱中很多恶性案件都是由罪犯心理危机爆发、未能及时发现和应对措施缺失引起的。

4. 罪犯心理危机的类型。罪犯心理危机因不同标准划分为不同的类型：

按照心理危机的性质，可划分为心理障碍危机与人际关系危机。前者是由罪犯的内在心理障碍如偏执型妄想等引起的，后者是由人际关系不协调或发生矛盾引发的。

按照心理危机的起因，可划分为突发性危机与累积性危机。前者是由重大事件引起的，后者多由不良情绪积累而产生。

按照心理危机可能引发后果的严重程度，可划分为一般违纪危机与重大事故危机。前者有可能引起违反监规、扰乱改造秩序，后者有可能酿成自杀、行凶、脱逃等重大事故，危及狱内安全。

(二) 罪犯心理危机干预

1. 心理危机干预。干预又称应激处理。心理危机干预又称危机调停，是以急诊访问或劝导的形式，改善可能导致心理障碍的各种条件的一种心理干预措施，以避免患者发生意外事故或发展成精神疾病。从心理学的角度来看，是通过调动处于危机之中的个体的自身潜能和外部资源来重新建立或恢复危机爆发前的心理平衡状态，给处于危机之中的个人或群体提供有效帮助和支持的一种应对策略。心理危机干预已经日益成为临床心理服务的一个重要分支。

2. 罪犯心理危机干预。罪犯心理危机干预是指在诊断、预测和发现罪犯心理危机征兆的基础上，采取心理诱导、危机调停和言语劝解等措施，通过应激处理和情绪急救，以缓和罪犯的心理冲突，平息其焦虑的过程，也是一种对心理失衡罪犯采取的紧急处理技术。其目的就是解救那些陷入心理危机泥沼中的罪犯，防止其演变为严重的精神疾病和发生突发事故，避免他们造成脱逃、伤害他人、自杀等严重后果。通过心理危机干预，也可以提高监狱及当事人应对危机的能力，维护监狱的正常改造、管理和生产等秩序的稳定。

在监狱中，心理危机干预主要适用于以下几类罪犯：

（1）遇到重大事故（如家中亲人死亡、妻子要求离婚或改造中受到惩处），心理处于严重失衡状态的罪犯。

（2）人格缺陷较严重，经常处于紧张、焦虑、抑郁状态而不能自拔的罪犯。

（3）不能适应服刑生活，产生严重的拘禁反应，缺乏人际关系的应对技巧，自感无法摆脱困境的罪犯。

（4）其他因心理困扰需要紧急救助的罪犯。

3. 罪犯心理危机干预的目标。

（1）短期目标：帮助罪犯缓解心理压力，有效制止危机行为的发生、发展或恶化。其目标核心是"缓解"。

（2）中期目标：帮助罪犯找到危机发生的根源，恢复以往的社会适应能力，重新面对自己的困境，采取积极而有建设性的对策。其目标核心是"恢复"。

（3）长期目标：帮助罪犯从危机体验中得到成长，提高认识和解决问题的能力。其目标核心是"提高"。

4. 罪犯心理危机干预的原则。

（1）生命第一原则：发现危急情况，应以人为本，立即采取措施，最大限度保护罪犯的人身安全。

（2）亲属参与原则：实施心理干预时，以最快的速度通知罪犯家属或亲属。

（3）全程监护原则：实施危机干预过程中，安排专人对干预对象全程监护。

（4）多元参与分工协作原则：实施危机干预过程中，相关部门要协调配合，履行职责，积极主动地开展工作。

（5）高度保密原则：有关工作人员不得将信息扩散给与事件无关人员，以避免受干预者回归正常社会生活时产生心理障碍。

5. 罪犯心理危机干预的基本模式。目前常用的危机干预模式有平衡模式、认知模式、心理社会转变模式。

（1）平衡模式。该模式认为危机是一种心理失衡状态，危机干预的目的和策略是使个体恢复到原来的心理平衡状态。所谓平衡，是指个人情绪是稳定的、受控制的，心理活动是灵活的，而不平衡则是指一种不稳定的、失去控制和心理活动受限制的情绪状态。当个体用以往的方式不能解决目前的问题时，会出现心理或情绪的失衡。危机干预应该使危机个体的负性情绪得到宣泄，从而恢复到危机前的状态。在危机刚刚出现时，个体措手不及，不知道如何解决问题，此时危机干预者的主要任务是使其情绪得到稳定，之后再进行干预以使其获得应付危机的能力。只有当个体自己觉得情绪稳定并持续一周左右后，才能继续进行干预，在此之前不宜分析个体产生危机的深层原因。平衡模式适合于危机的早期干预。

（2）认知模式。源于埃利斯的理性情绪疗法和贝克等人的认知疗法。认知模式认为，心理危机的形成不是事件本身引起的，而是个体对应激事件的主观判断，人们对危机事件错误歪曲的思维是干预的重要对象。通过校正不合理、错误的思维方式，帮助危机个体克服非理性思维与自我否定，提高自我控制的能力，获得恢复平衡的信心。因此，危机干预者要通过角色训练等技术使危机个体变得积极主动，调动自我潜能恢复心理平衡。这一模式适合于危机趋于稳定后的危机个体。

（3）心理社会转变模式。这一模式认为人是先天遗传和后天学习以及环境交互作用的产物，危机的产生也是由心理、社会、环境因素引起的，危机应对和干预应从这三个方面寻求方法，要从系统的角度综合考虑各种内部、外部困难，帮助个体选择新的应对方式，善用各种社会支持与环境资源，重新获得对自己生活的自主控制。这一模式同样适合于已经趋于稳定的个体。

（三）罪犯心理危机干预的内容与方法

1. 罪犯心理危机干预的内容。根据罪犯身心发展变化规律，以其内在心理为对象，采取必要的咨询和治疗手段，有效地提高其整体心理健康水平和心理素质，消除其心理危机产生的诱因和途径，从根本上降低心理问题的发生率，促进罪犯的心理健康。具体内容如下：

（1）提高罪犯心理适应能力。一是要让心理危机罪犯正确认识和接受自己，要看到自身的希望和发展动力，不要放弃自己；二是要学会处理人际关系的技巧，在监狱中要正确处理好各种关系；三是要学会主动控制自己的情绪，把情绪波动的强度、速度和持续时间，控制在正常范围内，掌握积极的心理防卫方法来调节自己的情绪。

（2）防止轻度心理障碍恶化。一般来说，心理冲突发展成心理危机都有一个从量变到质变的潜伏期，在这方面应立足于早期的疏导与治疗，所以当罪犯出现人际挫折、家庭困难、改造困境等心理应激事件时，要指导、提醒他们采取应对措施，及时阻止心理问题的进一步恶化。

（3）预防心理危机的进一步发展。对已预测出来具有心理危机发展倾向的罪犯要实施特殊预防，可以从原因入手进行有效的预防。如可以通过亲情救助，帮助罪犯解决困难；也可以通过提高罪犯的自我认识、处理问题的能力，达到特殊预防的目的。

2. 罪犯心理危机干预的方法。在工作实践中，有时尽管采取了各种预防和治疗措施，有些罪犯仍然难以走出心理危机的沼泽，最终往往以爆发性的形式释放其心中的不良情绪，对自身和他人都具有极大的危害性，这就需要及时进行危机干预，避免造成灾难性后果。

（1）外部干预。即监狱心理矫治民警、罪犯家属、社会志愿者等采用宣泄、支持、澄清等方法引导当事人走出心理困境，顺利渡过危机期。

（2）自我干预。在做好外部干预的同时，引导罪犯进行心理危机的自我干预，即以罪犯自身紧急心理变化为干预对象，实施及时有效的自我危机调节。

二、罪犯心理危机的主要表现与判断标准

（一）罪犯心理危机的主要表现

1. 心理危机反应。当罪犯个体面对危机时，会产生一系列身心反应，一般危机反应会维持6~8周。心理危机反应主要表现在生理、情绪、认知和行为等方面。

（1）生理方面：肠胃不适、腹泻、食欲下降、头痛、疲乏、心悸、失眠、噩梦、容易被惊吓、感觉呼吸困难或窒息、梗塞感、肌肉紧张，甚至有晕厥、肌肉震颤等躯体化症状。

（2）情绪方面：容易激动、愤怒好斗，或持续的焦虑、害怕、沮丧、担忧、紧张、烦躁自责、绝望、无助、过分敏感或警觉等。

（3）认知方面：常出现思维狭窄，产生消极或极端想法，注意力不集中，缺乏自信，无法做决定，思想不能从危机事件上转移等。

（4）行为方面：容易自责或怪罪他人，不易信任他人，行为刻板或古怪，如自言自语，坐立不安，喜怒无常，个别罪犯会出现对抗民警、自我攻击或攻击他人的行为。

（5）社会功能方面：出现注意力不集中，效率下降，行为退缩，逃避与疏离，孤僻不合群，人际交往明显不适等。

2. 心理危机的发展。心理学研究发现，人们对危机的心理反应通常经历四个阶段：

（1）冲击期。发生在危机事件产生后不久，感到震惊、恐慌、不知所措。如罪犯突然得知妻子提出离婚，亲人得了重病，家乡遭受重大自然灾害等消息后，大多数人会表现出恐惧和焦虑。

（2）防御期。表现为想恢复心理上的平衡，控制焦虑和情绪紊乱，恢复受到损害的认识功能，但不知如何做，会出现否认、合理化等防卫机制。

（3）解决期。积极采取各种方法接受现实，寻求各种资源努力设法解决问题。焦虑减轻，自信增加，社会功能恢复。

（4）成长期。经历了危机，变得更成熟，获得应对危机的技巧。但也有个体因消极应对而出现种种心理不健康的表现与行为。

3. 心理危机的后果。心理危机是一种正常的生活经历，并非疾病或病理过程。每个人在人生的不同阶段都会经历危机。由于处理危机的方法不同，危机后果一般有四种：一是顺利渡过危机，并学会了处理危机的方法策略，提高了心理健康水平；二是渡过了危机，但留下心理创伤，影响今后的社会适应；三是经不住强烈的刺激，自伤自毁；四是未能渡过危机，出现严重的心理障碍。

对大多数人来说，危机反应无论在程度上或者在时间上，都不会给生活带来永久或极端的影响，他们只要有足够的时间去恢复对现状和生活的信心，再加上亲友的体谅和支持，或经过专业的干预，就能逐步恢复。但是，如果心理危机过强，持续时间过长，就会降低人体的免疫力，出现非常时期的非理性行为。对个人而言，轻则危害个人健康，增加患病的可能，重则出现攻击性行为和精神损害。对社会而言，会引起更大范围的社会秩序混乱，冲击和妨碍正常的社会生活。其结果不仅增加了有效防御和控制灾害的困难，还在无形之中给自己和别人制造了新的恐慌源。

（二）罪犯心理危机的诊断与评估

1. 罪犯心理危机的诊断标准。

（1）存在具有重大心理影响的生活事件。

（2）引起了急性情绪紊乱或认知、躯体和行为等方面的改变，但又不符合任何精神疾病的诊断。

（3）个体用平时解决问题的手段暂时不能应对或应对无效。

2. 罪犯心理危机的评估。罪犯心理危机评估是评估者根据心理测验的结果，加上调查、观察得到多方面的资料，对被评估的罪犯个体或群体的心理危机作出有意义的解释和科学的价值判断的过程。罪犯心理危机评估的内容，一般包括情绪、认知、行为和躯体症状四个方面。

（1）情绪反应：心理危机罪犯往往表现出高度紧张焦虑、抑郁、悲伤和恐惧，部分人甚至会出现恼怒、敌对、烦躁、失望和无助的情感反应。

（2）认知活动：在急性情绪创伤或自杀准备阶段，心理危机者的注意力往往过分集中在悲伤反应，想着"一死了之，一了百了"，从而出现记忆减退和认知能力下降，判断、分辨和作出决定的能力下降。

（3）行为表现：心理危机罪犯往往会有痛苦悲伤的表情，哭泣或独居一隅等反常行为。如劳动能力下降，从而不能参加劳动；兴趣减退和社交能力丧失，从而日趋孤单、不合群、郁郁寡欢；对周围环境漠不关心，脾气大或易冲动，对前途悲观和失望，从而会产生拒绝他人帮助和关心的行为。

（4）躯体症状：相当一部分心理危机罪犯在危机阶段会有失眠、多梦、早醒、食欲不振、心悸、头痛、全身不适等多种躯体不适表现，部分罪犯还会出现血压、心电生理及脑电生理等方面的变化。

三、罪犯心理危机干预的技术

心理危机干预浓缩了一系列心理治疗技术和策略。一般情况下，用来进行心理危机干预的技术和心理咨询与治疗的技术并没有本质上的不同。但是心理危机干预过程更具有时限性，需要心理危机干预者用最快速、最恰当的手段和方法来化解罪犯的心理危机。因此，从本质上讲，心理危机干预工作就是一次短程的心理咨询与治疗过程。

（一）倾听技术

准确和良好的倾听技术是危机干预者必须具备的能力。倾听不仅是采集信息的过程，更是主动接纳、关切的过程。在倾听的过程中要主动倾听，用心去听、去体会求助者没有说出来的"弦外之音"和"无声之音"。

有效倾听的重要因素有：一是在开始时就用自己的言语向对方真实地说明自己将要做什么；二是让求助者知道，危机干预工作者能够准确地领会其所描述的事实和情绪体验；三是帮助求助者进一步明确了解自己的情感、内心动机和选择，要帮助求助者了解危机境遇的影响因素。

心理危机干预者要达到主动倾听的目的，首先要主动引导话题，多用一些开放性的问话，把说话的主动权交给干预对象，激发诱导出求助者感情、认知和行为方面的内容。尽量不用或少用封闭式、审问式、探究式等提问方式，也要慎用"为什么"的提问方式。

（二）支持技术

这类技术的应用旨在尽可能地解决危机，使求助者的情绪状态恢复到危机前水平。由于危机开始阶段干预对象的焦虑水平很高，应尽可能使之减轻，可以应用暗示、保证、疏泄、环境改变、服用镇静药物等方法；如果有必要，可考虑短期的住院治疗。

（三）干预技术

干预技术又称解决问题技术，帮助干预对象按以下步骤进行思考和行动，常能取得较好效果：一是明确存在的问题和困难；二是提出各种可供选择的方案；三是罗列并澄清各种方案的利弊和可行性；四是选择最可取的方案；五是确定方案实施的具体步骤；六是执行方案；七是检查方案的执行结果。危机干预者的作用在于启发、引导、促进和鼓励，在干预过程中的职能主要是帮助求助者正视危机，寻求可能应对的方法，获得新的信息或知识，提供相应的生活帮助，回避一些应激性境遇，避免给予不恰当的保证，敦促患者接受帮助。

（四）稳定化技术

稳定化技术就是通过引导想象练习帮助求助者在内心世界中构建一个安全的地方，适当远离令人痛苦的情景，并且寻找内心的积极资源，激发内在的生命力，重新激发面对和解决当前困难的能力，促进对未来生活的希望。因此，该技术主要用于危机干预的初始阶段，以帮助求助者将情绪和认知水平恢复为常态，从而接受下一步的治疗措施。

稳定化技术包括三项内容：①将负性情绪、负性画面隔开，或将负性情绪打包处理，如屏幕技术、保险箱技术等；②创造好的客体，建立积极的内部形象，如内在帮助者、安全岛等；③自我抚慰，如放松练习、抚育内在儿童等。下面简单介绍保险箱技术、内在智者技术、安全岛技术和负面情绪打包技术。

1. 保险箱技术。保险箱技术可以看成是想象练习的"第一堂课"，因为第一次接触它就很容易学会，有助于当事人掌控自己的创伤性经历，或有意识地对之进行排挤，从而使自己短时间里从压抑的念头中解放出来。通过该技术，当事人能够把创伤性事件打包封存锁进一个保险箱，而钥匙由他自己掌管，并且他可以自己决定，是否愿意以及何时想打开保险箱，以及探讨相关的内容。具体的引导词可参考如下：

> 请想象在你面前有一个保险箱，或者某个类似的东西。现在请你仔细地看着这个保险箱：它有多大（多高、多宽、多厚）？它是用什么材料做的？是什么颜色的（外面的，里面的)？壁有多厚？这个保险箱分了格，还是没分格？仔细关注保险箱：箱门好不好打开？关箱门的时候，有没有声音？你会怎么关上它的门？钥匙是什么样的？

> 当你看着这个保险箱，并试着关一关，你觉得它是否绝对牢靠？如果不是，请你试着把它改装到你觉得百分之百地可靠。然后，你可以再检查一遍，看看你所选的材料是否正确，壁是否足够结实，锁也足够牢实……现在请你打开你的保险箱，把所有给你带来压力的东西，统统装进去……

有些当事人很容易就能学会；有些则需要帮助，因为他们不知道如何把感觉、可怕的画面等东西装进保险箱。此时，我们应该帮助当事人把心理负担"物质化"，并把它们不费多大力气地放进保险箱。例如，感觉（如对死亡的恐惧）以及躯体不适（如疼痛）：给这种感觉或躯体不适设定一个外形（如巨人、章鱼、乌云、火球等），尽量使之可以变小，然后把他们放进一个小盒子或类似的容器里，再锁进保险箱里。

念头：在想象中，将某种念头写在一张纸条上（如用某种看不见的神奇墨水，人们只能以后用某种特殊的东西才能使之显形），将纸条放进一个信封封好。

图片：激发想象，与图片有关；必要时可以将之缩小、去除颜色、使之泛黄等，然后装进信封之类的口袋，再放进保险箱。

内在电影：将相关内容设想为一部电影录像带，必要时将之缩小、去除颜色、倒回到开始的地方，再把磁带放进保险箱。

声音：想象把相关的声音录制在磁带上，将音量调低，倒回到开始处，再放进保险箱。

气味：比如将气味吸进一个瓶子，用软木塞塞好，再锁好。

锁好保险箱的门，想想看，你想把钥匙（或写有密码数字的纸条、遥控器等）藏在哪儿。

从心理卫生的角度讲，最好不要把钥匙或者其他锁具藏在治疗室，也不要把它扔掉或弄丢了，这样当事人就没有了寻找创伤性材料的途径了。

请把保险箱放在你认为合适的地方。这地方不应该太近，而应该在你力所能及的范围里尽可能地远一些，并且在你以后想去看这些东西的时候，就可以去。原则上，所有的地方都是可以的，比如，可以把保险箱沉入海底，或发到某个陌生的星球上。但有一点要事先考虑清楚，就是如何能再次找到这个保险箱，比如使用特殊的工具或某种魔力等。保险箱同样也不适合放在治疗室中，也不要放在别人能找到的地方，比如某位自己讨厌的人的院子里……如果完成了，就请你集中自己的注意力，回到这间房子来。

2. 内在智者技术。这种技术可以帮助遭受创伤的人在内心构建出一个积极、有力量的帮助者，即"内在智者"，它可以在你感觉不错的时候陪伴你，也可以在你有问题的时候帮助你。具体的引导词可参考如下：

请把注意力从外部转向你的内部，仔细观察一下自己丰富的内心世界。

现在，请你和你自己的智慧这一部分建立起联系，这听起来似乎有些抽象，但你与自己的内在智者一定打过交道，或许你只是没这么叫过它。

内在的智者只有当你的注意力非常集中的时候，才会察觉到。它能客观地观察和评论此时此刻正在发生的事情，可以说，内在的智者是一个不会撒谎的裁判，它会告诉你什么是对的、什么是好的、什么是真的。如果暂时想不到，你可以回想一下，是否曾经在做完某件事情之后，就会懊悔地想"天呐，我刚才做了些什么？"这些都是内在智者发出的声音。

内在智者可以是人，也可以是物，它永远都在你的心里，当你需要的时候，它就会全力帮助你。请让所有的感觉自由地延伸，看一下你的内在智者是什么样子的，你听到了什么，感觉到了什么。请开启你所有的感官，让它自由地出现，然后留住它。

如果有什么不舒服的东西出现，请告诉它，它们不受欢迎，然后把它们送走，你现在只想遇见有用的东西。对于其他的东西，只有在你想跟它们打交道的时候，它们才可以出现。

如果你能建立这种关系，你就可以让这位智者为你提供一些建议和帮助，请你想一想，你有哪些重要的问题要问他，或者想请他提供哪些帮助或支持。

请把你的问题或要求提得更加明确清楚一些，请你对每一种回答敞开心怀，不要对它做出太多的评价。

如果你已经得到一些答案，请你对这种友好的帮助表示感谢。

你也可以设想，经常请这位内在智者来到自己身边；你也可以请求他，经常陪伴在你身边。

如果你希望，但到现在还没有和你内在的智者建立联系，就请你常常做这个练习。总有一天，这种联系会建立起来。

现在，请你集中自己的注意力，回到这间房子里来。

3. 安全岛技术。人在遭遇了危机事件后，情绪上会有剧烈的波动起伏，通过想象安全岛，可以重建内心的安全感，并能够调节和改善情绪。因此，想象的画面并不重要，想象中的体验才是最重要的。安全岛最重要的工作就是强化这种体验。具体的引导词可参考如下：

现在，请你在内心世界里找一找，有没有一个安全的地方，可以让你感受到绝对的安全和舒适。他可能存在于你的想象世界里，也可能就在你的附近，无论它在这个世界或者这个宇宙的什么地方……

你可以给这个地方设置一个界限，这里只属于你一个人，没有你的允许，谁也不能进来。如果你觉得孤单，可以带上友善的、可爱的东西来陪伴你、帮助你、但是，真实的人不能被带到这里来……

别着急，慢慢考虑，找一找这样一个神奇、安全、惬意的地方，直到这个安全岛慢慢在自己的内心清晰、明确起来……

或许你看见了某个画面，或许你感觉到了什么，或许你首先只是在想着这么一个地方。让它出现，无论出现的是什么，就是它啦……

如果在你寻找安全岛的过程中，出现了不舒服的画面或者感受，别太在意这些，而是告诉自己，现在你只是想发现好的、愉快的画面——处理不舒服的感受可以等到下次再说。现在，你只是想找一个只有美好的、使你感到舒服的、有利于你恢复心情的地方……

你可以肯定，肯定有一个地方，你只需要花一点点时间、有一点点耐心……

有时候，要找一个这样的安全岛还有些困难，因为还缺少一些有用的东西。但你要知道，为找到和装备你内心的安全岛，你可以利用你想得到的器具，比如交通工具、日用工具、各种材料，当然还有魔力、一切有用的东西……

（在个别治疗时，可以说："当你到达了自己内心的安全岛时，就请告诉我。如果你愿意，你可以向我描述这个地方的样子；如果你希望我对此一言不发，也没关系。"）

当事人描述其内心活动的过程中，治疗师应伴随其左右，通过多次提问而使其想象中的画面更加清晰起来：

你的眼睛所看见的，让你感到舒服吗？如果是，就留在那里；如果不是，就变换一下，直到你的眼睛真的觉得很舒服为止……

气温是不是很适宜？如果是，那就这样；如果不是，就调整一下气温，直到你真的觉得很舒服为止……

你能不能闻到什么气味？舒服吗？如果是，就保留原样；如果不是，就变换一下，直到你真的觉得很舒服为止……

环顾一下左右，看看这个安全岛是否真的让你感到完全放松、绝对安全、非常惬意。请你用自己的心智检查一下……

如果有哪里让你不舒服的话，你可以利用各种手段对其作出调整……看看这里是否还需要添加什么东西，才会让你感觉非常安全和舒适……

把你的小岛装备好了以后，请你仔细体会，你的身体在这样一个安全的地方，都有哪些感受？你看见了什么？你听见了什么？你闻见了什么？你的皮肤感觉到了什么？你的肌肉有什么感觉？呼吸怎么样？腹部感觉怎么样？

请您尽量仔细地体会现在的感受，这样你就知道，到这个地方的感受是什么样的……

如果你在这个小岛上感到绝对的安全，就请你用自己的躯体设计一个特殊的姿势或动作。以后，只要你一摆出这个姿势或者一做这个动作，它就能帮你在想象中迅速地回到这个地方来，并且让你感觉到舒服。你可以握拳，或者把手摊开。这个动作可以设计成别人一看就明白的样子，也可以设计成只有你自己才明白的样子。

请你带着这个姿势或者动作，全身心地体会一下，在这个安全岛的感受有多好……

撤掉你的这个动作，回到这个房间里来。

如果有愿意搭档的朋友或伙伴，你们可以相互帮助，帮助对方构建自己的安全岛。你也可以请自己的好朋友、父母等可靠的人读引导语来帮助你构建自己的安全岛，也可以将这样的引导语录制下来，然后放给自己听。如果你很认真、明确地完成了自己内在安全岛的构建，就可以在自己情绪状况不好的时候加以使用了。比如，当你很伤心、难过、愤怒、焦躁时，可以让自己进入内在的安全岛，从而重新获得愉悦、平静的心情。

4. 负面情绪打包处理技术。对于那些因经历灾难事件有明显心理痛苦，表现出明显急性应激反应（如强迫性的闪回、反复体验创伤情境、睡眠饮食受到严重影响等）的个体，可以采用图片—负性情绪打包处理技术来处理症状。研究结果表明，该技术能够有针对性地处理急性期容易诱发未来发生 PTSD 的核心症状闪回、创伤体验等症状，最大限度地降低被干预者未来 PTSD 的发生率。具体操作流程如下：

（1）图片—负性情绪联结。各种灾难场景往往以图片的形式出现在被干预者大脑，这些图片会引起很多情绪反应，如恐惧、紧张、悲伤、内疚等。让被干预者想象在"负性情绪处理"时表达的各种创伤场景，以图片的方式进行描述，然后准确体验每个图片背后的情绪，逐个将图片和情绪一一对应联结。

（2）功能分析、图片分离。对大脑中的图片进行功能分析，有些是纯负性的刺激，如分离的残肢、变形的躯体等，保留无益；有些图片是正性的，可以作为成长资源利用的，建议保留。此外，同一幅图片，可能既有负性又有正性的部分，此时要进行细致的功能分析，谨慎地切割分离。在功能分析时，不仅要从专业角度来分析其功能是正性还是负性的，而且更应询问被干预者处理某个画面的意愿。

（3）图片—负性情绪打包。通过功能分析，干预者和被干预者找到统一目标：被干预者反复闯入的刺激性的负性图片，并且这些图片是被干预者想处理的。接下来，要求被干预者把注意力集中在大脑中出现频率最高，最能引起强烈痛苦体验的刺激画面上，让被干预者通过表达或体验与之相关联的负性情绪，从而完成负性情绪与图片的粘合和打包过程。

（4）快速眼动技术。利用快速眼动技术，修通大脑神经通路，阻断创伤记忆与痛苦情绪之间的联系。

（5）温暖画面与正性理念的植入。利用自身资源，让被干预者找到一个替代性的温暖画面，该画面可以带给他力量。然后，干预者对被干预者进行正性理念的引导、植入，使其对创伤体验的认识更加积极。之后，干预者对被干预者进行评估，如询问其感受，观察面部表情变化等指标，以达到预期效果，结束此次干预。

 **学习任务二　罪犯心理危机干预实施步骤**

【案例】7-2

罪犯陈某，25 岁，小学文化程度，因抢劫罪被判处有期徒刑 9 年。入狱前情绪较平稳，语言表达流利，思维连贯。入狱后自我感觉很糟糕，觉得自己没用，什么事情都做不好，情绪波动大，说话吞吞吐吐，紧张、恐惧、抽搐。入狱后十余日就被列为三级心理危机干预对象，监狱安排了两名心理咨询师对其进行干预。一是每日通过安排其观看监狱建设宣传片，参加新犯入监教育恳谈会，做一套放松训练操等方式，缓解其心慌恐惧的心理，帮助其适应目前的生活环境；二是对其连续咨询 5 次，了解引起陈某心理冲突、紧张害怕的深层次原因和主要症结，并针对其不合理信念进行修正，引导他对自己进行客观的评价和角色定位；三是根据陈某的现实情况、特点及矫正需求，以半年为单位制订矫正计划。通过一个多月的心理干预，陈某的紧张感减轻，情绪逐渐平稳，抽搐情形消失，已经能正常参加日常的入监教育课程和各项活动。

【思考】

由此，我们思考：①如何识别罪犯心理危机状态？②罪犯心理危机干预的一般过程和步骤是什么？③罪犯心理危机干预包括哪些工作环节？

一、罪犯心理危机的识别与排查

（一）影响罪犯心理危机发生的主要因素

1. 突发事件、重大心理应激事件。主要包括罪犯配偶提出离婚、失去亲人、身患重病、人际关系紧张等。此类危机爆发剧烈，处于危机中的罪犯心理、情绪严重失衡，认知偏激，行为盲目，易导致灾难性后果，导致恶性改造事件的发生，如某罪犯从家信中得知其父亲去世的消息，突然大哭，情绪极为悲伤，头猛撞墙，造成自伤自残的严重事件。

2. 日常事件。服刑生活中日常繁琐事件容易造成消极心理长期积聚，导致心理危机的发生，引发打架斗殴甚至自伤自残等事件的发生。

3. 不同年龄阶段的心理需要。个体在生命发展的每个年龄阶段都可能产生危机，如年轻罪犯有亲近的需要，但被关押于监狱使得这些关系无法建立，往往会因此导致心理危机的发生。而老年罪犯感叹人生暮年身陷牢狱，回顾过去自感悲凉孤独，易引发自我伤害。

4. 人格特征。研究表明，个性强、抱负期望高、固执、喜争辩、急躁、易紧张、好冲动、富有敌意和攻击性强等性格特征的人，容易发生心理危机。在监管改造中，同样的危机事件对不同人格特征的罪犯会产生不同的心理反应和影响结果。

（二）不同服刑阶段心理危机及排查方式

1. 不同服刑阶段的心理危机排查。

（1）罪犯入监初期。罪犯入监时，由于其刚刚从熟悉的环境到一个陌生的环境，情绪不稳定，心理处于不适应期，容易产生心理危机，所以在入监教育期间，要利用心理测试、行为观察、问卷调查、个别访谈、信息采集等方法对每名新犯的人格特征、心理健康水平及潜在的不良心理因素等进行分析评估，初步排查需要危机干预的罪犯。

（2）罪犯改造中期。罪犯在改造过程中经常会面对配偶提出离婚、重要亲属病故、患有重大疾病等创伤性事件。一些罪犯心理承受能力差、自我调控能力低，会因为这些创伤性事件而产生强烈的无助感和痛苦体验，具体表现为行为退缩，思维偏狭，情绪敏感脆弱，过分集中急性悲伤，躯体化症状明显等。对这部分罪犯实施干预，要使其能够将创伤事件融入改造生活并能正视现实，帮助其恢复到创伤事件前的心理健康水平。

（3）罪犯改造后期。对即将出狱的罪犯采取问卷调查、心理测试、结构性会谈和个别调查相结合的方法进行心理评估，掌握临出狱罪犯的心理状况，了解其社会心理成熟水平、认识能力、自制力及即将回归社会可能出现的自卑、焦虑等不良情绪引发的各种心理危机现象。

2. 罪犯心理危机排查方式。

（1）由监区民警根据罪犯书信、会见谈话、日常改造表现情况等进行排查。

（2）由业务科室根据罪犯的心理测试、各类咨询、个别谈话情况等进行排查。

（3）通过查阅狱情防控系统，掌握犯情动态，及时排查、确定干预对象。

（三）罪犯心理危机干预时机

1. 新入监的适应期。罪犯在新的环境中，同时要面对陌生的人、事、规则，要承受教育管理、人际关系、家庭支持、身体健康等多重压力，心理处于最脆弱的状态，加之原有的消极应对模式，容易选择极端的行为。

2. 精神疾病类罪犯病发期间。精神疾病类罪犯，因其心理活动异常，常有被害妄想、幻觉、躁狂、抑郁等症状，行为具有突发性、破坏性。

3. 遭遇重大丧失时。罪犯在改造期间，难免会遭遇重大生活事件，如亲人去世、家庭财产损失、离婚、身患绝症等，在心理应激状态时，如果不能有效干预，罪犯容易因自罪、抑郁、愤怒等情绪而引发自杀或伤害事件。

4. 临近出监释放。罪犯在经历了长期的改造生活后，要重新面对社会关系，承受生存与发展的压力，容易引起出监焦虑，尤其是过失犯，自罪观念重，容易陷入内疚、悔恨的情绪中无法自拔，自杀危险较高。

二、罪犯心理危机干预的实施步骤

（一）罪犯心理危机干预的一般工作程序

1. 问题发现。监区要建立起通畅的罪犯心理危机信息反馈机制，做到在第一时间内掌握罪犯心理危机动态。对有心理问题、行为异常或近期情绪行为变化较大的罪犯，或特殊家庭背景（如父母亡故，离异，经济特困，孩子重病等）的罪犯，一起服刑的其他罪犯应予以理解、宽容、关心和帮助；若发现他们有异常反应，应及时向民警反映。监狱或监区应建立这些罪犯的信息库，密切关注其发展变化。

2. 信息报告。民警接到危急情况报告后，应立即向监区领导报告，民警、监区领导在采取必要措施并迅速赶往现场的同时，应立即向监狱职能部门报告，职能部门主管领导应视危机严重程度酌情向监狱分管领导及时汇报。

3. 即时监护。一旦发生意外，监区应立即派专人对危险罪犯进行 24 小时监护，并联合医疗机构共同保护罪犯的生命安全。

4. 通知家属。在实施监控的同时，监区应以最快的速度对罪犯采取相应治疗措施。在紧急情况下，可直接转送专业医疗机构进行治疗。同时通知家属，建议家属最好能来监狱协助干预，妥善解决罪犯危机。

5. 进行阻控。对于有可能造成危机扩大或激化的罪犯，要进行必要的隔离；对于可能引发其他罪犯心理危机的刺激物，应协助有关部门及时阻断。

6. 实施治疗。需住院治疗的，必须将罪犯送至专业医疗机构治疗；对可以在监狱接受教育矫治的，除继续监控外，还应按需对其进行对症治疗；对不能坚持在监狱教育矫治的，按照监狱管理有关规定办理相关手续，进行保外就医等。

7. 应急救助。得知罪犯有自伤或伤害他人倾向时，监区领导、相关部门（包括狱政、狱侦、医务等）应立即赶赴现场采取救助措施，紧急情况下应请求武警帮助。

8. 事故处理。当罪犯自杀或伤害他人事故发生后，狱政、狱侦等部门负责现场指挥协调；警卫队负责保护现场，配合有关单位对当事人实施生命救护，协助有关部门对事故进行调查取证，配合监区对罪犯进行安全监护；监狱医院负责对当事人实施紧急救治，或配合相关人员将当事人护送至就近医院救治；心理矫治中心负责制订心理救助方案，实施心理救助，稳定当事人及周围人的情绪。

9. 成因分析。事故处理结束后，监狱突发事件工作小组成员应对事件的成因进行分析，对事前征兆、事发状态、事后干预、事后疏导等情况认真进行反思，总结经验教训。

10. 善后处理。尽量消除事件带来的负面影响，按规定向上级部门报告。同时做好所在监区其他罪犯的心理干预工作。

（二）罪犯心理危机干预的工作环节

开展有效的罪犯心理危机干预工作，需要做好以下工作环节：

1. 发现。开展罪犯心理素质教育，鼓励罪犯本人积极求助；选择科学的测量工具，对罪犯开展心理健康测评，建立心理档案，以便做到心理问题早发现，防患于未然；开展危机重点人员排查工作，建立快速反应通道，对有危机或潜在危机的罪犯，做到及时发现，及早干预。

2. 监控。主动收集罪犯心理疾病与危机信息，做好监控工作。组织有关专家，对有心理困扰的罪犯进行心理鉴别，通过早期干预、心理咨询和跟踪调查，形成心理问题筛查、干预、跟踪、评估一整套工作机制，提高心理危机干预工作的科学性和针对性。

3. 干预。在相关专家的指导下，根据危机的类型和性质进行"红色""橙色"和"黄色"三种紧急干预。"红色"是危机的最高级别，一旦发现有自杀（劫持、逃脱等）意向并计划实施自杀（劫持、逃脱等）行为的罪犯，应立即对其实行有效的监控，确保人身安全，并迅速通知责任民警与分管领导，共同采取干预措施。"橙色"是危机的次高级别，在对罪犯进行心理健康普查时和日常生活中发现有自杀（劫持、逃脱等）意向者，必须甄别危机的程度，通过澄清、解释、安慰及问题解决技术，协助罪犯减少或摆脱危机的影响，恢复心理平衡，必要时应当及时转介。"黄色"是危机的较低级别，即发现有心理困扰并严重影响其改造生活的罪犯，应与其建立起良好的心理咨询关系，耐心倾听，认真记录，跟踪调查，协助其摆脱心理困扰，并及时通报信息。

4. 转介。与当地精神卫生机构建立良好的联络关系，按照有关规定，对不属于心理咨询范畴、有严重心理障碍或心理疾病的罪犯应转介到精神卫生机构，以便及时采取心理治疗或住院治疗等干预措施。对自杀未遂的罪犯，应立即送到专门机构进行救治。

5. 善后。危机过去之后，需要继续实施相应的干预工作。可以使用支持性干预及团体辅导策略，协助经历危机的罪犯及相关人员，正确总结和处理危机遗留的心理问题，尽快恢复心理平衡，尽量减少危机造成的负面影响。

（三）罪犯心理危机干预后期处理

1. 严格制定危机干预撤销标准。针对三种级别的心理危机状况，结合不同罪犯的心理特点，科学制定三种级别的心理危机的撤销标准，防止标准过低而使得干预易于撤销，成为影响监管安全的隐患。

2. 控制诱因，重点防御，减少刺激源。狱外诱因的控制主要通过严格检查罪犯的信件，监听亲情电话与会面，关注重大政治和自然灾害事件等途径实现，同时还应及时对干预对象做好周密细致的疏导工作。狱内诱因的控制主要通过提高罪犯解决心理冲突的能力，从根本上消除罪犯自杀心理危机的诱因和刺激源。

3. 设定危机缓冲期，落实跟踪措施。对于经过干预后心理危机状态消失的罪犯，继续跟踪3个月；对于危机级别降级后情况稳定的，经逐级审批同意后恢复常规管理；对连续干预时间达1个月仍无法化解心理危机的罪犯，监区应及时调整干预方案，经调整两次后仍无法化解心理危机的，作升级处理，由心理矫治中心牵头组织相关科室和邀请社会心理专家来监指导、会诊，并制订针对性干预方案，落实相应矫治措施。

学习任务三　常见罪犯心理危机干预

【案例】7-3

罪犯罗某因故意杀人罪被判死刑缓期二年执行，入监前经诊断有抑郁症，长期服用抗抑郁药物，入监一年后被诊断为"恶劣心境"。

罗某因情绪障碍多次通过不同方式实施自杀行为，心理咨询师通过对罗某进行多次的心理咨询与心理危机干预，让其充分宣泄，并找准导致其自杀行为的症结所在，改善其认知，帮助其建立支持系统，制订行动计划，使其在不断的行动中体验成功的喜悦，培养其信心，从而使罗某基本能做到自我调节，情绪行为相对稳定，消除了自杀危险。

【思考】

罪犯常见的心理危机有哪些？罪犯自杀、脱逃、家庭变故等心理危机如何进行干预？

一、罪犯自杀危机与干预对策

（一）影响罪犯自杀的因素分析

影响罪犯自杀的主要因素有以下几个方面：

1. 刑罚执行方面。因犯罪判刑或刑期较长，前途无望，失去信心；对考核奖罚不满；认为民警执法不公等。

2. 家庭方面。因家庭变故，如离婚或亲人离世；被家人抛弃，绝望厌世；有的罪犯还可能因自感有罪于家庭和亲人，内疚自责，寻求自我解脱。罪犯自杀存在真性自杀和假性自杀。属于亲情犯罪者的自杀是真性自杀，因对亲人造成的严重伤害愧对家人而产生强烈的内疚自罪感；其他的自杀大多为假性自杀，主要是为了要挟监管民警、逃避监管改造等。

3. 身体方面。因年老体衰，患病久治不愈或有重病绝症，康复无望，或认为疾病得不到及时治疗等。

4. 个性方面。心理脆弱，常受人欺辱，烦恼苦闷无处释放；内向孤僻，心胸狭窄，寡言少语，多愁善感，暗示性强，思维偏执，易走极端；有心理疾病，如变态人格、精神分裂、抑郁症等。

（二）罪犯自杀者的心理特征

1. 认知方面：非理性信念突出，具有绝对化要求、过分概括化和糟糕至极等特征，不能多途径解决问题，习惯从阴暗面看问题，对周围的人和事存有偏见和敌意，多有宿命论思想。

2. 情绪方面：多数情绪不稳定，消极情绪多，敏感脆弱，有神经质倾向，情绪平衡和调节能力较低。

3. 意志行为方面：大多意志薄弱，自我改变动机较弱，生存欲望下降，行为具有冲动性和盲目性，做事不计后果。

（三）罪犯自杀危机干预对策

罪犯自杀危机干预分为两类：一类是急性期干预，即在罪犯将要实施自杀前进行的干预；另一类为长程性干预，即对发现有自杀症候或自杀未成功者的干预。

1. 自杀现场紧急干预流程。了解情况（贯穿谈判的全过程）→控制现场→疏散人群→制订谈判计划→设法让当事人开口→建立信任→做个好的聆听者（贯穿始终，多给对方讲话的机会）→设法转移其对悲伤的注意力→动情→说理→协议达成→使其放弃自杀行为。

2. 自杀现场紧急干预的基本操作程序。

第一步：宣泄消气。对自杀者表示理解和关心，让其自由地表达和抒发内心的情感。引导对方宣泄，消气是最好的办法，对性格暴躁的自杀者尤其要注意运用。一般从三方面入手：一是确定并反馈自杀者的愤怒；二是发掘隐藏在试图自杀者内心深处的愤怒；三是为自杀者宣泄愤怒提供机会。重点了解试图自杀者的轻生念头，设法转移其消极的思维和态度，引导其从积极的一面来思考对待问题。

第二步：取信动情。用真挚的表情、关怀的语言和行动上的帮助来打动对方。让其有被尊重、被爱、被重视的感觉。尽可能地讲出自杀者背景材料的细节，包括呼喊其名字和表达对其兴趣、特长的认可等，这样做可以体现出对他的重视和真诚。同时，对其受到的伤害表示同情和理解。设法找到与自杀者相似的经历，产生同感。有时可以适当让有关人员扮演一下政府官员角色。

第三步：换位说理。最重要的是趋利避害，利用其内心的矛盾，来加重其生存必要性的砝码。采取对比、类比、位置互换、利害陈述等说理方法让自杀者自觉理亏或不划算而放弃其非分要求。同时还要照顾其自尊心，让其体面放弃自杀。发掘对自杀者有意义的人和事。

第四步：达成协议。双方让步，达成协议或给其指明方向，放弃行动。对自杀者提出的要求不要轻易满足，实在要满足也是一点点地给，并且每次付出是要自杀者有回报的，要讲大量的道理和运用一些感情手段。对其合理要求帮助其实现，并指明前途。向自杀者强调自杀不是解决问题的唯一办法，一定有更好的途径。

同时还应尽量拖延时间。一般而言，自杀的想法是由来已久的，因此要其放弃此想法是需要时间和耐性的。对处在危险境地的自杀者，应积极筹划稳妥的营救方案。这是不得已之法，不是首选方案。营救方案要在自杀干预前准备好，营救行动要和自杀干预同时进行。

二、罪犯家庭变故危机与干预对策

（一）家庭变故危机解读

家庭变故危机是指罪犯家人、亲友去世或婚恋纠纷、家庭破裂等不幸事件，给其带来心理创伤的应激反应。常见的罪犯家庭变故危机主要是丧亲危机和婚恋危机。

1. 丧亲危机。丧亲危机是指罪犯家人或亲友因故去世，给罪犯带来沉重打击和痛苦悲伤体验而产生的心理应激反应。痛失亲人是人生的重大丧失，会引起个体情感、认知、行为等方面的改变，以及人际关系和社会功能方面的改变，甚至会发展成病理状态。早期干预能帮助危机者较好地度过悲哀期，及早适应生活。危机干预的方向和策略为：采用接纳和非批判性的态度，将积极暗示、鼓励和心理支持等态度倾注于每一个干预步骤之中。

（1）急性反应期。当事人一般都会陷于极度痛苦或激动状态，容易出现严重的生理反应。可以邀请专业医生参与，采取医学措施，适当使用药物帮助其稳定情绪；危机干预者要积极营造支持性氛围，给予当事人悉心陪护和具体帮助，以实际行动与丧亲者建立真诚的信任关系。

（2）悲伤反应期。干预者应积极接纳丧亲者的悲伤情绪，并鼓励引导丧亲者充分宣泄内心压抑的情绪，同时为其提供必要的心理支持途径。如准许亲情通话，或会见亲人；如符合奔丧条件并有必要的，应准许其回家参加悼念或处理后事。对因亲人去世造成家庭困难的，帮助其与当地司法、民政部门取得联系，使丧亲罪犯充分感受到关心与温暖，有助于丧亲者逐步恢复心理平衡。

（3）病理性居丧反应期。对于在居丧期感到焦虑、抑郁，内疚自责或自罪，常常出现死者的形象或出现幻觉，伴有疲乏、失眠、食欲下降等症状，甚至出现妄想、情感淡漠、惊恐发作、自杀企图持续存在等病理症状的罪犯，要采用适当的心理治疗，并结合药物治疗。如果条件允许，有必要对其进行哀伤心理咨询，帮助其内心修复与成长。

2. 婚恋危机。婚恋危机是指罪犯由于婚恋挫折或家庭破裂，引起严重的痛苦和愤懑情绪而导致的心理应激反应。失恋、离婚是罪犯常见的危机现象，也是私密性很强的情感危机。在处于人生低谷最需要恋人或配偶安慰支持的时候，如果对方提出分手或离婚，则罪犯心理很容易失衡。

婚恋危机干预同样要先评估危机的严重程度，采取措施保证当事人与他人的安全，然后与罪犯充分交谈，给予理解、安慰和支持，劝其冷静思考；共同探讨分析婚恋出现问题的原因，引导当事人表达出因婚恋危机而造成的内心痛苦，并进行适当的心理辅导，帮助其理性思考，理性对待问题与解决问题。

（1）帮助分析，寻找婚姻转机资源。如罪犯本人无力解决婚姻危机，干预者要帮助其分析具体情况，寻找有助于缓解或消除危机并能得到转机的资源，如调动监所内外的有效关系和力量，促成双方和好。

（2）多方协调，解决实际困难，维系婚姻。在尊重婚姻自主、平等自愿的基础上，通过民警、干预者和当事罪犯双方及其家人、亲朋好友共同协调，帮助其解决实际困难，维系婚姻现状。

（3）设身处地，换位思考，理解对方诉求。如果离婚的事实难以改变，帮助当事罪犯学会换位思考，设身处地替对方着想，理解对方的处境和诉求。

（4）尊重意愿，理性分手。对待感情问题不能强求，引导其坦然对待分手，尊重对方再次作出人生选择的权利，尽量给双方留下好的回忆，并鼓励当事罪犯重振生活的信心和勇气。

（二）罪犯家庭变故危机干预案例

下述案例成功干预的要点在于：一是良好的干预关系基础；二是积极应对

方式的建立；三是完善的社会支持系统。

【案例】

2016 年某月某日，咨询师接到求助电话：罪犯李某的独子（23 岁）在外地因车祸去世，其妻子得知消息后变得精神恍惚，整日以泪洗面，不吃不睡，情绪极其低落。家人担心李某知道后心理承受不了，影响改造，不敢告诉他这个不幸消息，申请心理危机干预。

一般资料：李某，男，汉族，高中文化，1963 年 5 月出生于湖南省某县，捕前系某超市员工。因安全生产事故罪，被判处有期徒刑 5 年，于2013 年 10 月入监。李某曾任村干部，后与人合伙经营超市，有一个孩子，妻子无业，捕前家庭和睦。

主要案情：在李某经营超市期间，因电路老化，发生火灾，造成 3 人死亡的严重后果。李某是超市安全生产责任人，且在电路安装过程中收受了施工方"好处费"，导致电路材料不达标，与生产事故有直接关系。

服刑表现：李某自投入监狱服刑改造以来，表现良好，遵守监规，服从管理。家人多次探视过，社会支持系统完善，身体健康，人际关系和谐。

心理测试：查阅其心理健康档案，入监测试个性特点为外向、情绪稳定、合群、冷静、攻击性低、报复性低、同情心强。危险等级为低。

评估诊断：属于居丧危机。李某捕前是家庭的精神支柱，因过失造成人员伤亡而服刑，心理上要承受沉重的责任压力。李某在改造期间，与同犯谈论最多的也是让他最为骄傲的就是他的儿子，儿子是他生活下去的主要动力，妻子的理解支持和不离不弃也让他在挫折面前更加坚强。然而，意外的重大丧失（儿子突然离世、妻子精神崩溃）对李某来说，是一个危机事件，必须进行心理干预。

制定危机干预方案如下：

1. 干预原则：尊重、真诚、理解、个体化。

2. 干预目标：①哀伤处理，接受重大丧失的事实；②缓解悲痛情绪，抚慰妻子，相互支持，共渡难关。

3. 干预措施：罪犯遭遇重大丧失，是威胁监管安全的一个重要隐患，监狱各部门协同工作，从各个层面化解危机事件：①落实狱政管理制度，避免单独行动；②完善社会支持系统，增强应激能力；③展开心理危机干预，消除心理隐患。

危机干预实施：分为三个阶段：①处理哀伤；②提供应对方法；③建立支持系统。

危机干预具体过程：

第一阶段：建立关系，引导积极应对

1. 咨询师介入

（1）摄入会谈，了解其改造生活情况。李某捕前曾是村干部，现在监区担任小组长。

咨询师：当同犯情绪不稳定的时候，你会怎么做呢？

李某：我会安慰他，朝好的方面想。

咨询师：同犯曾经遭遇过哪些挫折？

李某：有的因为亲人过世，有的因为身患重病，有的因为离婚，有的因为减刑受挫。

咨询师：当他们遭遇不幸时，你是如何安慰他们的呢？

李某：理解他们，陪伴他们，接受既定事实，日子再难过，总会过去的。

咨询师：还记得同犯因亲人过世而悲伤，你对他是怎么说的吗？

李某：我说人死不能复生，振作一点，他在天有灵，也不希望你整日为他伤心流泪，坚持改造，早日出去，不再进来，才是他最愿意看到的。然后就陪陪他，聊聊家常。

咨询师：非常好，谢谢你的分享。

（双重标准法，用开导别人的方法暗示自我应对）

（2）联系自我：如果自我卷入不幸的事情，如何更好地面对。

咨询师：你对这次服刑，有何感想？

李某：后悔，对不起家人，现在所有的生活压力都由妻子一个人承担，我只想早日出去承担家庭责任。

咨询师：我能理解你的心情，本来很幸福的一个家，因为自己的过失而陷入困境。在服刑期间，你想过会遇到哪些困难吗？

李某：不敢去想。我现在心有余而力不足，家里有困难，我也帮不上什么忙。

咨询师：是啊。你也有可能要面对其他同犯遭遇过的不幸，比如身体患病，比如家庭变故，比如改造不顺，比如财产丧失，等等。假如你的生活中，出现类似事件，你如何面对呢？

李某：我不知道。如果真有那么一天，也是没办法的事情，坚强面对吧。

咨询师：你会如何表现出自己的坚强呢？

李某：做好每天的事，尽量不去胡思乱想。

咨询师：嗯，转移注意，可以暂时缓解一下不好的情绪。

（任何人，都有可能成为重大生活刺激的当事人，要有最坏结果的心理

准备)

（3）预见应对：模拟最坏的情境，评估当事人的应对方式。

咨询师：假如这里有一个同犯，他的生活中正好遭遇到我们刚才说到的不幸，他最关心的、唯一的亲人去世了，悲痛欲绝。你就在他身旁，你会怎么做？你希望他怎么做？

李某：我会陪伴他，拉着他的手，鼓励他坚强点。希望他能尽快从悲痛中走出来，不因这个不幸而影响自己的改造。

咨询师：嗯，谢谢你。我想你一定能帮助到更多的同犯，也相信你一定能积极地应对自己生活中的挫折。

（与当事人的不幸相联结，模拟更具体的应激情境，并强化李某的积极思维）

第二阶段：正视现实，宣泄负面情绪

2. 家属会见：咨询师事先的会谈，为家属会见做好铺垫，预备缓冲，增强李某自我卷入成为当事人的心理耐受力。

（1）人员安排：李某哥哥、嫂子、母亲、负责处理车祸案民事赔偿的律师。（其妻子因情绪极度不稳定，安排专人在家陪伴）

（2）会见场所：特殊情况，经监狱批准，安排在接待室进行，亲人之间可以零距离肢体接触。

（3）会见过程：刚进入接待室，李某母亲就忍不住痛哭，李某扶着母亲，不断追问："怎么啦？家里出什么事啦？您倒是说话呀！"李某嫂子也捂着脸在一旁抽泣。最后李某哥哥强忍悲伤，告诉了李某实情。李某听到消息，双腿一软，跪在母亲面前，抱头痛哭……

3. 哀伤处理：约十分钟后，当事人情绪稍微平缓，咨询师介入。

咨询师：请大家就座，这个事是我们所有人都不愿意相信的，可是又不得不相信。（咨询师把手搭在李某左肩上）李某，我能体会你现在的心情，请原谅我刚才不能亲口告诉你这个消息，因为太沉重了，我没有把握平稳地传递给你。现在，在你的对面有一把椅子，请你闭上眼睛，用心想象一下，小李（李某的儿子）就坐在这里，表情平和地看着你，你能看到他吗？

李某：我能看到，他很难过……

咨询师：你想对他说些什么呢？

李某：儿，对不起……（捂面痛哭）

咨询师：你是他最敬佩的父亲，是最勇敢的父亲，是最坚强的父亲。他相信你不会被挫折压垮，他希望你在没有他的日子里，照顾好母亲，照顾好亲人。现在，我想请你抬起头来，闭上眼睛，看着他说："儿子，你放心，我会照顾好你母亲的。"

李某：儿，你放心，我一定会照顾好你妈妈。

咨询师：还有什么话想对他说吗？

李某：儿，你有什么愿望，记得托个梦给我，一个人生活，好好照顾自己……

咨询师：你看到的他还难过吗？

李某：他微笑着走远了……

咨询师：好。谢谢你的信任，请睁开眼睛，做一次深呼吸。

嫂子：是啊，李某，你要振作，小李不在了，弟媳更需要你的支持。你放心，家里有你哥和我，你安心好好改造，早日回家。弟媳我们会照顾好，你抽时间也打个电话给她，这个时候，她最需要你的安慰。

律师：详细介绍了小李车祸的过程及民事赔偿事宜。

第三阶段：建立支持，感受帮助温暖

4. 咨询师支持：次日，咨询师回访，主要是倾听李某的诉说，积极关注，并澄清李某的改造计划。同时，获得李某承诺，如有需要，一定会求助咨询师。

5. 日常管理：①狱政管理：落实互监组制度，避免李某单独行动；②民警关注：责任民警保持理解、支持的态度，采用目光暗示、肢体接触等方式鼓励；③同犯陪伴：安排年龄、文化相仿的同乡陪伴，提供情感支持。

干预效果评估：

（1）当天情绪持续低落，食欲下降，失眠，沉默不语。

（2）次日正常参加劳动，偶尔与同犯交流，悲伤情绪有所缓和。

（3）第三天主动申请亲情电话，与其妻子沟通，安慰妻子。

（4）一周后，咨询师回访，李某基本恢复日常改造生活。

三、罪犯脱逃危机与干预对策

罪犯在改造过程中会经常面对配偶提出离婚、主要亲属病故、患有重大疾病等重大生活事件而产生强烈的无助感和痛苦体验，进而可能发生脱逃。对这部分罪犯实施干预要使其能够将重大生活事件融入改造生活并能正视它，帮助其恢复到事件发生前的心理健康水平。

罪犯脱逃危机具体干预步骤如下：

1. 与干预对象建立信任关系，特别强调保密性。

2. 由经历重大生活事件的罪犯叙述事件情况，确定个体生活史和事件之间的联系。

3. 运用心理测试、结构性访谈、行为观察等方法来评估事件对罪犯情绪、认知及行为的影响，寻找在负性情绪反应和事件之间起中介作用的歪曲认知，制订应急处置疏导方案。

4. 帮助干预对象参加因遭受类似生活事件之苦而建立的支持小组。

5. 做治疗性游戏，帮助干预对象形成良好的自我控制习惯，提高罪犯自我处理心理危机的能力。

【案例】

在一次新犯心理测试报告录入过程中，心理咨询师偶然发现一名罪犯在心理测试答题纸的反面写道："我有妄想症，需要帮助。"并在这句话的后面写了大大的求救信号"SOS"。可以看出这名新犯的求助心情很迫切，写在反面似乎表明内心又有些矛盾或者是不确定。咨询师带上该犯的心理测试报告到了监区谈话室坐下等候。

"报告！""请进！"隔着谈话室的栏杆，只见一位个头不高，戴着眼镜，神情沮丧的年轻罪犯走了进来。

"请坐吧！"罪犯站在那里半天没有挪步，眼泪却哗哗地流了下来。新犯谈话时常常会遇到对方流泪的情况，但一般都是在谈话进行过程中。这名罪犯刚进门什么都没说就止不住地流泪，可见其心理脆弱到了极点。等其稍稍平静了一点，咨询师再次说道："请坐下来慢慢说吧。"

"没想到你真的会过来。"罪犯坐下后缓缓地抬起头说。

"这是我的工作啊。你有什么需要帮助的吗？我看到你写的 SOS 求助，能不能具体谈谈？"

"我满脑子控制不住想逃跑的念头。脑子里只要有一点空就会想到逃跑，想象着各种各样逃跑的方法，哪怕是在操场上训练时也是这样。我会幻想天上飞来一架飞机，在我头顶上空盘旋，飞机上放下一个云梯，我顺着云梯上了飞机逃走了。我知道不应该有这样的想法，但是控制不住，甚至经常神情恍惚，我非常担心报数时脱口而出'逃跑'二字。我想我是不是有心理疾病？"

"这种想法是从什么时候开始的？"

"拿到判决书的时候就有了，后来越来越强烈，以至于现在无时无刻不在想这件事。"

这名罪犯此刻正处在严重的心理失衡状态，在难以承受的心理冲突中理智尚存，因此才会提出申请，希望能得到帮助。眼前重要的是给予其心理支持，帮助其稳定情绪，并在此基础上寻找适合他的解决问题的方法，以保证其本人和监狱的安全稳定。

　　干预过程中，建立和保持与罪犯的心理连接是贯穿始终的任务，让罪犯觉得这里有人愿意也能够帮助他，并建立起彼此的信任，干预就成功了一半。咨询师要无条件接纳罪犯，并给予其支持性的倾听与共情。让罪犯在倾诉的同时，情绪得到宣泄，这样其情绪就可能渐渐稳定下来。有时候也可以借助"保险箱""内在安全岛"等技术帮助其稳定情绪。

　　"听起来你现在遇到了比较大的麻烦，你的理智告诉自己不能逃跑，但你的思想却不受控制地总会想到这件事。这个想法让你很害怕，你担心自己万一控制不了真的会去做这样的事情，其实你并不想这样做，所以你寻求心理咨询的帮助，希望能帮助自己稳定下来。"

　　"是的。我明明知道这样做是不可能有好结果的。退一步说，就算我想方设法跑出去了，又能怎么样呢？可能我还没到家，警察已经到我家了。但是没用，我就是控制不了自己的想法。"

　　"很多人刚刚失去自由时都很不习惯，有些人会幻想着要是能出去就好了，就有自由了，似乎你的这个想法比他们的要更加强烈。其实你知道，监狱的安全防范措施是很严密的。"

　　"我仔细观察过，在某某处有×个摄像头，在某某处有×个摄像头，从集训队到监狱大门口有×米，从操场到大门口有×米。我现在住在二楼，按照规定新犯是不准一个人下楼的，但是我为了能有机会一个人下楼，故意去争取帮忙搞卫生倒垃圾的机会。我试过几次，有时候小岗没注意，我就下来了。有一次还试着一个人走到了监区大门外，我担心哪一天真控制不住的话就会迈出这一步。"

　　"看起来这个问题无时无刻不在困扰着你，并且严重影响到了你的思维和行为，所以你才会有这么强烈的担心，其实你同时也是用了很大的努力在控制自己。"

　　上面的这段对话在确定问题的同时，也是在对危险性进行评估。其实危险性评估是贯穿危机干预每一个步骤的。

　　来访者此刻内心有强烈的冲突，一方面是渴望自由，另一方面又在极力控制自己，正是这种心理冲突导致了他内心的紧张焦虑和恐惧。如果不能及时处理的话不排除会发生不理智的脱逃行为。

　　在接下来的咨询中咨询师了解到来访罪犯过去的一些经历。他有个姐姐，自己从小被父母宠爱。曾经多次被拘留，都是父母找人或者花钱帮他摆平，甚至被关在看守所里也没吃过什么苦头。来访罪犯生性机敏，在外面工作时也比较顺利，收入较高。后来迷恋赌博无力自拔，导致犯罪再次被捕。原以为这次会像以前那样轻松出去，没想到这次被判刑入狱谁也帮不了他。想到父母因为自己的原因变卖了所有家产帮他还债，落到无家可归的地步，他内心非常自责，想逃出去的原因之一是想知道父母现在的状况。

参考来访罪犯"中国罪犯个性分测验"的心理测试结果，他的情绪不稳定，依赖性强，自卑，焦虑不安，对前途缺乏信心。

咨询师向来访罪犯指出其想脱逃的原因：一是其从小一直受到家人的宠爱和保护，以前每次犯事都有家人帮他摆平，这次却被送进监狱，内心不能接受；二是其即将被分到监区去，对以后的改造环境充满恐惧和无助，内心希望被保护，能回到亲人的身边，所以产生了强烈的脱逃念头。来访罪犯表示认可这样的解释，并且在倾诉过程中，把压抑在心头很久的事情说了出来，感觉轻松平静了许多。

"我们讨论了你目前的情况和大致的原因，现在我们来看看怎么解决这个问题，你很希望自己能从这个危险的矛盾中摆脱出来，那么有什么人、什么办法可以帮到你呢？"

沉默了一段时间后，罪犯抬起头说："只有监区的民警能帮我，让他们看紧我，或者是安排其他人看紧我，不要让我有逃跑的机会。"

"这是个非常好的办法，你能够想到这个方法说明你的理智还是占了很大部分的，并且你是愿意积极面对此事的，那么为什么不是直接去找民警而是找我们呢？"

"我担心他们知道了我有这样的想法会对我改造不利。"

"监区民警和我们的工作方法不同，但根本目标都是一样的，都希望你们能更好地适应环境、更加顺利地改造，那么你是希望自己去告诉他们还是想让我去和他们说呢？"

"还是你帮我说吧，我还是不敢去说。"

"那好，我先告诉这里的民警，让他们帮助你来控制自己，等下星期你分到其他监区后我再告诉那里的民警，这样就可以减轻你的心理压力，不用随时担心自己控制不住会逃跑了。我相信，凭你的聪明、能力和迫切地想重获自由的动力，慢慢地适应了这里的环境以后你就会积极投入改造，通过正常的途径早日回到亲人的身边。"

"父母亲写信说明天上午来接见。我不知道现在他们会是什么样子，如果他们能安顿下来那我心里会好些，否则的话我真担心我会失去理智的。"

"那我明天下午过来，具体有什么情况我们再讨论，但你要答应我，在我没来之前一定不要去做危险的事情。"

"好的，你放心，这点我一定做到。"

咨询师在第二天下午的咨询中了解到来访罪犯的父母上午已经来过，目前是租房子住，也找了一份临时工作，眼下每月还债应该没有问题，父母让他安心改造不用担心家里。咨询中来访罪犯表达了许多猜测和担心，例如父母现在生活得很艰辛甚至是吃不上肉；如果以后的接见两人中有一人没来一定是因为他的原因病倒的，他将不能接受等。于是咨询师运用认知技术讨论了他的非理性信念，来访罪犯认识到自己的错误，表示自己的情绪平静多了，应该不会做出什么不理智的事情，并且约定等分到监区后再次咨询，以更快地适应新环境。

十多天后进行了第 3 次咨询，来访罪犯表示对自己现在的状态很满意，被分配在一个辛苦但能多拿分的岗位，自己每天从出工到收工一直在不停地集中注意力干活，根本没时间去想逃跑，或者说这个念头几乎不再出现了。咨询中对目前可能出现的问题做了简单讨论，来访罪犯表示对未来有了明确的打算，多学技术多拿分，好好改造争取减刑，靠自己的努力早日走出监狱大门。为了将来能更好地适应社会，还打算在改造的同时参加自学考试。对于他的巨大改变和目前的心态，咨询师给予了积极的肯定，干预过程结束。

在以上危机干预的过程中，咨询师首先评估了罪犯心理危机的程度，了解了引起罪犯心理危机的因素，解决了罪犯的心理危机，帮助罪犯恰当应付所发生的意外事件，摆脱困境，实现了危机干预的基本目标，并在此基础上增强其个人的危机应对能力，使其超过了危机发生之前的水平。

对该罪犯危机干预后，咨询师向有关监区做了反馈，并一直关注这名罪犯的心理和改造情况。在跟踪回访中该犯表示目前情绪稳定，监区也反映他的改造表现积极。半年后该犯参加了有关心理学专业的自学考试并顺利通过两门课程。综合以上情况，该犯有效地渡过了这个危机并获得了一定的心理成长。

 本章小结

在罪犯心理危机干预工作中需要注意以下几点：

1. 危机是由罪犯确定的，而不是由咨询师确定的。一方面，罪犯在任何时候、不论任何原因都会发生危机，是否发生危机应当以罪犯的认识为标准。咨询师或干预者不能以自己的感受来判断。如果咨询师不认为是危机，那么罪犯就会感到咨询师不理解他，就会产生更严重的隔离感；另一方面，咨询师不应当形成非常敏感的危机心态，把罪犯的很多问题都看成是危机，否则就可能把危机扩大化。

2. 危机干预过程中对罪犯的无条件接纳是稳定情绪的基础。只有建立起心理上的连接，才能建立起良好的信任关系，咨询师才能协助罪犯稳定情绪，开展干预工作。

3. 危机干预后的跟进咨询是对干预结果的巩固。罪犯可以利用的资源有限，咨询师的跟进咨询就成为心理支持的必需环节。危机干预之后罪犯心理功能还未完全恢复之时，针对罪犯的不良认知、消极情绪和错误行为进行咨询跟进，对其进行心理疏导，这是对危机干预结果的巩固，有利于防止问题的再次发生。

4. 危机是危险与机会并存。遭遇危机可能有三种结果：最坏的是崩溃，也就是自杀、脱逃、暴力等非理性行为的发生；其次是将有害的结果或症结排除在意识之外，遗留认知问题，遇事再次出现危机现象；最好的结果是，能够有效地应付危机，并从中获得经验，提升自我能力。危机干预的最终目的是帮助罪犯看到人生希望，挖掘自身潜能，获得自我成长。

问题思考

1. 罪犯心理危机的主要表现和适用对象有哪些？

2. 如何进行罪犯心理危机干预的具体操作？

3. 结合罪犯自杀案例完成罪犯自杀危机干预能力实训。

拓展阅读

1. 邵晓顺主编：《服刑人员心理矫治：理论与实务》，群众出版社 2012 年版。

2. 马立骥主编：《罪犯心理与矫正》，中国政法大学出版社 2013 年版。

3. 吴宗宪编著：《国外罪犯心理矫治》，中国轻工业出版社 2004 年版。

专题七　实训项目

·模块三　罪犯心理矫正·

专题八　犯因性问题分析维度与模型

　　犯罪是一种极为复杂的社会病态现象，是社会及个体各种消极因素的综合反映。要探索对犯罪这种病态现象的预防和矫治方法，就得对它进行正确的诊断，找出病因，以便对症下药。犯因性问题分析即是这样一个过程，通过对犯罪源头的挖掘，以找到诱发、推动和助长某人实施某一犯罪的各种因素，在充分认识和了解这些犯因性问题及其产生、变化的各种条件的基础上，对犯因性问题进行综合矫治，由此实现预防与减少犯罪的目的。

　　犯因性问题体系是一个多维的结构体系，在研究分析犯因性问题时，必须从主客观等诸多因素的联系和作用中出发，研究犯罪原因与犯罪结果的因果关系，从而找出预防和矫治犯罪的有效途径和方法。

 学习任务一　　犯因性问题分析维度

【案例】8-1

　　罪犯李某，男，42岁，因盗窃罪被判处有期徒刑6年。李某原生家庭经济状况较差，有两弟一妹，从小就认为父母不关心自己，偏爱弟妹，自己走上犯罪道路，他们有不可推卸的责任。初中毕业后曾从事过收废品、泥水工、搬运工等多种工作，感受到生活的艰辛，看到别人过得比自己好，认为"老天爷对自己不公"，让自己出生在这样一个没有温暖的家庭，长大后也事事不如意。进入社会后，遇到过多名自己喜欢的女孩，但大多不敢向对方表白；在鼓足勇气向其中几位心仪的女孩表白后，或直接遭到拒绝，或短暂相处后便没了下文，因此认为整个社会都是嫌贫爱富的。

【思考】

在本案例中我们看到，罪犯李某将自己的犯罪原因归结为父母的冷漠和社会的不公及他人对自己的歧视，认为自己的犯罪是有原因的。其对犯罪原因的归纳是否恰当和全面？应该从哪些维度来分析罪犯的犯因性问题呢？

一、犯因性问题分析维度概述

（一）犯因性问题概述

1. 犯因性问题概念。犯因是犯罪原因的简称，犯因性问题就是对于犯罪心理的产生变化和犯罪行为的实施起诱发、推动和助长作用的因素，简言之，犯因性问题就是具有犯罪原因性质的因素。这里之所以把这些因素称之为问题，是基于矫正的角度，认为犯因性因素都是病态化和问题化的，因其病态化和问题化的特质，才推动或引发了犯罪行为的发生，也因其是病态化和问题化的，才需要进行治理和矫正。

犯因性问题包含以下几个部分：

（1）犯罪根源。就是引起犯罪现象产生的最深层的终极原因。

（2）犯罪原因。是指"狭义的犯罪原因"，即直接引起犯罪行为的因素。

（3）犯罪条件。就是影响犯罪行为实施情况的外部因素。

（4）犯罪相关因素。是指对犯罪的发生具有一定影响作用的因素。

2. 犯因性问题分析的意义。犯因性问题分析，不仅是罪犯矫正所必需的，而且也是一个国家预防和治理犯罪所必要的工作，其意义具体表现为以下两个方面。

（1）犯因性问题分析是犯罪预防的重要条件。犯罪预防和控制的历史表明，严刑和监禁都不能真正达到减少和消灭犯罪的目的。积极的科学有效的犯罪预防，要从犯罪发生的源头抓起，犯因性问题通常是犯罪的源头。只有在认识和了解发生犯罪的各种犯因性问题及犯因性问题产生、变化的各种条件的基础上，才能通过全社会对这些犯因性问题和犯因性问题产生、变化的条件进行综合治理，由此达到科学预防犯罪的目的。

（2）犯因性问题分析是科学矫正罪犯的重要基础。犯因性问题的分析过程，是采用一定的科学方法和技术，对犯罪人的问题进行深入细致的分析和综合评判的过程。因此，犯因性问题分析不仅可以正确认识罪犯发生犯罪行为的内外在机理，为准确设定矫正目标、寻求有针对性的矫正技术指明方向和提供依据，而且还可以认识罪犯的人身危险性，为科学分类分押提供客观依据。可以说，现代监狱矫正，就是一个认识罪犯的犯因性问题和人身危险性——对罪犯进行分类并设定矫正目标、配置相应矫正技术——实施矫正——矫正效果评估的过程。

（二）犯因性问题分析维度

导致个体犯罪的犯因性问题是复杂而多样的，犯因性问题有多方面的表现，这就构成了犯因性问题的分析维度。换言之，犯因性问题分析维度就是分析犯因性问题在不同方面的表现。

在实践中，人们发现犯罪心理与行为的产生有相当复杂的原因，并不仅仅是思想道德问题。只有建构科学的认识维度，才能准确把握犯因性问题，从而科学地改变、改善和消除罪犯的犯因性问题。犯罪心理学研究表明：个体犯罪原因是一个整体系统，是由若干相互联系和相互作用着的主体内外因素所构成的多层次多维度的网络结构。由于各个因素的相互作用，个体犯罪的原因处在动态的变化之中。因而个体犯罪不是某个单一的因素致使其犯罪，而是主体内外动因多因素互为动力作用的结果。因此，基于犯罪心理学对犯因性问题的基本分类和对应的认识框架，犯因性问题的分析常常从以下几个维度进行：

1. 罪犯的主体因素和主体外因素。犯罪综合动因论认为，个体犯罪原因既有主体内的原因，也有主体外的原因，是主体内外动因多因素共同作用的结果。

主体因素是指犯罪人犯罪心理赖以形成的生理状况、心理和行为发展水平等因素，具体包括不良的心理因素、异常的生理因素、年龄与性别因素等。

主体外因素是指与犯罪心理形成有关的存在于主体外的客观因素，包括社会环境因素、自然环境因素和情境因素。社会环境因素指引起犯罪的各种社会因素及其过程，包括宏观层面的政治因素、经济因素和文化因素等，也包括微观层面的学校教育因素和家庭环境因素等。某一社会中的犯罪现象的产生和发展是由该社会中各种不良因素综合作用决定的。自然环境因素指一定条件的山川地貌、寒暑气候、昼夜时间等。自然因素总是和社会因素相结合对犯罪心理产生影响。情境因素是指直接影响犯罪人形成某种犯罪行为动机的周围环境，包括侵害对象的特征、现场条件和气氛、现场其他人因素、各种挫折情境以及机遇等，这些情境因素对犯罪动机起着诱发和强化的作用。

2. 犯罪的生物生理因素、心理因素和社会因素。犯因性问题分析可从生物生理、心理和社会三个基本维度来进行。

（1）生物生理维度的犯因性问题，可简称为生源性犯因性问题，主要是指通过对罪犯从受孕开始的生命历程的全面了解，寻求可能引发犯罪的生理病因及相关的解释。重点是通过对罪犯的家庭遗传史、遗传异常、染色体异常、生理特征及神经系统功能等进行全面认识和分析，寻求遗传、创伤、生理缺陷和健康状态等与犯罪行为之间的犯因性关系。

（2）心理维度的犯因性问题，一般可简称为心源性犯因性问题。即通过人格测量、行为观察等方法了解罪犯心理与犯罪行为之间的犯因性关系，从中寻求发生犯罪的心理学病因并作出解释。心理维度主要包括罪犯的需要、动机、人格特点、认知功能及觉察的内容、社会知识和技能、精神病史以及对重大生活事件不适当的行为模式等。这些心理现象可能是罪犯犯罪的决定性要素或者说犯罪可能是这些心理现象的直接后果。

（3）社会维度的犯因性问题，可简称为社源性或环源性犯因性问题。社会维度主要是在社会层面认识罪犯的犯罪是否受到一定环境因素的影响，寻求犯罪行为的社会病因并对此作出解释。社会维度主要包括认识罪犯的家庭结构和模式、罪犯在家庭中的角色、家庭关系、罪犯所处的互动群体、资源获得的情况、社会生活中的重大生活事件、多样化文化背景和状态及期望等。

3. 犯因性环境因素、个体因素与互动因素。对犯因性问题的分类还可以从犯因性环境因素、个体因素与互动因素三个维度来分析。在个体的成长和发展过程中影响和促使个人形成犯因性个体特征的环境，可以称为"犯因性环境"。犯因性个体因素是指犯罪人自身存在的诱发、推动和助长犯罪心理产生与犯罪行为实施的因素。而犯因性个体因素和犯因性环境因素并不是分别地、孤立地引起犯罪心理和犯罪行为。实际上，无论是在犯因性个体因素的形成过程中，还是在个体对犯因性环境因素的识别和感受中，以及在犯罪心理的产生和犯罪行为的实施过程中，个体因素和环境因素都是相互作用的，犯罪是个体与环境相互作用的产物。因此，在探讨犯罪行为的发生发展时，还必须研究个体与环境相互作用的方式及其特点。

二、犯因性环境因素

环境对人的行为有极大的影响，处在特殊环境中的人更容易形成不良的心理特征和行为模式，从而也更容易实施犯罪行为。对于大多数犯罪人来说，他们所处的环境常常与守法者有很大的差异，这类差异是导致他们犯罪的重要原因。犯因性环境因素既包括社会环境因素，也包括自然环境因素。

（一）社会环境因素

下列这些犯因性社会环境，对犯罪人所起的消极作用尤为明显。

1. 不良的家庭环境。家庭是个体最早接触的微观社会群体，是对个体进行社会化的最先执行者。个体成长过程中，被家庭的环境气氛所熏陶，接受父母有意无意的教育与影响，形成早期的生活经验、行为规范、社会态度等，为个体的个性形成和发展奠定基础。大量的研究和调查发现，不良家庭环境对未成年人不健全人格的形成具有原发性的影响，是个体犯罪心理特别是青少年犯罪心理形成的重要影响因素。

不良家庭，主要指家庭功能不良，表现为家庭育养方式的不当和教育功能的缺失。

（1）娇宠、溺爱子女。家长过度溺爱子女，对子女百依百顺，即使子女犯了错误也对其包庇纵容，易使孩子从小养成自私任性、好逸恶劳、骄横霸道、以自我为中心的不良性格和行为习惯。这类未成年人进入社会后，当他们的个人利益和需要不能在正常的范围内得到满足时，很可能不顾社会道德、法律规范来满足自己，从而发生违法犯罪行为。

（2）教育方式简单粗暴。家长发现孩子犯了错误后，无视子女正常的自尊和独立的人格，对他们动辄打骂。一方面，家长的举动给子女提供了学习模仿的榜样，很容易使他们形成残忍、粗暴、好斗的性格，把暴力攻击作为解决问题的方式；另一方面，这种教育方式还会引发、强化子女的逆反心理，造成子女和父母的对立冲突，使得子女容易受他人的引诱、威胁，堕落成犯罪人。

（3）漠视疏忽、放任自流。父母由于种种原因，如离异、工作繁忙、自我娱乐等，没有尽到养育的责任，对子女的一切不管不问，尤其是忽视子女的心理和情感需求。在这种家庭中成长起来的孩子，感受不到父母的关爱，缺乏父母的指导和监督，极易形成冷漠、易怒、孤僻、缺乏责任感和同情心等不良性格。他们往往特别渴望被关注和关心，因此易受社会上各种不良因素的诱导和影响，很容易形成犯罪心理，走上违法犯罪的道路。

（4）过度期望与控制。很多家长望子成龙，对子女有极高的期待，以致子女很难达成父母的目标，得到的便是父母的失望和打击贬损。还有的家长将自己的个人意志强加给子女，对子女过度控制，甚至限制子女的行为自由，这些都会给子女的成长带来极大的伤害。导致子女自卑、自弃、逃避、逆反等，在这样的心理驱动下，极易产生过激行为，引发犯罪行为的发生。

（5）父母言行不良。父母的言谈举止、态度等对未成年人有着潜移默化的影响。因此家庭主要成员特别是父母有不良行为、不道德行为或违法犯罪行为，通过其有意的教唆或无意的言行示范，对子女都会产生有害的影响，在其心灵中孕育下违法犯罪的种子。

2. 不利的学校环境。犯罪学研究发现，学校风气不良，是重要的犯因性因素。学校风气不良是指学校中的人际关系、学习气氛和纪律状况不符合一般的社会期望和道德要求的现象。对于青少年来说，由于学校对他们的影响超过了家庭，因此学校不良风气的犯因性作用，也往往超过家庭。

3. 不良交往。不良交往是指个体与道德品质差甚至违法犯罪的人进行的交往。个体与具有不良观念、嗜好和行为的人进行交往，很容易在交往过程中受到不良影响，从而产生和对方类似的不良观念、嗜好和行为。

4. 不力的执法状况。执法状况的好坏对于犯罪活动的状况有重要的影响。根据犯罪的社会控制理论，犯罪行为是社会控制薄弱的结果。社会控制有力，犯罪就会减少，而社会控制降低，犯罪就会增加。

5. 犯因性物质情况。犯因性物质是指可能诱发、促成或助长犯罪心理与犯罪行为的物质。经常提到的犯因性物质包括武器、毒品或精神药物、酒精等。社会环境中犯因性物质的存在、流行和供给等情况，往往具有犯因性作用，会助长犯罪行为的发生。

6. 不良的大众传媒报道。研究发现，在当今社会中，电视和网络是对人们影响最大的大众传媒。这些大众传媒的不当报道，特别是对暴力、色情和犯罪的渲染，具有很强的犯因性作用。

7. 经济不平等。研究表明，收入差距越大的地区，犯罪率越高。在大多数研究中，收入不平等的增加，伴随着犯罪率的增加，暴力犯罪尤其如此。因此，经济不平等及其伴随的消极心理现象具有犯因性作用。

（二）自然环境因素

自然环境因素，如季节气候、地域、时间等因素与犯罪行为也有一定的相关性。主要表现为：

1. 不同的季节气候条件对犯罪类型有一定的影响。一般来说，暴力性犯罪，如杀人、伤害、侮辱等犯罪，多发生在夏季。因为夏季气温高，人的情绪易受刺激。性犯罪，如强奸、猥亵等，则多发生在春季和夏季，主要是因为春夏季人的性欲最强，女性衣着也比较暴露，易刺激人的性欲。

2. 不同的地域对犯罪的发生也有一定的影响。一般人口流动性大的地区犯罪率要高于人口流动性较小的地区。如车站、码头、商业区及娱乐中心等，这些地方由于社会控制和监督松散，犯罪分子易于作案，便于逃脱。

3. 时间同犯罪行为的关联体现在夜晚的发案率要高于白昼。因为就犯罪而言，夜幕为屏，夜晚激发和怂恿了犯罪者内在的侵犯冲动和犯罪胆量，并在客观上形成了使犯罪得以掩护的外在条件。就被害人而言，由于夜间处于休息或疲惫状态，警觉性降低，疏于防备。就社会环境而言，此时社会防备力量与外在制约因素减弱或中止。因此，盗窃、强奸乃至伤害、杀人等暴力犯罪，夜晚的发案率明显高于白昼。

不过，应当明确的是，自然环境因素在犯罪行为的发生发展中，只是一个客观条件。自然环境与犯罪的产生有关系，但不是主要的，这种关系只是一种间接的、非决定性的关系。

三、犯因性个体因素

犯因性个体因素是指犯罪人自身存在的诱发、推动和助长犯罪心理产生和犯罪行为实施的因素。

(一) 犯因性生理因素

犯罪人与守法者在生理方面的差异，大多数是遗传而来的先天性差异，因此也可以说是遗传差异。这些具有犯因性作用的遗传差异，通过具体的生理因素体现出来，构成了犯因性生理因素。

1. 遗传因素。家庭研究或者家系研究比较了反社会行为在犯罪人和守法者的血缘亲属中的分布，研究结果是，犯罪父母很可能有犯罪子女。例如，在剑桥的研究中，有犯罪父亲的少年变成少年犯罪人的数量，是那些没有犯罪父亲的少年的两倍。为弄清楚这是遗传影响还是环境影响，很多学者又开展了双生子研究和养子女研究。

双生子研究发现了同卵双生子和异卵双生子之间的犯罪一致率差异。朗格（Lange，J. S.）通过研究 13 对同卵双生子和 17 对男性异卵双生子，结果发现 77% 的同卵双生子双方都因为犯罪而被监禁，而仅有 12% 的异卵双生子之间存在这种一致性。此类双生子研究肯定了遗传对犯罪的影响。

养子女研究也发现遗传在犯罪行为中的作用。例如，卡多莱特（Cadoret，R. J.）发现，在生父母被诊断为反社会人格者的 18 名养子女中，4 人成年后也被诊断为反社会人格者，而对照组的 25 名养子女中，没有一人被诊断为反社会人格者。在丹麦对 143 名犯罪养子女和守法养子女进行的研究中（1975），哈钦斯（Hutchings，B.）和梅德尼克（Mednick，S. A.）发现，当生父母和养父母都是犯罪人时，36.2% 的儿子变成了犯罪人；当只有生父为犯罪人时，21.4% 的儿子变成了犯罪人；当只有养父为犯罪人时，11.5% 的儿子变成了犯罪人；当生父和养父都不是犯罪人时，只有 10.5% 的儿子变成了犯罪人。这表明，生父母的影响效果比养父母的影响效果要大。不过，生父母实施的犯罪数量的影响效果要大于犯罪的类型。

虽然研究表明遗传对犯罪有影响，但在这些研究中，只有少数有犯罪父母的养子女变成了犯罪人，这表明环境对犯罪影响程度更大，犯罪是遗传与环境共同作用的结果。

2. 生理特征。在早期的犯罪学研究中，人们认为，犯罪人与守法者在生理结构与特征方面有差异。例如，19 世纪意大利精神病学家、犯罪学家龙勃罗梭（Lombroso，C.）收集了大量意大利罪犯和军人（非罪犯）的生理数据。他认为可以用某些异常的生理特征来辨别犯罪人，如不对称的颅骨、平坦的鼻子、大耳朵、厚嘴唇、巨大的下巴、高颧骨以及蒙古人种的眼睛等。不过，后来的文献中没有见到过类似的研究结果。文献中一个最有力的研究发现是，无论儿童还是成人，生理吸引力都表现出某种跨情境和跨经历的优势。例如，有吸引力的儿童和成年人比那些缺乏魅力者得到更多的正性评价，有吸引力的儿童和成年人得到的待遇也比缺乏魅力者更加优厚。一般来说，有魅力的人比缺乏魅力的人事业更成功、社交技巧更娴熟、心理更健康。因此，合理的假设是吸引力与犯罪行为之间有某种联系。霍华德（Howard，J.）等人研究了面部特征与犯罪的关系。他们发现非裔美国人和白人的罪犯都明显比未犯罪者缺乏吸引力。更进一步说，矫治工作人员往往认为罪犯的相貌比正常人更"丑陋"。由于缺乏相貌魅力会增加被同伴拒绝和社会环境中的不公待遇的可能性，因此，外表魅力可能在犯罪的发生和法庭判决过程中有一定的影响。

3. 神经系统。已有犯罪学研究发现，犯罪人在神经系统的特征方面与普通守法者有差异。长期以来，人们认为额叶损伤与冲动性、缺乏抑制和轻率的行为有关。现在人们相信，额叶与随意行为的整合、调节和方向有关。黑尔（Hare，R.D.）指出，精神病态性犯人语言的脑组织整合功能较差，不能很好地整合感情成分和将认知与行为联系起来的其他成分。米勒（Miller，L.）也指出，语言技能和调节功能的损伤是受额叶控制的，这方面的损伤在反社会人群中有一定的一致性。他认为，这种损伤是发育不足的症状，而不是神经损伤的症状。在紧张状态下，少年犯罪人，特别是那些暴力性和冲动性少年犯罪人更不可能使用内部言语调节注意力、感情、思维和行为。

最新的脑成像技术对犯罪与神经系统的关联性做了进一步的研究。脑成像就是通过最新技术使得神经科学家可以"看到活体脑的内部"，这些脑成像方法可以理解脑特定区域与其功能之间的关系。2013年的一项研究表明，某些惯犯的前扣带回活跃程度较低，而前扣带回在处理认知冲突的过程中具有异常重要的作用。

尽管脑成像研究在犯罪人身上发现了各种脑区异常，但大部分情况下，人们仍然不清楚这些脑区的异常是犯罪的直接原因，还是次要因素或者仅仅是偶然关联。在著名的菲尼斯·盖奇（Phineas Gage）例子中，他的内侧额叶被一根铁棒损伤后，出现了反社会人格的变化；还有惠特曼（Whitman，C.），他在右颞叶出现脑瘤后，杀死了16人。这些病例说明了一个关于脑区损伤定位的问题：不同的病例常常牵涉不同的大脑区域。像盖奇这样的病人对腹内侧前额叶皮层（vmPFC）和眶额叶前部皮层有损伤，而其他病人像惠特曼一样在这些区域之外也有损伤。有研究显示，与犯罪行为存在时间上相关的不同位置的损伤具有独特的大脑连接模式。虽然这些病变在空间上是多样的，但它们都是常见的脑功能网络中的一部分。

4. 生物化学因素。由内分泌腺分泌的激素，通过广泛的反馈回路影响中枢神经系统，也通过对正常发育以及对暂时状态的调节而影响行为。因此，现代研究认为，激素的分泌水平与犯罪行为之间存在较大的关联。如研究发现，雄激素在胎儿的性别分化、青春期第二性征的出现中起着关键的作用。因此，人们把睾酮看成是解释犯罪行为与性别和年龄普遍相关、男性具有更强攻击性的一种可能因素。古德曼（Goodman，J.）还试图将女性的反社会行为与雄激素过量联系起来。他从 400 名研究对象中鉴别出 7 名具有攻击行为和性亢进历史的犯罪少女，发现其中的 6 人在子宫内或童年早期受到过雄激素的影响。

在犯因性生物化学因素的研究中，肾上腺素和去甲肾上腺素的分泌，一直备受关注。研究发现，反社会者在紧张状态下较少分泌肾上腺素。奥尔伍斯（Olweus，D.）报告说，在适当紧张状态下，那些缺乏焦虑的外倾性格者尿中的肾上腺素水平较低，那些被认为不会进行非激怒性攻击行为的人也较低，持续性恃强凌弱者的肾上腺素水平也较低。奥尔伍斯认为，肾上腺素增加与大脑皮层警觉的关系更密切，而不是与紧张的关系更密切。马格努森（Magnusson，D.）提出了类似的观点，用来解释多动青少年面对适度紧张时肾上腺素没有增加的现象，这说明他们在这种情境中缺乏紧张反应或者缺乏卷入度。

（二）心理维度的犯因性问题

犯罪人与守法者在心理方面的差异，大多数是在先天遗传的基础上通过后天的学习而产生的习得性差异。这类差异对是否进行犯罪行为以及进行什么样的犯罪行为，具有重要影响。心理维度的犯因性问题分析，即是通过人格测量、行为观察等方法了解犯罪心理与犯罪行为之间的犯因性关系，从中寻求发生犯罪的心理学病因并作出解释。心理维度包括犯罪人的需要、动机、人格特点、认知功能以及社会知识和技能、精神病史以及对重大生活事件不适的行为模式等。这些心理现象可能是犯罪的决定要素或犯罪是这些心理现象的直接后果。

1. 犯因性人格因素。人格表现为个体适应环境时在能力、情绪、需要、动机、兴趣、态度、价值观、气质、性格等方面的整合，是个体在社会化过程中形成的具有个体特色的行为内部倾向和个性特征。犯罪心理学的研究表明，犯罪行为是犯罪机遇与犯罪心理相互作用的结果，其中犯罪心理起决定性作用。而犯罪心理的形成，与个体人格中的缺陷存在着直接或间接的关系。

（1）自我概念。自我概念是指个体对自己存在状态的认知，是个体对自身角色进行自我知觉和评价的结果。有证据表明，自我评价低的人，因为遵从自我的一致性而有可能表现出不遵从行为。另一种观点是，为提高或维持自尊心，人们也可能做出不遵从行为。研究发现，低自尊是少年犯罪人的普遍特征。

（2）攻击性。攻击性是指个体有意进行侵犯、争夺或破坏行为的心理倾向。精神分析学认为，人具有本能性的攻击欲望，或称之为攻击本能。一切攻击行为都是潜在的攻击本能精神能量的流露。当攻击性向外流露时，就会转化为犯罪动机，引起犯罪行为。不过，攻击性也会通过潜意识的投射机制，把攻击的矛头指向自己，引起自杀或自伤行为。强烈的攻击性是重要的犯因性因素。很多犯罪人的攻击性都比守法者强烈。而且，研究也发现，攻击性似乎是一种相当稳定的特质。幼年时具有较高攻击性的儿童，成年后通常比其他人更具有敌意，他们常常殴打自己的配偶或者孩子，并且有更多的犯罪记录。

（3）敌意。敌意是对他人所持的仇视、怨恨、对抗、怀疑和不相容的消极态度或评价。敌意是攻击行为产生的重要心理基础。当对某人怀有敌意时，就会在心理上希望让其感到不快和受到痛苦，甚至试图给其造成有害结果。因此，敌意是攻击行为的一种潜在准备状态。怀有敌意的人在遇到不利情境时，随时都会将敌意转化为犯罪动机，对个体所敌视的人或物进行直接攻击，产生侵害他人的犯罪行为。另外敌意还会产生"敌意投射"，即将敌意指向无关的其他人或物，间接发泄敌意。可以说，一些激情犯罪和无明显动机犯罪的产生，其心理机制都是"敌意投射"。因此，敌意是具有犯因性作用的重要心理因素。

（4）冲动性。冲动性是指由外界刺激引起并靠激情推动的行为倾向。换言之，就是个体在遭遇突发性刺激后不加思考立即行动的心理倾向。冲动性意味着个体的自我控制能力差、理智思考能力差，经常在激情推动下行动，很少考虑行为的方式和后果。

冲动性与犯罪的联系比较紧密。研究表明，冲动性不仅是造成青少年的犯罪率远远高于其他年龄组人群的重要因素，而且也是妨碍个体的内化过程，从而引起一系列犯因性后果的因素。冲动性强的人不能很好地将道德规范内化，妨碍了个体的道德发展；同时还会制约个体言语能力的发展，使那些不能用语言表达自己的愿望和情绪的人，更容易用攻击性行为和其他冲动性爆发方式解决问题；冲动性亦会阻碍个体对多方面内容的学习，从而对个体的社会化和学业成绩产生广泛的消极影响，进而影响个体的社会适应能力，促使犯罪行为的产生，是重要的犯因性因素。

（5）不能延迟满足。延迟满足是指个体能够控制自己为了将来更大的利益而舍弃眼前极小利益的心理倾向。这是个体自制力强的一种表现。研究表明，延迟满足与持久的注意力、较高的智力和认知发展相关联，也与个体对诱惑的抗拒力有关。在国外，人们认为延迟满足是中产阶级和成就需要强烈的人群的典型特征。相反，不能延迟满足意味着个体为了获得眼前的直接奖赏而宁肯舍弃将来的更大奖赏。这种对眼前奖赏的偏好，与现在时间定向、低社会经济地位相关联，是成就需要低人群的典型特征。米沙尔（Mischel，W.）的研究发现，不能延迟满足以及对直接奖赏的偏好，与少年犯罪和病态人格有重要的相关性。

（6）追求刺激倾向。刺激是指能够使人产生心理、生理和行为变化的因素。这类因素既可能是外部的事物，也可能是个体的生理与心理变化。在犯罪学中所说的"刺激"，主要是指能够引起个体感官兴奋和快乐的外部因素。研究表明，犯罪人有一种更强烈的追求刺激的倾向或者追求轰动效应的倾向。他们的心理唤醒水平往往低于正常人的平均水平，因而具有比非犯罪人更大的追求刺激需要。他们会为了追求刺激而进行犯罪行为。一些研究者认为，低唤醒水平、追求刺激倾向和越轨行为之间存在着联系。例如，奎伊（Quay，H.C.）明确指出，"渴望追求刺激"与病态人格有关；法利（Farley，F.H.）指出，少年犯罪人通常更有可能是一些唤醒水平低的刺激追求者；埃利斯（Elis，L.）假设，有8种行为模式与不太理想的唤醒水平有关，这8种行为模式是：抗拒惩罚、冲动性、儿童多动症、冒险、为了娱乐而吸毒、积极的社会互动、范围广泛的性经历和学业成绩差，而所有这些行为模式都与犯罪性或病态人格有关。

（7）低焦虑水平。焦虑是指个体在遇到阻碍或失败时产生的一种紧张不安和恐惧的情绪状态。焦虑通常分为三类：现实性焦虑是指客观存在的威胁自尊心的因素引起的焦虑；神经过敏性焦虑是指个体对人和事物都会产生的焦虑反应，由心理及社会因素诱发的挫折感、失败感和自尊心严重损伤等引起；道德性焦虑是指由于个体违背社会道德标准的愿望或行为与社会要求发生冲突时产生的内疚情绪。研究表明，犯罪人和病态人格者比正常人更加缺乏焦虑感，他们的焦虑水平往往都比正常人低。焦虑水平低意味着个体的正常社会化程度低，在心理上没有形成强烈的良心，缺乏是非标准，以致在进行反社会行为时很少产生这种行为不适当的感觉，不会预见到进行这样的行为可能要受到惩罚，难以体验到罪恶感和紧张不安的情绪。而这种情绪状态的缺乏，减弱了个体进行犯罪行为的内在遏制力，使个体在缺乏内心冲突的情况下，心安理得地实施犯罪行为。

（8）人格特征与人格障碍。通过人格测验、观察等方法进行的犯罪学研究发现，许多人格特征与犯罪行为密切相关。例如，美国犯罪学家格卢克夫妇（Glueck，S.&E.）研究发现，少年犯罪人中更为常见的人格特征包括：对抗、对权威的矛盾心态、不受重视感、怨恨感、与人交往困难、敌意、怀疑、破坏性、自恋、被控制感、施虐癖、冲动性、外倾、精神病态。这是对犯因性人格因素一个比较全面的描述。

国内的研究也证实了犯罪人的一些人格特征。研究发现，在男性罪犯中比较突出的人格特征包括：比守法男子更强调体力、更专横，喜欢寻求刺激和进行冒险活动；他们的自我确认、人际适应、社会价值内化、成就潜能、心理感受性均较差；对变化不定和纷繁复杂的事物感到无从适应，容易在生活中受到打击，难以接受传统习俗价值系统；怀疑论者，对事物的不完善较为敏感，并持抵制态度；难以管束，偏执狭隘，自我放纵，情感疏离，有较严重的内心冲突，容易失去心理平衡。对女性罪犯的研究发现，喜怒无常、急剧变化的情绪是女性罪犯最主要的人格特点；她们还常有被动退缩、焦虑紧张、内心矛盾、缺乏自知等人格特征。[1]

另外，犯罪学研究发现，人格障碍与犯罪行为的关系更为密切。许多犯罪学家和精神病学家都认为，存在着一种反社会型人格障碍，或者称为"精神病态"或"社会病态"。其主要特征为：反复违反法律和被逮捕；反复说谎，使用化名，为了自己的利益和快乐而欺骗别人；冲动性或者事先没有计划；反复进行暴力行为；不断变换工作，借钱不还；缺乏悔恨；等等。另有研究发现，其他类型的人格障碍与犯罪的关系也较为密切。这些人格障碍包括冲动型人格障碍、偏执型人格障碍等。

2. 犯因性思维模式。思维模式是指人们在长期的思维活动中形成的习惯性的思考方式或倾向。大量的研究发现，犯罪人具有一些独特的可能会助长和促成犯罪行为的思维模式。例如，人们很早就注意到犯罪人具有偏颇的合理化方式。合理化是指个体用社会可以接受的理由对自己不合理的心理和行为进行辩解使其变得合理的过程。犯罪人普遍存在着用似是而非的理由为自己的犯罪心理和行为辩解的现象。通过这样的心理过程，他们将自己的犯罪心理和犯罪行为合理化，从而减轻或消除罪恶感、紧张感等情绪，心安理得地实施犯罪行为，"坦然"面对犯罪结果。犯罪学家赛克斯（Sykes, G. M.）和马茨阿（Matza, D.）概括出了犯罪人通常使用的五种合理化思维：

（1）否定责任。犯罪人否认自己对犯罪行为有责任，把自己看成是社会的牺牲者，认为犯罪行为是自己无法控制的力量或事件的产物。

（2）否认损害。犯罪人否认自己的行为对社会或他人造成了损害。

（3）否认被害人。犯罪人把犯罪行为的原因归咎于被害人，把自己的行为看成是正义的行动。

（4）责备谴责他们的人。

（5）高度效忠群体。犯罪人往往把其他人，尤其是同伴的需求看得很重，遵从帮规、效忠团伙。

―――――――――

〔1〕 马海鹰、张小远："罪犯人格特征的研究进展"，载《中国健康心理学杂志》2005 年第 3 期。

美国当代精神病学家、犯罪心理学家约奇逊（Yochelson，S.）和萨米诺（Saminow，S.E.）对犯罪人进行了 15 年的研究，在极端犯罪人中识别出了错误思维模式或者思维错误。他们认为，这些错误思维模式与不负责任相结合，就可以影响犯罪人所有的行为。根据他们的论述，犯罪人表现出的错误思维模式包括：

（1）犯罪人因为自己的犯罪行为而谴责别人。例如，认为自己"不可能阻止犯罪行为""别人让他们进行犯罪。"

（2）犯罪人形成一种不承担自己责任的态度。

（3）犯罪人往往不能理解对他人造成的伤害。

（4）犯罪人不能设身处地地为别人着想，特别是不能为被害人着想。

（5）犯罪人不能进行足够的努力以便实现必要的目标。有时候，他们不知道进行多大的努力才是适当的。

（6）犯罪人拒绝承担责任。

（7）犯罪人对他人的财物采取一种占有或者所有的态度，把别人的财物当作自己的财物一样地对待。

（8）犯罪人似乎不理解什么是值得信赖的行为。

（9）犯罪人经常期望别人"同意"满足他们自己的愿望。

（10）犯罪人通过捕风捉影、想入非非和谴责别人，做出不负责任的决定。

（11）犯罪人往往傲慢自大，很少承认自己的错误，也不愿意承认别人有道理。

（12）犯罪人对成功以及获得成功需要花费的时间，表现出不恰当的看法。例如，他们相信自己在一夜之间就可以获得成功。

（13）许多犯罪人似乎不愿意接受批评。

（14）犯罪人否认自己有恐惧感，不愿意承认恐惧感可能具有建设性。

（15）犯罪人利用愤怒控制别人，不承认自己的愤怒是不适当的。

（16）犯罪人过分热心地试图获取权力和用不适当方式行使权力。

其他的研究也发现，犯罪人很容易夸大自己的"男子汉"感觉；他们表现出只顾眼前而不考虑长远后果的思维倾向；相信他人的威胁无所不在，并且认为使用暴力解决问题是恰当的；等等。

国内的研究认为，罪犯的思维具有偏执性（表现为以无根据的判断、不恰当的归因和不正确的认识曲解事实）、闭锁性（将思维禁锢在一个特定的框框中不能解脱）、直感性（思维主要靠直觉，缺少相应的判断、归纳、分析、综合过程）、怪异性（即怪诞异常、超乎常理）、灰暗性（表现为卑鄙、猥琐）等特征。实际上，思维的偏执性是很多犯罪的重要犯因性因素。

3. 犯因性智力因素。20 世纪初的研究发现，智力低下与犯罪有关系。后来的大量研究证实，犯罪人作为一个整体，其智力水平低于守法者。例如，美国的调查数据显示，在一般人口中，轻度智力落后者（智商为 52 分~67 分）大约占 3%，而在少年拘留机构和成年犯监狱中，这样的人员占 15%~20%。

智力是多种能力的综合表现，它包括很多具体的能力，它们构成了智力的维度。犯罪学研究特别重视区分言语智力和非言语智力或者操作智力。言语智力表明了个体在言语表达方面的能力，而非言语智力或者操作智力则表明个体在动手和操作方面的能力。犯罪学研究发现，犯罪人的言语智力普遍较低，这使他们不善于言语交流，难以通过言语沟通进行人际交往和解决人际冲突，在这种情况下，他们更有可能采取武力行为解决矛盾冲突。例如，研究发现，少年犯罪人的平均言语智商通常低于总均数几乎一个标准差（10 分~20 分），这意味着大约 2/3 的少年犯罪人在言语能力方面有缺陷。[1]相反，如果个体的言语智力较高，那么他们的口头表达能力就强，就有利于进行人际交往，较少产生人际冲突，因而实施犯罪行为的概率就会减少。因此，言语优势具有阻止犯罪行为的积极作用，而言语智力差则具有犯因性作用。

4. 犯因性精神障碍。人们通常认为，残忍、暴力和明显无目的的犯罪行为一般是有精神障碍的人所为。根据《精神障碍诊断统计手册（DSM-Ⅳ）》的解释"精神障碍是某人发生于临床上明显的行为或心理症状群或症状类型，伴有当前的痛苦烦恼或功能不良（即在某一个或一个以上重要方面的功能缺损），或者伴有明显较多的发生死亡、痛苦、功能不良或丧失自由的风险。而且，这种症状群或症状类型不是对于某一事件的一种可期望的、文化背景所认可的（心理）反应，例如对所爱者死亡的（心理）反应。不论其原因如何，当前所表现的必然是个体的行为、心理或生物学的功能不良。但是，无论是行为偏离正常（例如，政治的、宗教的或性的），还是个体与社会之间的矛盾冲突，都不能称为精神障碍，除非这种偏离或冲突是正如前述那样的个体功能不良的一种症状"。

精神障碍的概念所指很宽泛，它包含了奇异、夸张、有害和轻微异常的一系列行为，按严重程度排列，精神障碍包括从危险、有害的行为到基本无害的举止。目前，与犯罪最为相关的四类精神障碍是：①精神分裂障碍；②偏执障碍；③心境障碍（重度抑郁）；④反社会人格障碍。这四种障碍之所以意义重大，是因为它们最可能与暴力、严重犯罪或反社会行为有关，也是刑事诉讼中作为无责任能力精神病人辩护的最常用理由。

（三）犯因性行为因素

个体在成长经历中学会和养成的不良行为方式，往往会对犯罪行为的产生

---

〔1〕〔英〕R. 布莱克本：《犯罪行为心理学：理论、研究和实践》，吴宗宪、刘邦惠等译，中国轻工业出版社 2000 年版，第 163 页。

起到推波助澜的作用。这些犯因性的不良行为习惯主要有：

1. 身体攻击习惯。有些犯罪人的言语表达能力差，在生活中形成了用身体攻击行为解决矛盾或摆脱困境的习惯。当他们遇到挫折时，往往不能用说服、协商的方式解决问题，而是常常诉诸身体行动，使用暴力行为，容易产生暴力型犯罪。

2. 偷窃习惯。有些犯罪人从儿童时起就有了偷窃行为，养成了偷窃习惯。随着年龄的增加，有的人甚至还形成了病态偷窃心理——偷窃狂，表现为经常产生不可克制的偷窃冲动，不偷别人的东西就会产生强烈的焦虑和抑郁；所偷的东西对自己没有实用价值；常将偷窃的东西弃之不用或者偷偷放回原处；偷窃之后有悔恨感，但是下一次偷窃冲动产生时，又情不自禁地实施偷窃行为。这种习惯和心理，是盗窃等犯罪的犯因性因素。

3. 说谎习惯。一些犯罪人在生活中形成了用说假话解决问题或者摆脱困境的习惯。这种习惯是诈骗等犯罪的重要犯因性因素。

4. 赌博习惯。一些犯罪人沾染上赌博习气，养成赌博习惯，甚至产生病态赌博心理。表现为经常产生不可遏止的赌博冲动，不进行赌博就会产生情绪紊乱。赌博习惯不仅迫使个体通过非法手段获取赌资，引发多种财产犯罪，而且也会助长个体的投机冒险心理。这种心理又是赌博犯罪以及其他相关的财产犯罪或暴力犯罪的犯因性因素。

5. 好逸恶劳习惯。这种习惯突出地表现为渴望舒适安逸的生活，但是又不愿意进行正常的劳动和工作。它造成贪图吃喝玩乐和厌恶工作劳动之间的矛盾，是大量财产型、牟利型犯罪的犯因性因素。

6. 自由散漫习惯。这种习惯表现为不遵守纪律，不愿意受规章制度的约束，在生活与工作中不遵守社会规范，工作、休息没有时间观念，参加劳动不服从指挥，喜欢自行其是、随心所欲。这种习惯会引起社会适应不良和多种犯罪行为。

7. 流浪习惯。这种习惯往往从小开始，表现为个体到处游逛、离家外出、夜不归宿、不参加正常的社会活动。随着年龄的增加，一些人甚至发展到不愿意参加正常的工作、居无定所、随地谋生。在流浪过程中，个体很可能参加涉及犯罪活动的团伙，学会犯罪技能和形成犯罪心态，参与多种犯罪活动。

8. 醉酒。一些人在生活中形成了过度饮酒的习惯，随时都有可能饮酒。很多时候他们都处于醉酒状态之中。而酒精显而易见是一种犯因性物质，它的犯因性作用是多方面的，包括解除个体的自我控制，使个体变得胆大妄为，容易产生攻击行为，也很容易进行冒险行为；损害个体的判断能力，使个体过高估计自己的能力，过分乐观，甚至对于自己逃避打击的能力也估计过高；降低行为操作的准确性。所有这些方面，都具有犯因性作用。

9. 吸毒。犯罪学研究发现，吸毒对于个体具有很大的危害性，吸毒后产生的异常精神状态和吸毒上瘾后为了维持毒瘾而进行的活动，都与犯罪行为有非常密切的关系。抢劫、伤害和盗窃类街头犯罪人中，吸毒者的比例很高。经常吸食毒品的人进行犯罪行为的数量，要多于其他人口。

（四）犯因性职业技能

职业技能是个体从事不同职业工作所需要的技能。根据犯罪学的研究，具有犯因性作用的职业技能状况主要有两种：

1. 职业技能不足。这是指个体不具备从事社会中的职业工作的技能状况。由于缺乏职业技能，个体不能从事需要较高技能的职业工作，只能获得较低的收入，这很容易使家庭陷入贫困状态。同时，缺乏职业技能的人在劳动力市场上竞争力差，在竞争中处于不利地位，很容易面临失业等危险，使自己和家庭陷入经济贫困。犯罪学研究表明，经济贫困特别是突然发生的经济贫困，往往是促使犯罪行为发生的重要因素。因此，个体职业技能不足以及因此造成的不能顺利就业或者容易失业，具有犯因性作用。

2. 职业技能特长。一些犯罪人会利用自己的职业技能，进行违法犯罪活动。例如，化学工程师利用自己的专业技能钻研制造毒品；计算机专业人员利用自己的信息技术进行网络犯罪；医生利用自己的医学技术杀人等。因此，职业技能特长，是某些技能性犯罪的前提条件。

四、犯因性互动因素

从犯罪行为的产生和犯罪行为的实施情况来看，犯因性互动集中体现在三个方面。

（一）犯因性认识

犯因性认识是指在互动过程中对有关因素作出有利于犯罪心理形成和犯罪行为实施的认识和评价。主要表现为社会知觉偏差和社会认知缺陷。

1. 社会知觉偏差。社会知觉是指个体在社会交往中对于自己和他人的认识。从犯罪学的角度来看，在个体的社会交往过程中，有缺陷的社会知觉主要表现在两个方面：

（1）人际知觉偏差。人际知觉偏差是指在人际交往中个体对自己与他人或他人之间关系的知觉偏差。人际交往中人们不可避免地要对一些人际关系做出判断，以此决定如何作出相应的人际交往行为。一些犯罪人在这个过程中，容易发生认识和判断错误，不能准确感知人际关系的远近亲疏，对他人的言行易作出错误的解读，如把友善当嘲讽、把关心当指责、把关注当敌意，从而产生极端的或违法的应对行为。

（2）角色知觉偏差。角色知觉偏差是指个体对自己应该扮演的社会角色及其角色规范出现认知错误。在社会生活中，随着年龄的增加和社会环境的变化，每个个体都要扮演不同的社会角色。个体对于自己扮演的社会角色及相关内容的恰当理解，是个体顺利适应社会生活的前提和基础。一些犯罪人不能恰当认知自己的社会角色，难以胜任自己的角色身份，对自己该扮演的社会角色期待不符合社会规范的要求，存在强烈的社会角色间冲突，这些都有可能导致犯罪人的社会适应不良和行为失当。

2. 社会认知缺陷。在社会生活中，人们不断从社会环境中获取信息，进而形成对有关社会环境的推理，这个过程就是社会认知。犯罪人中可能发生的社会认知缺陷主要有：

（1）过分使用刻板印象。刻板印象是指人们头脑中存在的对某个群体及其成员的固定印象。有的犯罪人存在着过分使用刻板印象的现象，遇到事情不作具体分析，而是根据刻板印象进行简单化的认识，导致发生认识错误和行为问题。

（2）使用偏见。偏见是指仅仅根据对象的某一个方面而形成的对这一对象不客观、不公正的看法。就犯罪人而言，他们最有可能对被害人产生偏见。例如，一些犯罪人可能对穿着暴露者存在偏见，以为她们愿意和人发生性行为，对她们的反抗置之不理，强行与其发生性行为，犯下强奸罪行。

（3）滥用可用性策略。可用性策略是指个体根据一件事情进入脑海的容易程度来作出判断的认识方法。例如，犯罪人在某一情境中或针对某类被害人犯罪得逞之后，再遇到类似的情境或被害人，很容易作出判断，认为对这种情境或这类被害人实施犯罪容易得逞，从而使犯罪动机得到增强并实施犯罪行为。

（4）发生思考抑制。思考抑制是指在从事活动的过程中试图避免想起某些宁愿忘记的事物的现象。在日常生活中，人们进行某些活动时往往忘记自己不愿意想起的事物，产生所谓的"动机性遗忘"。很多犯罪人在实施犯罪行为时，就会发生思考抑制：他们更愿意看到犯罪行为得逞之后的收获和利益，而不愿意想到犯罪行为可能招致的惩罚等消极结果。这种思考抑制现象往往促使犯罪人产生犯罪行为。

（5）产生过度自信障碍。过度自信障碍是指人们过分相信自己判断正确性的现象。这是人们生活中容易发生的认识错误，但在一些犯罪人中更有可能发生这样的错误。他们缺乏起码的客观性和谦虚精神，刚愎自用，盲目自信，因而往往发生认识错误。很多事故性犯罪和一些过失犯罪，都与犯罪人的过度自信障碍有密切的关系。

（6）消极选择社会信息。复杂的社会生活中，既有积极的社会信息，也有消极的社会信息。那些具有个性缺陷和不良心理品质的人，对于社会环境中的消极信息往往具有高度的敏感性和选择性。消极的社会信息与个体原有的不良心理相吻合，产生共鸣，从而使原来的不良心理进一步恶化，甚至演变成犯罪心理，导致犯罪行为的产生。

（7）高度的自我服务偏向。自我服务偏向是指人们在分析事物的原因时把积极的结果归于自己，把失败的结果归于外界的思维倾向。犯罪心理学研究发现，许多犯罪人存在高度的自我服务偏向，他们在分析事物的原因时，缺乏理智、客观的态度，这是造成他们社会适应不良和屡遭挫折的重要心理因素，是产生犯罪心理和进行犯罪行为的重要原因。

（二）犯因性反应方式

犯因性反应方式是指在犯因性认识基础上产生的相应的外部反应方式。正常情况下，个体的外部反应方式应当是在坦诚的基础上进行的协商性、和平性的反应方式。但是，犯罪人可能会采取如嘲弄、蔑视、暴力或者欺骗等方式在内的犯因性反应方式。因此，犯因性反应方式也是一类重要的犯因性互动因素。

1. 反社会态度。反社会态度是指个体对某一对象所持的会推动和助长其产生危害社会行为的心理评价与行为倾向，也被称作"反社会倾向"。反社会倾向表明了个体的敌意、挑衅、对抗、仇恨等态度和侵害、威胁等愿望。这种侵害性可能会转化为实际的攻击行为，也可能不转化为实际的攻击行为。但是，它肯定会通过恶意交谈、嘲弄和不友好的方式表现出来。

2. 不恰当的言语行为。言语行为是指借助语言传递信息的活动。言语行为是最重要的人际互动方式，生活中大多数的人际互动都是通过言语行为进行的。不恰当的言语行为往往具有犯因性作用，引起多种矛盾冲突和犯罪行为。人们常说的祸从口出、恶语伤人等，就表明了不恰当言语行为的犯因性作用。

3. 不恰当的非言语行为。非言语行为是指不使用言语进行信息交流和相互作用的活动。心理学研究表明，非言语行为主要包括：①面部表情，手势、姿态等身体动作；②目光接触；③人际距离，即与人接触时相互之间的空间距离；④时间控制，即与人接触的时间长短；⑤实物与环境，即相互接触时，存在和使用的物品及周围环境；⑥辅助语言，包括音量、语气、节奏等。

在犯罪人与他人的互动中，他们既有可能错误理解别人的非言语行为，也有可能自己表现出不恰当的非言语行为，如攻击性的身体动作，挑衅性的目光注视，在气氛不和谐的情况下过分靠近别人并手持可用作武器的物品，使用轻蔑的语气与人讲话等，这些都可能产生犯因性作用，加剧人际冲突，引发犯罪行为。

4. 暴力行为。一般来说，暴力行为就是使用身体力量和武器进行的攻击行为。暴力行为是重要的犯因性因素，因为它会加剧人际冲突和情绪对立，从而引发更严重的犯罪行为。同时，暴力行为本身也是重要的犯罪行为方式。在崇尚暴力的文化环境里，暴力犯罪的发生率普遍较高，这也表明，暴力行为具有犯因性作用。

5. 欺骗行为。欺骗行为是指利用虚假的言语或行动进行的目的性行为。在实施欺骗行为时，个体为了达到自己的目的，利用虚假的言语或者行为蒙蔽对方，诱使对方暂时同意自己的意见或者自愿进行自己所期望的行动，从而谋取利益。因此，欺骗行为虽然不具有暴力性，但是同样会给对方造成不同程度的损害，从而引起或者加剧人际纠纷，引发严重的危害后果，构成犯罪行为。所以欺骗行为也是重要的犯因性因素。

（三）情境因素

从犯罪行为的发生来说，犯罪行为是具有犯因性个人特征的人与某种直接的环境产生相互作用的结果。这种直接的环境，称为犯罪情境。犯罪人对于犯罪情境的选择和利用，是发生犯罪行为的重要犯因性因素。一般情况下，犯罪情境是中性的，即犯罪情境仅仅是犯罪行为发生的具体环境，并不意味着犯罪情境就有利于犯罪行为的实施。但是，对于大多数犯罪人来说，他们总是寻求有利于实施犯罪行为的环境并且在认为特定环境有利于犯罪行为的实施时，才进行犯罪活动。因此，从犯罪人的主观角度上来看，犯罪情境似乎都是有利于犯罪行为的实施的。当犯罪情境有利于犯罪行为的实施，甚至直接诱发犯罪动机和促成犯罪行为时，这样的犯罪情境就成了"犯因性情境"。更确切地说，所谓"犯因性情境"，就是有利于甚至直接促使犯罪动机的产生和犯罪行为的实施的犯罪情境，这类犯罪情境相当于通常所说的"犯罪机遇"或者"犯罪机会"。犯因性情境的构成因素，就是犯因性情境因素，主要包括：

1. 具有犯罪动机的犯罪人。这是最重要的犯因性情境因素。可以说，所有的犯罪情境，都是以犯罪人为核心的。当存在具有犯罪动机的犯罪人时，他们不仅选择有利于实施犯罪行为的犯因性情境，甚至也可以有意识地影响普通的犯罪情境，使其朝着有利于进行犯罪行为的方向转变。

2. 具有缺陷的被害人。具有某些缺陷的被害人，也是犯因性情境的重要构成因素。这里所谓的"缺陷"，并不是指一般性的身体或者心理缺陷，而是指诱使或者便于犯罪人实施犯罪行为的特征，如容易轻信别人、身体虚弱、具有某些外表特征、从事某种职业、衣着过分暴露、言行举止轻浮、具有挑衅性等。

3. 犯因性旁观者。犯因性旁观者是指在犯罪现场存在的助长甚至促成犯罪行为的其他人。在犯罪行为发生的场合中，很多时候都存在旁观者。但是，不同的旁观者对于犯罪人及其犯罪行为所起的作用是不同的。有些旁观者具有正义感，愿意帮助被害人，敢于阻止犯罪行为的进行，这样的旁观者是亲社会型旁观者，他们的态度和行为有利于维护社会的安宁和公众的利益。但是，有些旁观者在遇到他人实施犯罪行为时，采取冷漠、观望等不干预的态度，或者为了保护自己的利益而怂恿犯罪行为，在极端情况下甚至帮助犯罪人实施犯罪。这些助长甚至促成犯罪行为的旁观者，就是重要的犯因性情境因素。

4. 其他犯因性因素。从犯因性情境的构成来看，还有一些因素也具有犯因性作用。这类有利于进行犯罪行为的因素包括犯因性时间（如黑夜）、犯因性地点（如偏僻的地方）、犯因性气候（如大雾、炎热）、犯因性建筑（如存在观察死角，有利于犯罪人进出的建筑）、犯因性状态（如肮脏、凌乱、混乱的环境，社会治安混乱的状态，无人看守的状态）、犯因性目标物（如便于盗窃和销赃的物品）等。这些因素的存在，都有利于犯罪人实施犯罪行为。

 学习任务二　犯因性问题分析模型

【案例】8-2

王某，21 岁，家庭不和谐，其父母自他小时起就一直吵闹不休。父母离异后，王某随母生活，母亲为寻找新生活，无暇照顾儿子，连一日三餐都不能正常保证。王某由于无人管教，到处游荡，后与社会闲散人员同流合污，直到加入盗窃团伙走上犯罪道路。王某说："小时候我最大的愿望就是想爸爸妈妈能复婚，那样我就有一个完整的家了。"

【思考】

本案例中，王某因何走上犯罪道路？其犯罪心理的形成与哪些因素有关？如何对其犯罪心理进行分析？

一、犯罪心理及其构成

犯罪心理是指影响和支配行为人实施犯罪行为的各种心理活动或心理因素的总称。行为人在犯罪行为实施前已经存在的，与在犯罪行为实施时起支配作用的那些畸变心理因素形成有机而相对稳定的组合，构成了犯罪心理。犯罪心理的实质是一种社会心理缺陷。犯罪心理与犯罪行为的发生，存在着因果联系。可以说，犯罪心理是犯罪行为的内在动因和支配力量，是最核心的犯因性问题。

一般来说，犯罪心理主要包括以下几个方面：

（一）犯罪心理的动力结构

按照个性心理结构的理论，个性倾向性是犯罪心理的动力结构。个性倾向性由较低层次的需要、动机、兴趣和较高层次的理想、信念、世界观等心理成分组成，它是个体积极性的源泉，对个体活动起着定向作用。在犯罪心理的动力结构中，包括反社会意识，强烈的、畸变的需要，犯罪动机，不良兴趣等。

（二）犯罪心理的调节结构

个性调节结构是以自我意识为核心的、对个体心理活动和行为起发动或终止、加强或削弱作用的结构。犯罪心理的调节结构主要包括：

1. 不成熟或歪曲的自我意识。自我意识是人对自身及主客体关系的意识，是调节结构中最重要的成分。不成熟或歪曲的自我意识，是犯罪人个性社会化缺陷的突出表现。由于自我意识的不成熟，自我认识以及自我评价具有幼稚性、歪曲性和盲目性。这种自我意识水平，不仅不能正确地认识、评价、控制、调节自己的心理活动，而且表现为主观、片面、固执、狭隘、任性、放纵的心理状态，从而推动犯罪行为的发生。尤为明显的是，有些犯罪人不善于控制调节自己的情绪，导致激情犯罪，表明自我调节机制的缺失。

2. 扭曲的道德意识。犯罪人对道德意识的选择，是依据自身的犯罪需要来确定的，表现为对社会公认的是非善恶标准的践踏。他们另有一套扭曲的道德意识，崇尚反主流文化的生活信念。如犯罪人中流行的"讲哥们义气""白刀进红刀出是真英雄""宁在花下死，做鬼也风流"等。犯罪人的道德意识虽然支离破碎、不成体系，但仍然对其犯罪行为起支撑作用，对其内部心理冲突起调节作用。

3. 错误的法律意识。许多犯罪人的头脑里，正确的法律意识极为淡薄。少数人是因为对法律的无知而犯罪，多数人则是因为存在着错误的法制观念，或者对法律采取蔑视态度，缺乏守法的行为素养而犯罪。

（三）犯罪心理的特征结构

个性心理特征是个性心理的特征结构，包括气质、性格、能力三种心理成分。如果说动力结构是个性心理的深层结构，特征结构则属于个性心理的表层结构，表现为个性心理活动稳定性的特点和独特的行为方式。犯罪心理的特征结构主要包括：

1. 气质。气质是指个体心理活动稳定的动力特征。气质对于个体的犯罪类型和方式均会产生影响，使其在各自的犯罪活动中表现出不同的气质特点。如暴力犯罪中，胆汁质的人较多；诈骗犯罪中，多血质的人较多；贪污犯罪中，粘液质的人较多；危害国家安全犯罪中，胆汁质、粘液质混合型的人较多等，就是一种概率性的说明。

2. 消极的性格特征。性格是个体对现实稳定的态度和与之相适应的习惯化的行为方式。消极的性格特征是个体社会化缺陷的表现。犯罪人的消极性格特征主要表现在以下方面：

（1）性格的道德方面。犯罪者缺乏对社会、集体、他人的责任感、义务感、同情心，他们好逸恶劳、贪婪自私、冷漠无情、虚伪狡诈，这在各类罪犯身上均有不同程度的表现。

（2）性格的情绪特征方面。犯罪者容易冲动、感情用事，心胸狭窄、虚荣、嫉妒、报复、仇恨等消极体验突出。遭遇挫折和外界刺激时容易爆发消极激情，导致攻击性行为。这在伤害、杀人、爆炸等暴力型犯罪者身上表现得尤为突出。

（3）性格的意志特征方面。犯罪者大多意志薄弱，自制力差，冒险、侥幸心理突出。但也有一些犯罪者具有坚强的犯罪意志，如信仰型犯罪者、精心预谋犯罪者、职业犯罪者以及黑社会组织中的头目和骨干分子等。其坚强的意志与反社会的价值观相融合，社会危害性更甚。

（4）性格的理智特征方面。不少犯罪者缺乏理智，思维狭窄偏执，不能对自己的行为和社会现象作出理性的评判。这在低文化层次和低智商犯罪者中表现尤为突出。高文化层次犯罪者有时也会为低层次的需要和消极情绪所困扰，丧失或暂时丧失理智。

3. 与犯罪活动相适应的智能。一定的智能是个体获得生活技能、适应社会生活必不可少的智力活动方式。犯罪人在智能发展水平上出现两极状况。一方面，有些犯罪人表现为智力水平低下，缺乏必要的生活技能；另一方面，有的犯罪人却形成了一定的犯罪技能和体能，如盗窃犯罪具有一定的观察能力、选择作案时机的能力和撬门压锁、掏包等犯罪技能，是其实施犯罪活动的必要条件。

（四）犯罪心理的潜意识状态

研究发现，犯罪人在实施犯罪行为时，心理中确实存在着潜意识状态，如青春期的性躁动，欲望不能满足或受挫后的焦虑等，往往形成一种无名的冲动而使其产生越轨行为。另外，个人的气质和某些能力、经验、行为方式等，并非每个人都能清楚地意识到的，因而在作案时往往会留下蛛丝马迹，形成具有个人特征的作案痕迹，客观上为侦破案件提供了线索。即使作案者欲盖弥彰地掩饰，也容易出现"藏头"不能"掖尾"的情况，更加暴露了作案者的心理和行为特征。研究犯罪心理中的潜意识状态，对于一部分犯罪人实施犯罪行为过程中的一些模糊不清的动机、某些不合逻辑与不合理的现象，能够做出解释和回答。

二、犯罪心理分析评估轴

犯罪心理是发动犯罪行为的内在心理依据，但要弄清楚哪些因素导致了犯罪心理的产生，哪些心理成分参与策动了犯罪行为，是很困难的。因为犯罪心理是内在的，很难直接观察到。所以，必须对犯罪心理及其影响因素进行分析，探究支配犯罪心理和行为的各种相关因素。犯罪心理分析模型即是对犯罪人犯罪心理状况及相关因素进行分析的思路和路径。它运用若干分析评估轴来综合分析与犯罪心理有关的各种因素。

（一）成长轴

成长轴是指对罪犯从出生到成人整个成长过程中影响其犯罪心理形成与发展的诸多因素进行分析的维度。成长轴主要分析犯罪人与抚养人之间的互动方式、互动数量与质量。

1. 犯罪人与抚养人之间的互动方式。犯罪人与抚养人之间的互动方式，是指抚养人特别是父母的养育方式。一般包括粗暴、虐待、溺爱、忽视冷漠、民主等五种。粗暴与虐待指抚养人对儿童的各种控制与暴力行为，如限制儿童的自主意识与行动自由、暴力殴打和言语攻击等。抚养人对儿童早年的粗暴虐待，会给儿童造成极大的心理创伤，使其产生人格缺陷。一些重大的暴力刑事犯罪，往往有早年受虐待的养育史；抚养人溺爱的养育方式，会使被抚养者形成缺陷人格，表现为是非观念不清、自私、以自我为中心、承受挫折能力差、缺乏责任感等人格特征，是一些重大刑事案件犯罪人的内在人格基础；忽视冷漠的养育方式，主要指抚养人对儿童缺乏关爱和关注，这会给儿童带来很大的负面影响。儿童会降低个人的自我评价，认为自己是不被喜欢和接纳的，极易为寻求关注或获得认可而产生极端的行为，同时也会对养育者的冷漠和忽视产生记恨、不满，甚至将不满和怨恨投射给他人和社会。

2. 犯罪人与抚养人的互动数量。个体亲密关系的建立与安全感的获得，依赖于个体早期与抚养人之间是否建立起稳定的依恋关系。而依恋关系的建立则很大程度上取决于儿童早期与养育者之间的互动数量，即一段时间内抚养人特别是父母与儿童的见面次数以及在一起生活持续的时间。在儿童早年，特别是3岁之前，儿童与养育者之间互动数量很少，就会造成亲密关系的疏离，给其心理发展带来诸多消极影响，如正常人际关系建立困难、具有分离焦虑等。因此，在分析犯罪心理时要关注犯罪人是否曾经是留守儿童。

3. 犯罪人与抚养人的互动质量。犯罪人早年与其抚养人的互动质量，是指抚养人有没有根据儿童心理发展的年龄阶段特征来与儿童进行良好的互动，有没有及时有效地回应儿童的心理需求。虽然抚养人与儿童天天在一起，但儿童希望抚养人与他交流时却不予理睬，或者儿童的心理需求是 A 但抚养人给的是 B，牛头不对马嘴。长此以往，儿童的心理发展就可能受到损伤，积累起许多消极能量或者是发展起一些消极的品质，这常常是犯罪心理形成与发展的内在基础。如果儿童与抚养人互动质量不高，那么到了心理逆反期儿童与父母或抚养人的冲突常常会非常剧烈，父母或抚养人如果处理不当，或者造成孩子离家出走，或者与孩子间产生很大的心理隔阂，消极作用明显。

（二）早年行为轴

早年行为轴是指犯罪人的早年不良行为与违法犯罪行为情况，其中不良行为的数量与违法犯罪行为受处罚的年龄是两个主要的考察内容。犯罪人早年不良行为主要有：逃学、考试作弊、欺负同学、离家出走、抽烟、酗酒、打架、撒谎、经常上网、通宵上网、早年性行为、赌博、偷窃、吸毒等。有研究者认为，个体早年残害或虐待动物的行为，是分析个体违法犯罪心理严重程度的重要影响因素。早年有残害或虐待动物的犯罪人，其犯罪行为往往表现较为凶残。因此，在分析犯罪人犯罪心理时，对早年这类行为的存在情况需要给予关注。

一般来说，犯罪人早年不良行为越多其犯罪心理越严重，不良行为发生的时间越早则其犯罪心理越严重。犯罪人第一次违法犯罪行为被公安机关处罚或被逮捕，表明其不良行为发生了质的变化。而处罚的年龄是衡量其犯罪心理严重程度的重要指标。

（三）受教育轴

受教育轴是指犯罪人接受正规学校教育与影响的情况。这个维度主要关注犯罪人接受教育的程度以及教育的质量情况，学习期间与老师、同学间发生的重大负性事件等。

我国监狱目前关押的犯罪人中以初中文化为最多，其次是小学文化。然而，许多犯罪人虽然文化程度是初中甚至是高中，但其实际的文化水平常常偏低，只有小学文化甚至是小学低年级文化水平。这些人对事物的认识简单片面、思维刻板僵化、缺乏辨别是非的能力，这是许多个体违法犯罪的内在原因之一。犯罪人接受教育过程中发生的重大负性事件，对犯罪人也有极大的负面影响。在对犯罪人的调查中有这样一个案例：某罪犯在小学三年级时与一名同学发生冲突，而这名同学恰恰是学校领导的亲戚，学校领导就在全校学生大会点名批评了他，因此他被许多同学嘲笑指点，感受到了很大的压力，对学习也逐渐失去了兴趣，成为一个厌学、逃学的人，最终没有完成小学学习就辍学了。这个事件不仅影响了该犯罪人继续接受教育，而且使其对他人和社会都产生了负面的认知和看法。因此，犯罪人接受义务教育过程中发生的重大负性生活事件，是分析犯罪心理时需要关注的。

（四）人际互动轴

人际互动轴是指犯罪人成长过程中与之互动的人（非家庭成员）对其产生重大影响的一些因素。这个维度最需要关注的是犯罪人服刑前所交往的朋友情况。

犯罪学研究表明，是否有犯罪的朋友是预测个体是否会犯罪的最重要因素。[1]因为对犯罪同伴的模仿与认同，犯罪同伴的支持与肯定，会使个体形成反社会

〔1〕［英］詹姆斯·马吉尔：《解读心理学与犯罪——透视理论与实践》，张广宇等译，中国人民公安大学出版社2009年版，第283页。

的态度或认知，减轻个体犯罪行为发生时的内心压力，使个体更容易去实施犯罪。因此，犯罪心理分析不仅需要了解犯罪人的人际关系网及在这个关系网中是否有反社会的人或实施过犯罪的人，还要进一步了解有犯罪行为的朋友数量及与之持续交往的时间。

在人际互动轴中，还需关注犯罪人在小学高年级和中学阶段崇拜模仿的偶像情况。处于青少年阶段的个体，生活中的重要他人对其思想影响是相当大的。他们会自觉或不自觉地认同重要他人的观点，模仿重要他人的行为，并内化到自身的价值体系中去。如果青少年模仿崇拜的对象是横行于社区邻里的暴力团伙中的人或者黑恶势力中的人，其犯罪心理就容易快速形成。

（五）自我意识轴

自我意识轴是指犯罪人对自身思想、心理与行为的认知情况，以及对自身主观能动性的认知情况。犯罪人的自我意识包括自我认识、自我体验和自我控制三个方面。

有的犯罪人不能正确认识自己，认识不清自己与他人、与社会的关系，产生过于自信或过于自卑心理；有的犯罪人缺乏深刻的自我体验，缺乏基本的内疚感和羞耻感，对自己日常生活中的许多不当行为或做法不以为耻、反以为荣，对周围发生的许多违反社会公德或道德的行为不以为然，是非不分、丑恶不辨；还有许多犯罪人自我调节能力差，自我监控能力缺乏。对自身不良行为缺乏阻止能力，对自身积极行为缺乏推动能力。这些都是犯罪心理的内容。

（六）犯罪轴

犯罪轴是指犯罪人历次违法犯罪情况。犯罪轴的分析主要是针对多次犯罪或多次被处罚的犯罪人。有的犯罪人虽然是第一次入狱服刑，但被捕判刑前已经有过多次违法犯罪行为，那么针对每次违法犯罪行为都需要进行犯罪心理分析。在矫正机构中一些犯罪人是多次被判刑入狱的，那么对每次犯罪判刑及服刑情况都需要进行了解与分析，以清晰犯罪心理形成与发展的脉络，明确犯罪心理的严重程度。

犯罪轴的分析，首先要关注犯罪人初次犯罪的年龄。初次犯罪年龄越小则犯罪心理越严重。其次要关注犯罪人的犯罪次数。犯罪次数越多则犯罪心理越严重。最后要关注犯罪人多次犯罪以及被判刑的犯罪类型情况。犯罪存在交叉类型（有多种犯罪类型的）比前后是同一犯罪类型的，其犯罪心理要严重。多次犯罪或犯罪类型前后存在增进情况的，比前后犯罪情况差别不大的，犯罪心理要严重。

三、犯罪心理分析与心理问题评估诊断的关系

（一）犯罪心理分析与心理问题评估诊断的联系

犯罪心理是犯罪人畸变心理因素有机而相对稳定的组合。个体早年成长过

程中所受的创伤给个体带来的消极影响，是心理问题（心理障碍）与犯罪心理的共同起源，换言之，一些犯罪心理与某些心理问题（心理障碍）同根同源。因此犯罪心理分析与心理问题（心理障碍）评估诊断从总体上来说，所涉及的资料范围和分析评估方法常常是重合的。或者说，分析犯罪心理所需要的资料范围，也就是评估犯罪人心理问题所需要的资料范围，其所使用的方法也大体一致。如犯罪心理分析与心理问题评估，都重视个体早年成长经历、家庭养育方式和社会环境以及重大生活事件对个体的影响。另外，因心理问题（心理障碍）和犯罪心理存在一定的重叠现象，即心理问题和心理障碍也会导致犯罪行为的发生，因此，有时对犯罪心理的分析也包括心理问题（心理障碍）的评估诊断。

（二）犯罪心理分析与心理问题评估诊断的区别

犯罪心理分析与心理问题评估诊断是有明显区别的，主要表现为：

1. 犯罪心理分析与心理问题评估诊断的目的不同。犯罪心理分析的目的在于探究犯罪心理成因与结构，以便预测和评估个体犯罪行为发生的概率与风险，预防犯罪，并为罪犯的矫正提供科学的依据。而心理问题评估诊断的目的是查明当事人的心理问题（心理障碍）的症状表现、严重程度等，以便对心理问题（心理障碍）进行干预和矫治。

2. 犯罪心理分析与心理问题评估诊断的内容与维度不同。在具体分析犯罪人的犯罪心理时，其分析归纳的维度及内容与心理问题诊断评估的归纳维度及内容有较大区别。

（1）从成长轴来看，犯罪心理分析主要关注犯罪人早年成长经历中的问题，如与抚养人的互动方式不良、互动质量低、互动数量少；而心理问题的诊断评估则既关注早年成长经历中的不良情况，也同样关注早年成长经历中与抚养人良好互动的情况。

（2）从早年行为轴来看，犯罪心理分析关注犯罪人早年不良行为和违法犯罪行为的关联；而心理问题诊断评估时除了关心早年行为，更关注犯罪人当前的行为表现与行为特征，以评估个体当前的心理健康水平与状态。

（3）从受教育轴来看，犯罪心理分析时关注犯罪人受教育的程度以及真实的文化水平，学校读书阶段的重大负性生活事件；而心理问题诊断评估虽然同样关注犯罪人在学校时的重大生活事件以及文化程度，但还关注其"特别感兴趣的科目以及所获得的成绩""感到困难的科目""值得自己骄傲的科目"，以及"会谈内容是否与他的受教育程度相适应""运算能力如何？阅读、书写能力如何？"等。

（4）从人际互动轴来看，犯罪心理分析时最关注交往的朋友中有无犯罪人；

而心理问题诊断评估时则更关注人际互动的方式和关系状态等。

（5）从自我意识轴来看，犯罪心理分析时关注犯罪人的非理性认知、羞耻感与自我控制能力低下的问题；而心理问题诊断评估时特别关注来访者有无"自知力"，以及自我描述的准确性、语言语调表情的协调性等。

（6）从犯罪轴来看，犯罪心理分析时是极为关注犯罪人的多次犯罪情况的；而心理问题诊断评估时，虽然也关注其犯罪情况，但更关注犯罪行为发生时是否存在心理障碍，从而判断犯罪人是否应承担刑事责任。而且，犯罪行为与心理问题（心理障碍）有时存在互为因果的情形，即犯罪人的某些心理问题或心理障碍会引发其犯罪行为，而犯罪行为发生后被判刑而监禁，有的犯罪人由此产生了拘禁型精神障碍。

 学习任务三　　犯因性问题分析案例

一、案例呈现

罪犯张某，男，22 岁，小学文化。在饭店工作时因与客人发生口角对其行凶致人死亡，被判无期徒刑。

（一）罪犯家庭情况

张某生活在小乡村，独生子。母亲精神失常，父亲常年在外打工，由年迈的祖母照顾其母子生活，家庭经济拮据。

（二）个人成长史

张某因母亲生病，没能被精心照料，5 岁时脸部不慎烧伤留下了永久的疤痕。小学三年级时，因家里经济困难，身材矮小，经常被人欺负和嘲弄，被迫退学。之后离家出走，混迹社会。期间练过武术，做过小生意，但都不长久。14 岁外出打工时，曾被人将身上的钱财全部骗走。

（三）自我陈述

从小没享受过母爱，父亲很少回家，回来也经常训斥自己。矮小的身材和面部的疤痕使自己很自卑，本来想用功读书来获得尊严，但因家里经济困难，又经常被同学嘲笑和欺负，只能被迫退学。一气之下离家出走，开始在社会上游荡。后来被人介绍去打工，结果被骗去 4000 元钱。这之后做过一些小生意，也都不成功。心里开始怀疑一切，憎恨一切，总觉得别人都亏欠了自己，既觉得自己无能，又不服气。事发那天晚上，受害人嫌弃辱骂了自己，自己越想越生气，就用一把水果刀狠狠地刺向了那个男子。他是罪有应得。

（四）他人观察和反映

1. 他人观察：张某面色黑沉，身体瘦小，多数时间都在沉默，不主动说话，经常低着头，很少看人，情绪低落，两只手在一起搓来搓去，显出焦虑的神情。

2. 办案警察反映：抓他的时候，他当时就说："你们抓我干什么？"我们说："你知道什么事情。"他就不说话了，基本上没有反抗。他对情感比较冷漠，比如他杀了人之后，没有悔过的感觉，也没有害怕，讲述杀害他人的过程时很平静。

3. 同事和老板反映：这个人与人沟通比较少，打工期间表现还好，不乱花钱，但有些固执、冷漠、不合群。

（五）心理测评结果

民警对张某做了心理测评。量表是《中国罪犯心理评估个性分测验（CO-PA—PI）》，结果显示张某性格内向、孤僻、焦虑、情绪易变、冲动鲁莽、攻击性强、戒备心理较强、缺乏同情心、思维迟钝、有较严重的犯罪思维模式。

二、案例解读

（一）张某的犯因性问题分析

张某的犯因性问题主要有：

1. 生理因素。张某身材矮小和面部的疤痕导致其被人嫌弃和嘲弄，使其从小产生了强烈的自卑感和对他人的憎恨情绪。这是导致其在受到他人责备和轻视时情绪行为反应过度的内在原因。

2. 心理因素。对张某的心理测评结果显示，其存在一定的性格缺陷。因在社会化过程中遭受许多挫折，其心理和人格特点存在诸多负性因素，过度自卑，常常指责抱怨他人。而如果一个人埋怨所有的人，埋怨所有的环境，那么这个人必定存在严重的心理问题甚至心理障碍，也就存在着严重的性格缺陷且不自知。自卑、冲动、偏执、敏感等性格缺陷，会导致其生活中的挫折感更强，周围的人也会很讨厌他。但他只会看到别人嫌弃排斥他的态度与行为，而不知道别人讨厌他的原因是自己的问题，于是会恶性循环，使其更加憎恨周围人。张某的一系列经历，尤其是他的挫折和失败，在他的不良心态作用下，使他的负面情绪愈积愈多，终于在某一个点上爆发，导致犯罪行为的发生。

3. 家庭社会因素。家庭对每一个人的影响都是不容忽视的。从张某的家庭来看，母亲患有精神分裂症，没有能力给予他照顾和关爱；祖母年迈，也不能给予他所需要的养育和关怀。只有父亲有能力和他建立亲密的关系，但是父亲又为了一家人的生计而常年在外。一个人没有依恋，感受不到关爱，很难建立起与世界、与他人的亲密连接。所以张某离家出走、与人疏离，不能恰当处理人际的冲突与矛盾。这都与他的家庭状况有一定的关联。

另外，同伴的缺失与排斥，更是造成了张某在情感上的创伤。人是需要社会群体的接纳与认同的。如果一个人在社会群体中找不到归属感，就会疏离与逃避，与群体和他人形成对立和隔绝，在与人产生冲突时，往往不计后果地捍卫和保护自己。张某之所以会因为一些口角而杀人，就是他在人群中，感受到的多是嘲讽与嫌弃，他就像个刺猬，充满敌意地去攻击，以维护自己的尊严和利益，甚至不惜杀害他人的生命。

4. 情境因素。虽然张某的性格和心理因素对其犯罪行为的发生起着根本性的作用，但是犯罪行为发生时，被害人的言行，尤其是其嫌弃、不满以及侮辱性的言行表现，也对张某的犯罪行为构成了直接的刺激，将其潜在的犯罪心理激发出来，这也是导致张某实施犯罪行为的一个犯因性要素。

（二）犯因性问题分析流程

1. 建立关系。要分析罪犯的犯因性问题，首先是要建立起与罪犯尊重与信任的关系。这是收集罪犯犯因性问题的各种信息所必需的。在本案例中，张某内心的真实想法、隐秘的生活经历和事件、心理测评结果的信度和效度等，都是建立在张某对心理矫治民警充分信任的基础上才能获得的。

2. 信息收集。要分析罪犯的犯因性问题，需全面客观地收集罪犯的相关信息。这些信息包括罪犯的生物生理、心理和社会维度的各种有用的信息。信息收集的是否全面和客观，往往决定着能否准确分析犯因性问题，以及所分析的犯因性问题是否有效可靠。可采用阅档、面谈、量表测量和函调等方式方法，进行信息的收集与整理。

3. 分析判断。在信息收集的基础上，要依据相关的理论和流程，对犯因性问题作出分析判断。这是犯因性问题分析的核心环节。建立关系和收集信息，其目的是分析罪犯的犯因性问题，否则也就失去了意义。在分析归纳罪犯的犯因性问题时，必须坚持个人分析与矫正小组讨论会诊有机结合的方式，以确保分析诊断结论准确有效。

4. 撰写分析报告。在矫正小组讨论会诊得出一致结论后，应就关系建立情况、信息收集情况、矫正小组讨论会诊结果、结论的事实依据与理论依据等，撰写成相应的分析报告。该报告经监狱诊断评估工作者和矫正小组签字后，应随罪犯的档案一起送交相应监区。监区应根据报告，指派相应的矫正工作者，与罪犯建立矫正关系，并制订个别化矫正方案。分析报告是建立矫正关系和制订个别化矫正方案的最重要依据。因此，撰写分析报告也是犯因性问题分析必不可少的环节。

 本章小结

1. 犯因是犯罪原因的简称，犯因性问题就是对于犯罪心理的产生变化和犯罪行为的实施起诱发、推动和助长作用的因素。只有在认识和了解罪犯发生犯罪的各种犯因性问题及其产生、变化条件的基础上，才能通过全社会对这些犯因性问题及其产生、变化的条件进行综合治理，由此达到科学预防犯罪的目的。同时犯因性问题的分析，还可以正确认识罪犯发生犯罪行为的内外机理，为准确设定矫正目标、寻求有针对性的矫正指明方向和提供依据，而且还可认识罪犯的人身危险性，为科学分类分押提供客观依据。

2. 个体犯罪不是单一因素造成的，而是主体内外多种因素共同作用的结果。基于现代犯罪学对犯因性问题的基本分类和对应的认识框架，犯因性问题的分析主要从主体内因素与主体外因素，生物生理因素、心理因素与社会因素，环境因素、个体因素与互动因素等维度进行。

3. 犯罪心理分析模型是对犯罪人犯罪心理状况及相关因素所作分析的思路和路径。可以从成长轴、早年行为轴、受教育轴、人际互动轴、自我意识轴、犯罪轴等若干分析轴来综合分析犯罪心理的具体内容。

问题思考

1. 如何理解犯因性问题？

2. 犯因性问题的分析维度有哪些？

3. 如何理解犯罪心理分析模型？犯罪心理分析与心理问题诊断评估有何关系？

拓展阅读

1. ［美］Curt R. Bartol，Anne M. Bartol：《犯罪心理学》，杨波等译，中国轻工业出版社 2009 年版。

2. 吴宗宪：《罪犯改造论——罪犯改造的犯因性差异理论初探》，中国人民公安大学出版社 2007 年版。

专题八　实训项目

专题九 罪犯个别化矫正与方案设计

学习目标

了解罪犯矫正需求及分类，理解罪犯个别化矫正方案含义与矫正项目的含义，掌握罪犯个别化矫正方案构成要素与编制程序，明晰个别化矫正方案的实施过程及效果评估与调整，能够运用个别化矫正方案设计技术设计具体的罪犯个别化矫正方案，能够设计简单的矫正项目。

重点提示

罪犯个别化矫正方案概念，矫正项目概念，个别化矫正方案构成要素，矫正项目设计要素，矫正方案编制程序

 学习任务一 矫正需求与个别化矫正方案

【案例】9-1

罪犯吴某，男，32岁，初中文化，离异，犯故意伤害罪被判处有期徒刑3年。入监后一直对监管改造有抵触情绪，行为散漫，监规意识淡薄，脾气暴躁，易激惹，经常与其他罪犯发生冲突，甚至打架斗殴，同监舍的罪犯因害怕被打，要求调换监舍，没有人愿意与他同住。民警针对吴某的情况，分析其犯罪原因，为吴某量身打造了一套矫正方案，实施矫正一年后吴某有了很大的转变。

【思考】

本案例中，我们针对吴某的犯罪原因进行分析，并根据其矫正需求制订了一套相对应的矫正方案，这就是个别化矫正。那么什么是罪犯的矫正需求？个别化矫正究竟是如何操作的呢？

一、矫正需求及其分类

（一）矫正需求概述

1. 矫正需求的含义。与矫正需求相关的两个概念是罪犯的"人身危险性"与"犯因性问题"。因罪犯具有人身危险性，或者是存在具有犯罪原因性质的

各种因素，所以需要监狱机关去开展有针对性的教育矫正活动，这就构成了矫正需求。

（1）我们需要明确矫正需求与人身危险性之间的关系。有学者认为，矫正需求所包括的"犯因性问题"范围与人身危险性的预测因子范围基本相同，两者的价值取向根本一致，因而两者是交叉、重叠关系。[1]如果矫正需求与人身危险性的目标指向都是着眼于减少重新犯罪，那么两者是重叠关系；如果人身危险性概念还指向防范罪犯暴力危险性、自杀危险性、脱逃危险性，那么两个概念之间是交叉关系。

（2）我们需要明确矫正需求与犯因性问题之间的关系。本教材第八章对犯因性问题作了详述，犯因性问题就是对于犯罪心理产生变化和犯罪行为的实施起诱发、推动和助长作用的因素。在诸多犯因性问题中，有的是监狱机关能够给予矫正的，如犯罪思维与态度；有的是监狱机关难以矫正的，如年龄、种族、过去的暴力行为等。而监狱机关能够给予矫正的那些犯因性问题，则构成矫正需求。

2. 矫正需求的作用和意义。

（1）有利于分类关押，实施矫正项目。在目前的罪犯分类中，有的监狱常常是按照生产需求，根据不同生产类型调配罪犯；有一些监狱则在罪犯入监教育结束后，由狱政科提出分配计划，分管的监狱领导签字同意，就完成了新犯分流，此后罪犯没有特殊情况，基本上就在一个监区服刑完毕，不会有再次分类。[2]而按照矫正需求分类，则是对具有相同犯因性问题和矫正需求的罪犯相对集中关押，并实施针对性的矫正项目。

（2）有利于把握罪犯动态，提高矫正效率。在科学评估的基础上，筛查出具有中度或者高度再犯风险的罪犯，并进行矫正需求评估，确定矫正内容，寻找矫正的最佳证据。"在评估罪犯时，我们会得到很多关于罪犯的信息，那么哪些信息是重要的，哪些信息是不重要的，还是都同等重要呢？无疑，有一些信息要比其他的一些信息重要。犯因性原则主要是告诉我们针对什么进行矫正、针对罪犯的什么特点进行矫正。"[3]风险性因素既包括静态的因素也包括动态的因素，静态因素是我们无法改变的，我们可以改变的是动态的因素，而且它们与犯罪行为直接相联系。犯因性需求会直接导致犯罪行为的发生，主要的犯因性需求包括：反社会的态度，与反社会同伴交往，物质滥用，工作不稳定，缺

〔1〕　翟中东：《国际视域下的重新犯罪防治政策》，北京大学出版社2010年版，第260~261页。

〔2〕　杨木高："论以矫正需求为导向的罪犯分类"，载《犯罪与改造研究》2016年第7期。

〔3〕　张峰、赵刚、杨波："论循证矫正方案的科学设计"，载《河南司法警官职业学院》2014年第2期。

乏共情能力和冲动性等。在罪犯分类中，如果我们能够找出不同罪犯个体的犯因性需求，并将具有相同矫正需求的罪犯关押在一个监区（或者改造单元）实施有针对性的矫正项目，必将提高矫正效率。

（3）有利于实现矫正目标，降低行刑成本。当前的罪犯矫正，由于分类体系粗放，没有按照矫正需求进行分类，监狱的警戒等级基本相同，矫正的方式也以集体化、课堂化的方式进行，缺少个性化和个别化，浪费了大量的矫正资源。研究表明，并不是所有的罪犯刑满释放后都会重新犯罪，只有那些经过评估再犯风险高的罪犯刑满释放后重新犯罪的可能性大，对这部分罪犯实施有效的干预和矫正，才能降低重新犯罪率，实现刑罚的目的，并节约行刑成本。

（二）矫正需求分类

对矫正需求进行分类，可以分为犯因性环境因素、犯因性生理因素、犯因性心理因素和犯因性行为因素四类。

犯因性环境因素是指引发犯罪人实施犯罪活动的主要因素是由环境引起的。这些因素主要有不良家庭、不利的学校环境、不良交往、犯罪亚文化、不良工作环境、不良的大众传媒、经济不平等以及不良的社会风气等。

犯因性生理因素是指引发犯罪人实施犯罪活动的主要因素是由生理因素引起的，主要包括生理结构因素、身体类型因素、神经系统因素、内分泌系统因素以及其他犯因性生理因素。

犯因性心理因素是指引发犯罪人实施犯罪活动的主要因素是由心理因素引起的，主要包括犯因性动力因素、犯因性人格因素、犯因性思维模式、犯因性情感因素、犯因性观念因素、犯因性教育因素等。

犯因性行为因素是指引发犯罪人实施犯罪活动的主要因素是由行为因素引起的，主要包括不良习惯、不当生活方式等。

在上述犯因性因素中，都存在着可以或者需要矫正的内容，其中犯因性心理因素与犯因性行为因素构成矫正需求的主要方面，而犯因性生理因素、犯因性环境因素，构成矫正需求的次要方面。由于每个罪犯犯罪的犯因性问题不同，需要矫正的内容就会不同，因此每个罪犯的矫正需求常常存在着差异。

二、个别化矫正方案含义解读

罪犯个别化矫正方案，也称为罪犯个体矫正方案，是依据罪犯个体差异和个体需要所建立、制订、设计的一种矫治方案。具体来说就是指心理矫治民警在教育矫治罪犯过程中，为贯彻监狱工作方针，把罪犯改造成为守法公民，运用科学的检测和评价方法，分析罪犯的个性化特征，并以此为矫治、消除犯因性问题的依据，制订的具有针对性、可操作性的矫正措施。

（一）个别化矫正方案的地位

个别化矫正方案在矫正工作中具有十分重要的地位，其重要性表现在以下几个方面：

1. 个别化矫正方案是矫正措施的具体化。监狱是国家的刑罚执行机关，担负着教育矫正罪犯的重任，把罪犯改造成为守法公民是监狱的根本任务。"守法公民"目标需要具体化、可操作。只有通过对罪犯犯罪原因的考察，认真梳理罪犯犯罪的因素结构，提出矫正的具体因子，明确矫正的具体目标，实现矫正对象可量化、可检测，才能确保实现监狱工作的目标和任务。

2. 个别化矫正方案是矫正措施科学化的反映。科学认识罪犯是科学矫正罪犯的前提。以往认识罪犯主要靠谈话了解，靠行为观察，缺少科学的检测手段。矫正工作停留在经验化的水平上，很难深入到罪犯的心灵深处。现在借助教育学、心理学、管理学、社会学、医学等学科的知识和技术，通过编制科学的测试量表来检测罪犯的个性特征、人格结构以及引发犯罪行为的因素，并结合诊断访谈，使得认识罪犯更加具备科学性。在此基础上，利用现代矫正技术实施教育矫正，从而提高矫正质量，实现预防和减少重新犯罪的目的。

3. 个别化矫正方案是检验民警素质的重要方面。个别化矫正方案的制订是否符合罪犯的实际情况，能否实现预期的目标，方案的制订质量至关重要。制订矫正方案需要按照科学的程序进行，需要方案制订者具有丰富的教育矫正工作经验，掌握丰富的矫正专业知识，熟练使用检测工具，并对检测结果作出科学合理的解释，在此基础上，设立具体的矫正目标。矫正目标不能脱离客观现实，必须符合罪犯的实际，必须具有现实可操作性。因此，这对矫正民警的素质是一个极大的考验，是检验矫正民警素质的一个重要途径。

4. 个别化矫正方案是调动罪犯积极参与矫正的重要措施。在教育矫正罪犯的实践中，我们往往强调矫正民警的主体地位，要求罪犯无条件地接受，把罪犯看成是一个被矫正的客体，对罪犯开展何种措施的教育，采用哪一种矫正技术，全部由矫正民警决定，罪犯则是被动地接受。在这种模式下，矫正效果受到一定的制约。而在个案矫正中，个别化矫正方案是针对罪犯个体专门设计的，制订的矫正方案经过与罪犯的讨论和协商，是经过罪犯认可的，因此有利于调动罪犯参与矫正的积极性，形成罪犯与矫正民警之间的良性互动，打破了过去"我打你通""我讲你听"的矫正模式，有利于提高矫正成效。

（二）个别化矫正方案的主要特征

个别化矫正方案有以下六个主要特征：

1. 个别性。教育矫正罪犯实际上是一门研究人的科学，它是一项知识综合的人文活动，个别化是它的固有属性。承认个别化，即承认人的差异性，承认人的主观能动性。罪犯个别化矫正方案针对的是罪犯个体，是从罪犯不同个体的情况出发，也就是针对罪犯不同的犯因性问题，从调动罪犯的积极性入手，对罪犯实施有针对性的矫正活动。

2. 计划性。"凡事预则立，不预则废"。预，就是预见，计划，它是指工作进行之前预先制订的方案或者设想。个别化矫正方案从罪犯入监开始直至罪犯释放，贯穿罪犯矫正的全过程，大体包括入监初期、矫正中期、出监三个阶段，每个阶段矫正方案各不相同，但总是围绕着罪犯的矫正目标进行，直至实现最终目标。

3. 特定性。个别化矫正方案其内容是特定的，主要围绕罪犯的犯因性问题进行，与社会个案工作以及学生个案工作有显著的差异。其内容主要包括罪犯的基本情况（如姓名、性别、年龄、入监时间、案由、刑期等）、摄入性谈话情况、心理测试结果、存在的问题以及原因、犯因性问题及其分析、矫正目标、矫正计划、矫正措施以及方案执行情况分析等，这些要素都是特定的。

4. 动态性。个别化矫正方案一经制订，就应该保持相对的稳定性，但不是一成不变的，其动态性贯穿矫正的全过程。矫正罪犯是一个动态的过程，各种因素影响和制约着罪犯的矫正。罪犯心理、行为的变化情况对方案的调整和修改起决定作用。方案执行一定时间后出现困难或者出现了新的情况，就必须作出相应调整。此外，制订的矫正方案与罪犯的矫正实际出现差距时，也需要及时修正原来的方案。总之，稳定是相对的，动态是绝对的。

5. 契约性。个别化矫正方案是在罪犯参与的情况下制订的，是由矫正民警和罪犯共同制订的。没有矫正民警的参与，罪犯不会主动去制订矫正方案，即使勉强制订出方案，也是马虎应付，缺少科学性和可操作性。没有罪犯的参与，个别化矫正方案只能是纸上谈兵，空中楼阁。因为制订出的方案必须得到罪犯的认可，符合罪犯的实际，罪犯才有可能来配合方案实施，才能积极主动地参与到矫正过程中。因为个别化矫正方案具有契约性，因此对矫正民警和罪犯而言，都具有约束性，都必须按照既定的方案来实施，从而实现矫正的目的。

6. 可操作性。个别化矫正方案不是理论研究，不是宏观构想，最大的特点就是可操作、可执行。比如，罪犯的人格特点、心理特征是可以测量的，罪犯的矫正程度通过量表是可以测量的，给罪犯布置的矫正作业是否完成以及完成的程度等都是可以测量的。缺乏可操作性的方案不是成功的方案，也难以取得好的矫正效果。

（三）个别化矫正方案的任务

1. 消除罪犯的犯因性问题。消除犯因性问题是个案矫正的根本任务。我国《监狱法》第 3 条明确规定："……将罪犯改造成守法公民。"改造人是我国监狱工作的根本宗旨。使罪犯成为守法公民，从广义上说，就是使罪犯成为遵守国家一切法律的公民。使罪犯成为守法公民，就是使罪犯今后不会因同样的问题再次犯罪和不因服刑产生新的可能引发犯罪问题而再次犯罪。监狱通过心理分析技术，对每名罪犯的犯因性进行有效分析，然后通过对这些犯因性问题的矫正，使得罪犯生理健康、人格健全，具有适应社会生活的能力，从而防止罪犯再次犯罪，实现刑罚预防犯罪的目的，维护社会的安全和秩序。[1]这是罪犯个别化矫正的根本任务和核心任务，也是监狱的基本价值。

2. 维护监狱安全和秩序。罪犯在服刑期间，常常会遇到各种各样的生活事件，诸如家庭变故、不良环境因素、生理疾病和心理困境等，使罪犯产生不良应激反应，表现为打架斗殴、不服管理、抗拒刑罚执行或自杀、脱逃、行凶等。显然这些应激反应一方面会影响监狱的安全和正常的秩序；另一方面可能由此而形成新的引发罪犯犯罪的犯因性问题。安全和秩序是监狱正常矫正的前提和保障。因此，监狱针对罪犯在矫正期间出现的生理、心理和环境问题，进行必要的干预、调适和教育，防止罪犯产生不良应激反应，维护监狱的安全和秩序，是罪犯个别化矫正的一项重要任务。

3. 促使罪犯再社会化。个别化矫正是以罪犯再社会化为内容的。"再社会化是指改变原已习得的价值标准和行为规范，建立新的价值标准和行为规范，确立新的生活目标的过程。"[2]再社会化同样属人的社会化过程，"其目标是人的改造，而不是人的形成"。对罪犯进行再社会化，是基于其社会化的失败，表现为生命发展历程与社会化过程的不一致，形成社会功能上的缺陷。罪犯的个案矫正就是要通过相应知识和技术，完善罪犯的人格，激发其自身潜能，改善资源利用，进而改变其行为方式，弥补社会功能缺陷。

三、矫正需求与个别化矫正方案关系

罪犯的矫正需求，是个案矫正的重要组成部分，也是实施个案矫正首先要解决的问题。

1. 按照矫正需求进行分类是个案矫正的前提和基础。罪犯的犯罪原因、生活经历、社会背景、罪行性质、主观恶性程度以及个人的性格、气质、能力、年龄、性别都存在差别。罪犯进入监狱以后，认罪悔罪态度、家庭因素以及其他方面，如文化水平、劳动技能都不一样，这就决定了罪犯的人身危险性不同、主观构成不同，从而决定了罪犯矫正的难易程度不同。这就要求监狱在矫正的过程中，为实现矫正的目的，要根据不同的罪犯采取不同的手段、措施和方法，区别对待，因人施"矫"，对症下药。

2. 个案矫正过程中充分体现出罪犯矫正需求。在个案矫正中要对罪犯进行

---

〔1〕 宋行主编：《服刑人员个案矫正技术》，法律出版社 2006 年版，第 12~13 页。

〔2〕 周晓红：《现代社会心理学》，上海人民出版社 1997 年版，第 161 页。

个人信息收集，包括对该罪犯的犯因性环境因素、犯因性生理因素、犯因性心理因素和犯因性行为因素的收集，针对这些因素进行归纳、分析和评估，最后根据这些分析进行矫正方案的设计。这样做充分体现了每个罪犯的矫正需求，才能真正体现出个案矫正应按照需求矫正的原则。

 学习任务二　　个别化矫正方案设计与案例

【案例】9-2

罪犯唐某，男，22岁，初中文化，犯抢夺罪被判处有期徒刑5年。入监后一直对监管改造有抵触情绪，行为散漫，监规意识淡薄，脾气暴躁，易激惹，经常与其他罪犯发生冲突，甚至打架斗殴，同监舍的罪犯因害怕被打，要求调换监舍，没有人愿意与其同住。教育矫治民警针对唐某的情况，分析其犯罪原因，并为唐某量身设计了一套矫正方案。

【思考】

根据唐某的情况如何制作和设计个别化矫正方案？一个完整的个别化矫正方案包含了哪些要素？如何实施该方案？

一、个别化矫正方案构成要素分析

罪犯个别化矫正方案编制，是根据罪犯犯因性问题分析的结果，明确罪犯存在的犯因性问题，制定矫正目标，确定矫正内容、矫正措施和方法的过程。罪犯个别化矫正方案编制，也是对监狱的矫正工作和罪犯个案矫正行为的设计和规划。

个别化矫正方案的构成要素是指构成个别化矫正方案的主要组成部分。科学确定个别化矫正方案的构成要素，是个别化矫正方案编制工作的前提，也为个别化矫正方案的内容编制和方法编制提供了依据，指明了方向。

（一）罪犯基本信息

罪犯基本信息主要是指对编制个别化矫正方案有参考价值的罪犯入狱前的基本情况，其内容包括：性别、出生年月、文化程度、罪名、刑种、刑期及时间起讫、入监时间、家庭成员、捕前职业、前科情况等。将"罪犯基本信息"作为个别化矫正方案的基本组成部分，为我们编制和执行矫正方案时，就罪犯犯因性问题及矫正状况的分析、判断、定性和描述提供了一定的依据。

（二）犯因性问题

"犯因性问题"不仅是个别化矫正方案的重要组成部分，也是编制个别化矫正方案首先要解决的问题。明确犯因性问题的目的，是制订更为有效的矫正计划，同时也是明确矫正工作人员和矫正对象需要遵循的矫正方向。将犯因性问题作为个别化矫正方案的构成要素，首先，指明犯因性问题是什么；其次，说明犯因性问题的诊断理由；最后，由接受矫正的罪犯写下确认意见并签名。

（三）矫正计划

矫正计划是指针对罪犯存在的犯因性问题而制订的矫正工作的具体内容和步骤。"矫正计划"作为个别化矫正方案的核心组成部分，是规划罪犯在矫正过程中的每一步骤中该做什么，不该做什么，需要达到什么目标，怎样去实现预期目标等。矫正计划主要有矫正目标、矫正周期、矫正技术和矫正处遇四个部分组成。

1. 矫正目标既是矫正计划的核心组成部分，也是矫正计划所要完成的任务。只有围绕矫正目标制订矫正计划，才能真正发挥矫正计划的价值和功能。

2. 矫正周期就是针对矫正某一犯因性问题的阶段性矫正目标而设定的矫正期间。它对矫正目标的完成提出了明确的时间要求，体现了矫正工作的计划性。矫正计划中缺少了矫正周期的划分就不能成为计划。

3. 矫正技术就是针对罪犯存在的犯因性问题运用各种手段和方法的综合。它是执行矫正计划、实现矫正目标的具体途径，构成矫正计划的重要方面。

4. 矫正处遇是对罪犯达到矫正目标或未达到矫正目标时采取的针对性强化措施。矫正处遇作为提高计划执行效能的重要手段列入矫正计划，增强了计划的可行性和实效性。

（四）矫正计划的执行、评价与修正

罪犯个别化矫正方案，具有过程性、计划性和协议性的特点，是对罪犯实施矫正的详细行动方案。制订出矫正计划并不意味着方案编制工作的结束，必须将"矫正计划的执行、评价与修正"作为方案不可缺少的重要组成部分。

矫正计划执行状况要按照实际实施的矫正周期进行评价和修正。只要不是出监前的最后阶段，其他各阶段制订的矫正计划，均分为计划执行、效果评价、奖惩建议、计划修正四个部分。具体如下：一是计划执行，以布置矫正单元作业为具体形式，其记录内容包括矫正项目、矫正单元作业、作业完成时间、作业完成效果和矫正处遇情况。二是效果评价，主要记载罪犯矫正过程中某一矫正周期的矫正质量评估结果，其内容包括犯因性问题矫正规范考核、犯因性问题矫正目标考核、矫正处遇落实情况等。三是奖惩建议，主要包括对行政奖励的建议、对法律奖励的建议、对矫正处遇升降的建议。四是计划修正，主要根据本周期计划执行效果情况，决定是否修正和如何修正下一个矫正周期的计划。

二、个别化矫正方案的编制程序

完整的个别化矫正方案由罪犯基本信息、犯因性问题、矫正计划以及矫正计划的执行评价与修正四个部分构成。内容决定了程序，个别化矫正方案编制程序分为做好准备工作、制订矫正计划、编制矫正作业和制作矫正方案四个环节。

（一）准备工作

编制个别化矫正方案的前期准备工作主要有如下几项：

1. 实施罪犯矫正分类。罪犯从入监监区分流后，入监监区要将罪犯入监检测报告、罪犯入监综合评价报告以及能反映罪犯基本信息的其他档案材料及时移交到相关监区。相关监区收到罪犯档案后，监区罪犯矫正质量评估小组负责查阅罪犯的入监评估专档，掌握罪犯的基本信息，了解罪犯存在的问题，尤其是其犯因性问题，初步区分罪犯矫正的难易程度，并据此将罪犯相应划分为特别重要类、比较重要类和一般类。

2. 进行编制任务分工。监区罪犯矫正质量评估小组在完成阅档、分类等工作后，要亲自承担特别重要类罪犯的个别化矫正方案编制工作，并负责对本监区其他类罪犯个别化矫正方案编制的分工、指导、检查、督促和考核，要将比较重要类罪犯的个别化矫正方案编制工作分给监区专业素质高、教育管理能力强的民警承担，监区其他民警原则上承担所分管小组的一般类罪犯的矫正方案编制任务。

3. 开展犯因性问题分析。民警接到个别化正方案的编制任务后，需及时做好犯因性问题分析的相关工作。首先，要查阅罪犯入监评估专档，专档的材料应包括：罪犯基本信息表、各类测量的检测报告和罪犯入监评估综合报告等；其次，要布置罪犯写好自述材料，内容包括生活、学习、从业、犯罪经历和其他重大生活事件，突出所思所感；再次，要开展摄入性面谈，面谈的主要内容有罪犯家庭结构及教养模式、成长史、接受教育、从业和犯罪等历史、人身危险性测试结果以及当前的所思所想等；最后，要通过信息收集、处理、诊断等环节，准确分析罪犯的犯因性问题，并撰写分析报告。

4. 确立矫正关系。在罪犯的犯因性问题分析工作完成之后，矫正工作者要与矫正对象共同制订矫正方案，这是矫正关系正式确立的重要标志。矫正工作者要维持与矫正对象之间的矫正关系，还应该做到：首先，在制定矫正方案过程中，必须掌握罪犯矫正的方向、内容、进程和质量，对罪犯矫正的各个阶段、各个方面和各个环节都在矫正方案中加以明确，通过执行方案中约定的要求，使其在道德、法律、身心和技能等各方面得以重塑和完善。其次，在制订矫正方案过程中，必须坚持"以矫正对象为主体，以矫正工作者为主导"原则，矫正工作者要在角色上更多地转变为矫正对象的帮助者、督促者、促进者和指导者。最后，在制订矫正方案过程中，必须注重培养矫正对象的诚信人格，帮助罪犯树立现代诚信观，使矫正关系从本质上成为一种信用关系。

（二）制订矫正计划

矫正计划由矫正目标、矫正周期、矫正技术和矫正处遇四个要素组成。

1. 制订矫正目标。矫正目标要依据罪犯存在的犯因性问题来设定，每存在一个犯因性问题就要设定一个矫正目标，同时每个矫正目标又要分成与矫正周期相适应的阶段性目标。矫正目标与阶段性目标均包括定性指标和定量指标。定性指标是指对某个犯因性问题实施矫正所要达到的效果；定量指标是指对某个犯因性问题存在状况测量值的变化量。

2. 确定矫正周期。矫正周期的划分受到犯因性问题的多少、刑期的长短和矫正效果的制约。一般情况下，矫正一个犯因性问题，需规划 1~3 个矫正周期。矫正周期的规划受到罪犯刑期长短的直接影响，对于刑期长的，可以将一个犯因性问题规划三个矫正周期。对于刑期短的，也可以将一个犯因性问题规划一个矫正周期。每个矫正周期所用的时间，原则上不少于 6 个月，最长不超过 1 年。在矫正过程中，实际实施的矫正周期的长短与多少，要受到矫正效果的直接影响，有着较大的弹性。若矫正目标提前实现，就减少预先规划的剩余矫正周期；若矫正目标未能在规划阶段内达到预期效果，就在预先规划的基础上增加矫正周期。

3. 选择矫正技术。监管改造、教育改造和劳动改造是基本的矫正手段，在罪犯的日常矫正过程中起到主导作用，但针对罪犯个性化矫正，传统手段就显得不足。随着现代科学技术的高速发展，新理论和新技术的不断涌现，为我们应对罪犯个性化矫正提供了支持。具体包括：一是针对罪犯犯因性心理问题的矫正，可以借鉴的主要理论有：精神分析理论、行为主义理论、认知心理学理论、人本主义心理学理论等；可以选择的矫正技术主要是与上述理论相对应的矫治技术。二是针对罪犯犯因性认知问题的矫正，可以运用认知心理学理论和行为主义理论为基础的矫治技术，如认知行为疗法、认知适应训练、认知矫正、动机强化治疗、多因素认知行为疗法、问题解决疗法、理性情绪疗法等。同时，也可以借鉴监狱民警在长期的教育改造罪犯工作实践中总结出来的一些方式方法，如针对罪犯的情感问题，可以选择环境优化法、角色调整法、管教结合法、帮教渗透法等；针对罪犯的意识问题，可以选择以"说服、榜样、陶冶、实践锻炼、自我修养、道德评价"为手段的道德意识矫正方法，以"剖析、灌输、疏导、典型引路、系统训练"为手段的自我意识矫正方法等；针对罪犯的法律意识问题，可以选择原因剖析法、系统教育法、行为训练法等。三是针对罪犯犯因性行为问题的矫正，可以借鉴经典条件反射理论、操作条件反射理论和社会学习理论等为基础的矫正技术，如正强化法、负强化法、惩罚法、厌恶疗法、暴露疗法以及自我管理与引导、示范法、放松训练法、系统脱敏法和多模式治疗法等。

4. 设计矫正处遇。矫正处遇，就是依据个别化矫正计划实施初期、中期和后期的特点与要求，结合各个矫正周期罪犯的行为表现和矫正目标的实现程度，为罪犯设置矫正的激励阶梯。激励阶梯从低到高，且与罪犯的矫正目标相对应、分级处遇相衔接、具体情况相结合，监狱矫正工作者要根据罪犯所处的激励阶梯中的台阶，让其享受相应的待遇。激励的形式一般包括：以减刑、假释和加刑为主要内容的刑事激励，以行政奖罚、分级处遇为主要内容的行政激励，以货币和实物为主要内容的物质激励，以精神激励、家庭关爱和社会帮教为主要内容的情感激励。

矫正计划的制订过程，是在矫正工作者主导下，罪犯全程参与的过程。计划制订完毕，矫正工作者和罪犯都要写下确认意见，并签名。

（三）编制矫正单元作业

矫正单元作业是个别化矫正方案的重要组成部分，也是个别化矫正方案的执行依据和行动计划。矫正单元作业，是针对某一个犯因性问题在某一个矫正周期而设计的矫正作业。针对不同的犯因性问题，在不同的矫正周期要有各不相同的矫正单元作业。在执行个别化矫正方案的过程中，把罪犯完成矫正单元作业作为具体矫正方式，按单元组织实施。为确保矫正效果，实现矫正目标，编制的矫正单元作业要体现以下要求：

1. 具体化。编制矫正单元作业时，要对每个矫正周期的单元作业都有非常具体的描述，要详细列出作业的具体内容和完成形式、要求与时间。编制矫正单元作业，还要充分结合罪犯的认知状况和接受程度，提出不同的完成方式和要求。比如：对文盲或认知能力差的罪犯，完成矫正作业的方式就要以矫正工作者与罪犯的互动交流为主；对认知能力正常的罪犯，要以确保矫正效果为原则，可灵活采取完成作业的方式。在矫正单元作业内容的设计上，对矫正的第一个犯因性问题，其单元作业必须包含回顾总结成长经历、查找犯罪原因、认识犯罪危害、认同矫正目标、确立矫正信心等内容；对矫正的任何一个犯因性问题，都必须从认识自身存在的犯因性问题与犯罪之间的关系开始，其中每一个矫正周期单元作业的最后部分，一般是检验单元矫正效果的互动交流题。

2. 针对性。要体现矫正作业的针对性，就必须针对罪犯存在的犯因性问题所选择的矫正方法而设计矫正作业。一般来说，对罪犯存在的犯因性精神状态问题，如果程度较轻，应围绕支持情感、揭示矛盾、解释原因、澄清问题、角色扮演、放松心理等方法设计矫正作业；如果程度较重，可以选择精神分析法、行为疗法、人本主义疗法和认知疗法等方法实施治疗。对罪犯存在的犯因性情感问题，应围绕环境优化、角色调整、管教结合、帮教渗透、心理疏导等方法设计矫正作业。对罪犯存在的犯因性意识问题，应围绕说服、树立榜样、陶冶、灌输、日常提示、实践锻炼、评价等方法设计矫正作业。对罪犯存在的犯因性认识能力问题，应围绕原因剖析、系统教育、典型引路、行为训练等方法设计矫正作业。对罪犯存在的犯因性行为问题，应围绕原因剖析、行为规范、行为训练、思想教育、考核奖惩等方法设计矫正作业。

3. 节奏感。编制矫正单元作业时，每个矫正周期的单元作业都要设定具体的时间范围。不同的矫正单元作业之间既相互衔接，又相互区别。每个矫正单元作业的最后，都要针对矫正效果设计检测性、总结性作业。在矫正工作中，以编制的矫正单元作业为依据，组织安排矫正活动，使矫正工作沿着"完成单元作业→总结矫正效果→再完成新的单元作业"的路径，体现出明显的节奏性。矫正活动的节奏性，对于罪犯、矫正工作者以及监狱管理者都是很有好处的。首先，对于罪犯来讲，可以破除罪犯对于长期持续的单调改造工作的厌倦情绪和心理疲劳，提高罪犯的矫正积极性。其次，对于矫正工作者来讲，也有益处。因为这种有节奏的矫正工作，可以使他们根据矫正工作的进程，在完成一个矫正单元的工作之后，及时转入下一个矫正单元的工作，不断转变工作的内容和重点。这种变化可以使他们经常体验到工作的多样性，增加了矫正工作的新鲜感。在转变矫正单元之间得到休息和调整，从而有利于增强他们对罪犯矫正工作的兴趣和积极性。最后，对于监狱管理者来讲，也是提高管理效率的重要途径。这是因为，利用矫正单元作业开展罪犯矫正活动，可以更加有效地衡量矫正工作者在每个矫正单元的工作质量，把难以通过最终结果加以衡量的罪犯改造质量，转化为便于评估和测定的不同矫正单元和矫正过程，从而实现从结果管理向过程管理的转变，使监狱管理者对于罪犯矫正工作的管理变得更加有效。

4. 渐进性。根据矫正单元作业组织罪犯矫正活动，能够使矫正活动更有秩序地按照轻重缓急的顺序进行。矫正工作者可以根据犯因性问题分析的结果，确定矫正单元作业的先后顺序。首先编制最需要矫正的犯因性问题的矫正单元作业，接着编制次一级的犯因性问题的矫正单元作业。按照这样的顺序布置矫正作业可以使矫正工作循序渐进地进行，避免矫正工作的混乱。矫正单元作业的先后顺序是由犯因性问题的重要性决定的，不同犯因性问题对于犯罪行为的犯因性作用有很大的差别。犯罪学研究表明，社会环境因素对于犯罪行为所起的犯因性作用普遍大于生物性、生理性因素。这是就一般情况而言的。对于特定犯罪人来说，导致他们实施犯罪行为以及可能引起他们重新犯罪的犯因性问题，就是犯罪行为的主要内在原因。因此，要识别出那些对于犯罪行为和重新犯罪所起的犯因性作用最大的、最重要的犯因性问题，把它们作为最需要矫正的内容，把矫正这类犯因性问题的矫正单元列入最优先顺序，首先安排落实这样的矫正单元作业。

5. 系统性。矫正单元作业与罪犯存在的犯因性问题相对应。针对某一个特定的罪犯，要编制什么样的单元作业，编制多少个单元，都应根据罪犯存在的犯因性问题的状况来确定。罪犯存在的犯因性问题多，就要编制相对多的矫正作业单元；罪犯存在的犯因性问题少，就要相应减少作业单元。这样，矫正过程就可以根据罪犯存在的犯因性问题，灵活地布置矫正单元作业，从而使罪犯存在的犯因性问题都通过落实矫正单元作业得到有效矫正，真正实现罪犯矫正的系统性。

（四）制作矫正方案

个别化矫正方案的制作，可划分为计划阶段、执行阶段和结案阶段三个部分，也就是说，个别化矫正方案必须包括对罪犯实施个别化矫正的详细计划、执行计划的具体状况和执行结束时的结案等内容。个别化矫正方案的制作不是一次性能够完成的工作，它伴随着罪犯矫正的全过程，在不同的阶段对应不同的内容和要求。

1. 计划阶段。计划阶段的方案内容制作，主要是按照方案的构成要素和设计的方案格式，完成方案编制流程中前两个环节的内容：一是将编制个别化矫正方案的前期准备工作过程中收集的罪犯基本信息和确定的犯因性问题及相关分析内容填写到方案中；二是完成编制流程第二个环节"矫正计划"的内容。

2. 执行阶段。执行阶段的方案内容制作，主要是完成矫正计划的执行、评价与修正的内容。这部分内容主要分为四个方面：一是填写矫正计划执行过程情况，主要是完成编制流程中第三个环节矫正单元作业及矫正处遇情况；二是填写矫正计划执行效果情况，主要是完成每个矫正周期结束时的矫正质量评估结果；三是填写奖惩建议的内容，主要是完成每个矫正周期结束时，根据矫正质量评估结果提出的行政、法律和处遇方面的具体奖惩建议；四是完成矫正计划的修正，主要是在每个矫正周期结束时，对下一个矫正周期的计划是否需要修正和如何修正的决定记录下来。在对个别化矫正方案进行修正时，首先，遵循必要性原则，所作出的修正必须是不得不进行的修正，不能画蛇添足或随心所欲，否则将阻碍矫正的实施和影响矫正的成效；其次，遵循关键性原则，所作出的修正必须着重抓住对矫正起着主导性、本质性作用的矫正要素，弥补完善原来的矫正方案，使得新的矫正方案能牢牢牵住罪犯矫正的方向，少走弯路，达到事半功倍的矫正效果；最后，遵循建设性原则，所作出的修正要在科学、创新的矫正理念指导下，针对原矫正方案的不足，结合罪犯的实际，提出具体个案矫正的新思路、新技术、新措施，使新的矫正方案更为科学、完善，从而推进个案矫正工作顺利结案。

3. 结案阶段。罪犯出监前必须结案，按照设计的方案格式，除了应填写与矫正计划执行效果相关的内容外，还须填写与结案相关的内容，具体包括：一是要填写出监检测情况；二是要填写结案原因；三是要填写综合评价意见。

三、个别化矫正方案的实施与调整

矫正方案的实施是对罪犯进行个别化矫正的最重要环节，是罪犯矫正质量得以提升的必然选择。罪犯矫正方案的实施，是依照矫正方案的内容，让监狱和矫正工作者为罪犯提供矫正所需要的条件和资源，经过对罪犯的矫正行为，最终实现预定的矫正目标的互动过程。罪犯矫正方案的实施过程实际上是对罪犯进行矫正的过程。它贯穿于罪犯的服刑始终和罪犯矫正的各个方面，是一个复杂的系统工程。这里主要从实务层面上阐述个别化矫正方案实施的程序、实施中的激励以及矫正方案实施中的管理等。

矫正方案实施的程序是指矫正工作者依据矫正方案，组织矫正活动，以期达到矫正目标的工作流程。它主要包括介入、评价、修正三个循环的工作环节和结案、跟进两个必经的工作环节。

（一）介入

介入是指矫正工作者以个别化矫正方案为行动依据，为矫正对象提供必要的矫正服务。矫正工作者介入罪犯矫正过程主要应包括明确权利与义务、落实矫正作业、提供必要帮助和实施跟踪督察四个方面的工作内容。

1. 明确权利与义务。矫正方案经矫正关系当事人双方确认以后，就成为当事人之间设立的具有权利、义务性质的协议。矫正关系当事人的一方是矫正对象——罪犯，另一方是矫正工作者。矫正关系当事人在矫正关系中的地位平等，任何一方不能把法律规定之外的个人意志强加给对方。个别化矫正方案是在当事人参加且对主要内容进行充分的协商后，最终达成一致意见的协议。个案矫正实际上是矫正工作者以履行个别化矫正方案中约定的义务，同时主张相应权利的方式而开展的矫正活动，即作为当事人一方的矫正工作者，应按照方案的要求对另一方罪犯的矫正提供约定的条件、指导、帮助和服务，如有违约，罪犯向监狱机关申请救济措施；作为当事人一方的罪犯，应按照方案的要求接受矫正，并努力实现约定的矫正目标，如有违约，监狱机关有权取消其约定的权利，并给予相应的处罚。

2. 落实矫正作业。个案矫正的属性决定了矫正工作者在矫正活动中处于服务的提供者、支持者、教育者、调控者、承诺者、资源获取者、调解者、辩护者等角色。因此，个案矫正一方面是一个互动的过程，需要矫正工作者和罪犯的共同参与；另一方面，如果没有罪犯自身的主动参与和自觉行动，是很难达到矫正目标的。在矫正目标确定后，就要寻求达到目标的有效途径。在不排斥传统矫正手段的同时，必须注重针对每一个罪犯的犯罪情况，根据每一个罪犯的犯因性问题和独具的特点，开具个别化的矫正"处方"。罪犯按照"处方""抓药""服药"，从而有效进行矫正。这里的"处方"就是罪犯个别化矫正方案，这里的"药"就是罪犯的矫正作业。个案矫正作业是罪犯日常矫正过程中的自我矫正任务。矫正作业包括治疗作业、干预作业、调试作业、认知作业和综合性作业五大类型。在每一类作业中，可依据达到具体矫正目标的需要设置不同的内容。矫正作业一般包括作业的内容、时间、检查督促、评价、激励、记载和参与人在作业中的角色等要素。监狱要根据罪犯完成矫正作业的情况进行考核评估，根据考核评估的结果给予相应的激励予以强化。矫正作业是实现矫正目标的有效载体，是完成矫正计划的有力支撑，是矫正任务的量化分解，是矫正内容的具体表现形式。

3. 提供必要帮助。矫正工作者为罪犯矫正提供的帮助主要通过以下三种方式：一是具体服务。个别化矫正方案是通过矫正工作者的服务和罪犯的自我行动来达到矫正目标的。因此，提供具体服务为罪犯解决矫正犯因性问题所遇到的各种困难。这种帮助是罪犯矫正犯因性问题所必需的。当然，这种具体服务不是代替罪犯去消除或改善、改变犯因性问题，因为矫正犯因性问题并非是矫正工作者一方的事。二是提供信息。矫正工作者除为罪犯提供必要的具体服务外，还需要在实施过程中为罪犯提供执行方案所必要的信息，如适时的劝告、建议等，从而保证矫正行动向预设的矫正目标方向发展。三是指引。在矫正方案实施过程中，罪犯（尤其是依赖性强的罪犯）需要矫正工作者为其经常提供方向性的指导意见，保持行动朝预期的矫正目标方向发展，矫正工作者对罪犯矫正活动进行经常性指导以实现其对矫正进行有效的控制。

4. 实施跟踪督察。跟踪督察是指矫正工作者为保证罪犯完成矫正作业而采取的检查、辅导、督促和评估等服务活动。对罪犯矫正作业实施跟踪督察也是具体的矫正介入活动。矫正作业主要是以罪犯改变原有价值观、行为习惯或心理定势等为内容的。罪犯往往由于缺乏信心、恒心、耐心和勇气等，可能无法按计划去完成，从而影响矫正的效果。矫正工作者就有必要通过一定的介入，促使罪犯完成矫正作业。

矫正工作者介入的主要技术有检查、辅导、调整、督促和考核。具体是：

（1）检查。这是矫正工作者最常用的督察技术。矫正工作者在布置作业时，就要明确检查的时间、地点和方式，并要求罪犯以日记、笔记等方式，对作业完成情况和效果进行记载。在检查作业时，要对作业进行批改，根据罪犯完成情况和完成的效果实施强化；作业完成优秀的要给予积极的肯定，激发其信心，而对存在的问题也要一一指明，并要求订正。对检查情况要进行记载，记载的内容包括罪犯完成或未完成的情况、效果、未完成作业的原因、作业订正情况等，以便于矫正结案时对矫正效果进行评估。每次检查后，要按计划布置下次作业，明确下次作业的内容。

（2）辅导。这也是矫正工作者常用的重要督察技术。矫正工作者在辅导时，要让罪犯明确矫正作业的难度、内容、意义和目的，划清作业的范围和要求，并让罪犯事先进行练习，矫正工作者对练习给予矫正指点，直至达到满意的程度，对有难度的矫正作业给予罪犯示范，直至罪犯理解。

（3）调整。矫正作业是事先计划和布置的，因而就可能由于作业难度过大、作业与达到的矫正目标之间缺乏关联性或者由于客观原因造成作业不能完成，使矫正作业不能实现矫正目标。矫正工作者必须依据原因，对矫正作业作出必要的调整。对缺乏关联性的，重新布置作业；对难度过大的，适当降低作业难度；对无法完成的，积极帮助罪犯寻求支持。无论何种原因一定要注意不能因调整而使罪犯丧失信任和信心。

（4）督促。矫正作业是以转变罪犯不良心理为主要内容的，总是需要罪犯坚持不懈地在相当一段时间内反复和不间断地进行作业后才能有所收获。因此，给予罪犯必要的督促是非常必要的。督促可以在检查、辅导后进行，也可以随时进行。督促可以采用口头提醒、书信提醒、电话提醒、约谈提醒、上门提醒或协助完成作业等方式。对经常不能按时、按要求完成矫正作业的罪犯，矫正工作者应制定督促计划，并对督促情况进行必要记载，便于在检查、辅导时有针对性地进行重点检查和评估。

（5）考核。矫正工作者在罪犯每次完成作业后，应当对作业的效果进行考核，通过考核可以发现矫正作业存在的问题，增强罪犯的信心和为结案评估提供基础材料依据。罪犯每次作业后，要及时对其进行考核，且最好采用量化的方法进行。考核的结论应采用积极和肯定的方式反馈给罪犯，增强罪犯的信心和自觉性。对考核中发现的问题应分别采用辅导、修正等技术进行完善。考核后，应按约定的矫正处遇及时兑现处遇或奖励等，进而增强罪犯对矫正工作者的信任，维持良好的矫正关系。

（二）评估

评估主要指罪犯矫正过程中的质量评价，是一种过程质量的检验性评价。它的目的是检查罪犯阶段性矫正目标的实现情况，以改进矫正方案，保证矫正目标的最终实现。对罪犯矫正过程实施质量评估，主要包括提出、受理、施测、评价四个环节。

1. 提出。提出主要是指明确对罪犯进行检验性测评的情形和时间。检验性测评，是罪犯矫正过程质量评估的基础。要搞好罪犯矫正过程质量评估，充分发挥其功能，就必须按标准化的要求，组织罪犯的检验性测评工作，具体为：一是提出的情形。罪犯检验性测评的提出主要有罪犯主动提出、矫正工作者提出和罪犯矫正质量评估管理部门提出三种情形。罪犯的阶段性矫正目标达到期限未届满，而罪犯认为已提前达到，可通过书面或口头申请主动提出。按矫正方案预设的罪犯阶段性矫正目标达到时间已到，由矫正工作者提出。罪犯矫正质量评估管理部门提出的目的是通过经常性的随机抽检，复核测验的准确性、矫正方案编制的科学性和矫正方案实施和执行的情况，针对问题提出整改意见，督促落实矫正方案的实施和执行，改进矫正工作，提高矫正工作的水平。二是提出的时间。一般情况下，罪犯检验性检测，应在矫正方案中规定的阶段性目标达到期限届满前 15 日提出。如果罪犯主动提出，应提前 15 日提出申请。罪犯矫正质量评估办公室提出的检测，不受罪犯阶段性矫正目标达到期限的时间限制。

2. 受理。罪犯主动提出申请的，应直接向所在监区提出，监区受理后，应提出审核意见。罪犯提出的申请不符合条件的，监区应当向罪犯作好解释。符合条件的，由监区统一送交监狱罪犯矫正质量评估办公室。监区在送交罪犯申请时，应将罪犯的档案和矫正方案一并送交。罪犯阶段性矫正目标实现期限即将届满，而罪犯未主动申请检测的，分管该犯矫正的监狱民警必须在期限届满前 15 日提出书面申请并说明事实和理由，监区进行审核和汇总，连同罪犯的档案和矫正方案一起移交监狱罪犯矫正质量评估办公室。评估办公室收到检测申请后，应给予必要的记载，向监区发放回执，并应安排好检测员、检测时间和检测地点。

3. 施测。对罪犯进行检验性测评，必须严格按标准化的要求进行施测，保证检测的客观和公正，具体要求有以下几点：一是施测前，应做好充分的检测准备工作，并在 3 日内就检测的时间、地点、检测员等通知罪犯。二是由于检测涉及罪犯的权益，为防止罪犯猜测或正面反应定势，应当与罪犯进行良好的协调沟通，在罪犯受测前，分管罪犯矫正的民警应告知罪犯检测无效所带来的后果。三是测试必须选在安静明亮、无闲杂人员干扰的室内环境进行，或开辟专门检测室。测试一般分为团体和个别两种形式。

4. 评价。对罪犯测试后，应及时进行效果评价，以明确矫正的效果，落实相应的处遇。评价一般包括以下环节：一是前后对比。检测完毕后，将本次检测报告与上次检测报告进行对比。通过对比，关注犯因性问题的变化情况。二是综合分析。主要通过检验性面谈、日常行为考核和思想考核的情况以及使用量表测量等方式进行。三是提出结论。根据矫正目标实现情况，得出矫正效果结论。如果实现了对犯因性问题的阶段性矫正目标，即为矫正有效，其评价结论应为"目标达成，继续执行原方案"；如果没有实现阶段性矫正目标，即为矫正无效，其评价结论应为"目标未达成，重新修订原方案"，同时对罪犯下一阶段应矫正什么、如何矫正、矫正应达到何种目标提出具体意见。

（三）修正

矫正方案的修正是指监狱在对罪犯实施个案矫正过程中，对评估未能达到阶段性矫正目标的，对个别化矫正方案进行调整和完善的活动。任何方案的实施都是一个不断修正完善的动态过程。因此，对罪犯矫正方案的修正，常常是一个不可少的重要环节。在实践中，要求矫正工作者制定出完善的个别化矫正方案是不现实的，矫正方案难免在某些环节和要素上出现漏洞、不足乃至错误。况且，罪犯自身也可能会发生一些新的问题，服刑环境也可能出现一些大的变化，从而使得原矫正方案不再适应新的情况，需要使用一定的修正技术对其作出修正完善。

1. 矫正服务主体的修正。矫正服务主体的修正是指对原矫正方案中确定的矫正工作者进行重新选择，使之和矫正对象相匹配，弥补原矫正方案的不足，使矫正取得更大的成效。矫正服务主体的具体修正主要依据三种情况，即以罪犯的分类特征、罪犯的心理状况和罪犯个体需要为依据，重新确定矫正民警。

2. 矫正目标的修正。矫正实践中，矫正目标的制订或执行并非一帆风顺，常常会出现疏漏甚至错误。矫正目标的修正，就是对原矫正方案中的目标予以舍弃、纠正或中止，从而形成新矫正目标的过程。矫正目标的修正主要包括三种情形：一是撤销原目标，制订新目标；二是修改原目标，优化新目标；三是中止原目标，优选新目标。

3. 矫正方法的修正。矫正方法的修正包括两种情况：一是指原矫正方案中，为实现矫正目标而采取的方法并不适用或无明显效果，需要重新选择其他方法进行矫正；二是指矫正工作者不规范操作矫正技术，导致矫正无效。其矫正方法的修正就是对技术操作的失范进行纠正。比如，采用心理矫正类技术中的脱敏疗法，不依照分级脱敏要求随意操作，片面追求矫正速度和效果，实施超级脱敏必然会出现欲速而不达的局面。对此，技术上的修正就是要严格依照分级脱敏的等级和步骤要求，严格脱敏操作，逐步实现脱敏目标。

4. 矫正周期的修正。矫正周期是矫正方案的一个重要组成要素。一个矫正总目标相应就有一个总的矫正周期，而具体目标也要有相应的较短的矫正周期。矫正实践中，矫正周期通常是针对某个具体的矫正目标而言的。显然，矫正周期必须与矫正目标相匹配，周期期限的预先设定主要依据目标的性质、实现的预期程度、实现的难易程度以及罪犯的具体情况而定。一般来说，某个矫正目标对罪犯矫正转化具有主导性或根本性作用，实现的难度较大，实现的预期程度较高，罪犯参与矫正的主动性较差，则确定的相应矫正周期宜长些；反之，矫正周期宜短些。这既是矫正周期预先确定的原则，也是矫正周期修正的原则。矫正周期过长，妨碍矫正效率，过短则难以实现矫正目标。因此，矫正工作者在矫正实践中，对不适宜原矫正方案的矫正周期，要以科学的矫正态度，遵从矫正技术的规律性要求，围绕矫正目标重新调整，实现矫正目标和周期的匹配。

（四）结案

介入、评估、修正，再介入、再评估、再修正……矫正工作者对每一个接受矫正的罪犯在结案前都要规划若干个这样的矫正周期。而罪犯服刑期间要经历多少个矫正周期，最终能否实现矫正目标总是与刑期相联系的。由于个案矫正考虑的是罪犯的差异性，这就使得每个罪犯在达到矫正目标的时间上必然存在差异，如果要实现矫正目标，就必然要由矫正目标的实现状态来决定刑期。这显然有悖于罪刑法定和均衡原则。因此，在个别化矫正方案结案时，个体矫正目标的实现与刑期之间会出现三种情形，同时也有相应的三种结案方式：一是在刑期内无法达到矫正目标，在这种情形下结案，称之为被动结案；二是罪犯达到了矫正目标，而刑期尚未届满，在这种情形下结案，称之为主动结案；三是罪犯在出监阶段达到矫正目标，在这种情形下结案，称之为正常结案。

1. 被动结案。矫正进入出监阶段，要对罪犯进行出监评估，这时的出监评估也视同个别化矫正方案结案前的评价。经评估，如果矫正目标未能达到，刑期届满之日也必须按期释放，这时监狱不得不选择被动结案。结案时，要做好如下工作：一是完成《罪犯出监评估报告》，同时填写罪犯个别化矫正方案最后矫正阶段的综合评价意见，要对个体矫正的最终成效作出明确估计和判断，总结矫正效果，明确存在的问题。二是对罪犯反馈结案前的评价意见，讲明其矫正的程度，还有哪些不足、需要注意的问题，并进一步指导罪犯在回归社会后要注意把握好自己的人生道路。尤其提醒其在遇有困难的时候，要学会争取社会的救助，千万不要重走犯罪的老路。三是对罪犯家庭、社区街道、社会有关团体提出对其进行帮教的具体意见，以免其重新犯罪。对有社会危害性的刑满释放人员，监狱向出狱人户籍或经常居所地公安部门建议列为重点管理人口，防止发生重特大案件。上述工作完成后，办理矫正方案归档手续，标志着某罪犯的个别化矫正方案已经终止执行，即结案。

2. 主动结案。个别化矫正方案在实施过程中，要不断接受周期性的矫正效果评价，也叫矫正过程质量评估。经评估，如果矫正目标已经达到，无论余刑多长，监狱均可选择主动结案。结案时要做好以下工作：一是完成《罪犯个体矫正结案报告》，同时填写罪犯个别化矫正方案最后矫正阶段的结案意见，总结矫正成效和所取得的经验与教训。二是制订改造指南，为罪犯余刑阶段的改造提出明确的目标和要求，并落实矫正工作者对其已经得到有效矫正的犯因性问题继续追踪工作，巩固矫正效果。上述工作完成后办理矫正方案归档手续，标志着某罪犯的个别化矫正方案已经执行完毕，即结案。

3. 正常结案。矫正进入出监阶段，对罪犯进行出监评估，也可称之为结案前的评价。经评估，如果矫正目标已经达到，在罪犯出监阶段为其办理正常结案。结案的前两项工作与被动结案的工作相同，接着要根据罪犯的气质、性格、兴趣、文化水平、职业技能特点和本人意愿，对其出狱后的职业安置提出建议，并与地方安置帮教部门、劳动部门取得联系，及时做好安置帮教工作，巩固监狱的改造质量。最后，办理矫正方案归档手续，办理完毕就正式结案。

（五）跟进

罪犯个案矫正的跟进是指结案后为巩固矫正效果和维持罪犯的自我矫正而对罪犯所进行的后续性回访服务，是罪犯个案矫正中一个不可或缺的重要环节和步骤。跟进是结案后的矫正服务工作，是矫正工作的继续，也是社会综合治理的重要组成部分，其意义主要表现在以下方面：一是巩固。一些罪犯结案后，保持矫正后的正向行为往往比较困难，在社会环境中各种消极因素的影响下，或者由于矫正时间过短，矫正效果未能得到固化，很容易使原有的犯因性问题支配下的不良行为复发。因此，有效的、必要的跟进服务，可以巩固矫正效果。二是评价。跟进服务也是一种追踪性后续性矫正服务，通过对罪犯后续性回访，可以对矫正效果进行再次评价，以确认真正的矫正效果。三是支持。矫正工作者的跟进服务也是一种支持性服务，可以在跟进服务中发现罪犯在巩固矫正效果或继续自我矫正过程中可能遇到的困难，为罪犯提出克服困难的建设性意见，或向有关国家机关、社会组织和罪犯的家庭等提出建议，帮助罪犯获得解决困难所必要的资源支持。四是预防。矫正工作者通过跟进服务，可以发现罪犯继续服刑时或出狱后可能出现的问题，诸如原有的犯因性问题未得到真正的改变或又出现了新的犯因性问题。此时，对刑期未满的罪犯可重新建立矫正关系或转案，继续新的矫正。对出狱人员可以转介到其他社会性助人机构进行相应的社会工作，或可建议有关机关给予必要的管理和教育，如建议公安机关按重点人口管理的相关规定列为重点人口进行管理，达到预防犯罪的目的。

四、个别化矫正方案实例与分析

罪犯吴某的个别化矫正方案实例。

（一）基本情况

吴某，男，1986 年出生，初中文化，犯故意伤害罪被判处有期徒刑 3 年。离异，有一个儿子与爷爷奶奶生活。

1. 主要犯罪事实：吴某于 2015 年 9 月某日在酒店与另一桌的李某、张某发生争执，在争执的过程中，吴某拿起啤酒瓶朝李某头部砸去，致使李某重伤。

吴某曾在 16 岁时因聚众斗殴罪被判刑 2 年，缓刑 2 年执行。

2. 吴某在与朋友的交往中，常常因为难以控制自己的情绪，而使交往关系破裂，一般维持交往关系的时间都不长。吴某对自己的这种表现非常不满意，因为自己的情绪问题坏了多少事、吃了多少亏，他自己都说不清楚。该犯试图改变，但总是不能取得好的效果。

3. 吴某在上小学之前，因为父母都上班，把他放在外祖母家寄养。外祖父母因忙农活，给他的照顾较少，常把他交给其年长 3 岁的表哥照料，却常常受到表哥的威胁和欺负。回到家后，常受到父母的责罚和打骂。

4. 目前吴某对各种监规制度和纪律不能适应和服从，主要是不能控制自己的情绪，常常与别人发生冲突和矛盾。在处理冲突和矛盾时，常常使用暴力，人际关系非常紧张。

5. 测验结果：EPQ 测验显示该犯的气质类型属于胆汁质，即情绪非常不稳定，脾气暴躁，遇事易激惹。

（二）评估

综合吴某的各种信息整体分析评估可以评定，吴某的犯罪原因与其性格特点有密切的关系。不能控制自己的情绪，容易产生愤怒的情绪体验，对愤怒的情绪不能很好地控制，与犯罪之间有着直接的因果关系。所以对吴某的矫正，应当以增强情绪控制能力为主。

（三）犯因性问题

存在明显的暴力倾向，不能很好地控制自己的情绪，容易产生愤怒的情绪体验且不能正确地处理。

1. 个人缺乏安全感，幼年依恋形成关键期被送至外祖父母家，失去了父母的爱。

2. 在农村，没有得到很好的照顾，没有父母的替代人物。

3. 受到表哥的威胁、欺负和伤害。

4. 在小学阶段，父母的管教方式粗暴，经常受到责罚和打骂，形成了对自己的情绪不加任何控制地发泄。

5. 在社会生活中因愤怒发泄和使用暴力常能满足自己的安全与自尊需要，使得这种行为模式不断得到强化、巩固。

（四）矫正目标

总目标：减少攻击行为，克服情绪冲动，增强安全感，从而有效消除犯因，成为守法公民。

阶段性目标：

1. 认识到犯罪的原因在于自己对愤怒情绪缺乏控制，难以克制攻击性行为。

2. 全面深刻认识自己攻击性行为产生的原因和后果。

3. 完成情绪的各种训练项目。

4. 通过训练作业达到能够较好地识别和控制自己的情绪的目标。

5. 逐渐减少攻击性行为。

（五）矫正计划

各个矫正目标计划在某年某月内完成，如果能够提前完成，根据完成的情况可以给予相应的行政奖励。整个计划分三个时期：

第一矫正周期，即入监初期：从某年某月到某年某月。这一时期的主要任务是稳定吴某的情绪，适应监管改造环境，认识自己犯罪的原因，树立起改造信心和改造目标。

第二矫正周期，即服刑中期：从某年某月到某年某月。这一时期的主要任务是完成各项矫正任务，消除吴某的犯因性问题。

第三矫正周期，即出监时期：从某年某月到某年某月。这一时期的主要任务是巩固矫正成果，进行全面的总结。同时，进行回归适应、就业等相关指导性教育。

（六）矫正计划实施

1. 第一矫正周期：

（1）矫正技术。本阶段主要是应用认知行为治疗技术（CBT）让吴某意识到自己情绪的问题，深刻认识和反省自己攻击性行为产生的后果，并了解愤怒情绪与攻击性行为的关系，尤其是意识到自己愤怒时的想法，并探讨为什么会有这种想法，找到情绪爆发的背后原因或自动化思维。

（2）矫正处遇。等级区间为普管级。在吴某自觉执行矫正计划时，确保其获得普通管理的服刑待遇，同时帮助其获得人身安全感、获得群体的接纳和家庭的接纳以及获得他人的人格尊重。如果吴某不能自觉执行矫正计划，视情形降低等级区间，或降低其中的部分待遇。

2. 第二矫正周期：

（1）矫正技术。本阶段主要是学会控制自己的情绪，利用肌肉放松、呼吸放松训练等方式有意识地控制自己的情绪；同时，找到情绪爆发的自动化思维，并运用认知改变技术矫正其中间信念和核心信念；布置家庭作业，检查完成情况并进行讨论，以巩固矫正效果。

（2）矫正处遇。接受矫正的罪犯自觉执行矫正计划，学会控制自己情绪时，确保其获得所处等级的服刑待遇；同时，根据矫正表现，及时满足其合理的物质性需求，以及安排休息、娱乐等精神性需求；根据矫正需要，及时满足罪犯的自我发展性需求，如征订报刊、购买书籍等。如果罪犯自觉执行矫正计划且满足行政奖励或法律奖励条件时，及时给予奖励；如果罪犯不能自觉执行矫正计划，视情形降低等级或部分待遇。

3. 第三矫正周期：

（1）矫正方法。本阶段主要是反复训练与巩固认知行为治疗（CBT）的效果，增强吴某的情绪控制能力。吴某可能会有情绪反复或者起伏，要不断强化与训练，巩固治疗效果。

（2）矫正处遇。罪犯自觉执行矫正计划时，确保其获得所处等级的服刑待遇。同时，帮助和指导罪犯树立融入社会的信心，预防其产生出狱前的焦虑症状，及时满足罪犯以社会接纳和归属感为主要内容的自我发展性需求。

（七）其他

1. 签名。制订矫正计划后，罪犯与矫正小组负责人共同签字，一式三份，由罪犯保管一份，教育矫治中心保管一份，档案备存一份。

2. 日期。矫正计划注明年月日，以便备查。

学习任务三　矫正项目设计与案例

【案例】9-3

某省未成年犯管教所关押了多名故意伤害、聚众斗殴等暴力型犯罪的未成年罪犯。对此，监狱教育矫治中心计划编制暴力型未成年罪犯的矫正项目。依据青少年的生理发育和心理发展特点，计划采用团体辅导的方式来提高未成年暴力犯的自我认知能力、情绪调控能力和人际交往能力，增强他们的自信心，重塑他们对未来生活的希望。

【思考】

这一案例中提到的针对未成年暴力犯设计系统的矫正方案，是矫正项目的一种类型。本节将对矫正项目的概念、设计要素进行阐述。

一、矫正项目概述

随着监狱刑罚执行理念从报应刑向教育刑的转变，将罪犯教育矫正好，使其释放后顺利回归社会逐渐成为监狱关注的重点。在这种背景之下，监狱系统围绕将罪犯教育矫正好的目标要求提出了许多教育矫正罪犯的措施、方法手段和处遇方式，并进行了积极的实践探索和工作尝试。这些旨在教育矫正罪犯的措施、方法手段和处遇方式，便形成了早期的矫正项目。[1]

---

〔1〕 周勇、张灵："初论矫正项目"，载《河南司法警官职业学院学报》2009 年第 4 期。

（一）矫正项目的含义

矫正项目是监狱系统专门用来实现罪犯某个具体矫正目标的系统化、程序化、规范化、可操作性的干预措施或课程，具有科学性、专业性、多学科性、规范性、整合性和开放性等特征，在罪犯教育改造中具有非常重要的作用和价值。矫正项目作为教育改造罪犯的一种新型手段和有效载体，是创新教育改造工作值得重视和借鉴应用的一种思路。

尽管在广义上任何旨在实现矫正目标的措施、方法手段和处遇方式都可统称为矫正项目，但本章中要探讨的矫正项目则是狭义上的，专指那些经过严格设计、操作过程系统规范的矫正项目。具体来说，所谓矫正项目，是指监狱系统专门用来实现罪犯某个具体矫正目标的系统化、程序化、规范化、可操作性的干预措施或课程。其中，矫正目标是指罪犯经教育改造后要达到的状态或程度，或者理解为罪犯在服刑期间需要改造的地方。事实上，罪犯总的矫正目标已经确定，即"守法公民"。然而，鉴于这一总目标过于宏观、抽象和笼统，不易操作把握和考核评估，加之罪犯情况复杂多样，千差万别，因此很难针对所有罪犯制定出一个统一的旨在实现"守法公民"总目标的矫正项目。有鉴于此，从科学性、有效性和可行性出发，很有必要将这一总的矫正目标进行分解细化。根据不同的标准，矫正项目可以划分为不同类型的矫正项目。比如，根据实现的矫正目标的不同，可划分为文化教育项目、军事化管理项目（队列与内务训练）、药物滥用矫治项目、暴力预防项目和生活技能项目等；根据时间跨度的不同，可划分为速成项目和中长期项目；根据适用对象的特殊性，可划分为性犯罪罪犯矫正项目、妇女家庭暴力受害综合征矫正项目、限制减刑罪犯矫正项目等。

（二）矫正项目的作用

矫正项目在监狱教育矫治工作中的作用和价值是显而易见的。上述矫正项目的定义就已经明确指出，矫正项目的目的就是实现罪犯的矫正目标。也就是说，矫正项目是监狱系统用来教育改造罪犯、实现罪犯矫正目标的有效手段或载体。通俗来说，患者到医院看病，首先要作化验诊断，之后开出处方，然后按处方抓药吃药。其中，诊断和开处方固然重要，但直接对治病发挥作用则是患者所用的药。因此，在很大程度上来说，医院实际上是借助药品的效力才将患者的病治好的。由此可见，药在疾病的治愈过程中扮演着非常重要的作用，它才是治愈疾病最直接、最根本，也是真正发挥作用的要素。与此相类似，监狱为罪犯制订的矫正方案相当于医院的处方，而矫正项目相当于处方上那一副副"良药"。显然，矫正方案这张"处方"即使开得再好，如果没有矫正项目这些"良药"的话，罪犯个体的矫正也是很难实现的。因此，矫正项目在罪犯教育改造中发挥着至关重要的作用，处于促使罪犯痛改前非、发生积极改变的核心地位。

需要指出的是，尽管矫正项目在罪犯教育改造中发挥着重要作用，但在我国监狱系统中并未得到应有的重视和有效的应用。如果对我国监狱教育改造工作和现状加以分析研究的话，不难发现，当前罪犯教育改造质量不甚理想的原因之一，就是缺乏比较科学、疗效过硬的"良药"——矫正项目，或者说，尽管有了一些教育矫正措施，但由于科学性不强，不够规范，效果较差，还算不上真正意义上的矫正项目。举例来说，当一名罪犯入监后，监狱通过评估诊断发现缺乏法制观念是导致该罪犯犯罪的主要原因，于是在制定个别化矫正方案时就将建立法制观念列为一项重要内容并要求在教育改造中予以落实。然而，在目前监狱现实工作中常常不如人意。这是因为，目前的通行做法常常是开设一些理论性比较强的法制教育课或观看一些视频资料和课程，这显然难以让罪犯有效地建立起法制观念，这种情况是迫切需要改变的。

二、矫正项目设计要素

从国内外矫正项目的实践来看，一个完整的矫正项目一般应包括以下几个方面的组成要素。[1]

（一）项目名称

项目名称就是一个矫正项目的名称。矫正项目既可用该项目拟实现的矫正目标来命名，也可用该项目的适用对象来命名。前者如文化教育项目、军事化管理项目（队列与内务训练）、药物滥用矫治项目、暴力预防项目和生活技能项目等，后者如性犯罪罪犯矫正项目、妇女家庭暴力受害综合征矫正项目、限制减刑罪犯矫正项目等。

（二）项目目标

项目目标就是矫正项目拟达到或实现的具体矫正目标，如树立法制观念、扫盲、提高生活技能等。

（三）适用对象

适用对象指的是矫正项目适合哪些或者什么样的罪犯参加。

（四）工作原理

工作原理是矫正项目运用什么样的作用机制和基本原理来达到或实现既定的目标。工作原理是否正确显然是矫正项目是否有效的重要基础。

（五）干预方式

干预方式是指矫正项目具体采取哪些方式方法来开展教育矫正活动。根据

---

[1] 周勇："矫正项目：教育改造的一种新思路"，载《中国司法》2010年第4期。

实现矫正目标的需要，在一个矫正项目中，可以灵活地采取多种多样的方式方法，包括讲解、示范、讨论、游戏、案例分析、角色扮演、团体训练等。

（六）进度安排

进度安排即矫正项目的内容安排和时间进度。为了实现既定的目标，矫正项目需要设置哪些教育矫正内容、环节和任务，需要花费多长时间来完成以及如何使用这些时间。

（七）关键要点

关键要点是指矫正项目需要重点关注的若干关键性问题。这些关键性问题常常会影响到矫正项目的效果。

（八）考核评估

考核评估是指考察和评价矫正项目效果的方法与措施，如知识考核、任务测验、情境模拟、考试测试等。

（九）备注说明

说明备注用以补充说明矫正项目需要注意和补充说明的其他事项，包括对项目主持人、参加人数规模以及评估工具的要求等。

三、矫正项目设计案例

一例未成年暴力犯矫正项目的设计

项目名称：未成年犯暴力预防矫正项目

项目目标：提高未成年罪犯参加者的技能，减少其将来再次实施暴力犯罪行为的可能性。

适用对象：拥有暴力犯罪史或者在将来明显具有实施暴力犯罪行为可能的未成年罪犯。

工作原理：社会学习理论和社会信息加工理论；以预防重新暴力犯罪为重点的认知行为干预和技能训练，其中强调自我控制、社会问题解决、教育、自我管理、角色扮演等的运用。

干预方式：主要有讲解、示范、观看录像、案例分析、角色扮演（心理剧）、团体辅导、讨论（辩论）、表达（分享）、模拟练习、行为与拓展训练、家庭作业、个体咨询或治疗等。

进度安排：共计20个单元课程（每单元课程约1小时），具体划分为以下八个模块：

1. 促使改变：定位和变化过程（2个课程）。该过程主要是强调暴力行为的危害性，以讲解、示范的方式进行；随后调动罪犯内在的改变意识，由"写给家人"的一封信为主题，强调家庭纽带对未成年暴力犯的感化作用，从而提高未成年暴力犯参与该项目的动力，并促使他们从内心深处进行改变。本课程结束时，要求每位未成年暴力犯写下个人体会和收获。

2. 暴力认知：探究暴力的个人根源（4个课程）。在这个课程中，着重分析未成年暴力犯暴力行为的发生原因，尤其是针对自己的犯罪原因进行深入分析，以"自我剖析""心理剧"的形式进行。结束后，请参与者写出自我剖析报告和参加心理剧的心得体会。

3. 愤怒控制：控制愤怒和焦虑情绪的基本技能（4个课程）。未成年暴力犯在了解暴力行为的危害性和原因之后，接下来要进行控制愤怒和焦虑情绪的课程学习，这个环节也是核心环节。在这个环节中，以团体辅导、模拟练习的方式进行愤怒的控制练习。项目训练结束后，请参与者写下控制练习的操作过程和体会。

4. 问题解决：社会化的问题解决和信息加工技能（2个课程）。本环节让参与者开展遇到社会问题时解决方式的练习，可以使用模拟练习和行为与拓展训练的方式帮助参与者掌握和学习问题解决的技巧。

5. 社会态度：探究和改变支持暴力行为的观念（2个课程）。参考认知行为疗法（CBT）技术中引导参与者进行自我的核心观念的剥离，运用讨论、辩论改变参与者的核心观念，如果存在少数无法进行观念改变的可以进行个体咨询和辅导，帮助其完成该课程的训练和学习。

6. 积极关系：减少受害和亲密关系人之间的暴力行为（2个课程）。在这个课程中让未成年暴力犯回顾或者重现受害者当时的情境，并找出不合理观念，重新树立积极观念，建立积极的关系。

7. 解决冲突：沟通和协商技能（2个课程）。在该课程中引导未成年暴力犯学会用沟通的方式解决冲突，可以以主题讲座的方式进行，也可以以团体辅导的方式进行。

8. 暴力预防：形成一个全面的暴力预防方案（2个课程）。进行角色扮演，遇到相似的社会生活问题如何进行解决，或者今后如果遇到真实情境该如何警示或提示自己避免用暴力进行解决，从而实现暴力行为的预防。

这20个单元课程中包括团体课程和个别课程。每周安排1个单元，通常需要20个星期的时间。

关键要点：参加项目的未成年罪犯要检讨他们暴力行为的模式、形成改变的动机；学习愤怒控制、问题解决、冲突解决、冲动控制和人际交往方面的技能；考察与他人之间的关系以提高生活的质量；认清生活方式、犯罪、药物滥用和使用暴力之间的关联。

考核评估：结束时要求未成年暴力犯设计一个包含所学策略的暴力预防的

个人预案。该预案建立在对以前攻击性行为的理解和对将来可能导致发生攻击性行为的高危险环境的认识的基础上。

备注说明：项目主持人或指导者由 1 名项目矫正官员和 1 名心理学家担任；一个矫正项目团体的未成年罪犯人数最好为 8~12 名，不宜过多或过少；评估工具很重要，如通过暴力危险性测验和结构化访谈式评定量表，可获知参与者先前暴力的性质、未来暴力的风险、发生改变的动机、暴力预防相关知识掌握和技能应用等情况。

本章小结

1. 引发罪犯实施犯罪行为的原因中矫正机构能够给予干预的，构成矫正需求。对矫正需求进行分类，可以分为犯因性环境因素、犯因性生理因素、犯因性心理因素和犯因性行为因素四类。其中犯因性心理因素与犯因性行为因素构成矫正需求的主要方面，而犯因性生理因素、犯因性环境因素，构成矫正需求的次要方面。

2. 罪犯个别化矫正方案，也称为罪犯个体矫正方案，是依据罪犯个体差异和个性需要所建立、制订、设计的一种矫治方案。具体来说就是指监狱民警在矫正罪犯过程中，为贯彻监狱工作方针政策，把罪犯改造成为守法公民，运用科学的检测评价方法，分析罪犯的个性化特征，并以此为矫治、消除犯因性问题的依据，制定的具有针对性、可操作性的矫正措施。

3. 矫正项目是监狱系统专门用来实现罪犯某个具体矫正目标的系统化、程序化、规范化、可操作性的干预措施或课程，具有科学性、专业性、多学科性、规范性、整合性和开放性等特征，在罪犯教育改造中具有非常重要的作用价值。矫正项目作为教育改造罪犯的一种新型手段和有效载体，是创新教育改造工作值得重视和借鉴应用的一种思路。

问题思考

1. 如何理解罪犯的矫正需求？
2. 罪犯个别化矫正方案的概念及其作用是什么？
3. 结合案例进行个别化矫正方案的编制。
4. 如何进行矫正项目的设计，它包含哪些要素？

拓展阅读

1. 邵晓顺主编：《服刑人员心理矫治：理论与实务》，群众出版社 2012 年版。
2. 宋行主编：《服刑人员个案矫正技术》，法律出版社 2006 年版。

专题九　实训项目

专题十 不同类型罪犯心理矫治

学习目标

　　了解不同犯罪类型、不同刑期、不同特征罪犯的心理特征与矫治对策，掌握财产型罪犯、暴力型罪犯与性罪犯的心理矫治技术，限制减刑罪犯与超短刑期罪犯的心理矫治技术以及未成年犯与女犯的心理矫治技术。

重点提示

　　财产型罪犯、暴力型罪犯与性罪犯心理矫治，限制减刑罪犯心理矫治，超短刑期罪犯心理矫治，未成年犯心理矫治，女犯心理矫治

　　《监狱法》第39条规定："监狱对成年男犯、女犯和未成年犯实行分开关押和管理，对未成年犯和女犯的改造，应当照顾其生理、心理特点。监狱根据罪犯的犯罪类型、刑罚种类、刑期、改造表现等情况，对罪犯实行分别关押，采取不同方式管理。"监狱对罪犯进行不同犯罪类型分类后，再对罪犯的品行、个性、身心状况、犯罪经历进行调查和评估诊断，由此进一步做好分类工作并开展针对性心理矫治。

 学习任务一　不同犯罪类型罪犯心理矫治

【案例】10-1

　　罪犯潘某，男，28岁，初中文化，汉族，未婚，因盗窃罪被判有期徒刑2年。家族无精神病史，健康状况良好，自知力完整，无幻觉妄想。一个月前，潘某在车间劳动时因生产琐事与他犯发生口角而动手打架；后因几次与他犯吵架或打架被严管，心里不服气，主动要求心理咨询。咨询中潘某说：打架又不是我一个人，为什么只对我进行处罚？一个巴掌拍不响，要不是别人针对我，有意气我，我能恼火打他吗？别人怎么对我，我也不能示弱，不能对他们客气，要不然我会被欺负。

【思考】

　　本案例中我们发现：潘某仅仅因个人感受就认为他人对自己怀有敌意，总

想欺负他，感觉别人不接纳他。正是存在这种不合理认知，使他采取了攻击性行为以维护自己不被欺负的权益，从而导致与他人打架的恶果。那么如何改变这种不合理认知呢？

一、财产型罪犯心理矫治

以非法占有公私财物为目的的财产型犯罪，历来是我国主要的犯罪类型。根据我国《刑法》的规定，这一类型的犯罪主要涉及盗窃、诈骗、挪用资金、侵占、抢夺、抢劫等罪名。

（一）财产型罪犯的主要心理特征

1. 强烈的物质需要。财产型犯罪与其强烈的物质需要有关。他们被判刑入狱后，其原有的强烈的物质需要并不会因为入狱而消失，在服刑期间仍会表现出来。此类罪犯个性中存在严重的利己和自私倾向，把自己的利益特别是物质利益看得高于一切，对社会公共利益漠不关心，信奉"人为财死，鸟为食亡"的人生信条，置个人利益于社会道德规范和法律规范之上，为谋取私利而不择手段地侵占公私财物。他们对金钱和物质的超常需要主要源自他们有缺陷的社会化所形成的一些病态心理，表现为贪图享受、盲目攀比、追求虚荣、暴发致富等。

2. 扭曲的社会认知。随着社会市场经济的发展，在经济体制转轨过程中，有人靠钻法律和政策的空子，坑蒙拐骗、侵吞资产等非法途径而暴富，这些人同样获得了一定程度上的社会认可。这种只以财富多寡，而不管财富积聚是否合法的社会非正式评价机制，促使一些人社会认知扭曲和变形。财产型罪犯社会认知的扭曲集中表现为把犯罪作为谋生或致富的手段。他们确信诚实劳动难以致富，或相信先富起来的大多以不法致富，或自己已经靠犯罪摆脱了贫困、发了大财。他们原有错误的社会认知，会因每一次犯罪的成功体验而得到强化。

3. 不良的行为习惯。习惯是影响个体行为的重要因素，财产型罪犯中有不少人是在社会化过程中形成的不良习惯而导致锒铛入狱，如由最初的贪小便宜、小偷小摸逐渐发展成有便宜不占就难受、有机会不偷就不甘心的犯罪恶习，有的甚至偷窃成瘾。财产型罪犯中的惯盗、惯窃，由于有多次作案的经验，部分甚至有多次"进宫"的经历，因此形成了程度不同的心理定势。在这种犯罪心理定势的影响下，他们的心理活动常表现出对公私财物的专注性，对盗窃、诈骗等行为缺乏自控，对犯罪后果抱有侥幸心理，由此重复实施犯罪，以致成为习惯而难以矫正。

（二）财产型罪犯心理矫治对策

1. 矫治侧重点。财产型罪犯以盗窃犯和诈骗犯居多，对其心理矫治应侧重以下几方面：

（1）扭转错误的认知观念。要让他们认识到犯罪对个人及社会的危害；明白个人的错误认知，如贪图享乐、爱慕虚荣、盲目攀比等病态心理；认识致富手段的多样性以及犯罪致富的危害性；能够客观、正确地看待在当前我国社会经济发展过程中出现的不良社会现象。

（2）矫正不良的行为习惯。包括认识恶劣行为习惯的表现和危害；习得对恶劣行为习惯的意识和控制；学会分散或转移对他人财物的注意。

（3）培养良好的个性品质。包括培养诚实、善良、乐观、自信、乐于助人、意志力坚定、抗压能力强、热情、开朗等品质。

2. 矫治措施。

（1）认知疗法。认知疗法认为错误的认知和观念是导致情绪和行为问题的根源，因此矫治的根本目标是及时发现并纠正错误的观念及其赖以形成的认知过程。对财产型罪犯的心理矫治，首先让其对自身的犯罪行为进行深入的原因分析，使罪犯认识到犯罪对个人和社会的危害；明白自身存在的贪图享乐、盲目攀比等错误认知；对社会经济发展中的一些不良现象，能够客观理性地看待。

（2）行为疗法。行为疗法源自行为主义理论，强调通过环境的控制来改变人的行为表现。行为疗法的主要技术之一是行为强化法。利用操作性条件反射的基本原理，促使个体特定行为的发生，或提高反应发生的概率。对财产型罪犯，可以采用行为强化的方法，改变其不良的行为习惯。比如，设置相关的情境诱惑刺激，观察罪犯的反应，若能控制则表扬，否则给予一定的惩罚。另外，为培养良好的个性品质，可以进行有目的性的干预训练，如自信心训练、耐挫折能力训练等。

二、暴力型罪犯心理矫治

暴力型罪犯是以暴力或暴力胁迫为手段实施犯罪行为的罪犯，主要包括因实施故意杀人、故意伤害、抢劫、绑架、敲诈勒索、放火、爆炸、投毒、暴力妨碍公务、聚众斗殴等犯罪行为而被判刑入狱的罪犯。

（一）暴力型罪犯主要心理特征

1. 情绪不稳定，自我控制力差。暴力型罪犯的情绪极不稳定，遇事易激动，自我控制力差，容易感情用事。他们的行为往往受情绪影响，一旦遇到外界刺激就会产生强烈的情绪反应，并在这种情绪支配下，不计后果，鲁莽行事。暴力型罪犯冲动的情绪特征、欠缺自我控制力等特点决定了其在服刑期间表现时好时坏，极易出现反复现象。甚至有些暴力型罪犯会因为难以忍受监狱艰苦的生活和严格管束，不顾加刑的后果，孤注一掷伺机脱逃。

2. 价值观扭曲，是非不清。暴力型罪犯由于受到周围不良思想观念的影响，价值观扭曲，是非不分，形成"不信一切唯信钱""哥们义气""亡命称霸"等不良观念。这些不良观念既是他们过去犯罪的内因，也是入狱后抗拒改造的根源。在狱内表现为：为哥们讲义气，信奉"有福同享，有难同当"，拉帮结伙，恃强凌弱。遇到利益纠纷时，斤斤计较，有时为了蝇头小利而大打出手。

3. 攻击性强，报复心重。暴力型罪犯表现为性情暴躁，做事鲁莽，情感冷漠，具有较强的攻击性和报复心。有学者运用艾森克人格问卷对暴力犯进行调查，发现在 P 量表上的得分明显高于常人，即暴力型罪犯孤独，情感冷漠，不关心他人，难以适应外部环境，与他人不友好，喜欢寻衅搅扰。因为这些特征，暴力型罪犯在和他犯相处时，会因话语不投机或鸡毛蒜皮之事发生冲突；重则直接与监狱民警发生冲突。

4. 爱慕虚荣，逞强好胜。暴力型罪犯大多爱慕虚荣，好面子，因而经常有逞强好胜的表现。他们常常通过拳头来博得其他罪犯的赞誉。他们最怕丢面子，因而对监狱民警的当面批评会表现出强烈的不满。为了自己的面子，他们总能很好地完成监狱民警交办的事情，如果受到表扬、赞许，就会表现得更加出色。也正因为他们太爱面子，所以为了维护自己的面子，即使违反监规也在所不惜。

(二) 暴力型罪犯心理矫治对策

1. 矫治侧重点。暴力型罪犯需要层次、心理水平普遍不高，他们的自我控制能力和社会适应能力也普遍低下，所以对暴力型罪犯的矫治可重点解决以下问题：

(1) 改变错误的认知观念。暴力型罪犯大多存在错误的认知观念，看待问题片面、极端，常常以自我为中心，缺乏思想上的独立性。对"哥们儿"讲义气，为兄弟可以两肋插刀；崇尚暴力，逞强好胜，爱慕虚荣，并且他们的思维狭窄，认识偏激，固执己见，不能正确地认识和评价自己的行为后果，总是将自己遇到的挫折和不幸归咎于他人。改变错误的认识观念，是对暴力型罪犯进行心理矫治的首要任务。

(2) 克服不良的行为习惯。在错误的认知观念下，由于受到周围环境或影视作品中暴力行为方式的影响，一些罪犯已经形成使用暴力的恶性循环，使得暴力型罪犯的问题变得更加严重。因此，克服不良的行为习惯，训练良好的行为方式，是对暴力型罪犯进行心理矫治的基本方法。

(3) 提高自我控制能力。暴力型罪犯由于缺乏对自己心理活动的分析、综合和判断能力，不能适当地、准确地进行自我评价，因而缺乏对自己行为的调控能力。此外，暴力型罪犯普遍低下的自我意识发展水平，还会严重影响其个性的健康发展，并造成个性方面的缺陷。因此，提高自我控制能力，也是对暴力型罪犯进行心理矫治的重要方面。

2. 矫治措施。

（1）心理咨询或心理治疗。根据暴力型罪犯的心理问题的类型及严重程度，选择适合的方式。对罪犯进行心理咨询或治疗时，需要专业的心理工作者，帮助罪犯分析容易诱发暴力的因素，学会应付挫折的具体方法；发现自我意识存在缺陷时，学会科学、客观地认识自我；当出现消极情绪时，学会积极地自我调节；消除或改善心理障碍，避免心理障碍引发暴力行为。心理咨询有个体咨询和团体辅导两种方式，对于监狱管理工作，团体辅导方式更为高效和经济。暴力型罪犯在调节情绪、人际交往、服刑压力等方面存在问题时，可以采用团体辅导方式来进行心理矫治。

（2）行为训练与干预。许多暴力型罪犯的犯罪行为的发生，与他们缺乏社会技能有关，对于这样的罪犯，应当进行社会技能训练。这类社会技能训练的内容包括：

人际交往技能训练。暴力型罪犯与他人的交往过程中易产生人际冲突，缺乏建立和维护良好人际关系的技能。因而可以通过团体心理辅导，对暴力型罪犯进行人际交往技能方面的训练，提高其人际交往能力。

放松训练。暴力行为的发生，往往伴随着明显的身体紧张和情绪激动。因此，训练暴力型罪犯掌握放松身体和情绪的技能，如音乐放松、冥想训练等，以提高其自我放松技能水平，可有效防止愤怒情绪的增强和暴力行为的发生。

宣泄训练。暴力行为通常是在愤怒、紧张、焦虑等消极情绪的推动下发生的，是个人直接地使用暴力手段发泄这些情绪的结果。因此，对暴力型罪犯进行矫治时，可以对其进行宣泄消极情绪的训练。

三、性欲型罪犯心理矫治

性欲型犯罪是实施以非法性行为为内容的犯罪行为，主要包括强奸，强制猥亵、侮辱妇女，猥亵儿童，引诱、容留、强迫妇女卖淫，聚众淫乱等犯罪行为。

（一）性欲型罪犯主要心理特征

1. 认知扭曲，缺乏罪责感。性欲型罪犯普遍存在认知扭曲现象，具体表现为不能正确理解和判断被害人的行为反应。将对方的鄙视目光，理解为对自己的好感；将对方的反抗，看作是故意作态；将对方的痛苦呻吟，解释为性的兴奋等。这种认知扭曲使他们把犯罪行为合理化。一些罪犯案发后，辩解是对方自愿，否认自己的强暴罪行，也正是这种认知扭曲的反映。

2. 性需求强烈，欲望畸变。性欲型罪犯的犯罪目的虽然不尽相同，但他们无不是为了满足某种强烈而又畸变的欲望。他们有的缺乏社会技能，缺乏自信心，就以暴力攻击女性的方式提高自信，获得对权力欲望的补偿；有的征服欲强烈，则以强暴来显示自己的男子气概；有的曾受虐待，就以对不特定女性的强暴来发泄累积的怒气；还有的性犯罪，通过对受害者的施虐满足畸变的性欲。

3. 意志薄弱，自控乏力。与饮食一样，性的需要也是人的基本需要，不过作为社会性的人要以社会认可的方式来满足这种需要，否则就要受到道德和法律的谴责和制裁。罪犯存在性的需要无可非议，但罪犯的性欲冲动和控制之间存在矛盾，以致常常失控而导致性犯罪。性欲型罪犯一方面由于普遍存在性幻想，并迷恋于淫秽的性刺激，有的还养成了不良的性习惯，因此，对性刺激较常人更为敏感，反应更为强烈；另一方面，性欲型罪犯的自我意识水平低下、性道德观念腐朽、法制观念薄弱，性冲动的自我控制能力低，以致抗性诱惑力特别弱。

4. 个性存在缺陷。具有再犯罪倾向的性欲型罪犯，大多因经历过暴力、性创伤、与父母关系紧张等，而形成了个性缺陷，具体表现为：冲动性、攻击性强；极端利己，私欲强烈；观念错误，放任情欲；生活情趣腐朽，意志品质消极。

（二）性欲型罪犯心理矫治对策

1. 矫治侧重点。

（1）改变性犯罪意识。受腐朽思想的腐蚀，一些性欲型罪犯长期过着淫乱、放荡的性生活，并逐步形成了较为稳固的性犯罪思想意识。在这种意识的支配下，他们对性生活有一种畸形欲望和难以抑制的冲动。这种畸变的欲望即使在狱内，仍然会通过同性恋、交流性经验、收藏、剪贴美女像等方式进行补偿性满足。

（2）增强犯罪罪责感。性犯罪严重侵犯妇女的人身权利，是一种严重的犯罪行为，然而，性欲型罪犯普遍缺乏罪责感。他们或将强奸说成通奸、讲成恋爱越轨，或将犯罪原因归结为对方不检点、有意勾引，更有甚者视强奸犯罪为乐事，把丑恶的犯罪史作为炫耀的资本。罪责感的严重缺乏，导致性欲型罪犯普遍不认罪。

（3）提高抗诱惑能力。性欲型罪犯强烈的性兴趣，导致他们对性刺激具有极强敏感性。对性欲型罪犯来说，现实生活中的性刺激可谓无处不在，而可能引起性犯罪的高危情境也会时常出现。这就需要从两个方面着手避免性欲型罪犯再犯罪，一方面要降低性欲型罪犯的性兴趣，以提高其抗诱惑能力；另一方面要使罪犯学会在高危情境中避免再犯的对策。

2. 矫治措施。对性欲型罪犯进行心理矫治，需要通过面谈或测试了解其问题类型，并根据具体问题开展有针对性的工作，常用的心理矫治方法主要有：通过精神分析法，对当事人进行心理分析，将其压抑在内心深处的冲突和痛苦释放出来，找到导致犯罪的深层原因；通过认知疗法，重新建立性欲型罪犯的认知结构，改变其错误信念、价值观；通过人本疗法，注重人的主观能动性，尊重其人格、尊严，通过真诚交流来给心理存在问题的罪犯提供帮助，给予心理支持。还可以通过自信心训练、自我调节训练、社会技能训练等行为疗法对性欲型罪犯进行行为训练。

四、其他犯罪类型罪犯心理矫治

（一）职务犯罪罪犯心理与矫治

职务犯罪罪犯是指违反其职务行为廉洁性的要求，利用职务之便，非法获取财物而导致犯罪的原国家工作人员。主要包括因实施贪污、挪用公款、受贿、行贿、巨额财产来源不明、集体私分国有资产等犯罪行为而被判刑入狱的罪犯。

1. 职务犯罪罪犯主要心理特征。

（1）认罪不服判。职务犯罪罪犯入狱后认罪态度一般较好，也能老老实实接受改造，但却普遍存在对判刑不满的心理。这类罪犯往往从自身的得失出发，过分强调其犯罪的客观原因，而完全忽略自己的犯罪行为给国家和人民造成的危害，因此，他们悔罪意识差，不认为自己被判刑是罪有应得。例如，他们把贪污公款视为挪用，把受贿视为推辞不掉，是"强人所难"，或认为家庭困难暂时借用，根本算不上犯法。

（2）失落感强烈。职务犯罪罪犯入狱前一般都有较高的社会地位，并拥有某种权力，但随着判刑入狱，以前的一切包括名誉、权力、地位等都成了过眼烟云，尤其是社会地位一落千丈，由"受人敬仰"的领导者变为令人痛恨的"阶下囚"，因而会产生强烈的失落感。

（3）悔恨心理突出。职务犯罪罪犯大多文化素养高，社会阅历丰富，因而多数人入狱后经过深刻的自我反省，能产生较强的自我悔恨心理，痛恨自己利欲熏心、目光短浅而犯了罪；不仅丢了工作，误了前程，而且害了国家，毁了家庭。由于自我悔恨心理，他们下定决心接受改造，力争早日重新做人。同时，某些人还主动以自己作为反面教材进行警示教育。例如，湛江特大走私案主犯陈某，被判死缓入狱服刑，当他认罪悔罪并有了积极改造行为之后，在不到一年的时间里，就配合社会各界作了四十多场现身说法教育。

2. 职务犯罪类罪犯心理矫治对策。

（1）强化罪犯角色意识。职务犯罪类罪犯由于原有的社会地位和文化水平都较高，社会关系中又有权力，在服刑期间其自我意识往往是自负、自尊、自卑交织在一起，而自负占主导地位，因而不把监狱民警和其他罪犯放在眼里，甚至要求特殊待遇，罪犯角色意识严重淡化。监狱民警应该对其加强正面教育并强化其角色意识，破除其改造中的欺骗性，使其清楚地认识到所处的环境和状况，强化其罪犯角色意识，使其认清自己的罪恶，自觉改造。

（2）引导他们正向补偿自己的自卑心理。大多数职务犯罪类罪犯由于自己入监前优越的条件和有权势的关系网，对于入狱后身陷囹圄的处境接受不了，因而产生强烈的自卑，不能正视自己，极度消沉，混刑度日。监狱民警要引导其正向补偿自卑，缓解他们自卑引起的压抑状态，以合理的手段积极参与到改造中，在竞争中为克服自卑而体现自己的价值，赶上或超越别人，重新成为强者。

（3）培养他们正确的价值观和用权观念。一般职务型罪犯都具有高等学历，他们的知识、经验、能力等都比较强，所以对于职务型罪犯的改造就要注意将他们丰富的知识、社会经验、较强的交往能力、组织管理能力为监狱所用，并让其关注自身改造，以此激励他们改造的信心，形成积极的改造动机。当他们能够履行自己的改造职责并为他人服务时，给予其鼓励、表扬以及实际的物质奖励，从而培养他们正确的用权观念和价值观。

（4）定期对他们进行心理测试评估。职务类犯罪罪犯极易掩盖真实的自我，是真正接受改造还是虚假欺骗接受改造需要鉴别，这就要定期对其进行心理评估，以验证他们积极改造的真实性，对虚假改造做到及早发现、及时纠正。

（二）邪教罪犯心理与矫治

1. 邪教罪犯心理特征。邪教罪犯是指组织邪教或利用邪教组织实施犯罪行为的罪犯。这类罪犯因深受邪教的歪理邪说的毒害而犯罪，因此他们在服刑期间表现出独特的心理特征。

（1）认知极端偏激。邪教罪犯形成了对邪教组织的心理依赖和痴迷，这是邪教利用人们的现实需求和对人生的追求而采取的精神控制造成的，例如，为了"护教"不惜与政府、社会对抗，对邪教的痴迷使他们宁肯不要生命也决不放弃邪教。邪教罪犯普遍存在不认罪，无罪恶感，常常用语言攻击政府对邪教组织的取缔。他们在邪教的歪理邪说控制下，正常思维被摧毁，原有的正确认识被扭曲，对自己的犯罪行为不能产生罪恶感。因此，刚入狱，他们中的不少人就会写申诉状，并且会反复申述自己的"冤屈"。

（2）抵触情绪大，思想顽固。邪教罪犯因为不认罪，所以对判刑心怀不满，常和监狱民警对抗，扰乱监所秩序。对他们进行帮教时，认为监狱民警层次太低，无法对话。特别是那些深受邪教的歪理邪说影响的罪犯，往往拒绝帮教，甚至把每一次成功拒绝都看作是自己的一次"胜利"，从而产生心理上的愉悦并进一步强化其邪教意识。

（3）集体抗拒改造的心理突出。这种心理在邪教罪犯服刑初期表现非常明显。邪教罪犯入狱前大都进行集体行动，比较抱团。入狱之后，这种抱团心理仍然较强，他们会利用各种机会暗中串联，搞集体活动，因而会出现集体绝食、闹事情况。他们还相互加油、打气，共同拒绝改造，因此出现"一人不动，百人不摇"的集体拒绝转化的局面。

2. 邪教犯罪类罪犯心理矫治对策。

（1）理性认知教育。帮助罪犯仔细剖析邪教的教义，特别是其中的谬误和荒诞之处，指明练功中出现神秘体验的科学道理，理清现实与虚幻的关系，去除认知曲解的思维方式，建立现实想法。引导他们从客观角度认识邪教的危害性，认识其行为给家庭、他人以及社会造成的破坏性。重塑新的认知体系，灌输正确的价值观念，恢复正常的思维逻辑，建立摒弃邪教的自觉意识。

（2）消除对抗，重建社会支持。摆脱精神控制是一个漫长的过程，要帮助邪教类罪犯积累在服刑过程中受尊重、被支持和理解的情感体验，在其转变过程中，多给予鼓励和肯定是非常重要的。矫治过程中要尊重其人格，对于身体虚弱、病情危重、家庭不管的邪教类罪犯，监狱民警应予以关心、帮助。同时，在严格管理前提下，可以运用亲属、社会团体、单位帮教等形式，融合社会、家庭和亲情力量，形成帮教合力。营造和谐的社会、家庭人际环境，建立良性的人际依赖关系。消除其焦虑、烦躁和矛盾心理，使之摆脱对立和敌意，感觉到精力恢复，建立回归正常社会的欲望。在帮助邪教成员摆脱邪教组织的过程中，家庭作为社会支持系统扮演着重要的角色，家庭的支持是受害者摆脱邪教的重要保障。

（3）强化行为矫正。利用行为主义的强化原理对邪教类罪犯进行行为矫正。邪教的精神控制很大程度上是通过"刺激—强化"形成的，既然如此，就必须重建新的正向的条件反射，持续强化建立新知识、新观念、新行为，消除原有强迫观念和动作，并及时用新内容填补其被抽空的心理空间，达到矫治目的。可以开展强制性学习教育，强调纪律性和约束性，从遵守规范角度来看，强制性教育可以有效转变强迫态度和强迫行为。另外，要尽量帮助其走出感觉剥夺的环境，让其不再封闭于邪教意念的病理心理中，多参加有益的集体活动，扩展生活视野，促使其感觉活跃，激发对生活的热爱和对生命的珍惜。

（三）危害国家安全罪犯心理与矫治

1. 危害国家安全罪犯主要心理特征。根据学者们对危害国家安全罪犯的调查，分析其心理及行为，有如下特征：

（1）伪装性强。大部分危害国家安全罪的罪犯"罪重刑长"，在严打高压政策下，入监初期极容易丧失改造信心。他们表面上遵守监规纪律，参加监内学习，但由于其内心并未真正认罪悔罪，内心对各项改造活动并不接受，具有极强的隐蔽性。

（2）认知能力差。危害国家安全罪犯对客观事物分析判断能力存在偏差。他们常常无视国家法律的存在，其行为不愿受法律的约束。由于长期受不健康心理的支配和对现实社会制度的不满，其偏执思想往往顽固不化、固执己见；进入监狱改造后，排斥和抵触监狱的改造政策，不服从监狱警察的管教，甚至发展为对抗监狱的一切监管活动，最后导致严重的反改造行为。

（3）狡辩抵赖，避重就轻。在接受民警询问时，危害国家安全罪犯大多说是上当受骗，是被别人拉拢或者是事前不知道而加入了非法组织，强词夺理，不说实话或答非所问，对某些敏感问题有的顾虑重重，有的回避正题，有的装疯卖傻，有的弄虚作假。

（4）思想偏执，自控力差，反社会性强。受家庭、社会环境、极端宗教观念的负面影响较深，形成了不同程度的反社会意识，仇视社会，不信任民警。在改造中面对新事物、新思想时，不能正确、客观、全面、冷静地去判断，不能多角度、多方面去思考和解决问题，更不会主动摆脱各种偏见尤其是极端宗教思想引起的习惯性思维定势的束缚。

（5）行为的纠集性。除部分性格孤僻、不喜交往的危害国家安全罪犯外，大多数危害国家安全罪犯更倾向于在狱内拉帮结伙，纠集团体，相互依附，"团伙"成为危害国家安全罪犯逆向改造、积累对社会仇恨、图谋报复社会的"温床"。

2. 危害国家安全罪犯心理矫治对策。针对危害国家安全罪犯的特点，结合我国监狱的实际，提出以下矫治对策。

（1）重视教育改造工作，促进罪犯思想转化。充分运用党的政策和国家法律的威力，强化思想政治教育。要针对这类危害国家安全罪犯的特点，从认罪服法教育入手，以习近平新时代中国特色社会主义思想为中心，重点突出法治教育、爱国主义教育。教育改造的重点应该放在深挖其反动思想上来，要挖出他们反动行为的源头和反动思想的基础，始终把"攻心"作为主攻方向。在教育方法上切忌简单粗暴，对他们中出现反改造行为的，要积极开展有理、有利、有节的斗争。同时要运用分化瓦解政策，争取多数，孤立和打击极少数顽固分子。

（2）注重分类教育和个别教育，耐心细致地进行转化工作。根据危害国家安全罪犯的不同犯罪情况和改造期间的不同表现，进行不同角度和不同层次的分级分类教育，做到"对症下药"。监区民警对各自分工负责包教的罪犯人，每月谈话时尤其要针对重点犯罪人做好个案分析工作。要逐一进行心理测量，建立罪犯心理矫治档案，开展心理矫治工作。

（3）开展文化教育和多种形式的辅助教育活动。通过文化教育，提高他们辨别是非、分析问题的能力和自我教育的能力，正确认识社会现象和自然现象，逐步摆脱极端宗教的偏见和束缚。可视情况开设一定的国学文化课，了解中华民族悠久灿烂的文化对人类社会进步所作出的巨大贡献，从而逐步消除民族偏见，并使其认识到作为中华民族大家庭的一员应有的自豪感。通过升国旗宣誓仪式，进行爱国主义教育；开展形式多样的文体活动和比赛，增进其身心健康，提高组织纪律性和集体荣誉感，营造良好的改造氛围。

 学习任务二 不同刑期罪犯心理矫治

【案例】10-2

罪犯祁某，男，36岁。由于入监不久，对改造环境不了解，加上被判死缓，刑期长，看不到前途，导致情绪焦虑、烦躁、紧张，睡眠和饮食也受到一定影响，而且不敢与人沟通，持续时间已有一个多月，自己感觉到很痛苦；被诊断为一般心理问题。通过对求助者进行心理咨询，重点改变其错误的认知，改善其消极情绪，增强了改造信心。

【思考】

案例中，我们对处于不同刑期阶段的罪犯心理如何进行评估诊断？采用何种方法有针对性地进行心理矫治？

由于刑期不同代表着国家对每个罪犯惩罚强度的不同，由此带来罪犯在改造中的处遇不同，受到的各项教育改造也可能不同，因而必然会使得罪犯在服刑期间有不同的心理反应。

一、限制减刑罪犯心理矫治

根据《中华人民共和国刑法修正案（八）》的规定："对被判处死刑缓期执行的累犯以及因故意杀人、强奸、抢劫、绑架、放火、爆炸、投放危险物质或者有组织的暴力性犯罪被判处死刑缓期执行的犯罪分子，人民法院根据犯罪情节等情况可以同时决定对其限制减刑。"

（一）限制减刑罪犯主要心理特征

限制减刑罪犯属于长刑期罪犯，国内某监狱采用《中国罪犯心理测试个性分测验（COPA-PI）》对长刑期罪犯作测量，结果表明，长刑期罪犯明显趋于内向好静、有更强的暴力倾向。这是因为刑期长的罪犯需要在监狱度过漫长的岁月、对未来抱着更消极悲观的态度，而单调枯燥的监禁环境，使他们无处发泄自己的负面情绪，导致刑期长的罪犯更内向、更暴力。同时，与其他刑期罪犯比较，长刑期罪犯在个性特征各因子上均分最高，心理健康水平最低。另外，对长刑期罪犯实施症状自评量表（SCL-90）测试，除人际关系敏感因子外，其他因子与正常成人存在极其显著的差异，心理健康水平显著低于全国成人常模。

限制减刑罪犯主要心理特征包括：一是焦虑心理突出。大多数限制减刑罪犯有明显焦虑感，面对不少于25年刑期的现实一时难以接受，思想压力大。二是惧怕后悔心理突出。大多数限制减刑罪犯有明显后悔感，因无法对父母尽孝、无法对配偶子女尽责而后悔。同时有明显担忧惧怕心理，年龄稍长的也许要在监狱度过余生，而身患疾病的限制减刑犯更是有"老死监狱"的担心。三是前途迷茫感突出。限制减刑罪犯改造信心普遍不足，自称为"活死人"，认为"刑期比命长"，看不到未来和希望。因为刑期长，大部分限制减刑罪犯担心家人难以长时间地关心关爱，早晚被亲人遗弃；有的认为就是熬到出狱时也是一个被社会淘汰的废人，缺乏改造的信心和勇气。综上所述，破罐破摔、自暴自弃的想法在限制减刑罪犯中比较普遍，有的则存在自伤自残等冲动。

（二）限制减刑罪犯心理矫治对策

1. 矫治侧重点。罪犯恶习深，思想顽固，教育转化难度大。限制减刑罪犯中顽危犯及严重暴力犯居多，这些罪犯之所以会犯下如此滔天罪行，绝非一时冲动或临时起意，而是有着长期的犯罪动因、犯罪心理、犯罪思想作支撑的。多数人有多次犯罪的经历，他们犯罪冲动强，犯罪时神经兴奋性高，犯罪动机一再强化，逐渐形成犯罪动力定型。因此，限制减刑罪犯由于长期犯罪，恶习深，思想顽固，多数改造经历又使之反改造经验丰富，因此，限制减刑罪犯在短时间内很难矫治，教育转化难度非常大。

2. 矫治措施。要运用科学的方法，做好限制减刑罪犯的心理矫治工作。限制减刑罪犯普遍患有心理疾病，开展心理调查和心理测试，并采取针对性心理咨询和心理治疗措施，是做好限制减刑罪犯教育改造工作的重要基础之一。

（1）建立限制减刑罪犯监区心理辅导站。挑选一批综合素质相对较高的罪犯组成互助小组，在监区民警心理辅导员的带领下，采取多种有效的宣传教育形式，促使限制减刑罪犯意识到法律的公平正义；让其意识到限制减刑的刑罚政策是对他们人权的一种保障，尤其是对生命权的充分尊重；让他们充分认识到犯罪行为给社会和他人及自己所带来的严重危害，形成认罪、赎罪和感恩的心理。

（2）建立限制减刑罪犯的心理评估分类体系。根据犯罪类型、暴力行为历史、心理评估综合分析结果等，对限制减刑罪犯进行分类，根据不同的分类等级进行不同等级的管理。对冲动暴力倾向明显的限制减刑罪犯建立专门的心理档案，安排专门的心理辅导员介入；对情绪稳定性差、戒备、自我掩饰心理较强的限制减刑罪犯，安排心理互助组成员高度关注。

（3）加强对限制减刑罪犯的心理干预，制订个性化的心理矫治方案。针对限制减刑罪犯焦虑、抑郁情绪严重，特别是存在心理障碍的，监狱心理矫治中心要主动安排社会心理专家、监狱心理咨询师积极介入，制订个性化的心理矫治方案，帮助他们克服消极心理，增强积极改造的意识。

（4）切实做好限制减刑罪犯的社会支持系统工作。限制减刑罪犯由于刑期长，家庭变故较多，又长期处于封闭的环境，对亲情的渴望一般都较为强烈。监狱心理咨询师要根据限制减刑罪犯不同情况作细致的了解，通过沟通改变其错误认知，引导他们客观面对现实，并与监区和相关部门一起，尽力帮助限制减刑罪犯建立起良好的社会支持系统，监内外力量共同努力，鼓励限制减刑罪犯积极接受教育改造，走向新生。

二、长服刑期罪犯心理矫治

（一）长服刑期罪犯主要心理特征

长服刑期罪犯包括死缓非限减罪犯，无期徒刑以及 20 年以上有期徒刑的罪犯。他们在监狱的服刑时间一般不少于 10 年。与轻刑犯相比，长服刑期罪犯主要有以下心理特征。

1. 刑期压力大。长服刑期罪犯注定要在监狱内度过较为漫长的刑期，释放和前途是较为遥远的事，因而刑期压力大，很容易产生悲观情绪。服刑初期，失去生活兴趣，行为被动、消极，对刑期顾虑重重。巨大的刑期压力和严重的悲观情绪往往使长服刑期罪犯自暴自弃，做出违反监规、对抗管教甚至行凶、脱逃等违法犯罪行为。

2. 否定性情绪较强。长服刑期罪犯中有许多人不认罪服法，认为自己是无罪判刑或轻罪重判，有强烈的"冤枉""吃亏"的感觉，因而对司法机关和整个社会心生怨恨。长服刑期罪犯中申诉的比轻刑犯多，不少罪犯幻想大赦、特赦、改判，不思改造，决意申诉、纠缠不止。在改造中怨天尤人，发泄不满，抗拒劳动和教育，报复心强，人身危险性大。

3. 矛盾心理突出。长服刑期罪犯在内心深处对服刑改造和监狱民警都十分反感、厌恶，但法律的威慑效应，又使他们不得不面对现实，为求生存而采取表面配合的改造态度。理智与情感的矛盾，经常使长服刑期罪犯处于心灵的搏斗与挣扎之中，感到巨大的内心痛苦，这在服刑初期和服刑中期较明显，这两个时期是长服刑期罪犯改造中的困难时期。此时罪犯心理比较脆弱，不能承受意外打击，有些罪犯可能因绝望而自杀。

4. 改造动机活跃。长服刑期罪犯对服刑生活适应以后，其改造动机逐渐活跃起来。许多罪犯由幻想步入实际，开始用努力、踏实的改造行动，争取获得减刑，早日回归社会；关心监区物质文化生活的改善，希望更多地学习知识、技术，提高自己的劳动技能，以便取得更好的劳动成果；临近释放，期望能得到社会的谅解，出狱后能有合法、稳定的职业。这些求变心理在监狱民警的引导下，可以成为激发长服刑期罪犯积极改造的动力。

（二）长服刑期罪犯心理矫治对策

1. 加强对他们认罪、悔罪、赎罪教育，并贯穿于罪犯改造生活的始终。要从他们承认犯罪事实开始，认真清算和反思自己犯罪行为对国家、社会、家庭和个人的危害，要使其自觉挖掘走上犯罪道路的主观、客观原因，特别是从自己的人生追求、生活态度、社会规范的学习、待人接物、人际交往等深层方面反思自己人格品行方面的缺陷，认真总结自己人生走到今天这一步的惨痛教训，对自己过去的罪恶要有深恶痛绝的态度。

2. 强化身份意识。要开展罪犯身份意识、服刑改造意识的教育，以增强罪犯角色意识。对服刑要认识到是过去罪恶的咎由自取，罪有应得，要面对现实，端正服刑态度。对罪犯适时地、必要地开展改造前途教育，引导他们认清改造方向，振作改造精神面貌，规划自己的改造生涯，以踏实的行动，学习新思想，改变错误观念；在良好的改造环境影响下，努力改正恶习，学习新的行为习惯，转变自己的心理状态；学会正确分析问题，学会处理人际关系，学会处理生活中遇到的各种问题，学会认识自己，控制自己，学会做人。尽快使他们结束悲观、观望的彷徨状态，早日步入正常的改造轨迹。

3. 注重思想疏导和事故防范。对长期服刑罪犯的管理，特别要注意他们的思想反复和身体健康。因为刑期长，经历和可能经历狱内各种事件的概率必然会增加，包括警囚之间、罪犯之间、罪犯与家庭之间的各种各样的问题。国家刑事司法政策的变化，对长刑犯的思想和心理可能会产生很大影响，容易引起他们的思想波动，甚至导致改造态度的反复。长期服刑罪犯的身体健康是他们尤其担心的事，也常常因为伤病和治疗引起长期服刑罪犯的改造情绪波动。长期的囚禁服刑生活和罪犯年龄的逐渐增大，罪犯患病痛苦的概率越来越大，所以及时、适当的治疗和康复显得尤为重要。罪犯患病的痛苦和治愈的艰难常常使罪犯悲观失望，心生烦恼，甚至自暴自弃。所以，管教民警对长期服刑罪犯因外界因素影响引起的思想反复和健康原因引起的情绪波动，要有充分的思想准备。要承认反复、允许反复；事前做好预防，事中做好化解；要有十分的耐心，做好深入细致的沟通、理解、疏导和引导工作；坚持"冷处理"，防止无意义的激化；更要防止极端化行为引发安全事故。

三、超短刑期罪犯心理矫治

超短刑期罪犯就是指余刑在 3 个月以上、1 年以下在监狱执行刑罚的罪犯。超短刑期罪犯服刑时间特别短，如何对其进行教育改造，既给监狱民警带来严峻的挑战，也给监狱探索管教新理念提供了难得的机遇。

（一）超短刑期罪犯主要心理特征

1. 不认罪服法，身份意识不强。[1] 超短刑期罪犯对自己的违法行为不做理性反思，往往把犯罪原因归咎于客观环境，内心不认罪、不悔罪，缺乏罪责感。从大多数超短刑期罪犯犯罪事实来看，其犯罪时主观恶性不大，犯罪手段比较简单，造成的危害后果相对较小。犯罪性质的轻微使得超短刑期罪犯对他们的犯罪事实不以为然，没有意识到自身存在的问题，甚至在实施犯罪的时候没有意识到会触犯刑律，犯罪概念模糊对认罪态度产生了直接的影响。

2. 服刑观念淡薄、行为散漫。大多数超短刑期罪犯长期在社会上游手好闲，好逸恶劳，没有形成良好的规则意识和纪律习惯。进入监狱后，对狱内的规章制度和纪律规范不适应，难遵守，经常有意无意地违反各项规范要求；同时由于在狱内刑期较短，积极改造的动力欠缺，在行为上较为散漫，对自己的要求不高，违纪行为频发。

3. 改造动力不足，混刑度日思想严重。按照现行的刑罚制度，超短刑期罪犯基本没有获得奖励的机会。百分考核制度中的加扣分对于减刑无望的超短刑期罪犯来讲，激励和惩罚的作用有限；余刑不足 1 年的罪犯也难以获得假释的机会。作为对罪犯改造最具有激励作用的两类奖励缺失，对超短刑期罪犯的心理产生深刻影响，导致超短刑期罪犯改造的积极性不高，混刑度日思想严重，经常出现"大错不犯，小错不断"的情况，在劳动中也常常找种种借口逃避，或者找各种理由不完成劳动任务或降低劳动质量。

（二）超短刑期罪犯心理矫治对策

1. 矫治侧重点。

（1）开展认罪服法教育。针对存在"外因论"心理的超短刑罪犯，开展认罪服法教育，促使其真正从内心认识自身行为的违法性和危害性。通过认罪服法教育帮助罪犯认清自己所犯罪错对社会、家庭以及受害人所带来的危害和痛苦，促使他们认识到法律的严肃性与公正性，从而使其增强法律意识和罪错意识，真诚悔罪。

（2）开展品行教育。根据超短刑期罪犯的构成特点、恶习程度、刑罚执行期限等划分为不同类型进行针对性教育。例如，针对寻衅滋事和聚众斗殴等暴力型超短刑期犯，要注重开展行为养成教育。这些人性格急躁，与其他罪犯较难相处，容易出现违规违纪行为，因此加强对他们的日常管理工作，从遵守"一日行为准则"开始，增强规范意识，强化行为养成，使他们在监规纪律的严格约束下，养成良好的行为习惯。

---

〔1〕　邵晓顺、薛珮琳主编：《矫正机构中期教育理论与实务》，群众出版社 2015 年版，第 391 页。

（3）制订个别教育矫治转化方案。充分发挥个别教育矫治所具有的灵活性、针对性和实效性特点，因人施教，对症下药，使个别教育矫治成为改造工作中攻心治本的有力武器。依据每名罪犯的特点，找出改造过程中的问题和症结，设计相应的管理措施和教育矫治对策，量身定制个别化教育矫治方案。

2. 矫治措施。监狱应成立超短刑期罪犯监区，做好分押分管工作。同时开展适合超短刑期罪犯的职业技术教育，提高教育矫治的质量和效果。推进心理矫治技术在教育改造工作中的广泛应用。充分运用各种心理咨询手段，针对罪犯不同阶段的差异、不同犯罪类型的特点设计矫治方案。特别是针对不同心理问题的罪犯，尤其是对患有抑郁症、人格障碍以及有自伤自残、自杀倾向的罪犯积极开展心理治疗和干预活动。

【案例】

对罪犯张某的心理矫治

一、罪犯基本信息

（一）一般资料

罪犯张某，男，26 岁，汉族，江苏人，因犯聚众斗殴罪被判处有期徒刑 1 年 2 个月。身体正常，无重大躯体疾病史，家族三代无精神病史。入监时余刑 11 个月。

（二）背景资料

张某出身于农民家庭，母亲是家庭妇女，家庭生计全靠父亲一人支撑。父亲是退伍军人、村干部，曾千方百计让张某上学，要其长大好好做人，早日成家立业。但是，从小学四年级后，张某就一直没让父亲省心过。上数学课时他听借来的随身听，被老师发现后，一气之下就砸了。老师要求家长来校，张某怕父亲知道，于是便开始逃课。父亲知道后，用家里的生活费赔偿了别人的随身听，并且每天上学放学两次接送，希望儿子有文化，将来能过上好日子。但张某觉得自己是个没用的孩子，是父亲的累赘，更不愿意再忍受老师、同学的奚落，觉得除了亲人，周围都是冷酷无情的人，于是就常常逃课跟别人出去玩。初中报名时，他就再也不想上学了，拿着学费跟一个同学爬上火车到了广东。被人送回家时他才知道，父亲花了很多钱一直在找他，他十分后悔，更觉得自己拖累了父亲。但父亲并没责怪他，还是让他上了技校。家里还有弟弟妹妹要上学，负担十分沉重，父亲赚钱很是辛苦。

张某也常常想着将来有机会一定要为父亲分忧，报答父亲。可是，事与愿违，张某技校毕业后，在一家舞厅打工，常常被朋友喊去玩乐，每月入不敷出，并在不良朋友的唆使下加入了抢劫团伙，越走越远，直到被捕入狱。

（三）心理状况

张某入监后，父亲千里迢迢来监探视，光流泪没说多少话，留下200元钱就走了。后来电话中母亲告诉张某，父亲回来就在床上躺了3天，一直流泪。于是他愧疚感油然而生，当天通宵未眠，暗下决心，要好好改造。但在现实中，张某又觉得自己获得奖励的机会并不比别人多，想早日出狱报答父亲的期望值不断下降，渐渐变得焦虑、困惑。

二、面谈总体评价

该犯能够认罪服法，接受教育与管理，但由于文化程度较低，长期混迹社会，恶习较多，自由散漫，改造动机不明确，自身动力不足。

三、初次评估

（一）心理、认知、行为测试

该犯有焦虑、抑郁、轻微精神疾病症状；社会适应性差；敏感，疑心偏重；同情心、进取心不强；诚实性较差，有说谎现象；责任感不强；荣辱观、幸福观、人生观模糊；法律认同感、守法意识不强；自信心不强；自我认识模糊；社会适应能力不强；独立性较差，意志力薄弱，自控力、调节能力弱，协调、处理人际关系、应对社会变化的能力相对较弱，有暴力、攻击行为倾向，对生活的信心热情缺失较重。

（二）EPQ人格测试

性格外向，情绪不稳定，易波动，平时显急躁，遇到压力易怒、冲动、鲁莽甚至对外攻击。

（三）RW人身危险性检测

RW检测56分，处于危险区，其中犯罪状态、心理和生理状态及自然状态三项处于危险区。

（四）结构性面谈

该犯心理尚健康，情绪易变，冲动；有较强的报复欲望，焦虑不安，悲观，是自杀的高危人群。

（五）分押分管建议

高度警戒级监狱或监区（分监区）。

（六）矫正建议

制订个别化矫正方案，将其主要问题确定为矫正目标。

四、矫正目标和计划

（一）矫正目标

1. 现实目标。帮助该犯分析并解决"打不打电话"的困扰，消除不合理信念，如"我是父亲的累赘"等，重建理性认知模式，从而消除或改善情绪、行为症状，解决心理问题。

2. 最终目标。与其犯罪因子密切相关的方面达到正常的临界值，法律意识以及其他相关缺陷方面得到明显改善，能应对一些简单的心理问题，正确处理日常生活中的困扰和问题。

3. 近期目标。一是建立良好的信任关系，取得罪犯的信任；二是提高认知水平，充分认识自身存在的问题，纠正不良习气，树立正确的价值观；三是培养正确面对生活挫折的能力，增强自信和适应环境的能力，促进该犯心理健康和发展，引导心理成长。

（二）矫正计划

以 3 个月为一个矫正周期。

第一阶段：建立关系，摄入信息，评估诊断，制订方案。

第二阶段：帮助该犯分析和解决问题，改变其错误的认知。

第三阶段：巩固与结束阶段，使该犯把在矫治过程中所学到的东西运用到今后的生活中，不断完善人格，提高心理健康水平。

五、矫正措施

（一）第一阶段主要采取以下措施

1. 信任关系的建立。

2. 情绪宣泄。

3. 寻找非理性观念和不合理思维。

（二）第二阶段措施

1. 以消除"我是父亲的累赘"这一非理性观念为主要矫治目标。

2. 消除其他非理性认知。

3. 授之以鱼，不如授之以渔。

（三）第三阶段措施

巩固前面两个阶段取得的矫治成果，帮助该犯进一步摆正原有不合理信念和思维方式，使新的认知观念得以强化，并侧重如何应对新问题的指导，树立其改造信心，适应服刑生活。

六、矫正效果评估

（一）目标评估

1. 自伤自残倾向消失，矫正目标明确，自信心有所提高。

2. 自控力增强，情绪较稳定，但遇事有时还不够冷静。

3. 规范意识增强，法律认同感加强，但守法意识依旧不强。

4. 改造积极主动，想多拿分，早点减刑。

（二）治疗后心理测验评估

EPQ 测量：E=35，N=45，P=55，L=40。

RW 检测 29 分。

（三）总评估

本矫正周期已基本达到预期目标，该犯解决了心里的困惑，改变了不合理的观念和错误的认知模式，增强了自信心，矫正过程较完整有序。该犯表示要积极改造，争取早日出狱，开始自食其力的生活；希望得到民警长期的教育帮助以提高自我认识的水平。针对仍然存在的问题，制订下一周期的矫治计划，持续促进该犯能以健康的心理状态面对未来的改造，以积极的态度投入到改造中去。

（案例来源：江苏省监狱管理局）

 学习任务三　不同特征罪犯心理矫治

【案例】10-3

林某，男，60 岁，已婚，小学文化程度，因故意杀人罪被判处死刑缓期二年执行。捕前系某市城郊居民，主要靠摩托车拉客维生，儿子 21 岁。林某早年父母双亡，家庭经济困难。妻子已去世，唯一的儿子不认自己。因刑期长，自诉不打算再活下去，想轻生，伴有紧张、焦虑、多梦、入睡困难等症状，正常的劳动和改造受到影响，病程已两月有余，经诊断为严重心理问题。监狱心理咨询师运用理性情绪疗法、危机干预技术进行心理矫治，收到一定的矫治效果。

【思考】

本案例是一名老年罪犯的心理矫治。那么，对未成年犯、老年犯及女犯等不同特征的罪犯，如何进行有针对性的心理矫治？

一、未成年犯与老年犯心理矫治

按年龄的不同，可以把罪犯分为未成年犯和成年犯。成年犯又可分为青年、中年罪犯以及老年罪犯。未成年犯和老年犯在罪犯群体中人数相对较少，但有其独特的心理特征。

（一）未成年犯心理与矫治

1. 未成年犯主要心理特征。未成年犯是指年龄在 12 岁到 18 岁之间的罪犯。未成年犯由于其特定的年龄特征，服刑期间表现出与成年犯不同的心理特征。

（1）认罪不服判心理。被判刑进入未成年犯管教所的罪犯，有相当一部分人认罪不服判。这些未成年犯知道自己的行为是犯罪，也认识到自己的行为给社会、他人带来了危害，他们在确凿的证据面前，一般都能认罪悔罪，但进入未成年犯管教所后，与其他未成年犯相比较，他们中多数人认为自己是轻罪重判，甚至寻找种种理由为自己开脱罪责。

（2）消极性格特点时常显现。多数未成年犯存在着消极性格特点，主要表现为随心所欲、放荡不羁、情绪易变、追求新奇刺激、争强斗狠、自我表现欲望强烈、好"打抱不平"、自我控制能力差等。这些消极性格特点，虽然因受到严格的监规纪律的约束而处于压抑状态，但在特定情况下往往难以自控而表现出来。因此，未成年犯与成年犯相比违反监规纪律的次数会多一些。

（3）情绪稳定性较差，易冲动。未成年犯的情绪往往与本能需求或低级欲望相联系，常因欲求不满而产生消极否定情绪，其消极情绪产生得快，消失得也快，稳定性差。他们往往缺少理智，对自己情绪的调控能力较差，容易因为一点小事而兴奋激动或怒不可遏，情绪的冲动性较明显。在冲动情绪支配下易产生盲目的行动，产生对人、对己都不利的危害结果。尤其是在激情状态下，可以不顾监规纪律约束，恣意行事，不计后果，因而存在着现实的危险性。例如，某未成年犯由于完不成生产任务被组长要求加班，因对组长憎恨，趁其不备时用生产工具将组长刺伤。

（4）依附性强，好结团伙。由于未成年犯在心理上还不完全成熟，虽然有了独立性意向，但仍然具有一定的依赖性，合群愿望强烈，喜欢交朋友且结伙活动，加之封建行帮思想的影响，未成年犯在服刑期间，仍然会以"同地相聚"为基本形式，以"同案相亲"为辅助形式，形成各种狱内非正式群体。在利益与需求一致时，他们会不计后果地采取统一行动，破坏监所秩序。例如，某未成年犯管教所两个未成年犯因争水龙头洗脸发生争吵，结果引起两地区几十名未成年犯参与群殴。

2. 未成年犯心理矫治对策。基于未成年犯心理还不成熟，对未成年犯应当坚持"教育为主，惩罚为辅"的原则，针对他们身心具有可塑性的特点，多实施激励，少采用惩罚。

要从未成年犯的心理特点出发，注重家庭亲情激励。家庭因素在未成年犯教育矫治过程中占有特殊的地位。家庭亲情对未成年犯的法制观念、人际关系、需要与动机、情绪状态、环境适应起着多样的影响和作用。家庭亲情对未成年犯的影响，具有长期性、深刻性、个别性等特点。在未成年犯看来，家庭的亲情是他在服刑期间最可信赖的一种情感，所以应加强亲情激励。

考虑到未成年犯今后的成长和发展，对未成年犯在实施激励时，应兼顾其今后走上社会的需要。可以根据我国现有法律的有关规定，适当增加对未成年犯法律激励的机会，让他们尽可能通过自己的积极表现早日回到社会。在日常的活动中，应当多施加文化学习和技术学习，使他们在服刑期间，学到完成社会化过程所需要的文化知识，学到今后走上社会能够赖以谋生的劳动技能。

（二）老年犯心理与矫治

1. 老年犯主要心理特征。老年人犯罪的方式、手段、类型等，是与老年期的生理、身体变化以及心理发展规律相适应的。老年犯不仅生理机能减退，心理机能也出现衰退，这种生理、心理上的变化使其在服刑期间呈现出与这一年龄阶段相匹配的一些特殊的心理特征。[1]

（1）思想僵化而少变化，改造态度具有相对稳定性。老年犯积毕生的经验形成其稳定的社会意识和价值观念不易发生变化。而且随着活动能量、活动范围的减小，他们不愿接受新事物。其处世哲学，并不会因为判刑入狱而有所改变。许多老年犯以弱者自居，生活上因循守旧，将一切努力和追求视为徒劳，只图安于现状，平稳服刑，度此余生。对监狱民警的教育、引导表面上接受、顺从，但实际上却依然故我。

（2）思想隐蔽不外露。老年犯深知"言多必失"的道理，在改造中从不轻易暴露自己的思想，一般不主动找监狱民警谈话汇报思想。如果监狱民警找其谈话，他们也大多用诸如"要老实改造，积极靠拢政府，争取立功受奖、减刑，早日和家人团聚"等冠冕堂皇的话来搪塞。

（3）处事世故。老年犯由于阅历丰富，往往处世理智多于冲动，遇事权衡利害关系，追求实惠而又明哲保身。他们有较强的自律性，做事自觉、踏实，多数被分到比较清闲、自我管理的岗位，有时还能带病参加劳动。他们一般不参加罪犯中的帮派纷争，表现出与世无争的心态。有的靠拢监狱民警，以期得到照顾。当他们干了违规违纪的事情时，总要想方设法逃避责任，企图蒙混过关。

（4）负性情绪居多。老年犯普遍缺乏亲情，渴望情感沟通和亲情抚慰。老年犯对亲人的依恋心理很强，他们常常担心不能被亲人原谅而被抛弃；看到其他罪犯会见亲属，易触景生情，产生伤感；某些因家庭破碎而缺少亲人关爱、支持的老年犯，会产生强烈的被抛弃感，心灰意冷、情绪低沉，对未来失去信心，甚至产生自杀的念头。

2. 老年犯心理矫治对策。

（1）予以感化教育，帮助改变认知。关心老年犯，借助亲情营造积极向上的改造氛围。老年犯内心同样渴求受到亲情慰藉，监狱可以在老年节日慰问老

---

〔1〕 范辉清主编：《罪犯心理分析与治疗》，法律出版社 2015 年版，第 88 页。

年犯，为其发放节日慰问品，致节日问候语，使他们感受到来自监狱和政府的关心。同时，积极寻求社会资源的支持，借用社会的力量去唤醒罪犯的良知，去捕捉罪犯的闪光点，帮助其坚定今后的改造信念。

（2）倡导健康服刑，增强改造信心。丰富老年犯生活内容，调整情绪，帮助其确立生存的意义。鼓励老年犯"虽年老但仍可有为"，客观地为老年犯提供合适的劳动岗位，根据其年龄、体力状况，制定不同的劳动任务标准；也可以安排非生产性劳动，如修整花圃、为其他罪犯钉扣子、缝补被褥等，使老年犯因获得实现自身价值的满足感而欣慰，也可充实其狱中生活。

二、女犯心理矫治

（一）女犯主要心理特征

按性别标准，可将罪犯分为男犯和女犯。由于女性在生理、心理上与男性存在较大差异，因而女犯在服刑期间也呈现出与男犯不同的心理特征。

1. 认知能力低下，价值观注重实际。由于女犯中文盲、半文盲居多，而且生活范围狭小，因而认知能力普遍偏低。女犯认知能力低下主要表现为：①认知范围的狭窄性。女犯对自己的罪行不能正确评价，对监管法规、政策等许多问题不能正确理解。②认知过程的直观性。女犯对抽象概念较难接受，相信经验，否定理性，抽象思维能力低于男犯，但感知的敏锐性常超过男犯。③认知独立性差。缺乏主见，易受他人暗示影响，认识易反复，思想不稳定。女犯由于认知能力低下，因而一般无较高追求，不关心政治，目光短浅，改造中的心理活动和生活琐事相联系，注重内心的愉快体验，以吃饱穿好，健康安全，人际关系和睦，受监狱民警青睐，将来出狱后能有个好归宿为满足。

2. 情感需要强烈且多样化。女犯的情感特点十分突出，她们对多种情感都有强烈需求，主要表现为：①思亲恋家之情强烈，而且外露、持久而不易自控。②对亲密情感关系的渴求。女犯通常乐于过群体生活，喜欢与他人交往并结成伙伴关系，进行共同活动。③自我显示的情绪突出。女犯往往虚荣心较强，总希望自己成为人们注意的焦点，在自我显示情绪的作用下，喜欢与他人攀比，争出风头。④有较强的依附归属感。女犯在监狱中的情感较独特，如情感细腻多变，敏感多疑，情绪波动性大，自控力差，外露性强。

3. 意志缺乏坚定性。女犯大多因经受不住生活的挫折和考验而犯罪，因此，女犯的意志往往缺乏坚定性。这在服刑期间表现为，在某些消极因素影响下或遇到困难和干扰时，女犯会表现出改造中的动摇反复或停滞不前。

（二）女犯心理矫治对策

1. 提高女犯自身认知素质，有效调试女犯情感。基于女性比男性具有更强烈的情感依赖性，重视对女犯进行感化教育，在日常生活及改造中，解决其后顾之忧，并予以更多的人文关怀，使之受到感化。女犯情感丰富细腻，经常会有一些情绪变化，尤其是在入监初期、节假日、生病时或有困难时，这种情感会表现得更明显。民警应把握时机，以自己的真诚和热情来感化她们。通过这种情感交流，能够极大地促使其从内心认罪悔罪。

2. 普及心理卫生知识，提高女犯的心理健康水平。根据女犯情感变化多、心理承受能力弱的特点，可以设立狱内心理咨询门诊、情感疏导室、情绪宣泄室，用科学的方法消除女犯的对立情绪，教给女犯自我调节、自我疏导的方法。

3. 激励教育为主。女犯一般具有自尊心强、虚荣心强，情绪稳定性差，抗压能力差，容易积压不良情绪、易受刺激的特点，有的女犯在受到批评时会想不开，甚至产生抵触情绪。鉴于此，对女犯有进步或积极改造行为时，应当及时地、不失时机地给予奖励，使其从中受到鼓舞，激发继续努力的热情。对于女犯不同程度的进步或积极改造行为，应给予相应的、适当的鼓励，灵活运用多种鼓励方式，包括口头肯定、表扬以及监狱法规定的各种奖励措施。因此，民警应细心观察，发现女犯的微小进步，及时给以肯定，鼓励其继续努力。

三、顽危犯心理矫治

（一）顽危犯主要心理特征

顽危犯一般来说都是主观恶习深，反社会、反改造心理强烈，反改造活动明显而持续，富有抗改或作案经验，胆大妄为，铤而走险的罪犯。虽人数不多但破坏性、危害性极大。顽危犯在服刑期间主要有以下典型的心理特征：

1. 形成犯罪定势，改造难度大。顽危犯中的多数都有较长的犯罪历史，犯罪意识得到反复强化，甚至已经形成了"犯罪人格"。因此，他们对犯罪生活不以为耻，反以为荣，缺乏自尊心和羞耻感。这类罪犯还常在监狱传习犯罪经验和犯罪技能、方法，其重新犯罪的可能性大。由于其犯罪定势已经形成，虽经多次改造，但并不悔悟，而且在其错误观念的支配下，对监狱机关的教育持冷眼相看、怀疑抵触的态度，比较难以改造。

2. 投机狡诈心理。多数顽危犯积累了一定的服刑经验，适应监狱生活的能力强，对监狱民警惯于阳奉阴违，两面三刀，当面奉承，背后捣乱。抗拒改造的罪犯也是表面上服从、敷衍，暗地里密谋策划。狱内发生的恶性案件，大多系顽危犯所为。在与同监罪犯交往中，他们也是经常耍弄手腕，利用他人为自己谋利。

3. 反社会的对抗心理。有些顽危犯由于在监狱内多次受到监规纪律处分甚至加刑，其固有的反社会意识更为增强，甚至达到了与社会势不两立的程度。尽管他们是普通刑事犯，但日积月累，由对某人某事的不满发展为对社会主义制度的仇恨，由经济上的贪婪转化为政治上的反动，由在狱内消极应付改造发展为蓄意破坏、干扰正常的改造秩序。

（二）顽危犯心理矫治对策

1. 运用科学手段，充分发挥心理矫治在改造罪犯中的作用，深化、细化教育改造工作。运用心理矫治的科学方法，建立资料库，为制定有针对性的教育方案提供科学依据。从心理学角度全面了解顽危犯的性格、气质、兴趣、情感、态度、信念、价值观、人际关系等与社会行为有关的各种心理特点，对每个顽危犯都建立心理档案。根据监狱开展"三课"教育的内容、方式以及管理、教育工作需要自行编制调查问卷，对顽危犯进行深度调查和甄别分类，分析、研究其思想特征，为准确掌握其基本情况提供充分的依据。

2. 各方密切配合，开拓教育改造新路。树立全局观念，强化教育、狱政、狱侦、生产劳动等各部门的协同作战，整合力量，拓宽途径，不断探求教育改造工作的新方法、新路子、新途径，使教育改造工作逐步向系统化、规范化、科学化和现代化的更高层次迈进。

四、心理异常罪犯心理矫治

异常心理又称心理异常，是指偏离常态的心理。罪犯异常心理，主要指罪犯的知、情、意活动和个性心理特征，以及行为表现超出了正常范围，甚至表现为某种程度地丧失了辨认能力或控制能力。罪犯常见的异常心理主要有：神经症、人格障碍、性心理障碍、拘禁性精神障碍等。国内外资料显示，心理异常罪犯是各类精神障碍的高发人群。同时，这些精神病犯的存在也给监狱带来巨大的压力。

（一）心理异常罪犯主要心理特征

根据某监狱所做的统计，心理异常罪犯中暴力犯居多，其中约70%的人犯故意杀人、故意伤害罪，16%左右的人犯抢劫罪，另外还包括犯强奸或纵火罪等。这类罪犯很多发起疯来毫无征兆，而且六亲不认，危害特别大。心理异常罪犯因为很难控制自己的情绪，有时候甚至还会做出自残行为，管控难度大。其心理特征有：

1. 行为举止异常。一般情况下，心理异常罪犯往往沉浸在自己构建的世界里，长时间处于自我封闭和孤立的状态，或者处于一种亢奋之中，行为举止出现偏差、怪异、不正常，难以合群，经常受到他犯的嘲笑、调侃和欺负，给日常管理带来隐患。

2. 情绪变化突发。心理异常罪犯普遍较为敏感，看到某段文字，听到他人对话，面对某个举动，都有可能成为其失常、攻击、自伤的诱因，难以预测和把握。

3. 辨别事物混乱。心理异常罪犯思维紊乱，辨别和自控能力较差，饮食上不节制，生活上不注意禁忌，行动上不能预知及防范危险，对事物的判断容易出错，增加了管理的难度。

4. 行为危害严重。心理异常罪犯由于情感冷漠，缺少理智，过度焦虑或恐慌，在面对矛盾时往往走极端，容易酿成伤害案件，甚至会发生过失致他人死亡等严重后果，不少心理异常罪犯像一枚地雷，危险隐患长期客观存在。

（二）心理异常罪犯心理矫治对策

心理异常罪犯作为狱内罪犯中的特殊群体，较之于普通罪犯，在治疗、管理和教育等方面具有一定的特殊性，因此，加强对心理异常罪犯的管理和教育，对于确保监管安全和提升教育改造水平具有重要意义。

1. 组织开展针对性教育矫治活动。对处于稳定恢复期、无需药物治疗或维持药物治疗的心理异常罪犯，监狱要重视对其开展各种生活自理能力、人际交往能力、习艺工作能力的康复训练，开展心理保健操活动，丰富罪犯文体活动，不断增强罪犯心理自我调节能力，消除其孤独感，缓解心理异常罪犯改造压力，最大限度地促进心理异常罪犯社会功能的恢复。

2. 坚持医学治疗和心理辅导相结合。鉴于诸多监狱医院尚无精神科医生的现状，监狱要积极引入社会资源，与地方精神病专科医院签订合作协议，不定期邀请精神科医师来监对精神病犯进行巡诊和检测，并对监狱相关医务人员进行专业业务培训，提供医疗技术和专科药品的支持。同时，加强对间歇性精神病犯和处于稳定期病犯的心理辅导和矫治力度。监狱心理矫治部门应组织骨干力量帮助监区开展精神病犯心理辅导工作，并要求监区专管警察在个别谈话教育中多倾听，加强心理疏导，缓解精神病犯心理压力，稳定其改造情绪，激发其改造信心。

 本章小结

1. 对不同类型罪犯进行心理矫治时，需要分析其犯罪原因，根据具体问题进行具体分析，选择合适的心理矫治方法。按不同的犯罪类型分为财产型、暴力型、性欲型及其他类型（包括职务类罪犯、邪教罪犯和危害国家安全类罪犯），在分析其心理特征的基础上，根据其矫治侧重点不同，采取不同的心理矫治措施。

2. 刑期不同代表着国家对每个罪犯惩罚强度的不同，由此带来罪犯在改造中的处遇不同，接受的教育改造内容也会不同，因而必然使罪犯在服刑期间有不同的心理反应。因此，应根据限制减刑罪犯、长服刑期罪犯以及超短刑期罪犯的心理特征采取不同的心理矫治措施。

3. 未成年犯和老年犯，各有独特的心理特征；女犯在生理、心理上与男犯存在较大差异；顽危犯虽人数不多但破坏性、危害性大；心理异常罪犯是各类精神障碍的高发人群。针对这些不同特征的罪犯，应分析其心理特点，采取有针对性的心理矫治措施。

问题思考

1. 暴力型、财产型、性罪犯各有哪些典型的心理特征？矫治重点各是什么？

2. 超短刑期罪犯与长服刑期罪犯在服刑过程中的心理特征有何差异？

3. 职务犯罪罪犯、邪教罪犯、危害国家安全罪犯各有哪些独特的心理特征？如何对他们进行有针对性的心理矫治？

4. 未成年犯与老年犯各有怎样的心理？女犯有哪些独特的心理特点？

拓展阅读

1. 狄小华：《罪犯心理矫治导论》，群众出版社 2004 年版。

2. 邵晓顺、薛珮琳主编：《矫正机构中期教育理论与实务》，群众出版社 2015 年版。

3. 范辉清主编：《罪犯心理分析与治疗》，法律出版社 2015 年版。

专题十一　罪犯心理矫治效果评估与档案建设

学习目标

　　了解罪犯心理矫治效果评估的概念与作用，了解罪犯心理矫治资料整理的定量分析技术，理解罪犯心理矫治资料整理的流程与方法，掌握罪犯心理档案的含义与作用，心理档案的主要内容以及使用注意事项，能够完成一份完整规范的罪犯心理档案。

重点提示

　　罪犯心理矫治评估概念，罪犯心理档案概念，罪犯心理矫治评估标准与途径，罪犯心理矫治资料整理流程与技术，罪犯心理档案主要内容，心理档案使用注意事项

 学习任务一　　罪犯心理矫治效果评估

【案例】11-1

　　罪犯何某，1980 年出生，小学文化，因故意伤害罪被判无期徒刑，2001 年入监。入监后，张某沉默寡言，多次在队列报数时突然晕倒；与他犯打架多次，理由是对方想在背后袭击他。主管民警带何某来到监狱心理矫治中心，矫治中心工作人员与何某共同商定心理矫治目标，制订心理矫治方案，并按照方案执行。

【思考】

　　刚走上心理矫治工作岗位的民警小赵提出了以下几个问题：

　　1. 对何某开展的心理矫治工作是否要严格按照设定的矫治方案进行？如果不是，为什么？

　　2. 对何某的心理矫治工作何时停止？

　　3. 怎样才能知道我们的心理矫治工作对他起到了作用，起到何种作用？

　　罪犯心理矫治是否有效？是矫治民警非常关切的问题。心理矫治有效性的研究有两种类型：一是注重过程，二是注重结果。过程研究寻求类似这样的问

题的答案：心理矫治所做的是否是他们正在做或他们想要做的？结果研究注重这样的问题：矫治的结果是否使罪犯改变了他们的行为、情感和态度？两类评估研究都希望获取关于罪犯心理矫治有效性的信息。

一、罪犯心理矫治效果评估的含义与作用

（一）罪犯心理矫治效果评估的含义

罪犯心理矫治效果评估可分为两类：一是罪犯心理咨询效果评估，二是罪犯心理矫正效果评估。

1. 罪犯心理咨询效果评估。来访罪犯通过与咨询师的互动后会在某些方面发生变化，为反映这种变化并加以分析，从而判断心理咨询的效果，就是心理咨询的效果评估。

2. 罪犯心理矫正效果评估。矫正效果评估是指对罪犯个体的悔改程度和实现"守法公民"状态程度的测量和评价。具体是指运用定量的（数学模型）和定性的分析，对罪犯的矫正效果作出以数量化为主，辅之以定性的结论。显然，这种结论科学性的特色明显优于并区别于传统的经验式的评估和鉴定。

综合以上两种效果评估，罪犯心理矫治效果评估是指根据我国监狱开展心理矫治工作的目标和要求，按照一定的评估标准，选择恰当的评估方法，对经历了一段时间心理矫治的罪犯是否达到预期矫治目标和要求所作的鉴定和判断。罪犯心理矫治效果评估是针对矫治效果而言的，是罪犯心理矫治实施过程中或矫治结束前一个必不可少的重要环节，同样也是罪犯心理矫治中的一项重要技术。

（二）罪犯心理矫治效果评估的作用

在我国监狱，罪犯心理矫治效果评估既是心理矫治运作体系的重要组成部分，也是对罪犯改造质量总体评估的重要方面。它不仅是考察矫治成效的重要手段，也是对罪犯回归社会后再犯罪进行预测和预防的重要依据。长期以来，我国监狱对罪犯改造效果的评估一直停留在经验层面，主要依靠管教民警的观察与考核作出判断，这样难免主观和片面。现有的多数考核制度，也主要考察罪犯在服刑期间的行为表现，难以对犯罪心理的变化作出有效的评估与鉴定。近年来，随着监狱行刑理念的变革和深化，监狱工作以教育改造为中心的观念受到广泛重视，对罪犯"治本""治心"效果提出了更高的要求。

为了准确地验证矫治效果，需要运用心理学、统计学的原理和技术，建立符合我国国情和监狱工作实际的罪犯心理矫治评估系统。这是在继承我国监狱工作传统经验的基础上进行的开拓和创新，是使监狱工作由"粗放"走向"精细"，由经验判断走向科学评估的一个重要途径。在罪犯心理矫治工作中，心理矫治效果评估具有以下重要作用：

1. 明确矫治效果。心理矫治工作者可以通过效果评估，对罪犯矫治的阶段性成效或最终成效作出明确评定和判断。如果阶段矫治目标实现了，心理矫治工作则可以顺利进入下一阶段，矫治得以步步推进；如果心理矫治总体目标实现了，心理矫治工作则可以顺利结束。

2. 明确存在的问题。心理矫治工作者通过评估，对那些矫治效果不明显的罪犯，可以剖析并发现矫治过程中存在的问题。矫治实践中，矫治目标设定不当、矫治技术运用失误、具体矫治措施未落实和矫治周期过短等问题，常常是矫治效果的干扰和阻碍因素。矫治工作者可以通过评估来发现并排除这些因素，修正原矫治方案，从而推进心理矫治工作。

3. 有利于促进罪犯的积极转化。在罪犯心理矫治活动中，矫治工作者常常起着主导作用。然而，矫治并非只是矫治工作者单方面的事。良好的矫治效果来自于矫治各方关系人的互动协作。除心理矫治工作者外，监狱其他工作人员以及参与矫治的社会志愿者、罪犯亲属也是矫治的协助者，他们都可以就有关的矫治工作作出自己的评估。罪犯面对积极的评估，能得到赞扬和鼓励；面对消极的评估，可以反思省悟。另外，罪犯的自我评估，则是其心理行为矫治得以内化的重要机制和实现心理成长的重要途径。

二、罪犯心理矫治效果评估的标准与途径

罪犯心理矫治效果评估的标准与途径是衡量矫治效果的方法和手段，其所要解决的问题就是对什么进行评估，从哪些方面评估、什么时候评估以及如何评估等。因此，罪犯心理矫治效果评估主要包括评估的标准、评估的维度、评估的时间等核心问题。

（一）罪犯心理矫治效果评估的标准

罪犯心理矫治评估，首先要解决的问题就是评估的标准。显然，评估的标准应以罪犯心理矫治计划中确定的矫治目标为主。只有矫治目标的达到，才是矫治的直接成效。心理矫治成效的评定必须围绕矫治目标及其相应的具体指标来进行。同时，在矫治过程中，有时会出现矫治效果暂未达到目标要求，但对心理状态等一些指标产生改善，产生间接的矫治效果。

罪犯心理矫治效果评估分为罪犯心理咨询效果评估与心理矫正效果评估，相应地，其评估标准亦可分为罪犯心理咨询效果评估标准和罪犯心理矫正效果评估标准。

1. 罪犯心理咨询效果评估标准。

（1）来访罪犯对咨询效果的自我评估。尽管这一指标是主观的，但却是评估效果最直接、最有效的指标之一。来访罪犯因为存在心理问题前来寻求咨询师的帮助，经过一段时间的心理咨询，来访罪犯自己可以感到心理问题或症状是否有了缓解或改变，如，来访罪犯原来认为自己害怕的事物现在不再害怕了，原来无法接受的现实现在开始正视了，对自己的满意程度上升了，等等。

（2）来访罪犯社会功能恢复的情况。来访罪犯原有心理问题影响到社会功能，经过心理咨询，来访罪犯的社会功能恢复了，如可以正常参加监狱劳动、参加监狱各项学习活动，可以与民警以及同犯正常交往相处，工作、学习效率提高，等等。

（3）来访罪犯周围人特别是家人和同犯对来访罪犯的评定，如同犯报告来访罪犯不再乱发脾气、摔东西，与周边人关系融洽了。

（4）来访罪犯咨询前后心理测量结果的比较，如通过心理咨询，来访罪犯某些心理症状的量表分数得到改变，表明咨询取得了效果。

（5）咨询师的观察与评定。根据咨询师的观察，来访罪犯在情绪、认知和行为等方面发生了变化，如自我评价更积极，敢于面对困难等。

（6）来访罪犯某些症状的改善程度。原来困扰来访罪犯的心理、生理症状的改善情况也可以是评价咨询效果的指标之一。

2. 罪犯心理矫正效果评估标准。

在监狱矫正领域，建立一个体系严密、要素完备、结构科学、便于操作的矫正效果评估标准并不容易。一方面，矫正效果的评估是针对罪犯个体的。人的个体性、差异性、复杂性和多变性，导致对罪犯矫正效果的评价需要从心理、认知和行为等多个层面进行全面、客观地考察。目前国内针对罪犯矫正中的心理和认知的评价和描述科学化程度不高，也缺乏定量的诊断体系，使得对罪犯动态性的矫正实效的考核缺乏系统性、一致性和科学性。另一方面，罪犯矫正具有一定的时空跨度，在这样一个进程中，罪犯的心理、认知和行为是不断发展变化的，对变化中的矫正个体进行效果的评估是极其困难的。需要对评估的要素、内容、工具和方法等一系列的问题进行研究。更为重要的是，这种研究是实务性的，需要在实际的运用中不断修正和完善。对人，尤其是对罪犯个体的评价，正是需要在不确定和动态的因素中运用科学的工具和方法，进行归纳和描述。当前，监狱管理部门正在加快推进监狱工作的标准库、案例库和专家库建设，罪犯矫正效果评估标准作为监狱标准的一个关键要求，处于基础性的地位，而且对其他标准的建立起到纲领性的作用，因而构建矫正效果的标准是紧迫而现实的。

根据我国监狱法律法规的相关要求和司法部的有关规定，罪犯在服刑期间，通过各种教育和矫正的手段和方法，促使其成为守法守规的罪犯。守法守规罪犯的基本条件是认罪悔罪、遵守规范、认真学习、积极劳动。我们认为，这些基本条件应该是罪犯矫正的一个基本标准，也是把罪犯改造成为守法公民这一法律要求在监禁时期的一个具体化，但这仅仅是一个定性化的一般性标准，其内容也是有欠缺的，没有对罪犯的心理改善程度进行评价。因此，罪犯矫正效果评估的标准，就是运用科学的工具和量表，在定量分析的基础上，通过定量与定性相结合的方法，准确评价罪犯在服刑期间的心理、认知和行为的改善程度，以及达到法律规定的守法公民的程度和状态。

罪犯矫正效果评估是一个目标控制过程。这个总目标就是"守法公民"。监狱的矫正工作是依法调动一定的制度、人员和财力等资源，实现这一目标的活动；而罪犯的矫正行为则是不断趋向于这一目标的活动过程。作为目标控制的活动，目标的实现状态，应是评判监狱矫正工作的绩效和评价罪犯矫正行为的总标准。仅仅依靠最终目标的实现状态来评价个体的矫正效果，显然是不恰当的。这不仅不利于矫正资源的合理配置，实现矫正工作的针对性和有效性，而且难以具体评判罪犯个体应矫正什么，哪些方面要矫正，哪些方面离总目标之间存在多大的差距等问题。因而，在明确总目标的前提下，还必须明确个体罪犯的具体矫正目标，以个体罪犯的具体目标的实现状态来评判实现总目标的情况，但要确定罪犯个体的具体矫正目标，首先就必须要科学认识罪犯。认识罪犯，包括犯罪原因、犯罪行为、心理特征、行为习惯等。确定具体的矫正目标，以个别化目标的实现情况来评价监狱的矫正绩效，并对罪犯的矫正行为作出肯定或否定性的评价。衡量罪犯距离总目标的情况，是矫正效果评估的基本思路。个别化矫正目标的实现情况是罪犯个体矫正效果的评估标准，一定群体罪犯的矫正目标的实现情况，构成群体罪犯的矫正效果标准。

江苏省监狱管理局根据上述思路，制订了罪犯心理矫正的工作标准，研制了相对应的心理测评量表，即心理认知行为（XRX）量表以及适用于文盲罪犯的心理认知行为评价（WXRX）量表。量表的主要内容如下：

（1）罪犯心理方面。在 XRX 量表中，对罪犯心理方面的测试主要表现为罪犯心理健康程度的评价。罪犯矫正的好坏，在某种程度上说，就是罪犯的消极心理（或不健康心理）状态是否得到了矫正。心理健康能使罪犯较好地回归社会。对于心理健康的内涵，研究者分别从心理学、生物学、社会学、统计学等不同的角度进行了多方位的探讨。在 XRX 量表中，对罪犯心理健康评价共分为六个维度或分量表：一是罪犯情绪的易变性；二是罪犯的焦虑症状；三是罪犯抑郁倾向；四是罪犯的适应性，包括对环境、人际和社会的适应；五是罪犯的精神异常症状；六是罪犯的心理偏执性。

（2）罪犯认知方面。认知是人脑反映客观事物的特性与联系，并揭示事物对人的意义与作用的心理活动。从广义而言，认知是心理的有机组成部分，但由于认知对罪犯的作用和影响特别大，因而有必要将罪犯的认知单独列出，以确保对罪犯矫正效果评价的准确与科学。完整的认知结构应当包含情感、意识和能力三个分量表。它们在认知的结构中是相互联系、相互渗透和相互促进的，构成一个有机整体。在认知结构中，情感是个体认知结构的基础。一个人没有了良好的情感，就没有理性和良知，认知结构的形成就缺少了健康的根基。意识是个体认知结构的灵魂和动力，是一个人性格优化、能力强化、心态健化、行为美化的力量源泉。情感深层次表现为人的世界观、人生观和价值观。能力是个体认知结构的支柱，离开了一定的能力，一个人认知素质的成长和发展就成为无源之水、无本之木。具体如下：

第一，情感是人在认识和改造客观世界的过程中，对事物采取各种不同的态度，产生各种不同的内心体验的心理现象。对罪犯的情感部分，主要立足于对其同情心、进取心、诚实心、罪责感和宽容度的测试，通过这些因素的测试，能够初步反映罪犯个体的正直、善良和真诚程度。这深层次地表现为罪犯的世界观、人生观和价值观。因而，情感在罪犯的矫正中是十分重要的。

第二，意识是认知结构的重要组成部分。对罪犯而言，导致其犯罪并影响其矫正的意识主要包括道德意识、法律意识和自我意识。在道德意识中，主要有荣辱观、幸福观、义利观和人生观。通过对这些因素的测试，能够反映一个人对人类基本道德规范的理解和认识。在法律意识中，包括对法律的理解、对法律的态度和守法行为的素养。通过对这些因素的测试，能够反映一个人对法律是否真正理解，对待法律态度是否端正、守法的行为素养是否形成等。在自我意识中，包括自信心、自主性和自知性。通过对这些因素的测试，反映一个人自我实现的状态是否正常。

第三，能力是指顺利完成某项活动的一种生理条件和心理特征。任何一种单一的能力都不足以使某项活动顺利地进行，而需要多种能力的有机结合。认知能力是一个人认知水平高低的外在表现，它能影响一个人认知品质的形成与发展。对于罪犯而言，导致其犯罪并制约其矫正的认知能力主要包括知识职业能力、意志力、自控力和调节力。知识职业能力的测量主要反映一个人最基本的知识和理解问题的能力以及职业能力；意志力的测量主要反映一个人坚持不懈、克服困难的能力；自控力的测量主要反映一个人抑制冲动、克服欲望的能力；调节力的测量主要反映一个人在遭受挫折或强烈刺激的情况下，怎样使用正确方法，转移情绪，变换兴奋发泄点等维持心理平衡的能力。其实，一个人能力所隐含的背景也与人的世界观紧密相连。

（3）罪犯行为方面。行为是心理的外化，不论是犯罪，还是矫正，对其评价的重点都是其具体的行为表现，而且行为与心理的关联，能够从罪犯的行为表现中考察罪犯心理的健康程度。因此测试罪犯行为，主要是对其不良行为的测量。不良行为与其犯罪以及在矫正进程中的表现有直接的关联作用。根据行为科学和心理学的相关理论，可以将不良行为（或越轨行为）划分为初始性和复发性两种。因此，在 XRX 量表中对罪犯行为的测量分为两个维度。

第一个维度主要测量罪犯的复发性越轨性质的不良行为，其可细分为侵财贪占行为、攻击倾向性行为、暴力倾向性行为、破坏倾向性行为、不良情感倾向性行为、自害倾向性行为（其中含自杀、自残和自虐倾向性行为）、支使倾向性行为、被支使倾向性行为、纠合倾向性行为、抗拒倾向性行为、欺骗说谎情绪性行为、蔑规倾向性行为、不良生产劳动行为、不良嗜好行为、不良生活行为、不良交往行为和不良学习行为。

第二个维度主要测量罪犯初始越轨行为和早期的不良环境、学习的影响情况。这部分测试题，由于是罪犯过去已发生的客观事实，且不会因矫正而发生改变，故在量表中又作为效度题。

总之，罪犯心理矫治效果的评估必须以矫治目标来评估。矫治活动的实施和评价，一般需要将矫治目标进行分解并采用相应的具体指标量化，才能进行可操作的、量化的效果评估。

（二）罪犯心理矫治效果评估的途径

罪犯心理矫治效果评估围绕矫治目标展开，需要回答从哪些层面、哪些角度和采用哪些方法实施评估，即评估维度。从矫治机构、矫治工作者的法律地位和职能以及当前监狱的矫治实践看，罪犯矫治效果评估的维度，一般包括矫治工作者评估、罪犯自我评估、罪犯周围人员的评估以及罪犯犯因性问题消除、改善或改变的客观现实评估。矫治工作者在上述四者矫治关系中，起着重要引导作用。在我国当前的矫治实践中，常使用心理量表或自行研制的量表进行矫治效果的评定。有关量表的测试结果，也成为评估的维度之一。而关键的评估维度是矫治工作者的评定，其他评估维度产生的信息是矫治工作者评定的依据。常用的罪犯心理矫治效果的评估途径有以下几种：[1]

1. 量表评定。目前，国内外矫治领域一个引人注目的发展趋势是采用较为客观、量化的检测量表来评估罪犯的犯罪特性，并以量表检测结果的前后变化来评估矫治效果。有些量表，如江苏省监狱系统自行研制的《心理、认知、行为（XRX）量表》，正在成为罪犯矫治评估的重要工具。把量表检测的结果，作为矫治效果的评估维度，正在被越来越多的监狱和矫治工作者所认识和接受。这种评估的要点是：

（1）选择合适的量表。使用量表检测来评估矫正效果，必须选择信度和效

---

〔1〕 章恩友编著：《罪犯心理矫治》，中国民主法制出版社 2007 年版，第 247~249 页。

度较高，并适合于罪犯检测的量表。如果选用量表不恰当，其检测结果反而会干扰矫治评估。

（2）规范检测操作。量表测试过程的规范操作，比如合格的主试、测试前的指导、符合要求的测试环境等，均应到位。失范的测试，必然导致检测结果的失真或无效，不能作为效果评估的依据。

（3）检测结果要得到其他维度信息的印证。由于受多种因素的影响，加之量表自身的局限性，检测结果并不全是真实有效的。评估时，一般要将测试结果和其他维度信息互相对比印证，筛选出有价值的检测结果作为评估的依据。

运用标准化的量表进行评定，是当前罪犯心理矫治效果评估中收集资料的重要手段之一。其优势为：

（1）客观。每个评定量表都具有一定的客观标准，不论何人在何时、何种条件下来评定受评者，均应根据这个标准来收集资料，作出等级评定，因此所得结果比较客观。

（2）全面。评定量表的内容全面而系统，等级清楚，其功能相当于一份详尽的大纲，它能协助评定者发现其他评估方法（如观察等）所遗漏的内容。

（3）数量化。对罪犯心理矫治的成效进行评估，如果没有一定数量，而只有文字描述，那么对在不同的时间、地点所得到的不同的观察结果便难以作比较。评定量表使观察结果数量化，用数字语言代替文字描述，便于将观察结果作统计学处理，也更有利于计算机分析，使得对研究的结果表达符合科学要求。

评定量表是用来量化观察中所得印象的一种测量工具，从形式上可以分为两种：自陈量表和他评量表。前者以受测者对问题作答为依据，实际上相当于受测者的自我陈述或自我评估。目前在我国监狱中广泛使用的 EPQ、16PF、MMPI、SCL-90 等，均属自陈量表，它们更多地被用于对罪犯进行心理诊断，在评估矫治效果时，也可以作为重要的参考依据。他评量表，是矫治工作人员以对罪犯的实际观察为基础，对被试者作出的评估。它所依据的资料虽然看起来是非正式收集的，评估带有主观性，但却是在真实条件下通过观察获得的，其来源是真实的，并且以多人评估的均值作依据，因而有很大的参考价值。例如，20 世纪 90 年代，山东省监狱管理局和中科院心理研究所有关专家联合研制的"罪犯改造成效量表"便属于他评量表。他评量表包括民警评估量表和他犯评估量表两部分。民警评估量表包含三个因素：①改造的外部表现；②自我改造表现；③改造态度。他犯评估量表也包含三个因素：①积极改造表现；②人生观与个人修养；③改造态度。以上每个因素又分为若干个细目，并经过统计检验，根据各细目与矫治成效之间相关联的程度，确定适当的负荷量。在实际运用中，对民警评估量表和他犯评估量表的评定结果，应比较它们之间的一致性；如果有重大差异，应进行深入的调查研究，弄清真实情况，并连同罪犯自陈量表一起，由专业人员进行综合评估，以准确判断其疗效。

总之，一套完整的罪犯心理矫治效果评估量表，不仅要有自陈量表，还要有他评量表，这样才能使评估结果尽可能全面而可靠。当然，对罪犯心理矫治效果的评估，仅仅依靠量表评定还不够，必须结合其他方法作进一步的核实验证。

2. 考核评定。考核评定就是根据矫治计划，按照确定的指标和量化标准对罪犯心理矫治的效果进行评定。具体步骤是先逐项进行量化考核统计，然后在所获资料和量化结果的基础上作定性分析，评出优、良、中、差等不同等级。考核方式主要有：劳动考核（出勤率、劳动成果等）、学习考核（文化、技术课成绩等）、政治思想考核（参加政治学习情况、是否获得奖励等）、纪律考核等。

3. 罪犯自我评定。在管教民警的组织下，通过问卷或口头评议的方式进行的评定。制作问卷，在内容上要全面，能反映罪犯全部或基本的人格及行为倾向；语言上要通俗易懂，让罪犯能够理解；所提问题应有一定的掩饰性，让罪犯感到真实作答不会影响自己的改造成绩。罪犯口头评议需要管教民警事先制订计划，认真组织，既可以围绕一个中心进行，也可以不确定主题，仅让被评定罪犯就一个阶段的矫治收获和不足作出自我总结。

矫治是矫治工作者、罪犯、矫治方法和矫治环境之间函数因素互动的过程，矫治的效果最终需要通过罪犯的积极转变和行为表现的改善来体现。无论是矫治活动还是评估活动，罪犯在此过程中，自身的觉察和体验以及自觉、有效的行动是非常重要的，甚至是关乎矫治成败的关键。只有罪犯能够恰如其分地进行自我评估，才能真正看到自身的不足，产生积极求变的动机并有所作为。显然，把罪犯的自我评估作为矫治效果评估的维度是非常自然和必要的。自我评估产生的信息，如罪犯自述自信心增强了，烦恼减轻或消失了，无法接受的事实开始正视了，对犯罪渐渐产生悔意了，参与配合矫治的愿望更强烈了等，本身就是矫治工作者评定矫治效果的重要依据之一。罪犯自我评估要点包括：

（1）必须去伪存真，取得真实的自我评估信息。矫治评估过程中，有些罪犯在不良动机的驱使下，可能会作出不符合自身实际的自我评估，夸大甚至虚构自身积极的一面或淡化甚至掩盖消极的一面，从而影响矫治评估的结果，以逃避矫治或骗取奖励。因而，矫治工作者应该不断锤炼矫治评估技术，积累评估经验，并以严谨的作风、敏锐的目光对罪犯的自我评估信息进行分析研究，去伪存真，为评估提供客观的依据。尤其需要注意的是，在日常矫治活动中，矫治工作者应做好罪犯矫治作业的完成情况和现实行为表现的记载工作，为客观评估提供必要的依据。

（2）必须去粗存精，取得有效的自我评估信息。罪犯的自我评估，虽然在矫治工作者直接引导下进行，但自我评估常常偏离矫治目标，随意、散乱、表象性的自我评估是很难避免的。矫治工作者无论在引导罪犯自我评估，还是在分析处理罪犯自我评估的信息时，都必须紧密围绕矫治目标而展开，认真细致，善于发现信息间的内在有机联系，做到去粗存精，获取有价值的信息，为准确评估提供有效的依据。

4. 他人评定。

（1）罪犯周围人员的评估。罪犯周围人员主要包括监狱其他矫治或管理人员、其他罪犯和接受矫治罪犯的亲属。这些人员经常和罪犯接触交流，了解、掌握罪犯的所思所感、所作所为，甚至罪犯的某些变化还不为负责心理矫治的工作人员所知。因此，罪犯周围人员的评估，常常能为矫治工作者的评定提供参考依据。这种评估的要点是：一方面，多方听取意见。为保证评估的客观公正，应该积极听取罪犯周围人员的评估意见，为矫治工作者的评定提供有力的依据。另一方面，围绕目标，科学分析。周围人员的评估，不太可能遵循评估的专业性要求，常常可能是不具体的、浅层的甚至是散乱的评估意见。对此，矫治工作者依据此维度评估时，应围绕矫治目标，按科学取舍、概括本质的要求对评估意见信息进行处理。

（2）心理矫治专业人员评定。由具体负责心理矫治的工作人员，综合各方面的矫治信息，对矫治效果独立地做出定性定量的评估结论。一般的过程是矫治工作者对罪犯实施矫治过程中或矫治结案后，针对矫治目标，通过面谈、行为观察、收集其他人员的评估意见或者使用测量手段，来综合评定矫治目标的改善状况，作出评定结论报告。

这种评估的要点是：其一，评估通常主要由心理矫治的具体负责实施者作出，而不是其他心理矫治工作者。矫治效果的评估，如果由他人越俎代庖，必然会产生评估不着边际、混乱随意等现象。其二，矫治工作者必须依照矫治评估的原则进行评估。偏离评估原则的评估，不能取得科学、准确、公正的评估结果。这一评估结论较之其他主体的评估，通常是主要的、主导的甚至是最终的评估。因为矫治机构的法律地位和执法职能属性决定了矫治工作者在矫治过程中始终处于主导地位。

（3）作为行政、法律奖励依据的评估结论，需要经矫治评估组织的审议鉴定并经矫治机构的审核备案。这样做是由矫治活动的法律属性决定的，把矫治效果的评估活动纳入法制化轨道，可以避免暗箱操作，也能减少评估的失误。

5. 情境实验。针对不同类型罪犯的心理缺陷，在自然状态下设置一定的实验情境，根据罪犯对情境刺激的反应，评估其犯罪心理矫治的程度和良好个性品质形成的状况。例如，对物欲型罪犯设置一定的利益诱惑，考查其抗御金钱、物质诱惑的意志力；让性欲型罪犯接触与性有关的刺激信息，观察其情绪变化和是否具备克制性冲动的意志力；对情绪型罪犯设置人际冲突等挫折情境，考查其情绪的自我调控能力等。进行情境实验要把握好尺度和有关政策。

6. 追踪调查。这种方法是对出狱人员进行定期的追踪调查，根据他们出狱后的表现和重新犯罪率的高低来评估矫治效果。对罪犯心理矫治效果的评估，应当把出狱前的考核和出狱后的调查结合起来。追踪调查虽然费时费力，但却是一种十分客观的评估方法。因为很多罪犯在监狱中有很强的掩饰倾向，但他们一旦回归社会，随着强制性措施的解除，就会恢复其本来面目。因此，根据追踪调查所获得的资料进行矫治效果的评估就十分客观，同时也是对其他评估手段所获得结果真实性的验证。

总之，对罪犯心理矫治的效果进行评估是一项十分复杂的工作，既要进行量表评定，又要进行日常考核和情境实验；既离不开自我评估，也离不开他人评估；既要有定性分析，又要有定量分析；既要有出狱前的考核，又要有出狱后的调查，只有综合运用多种方法，通过各种途径收集资料，才能得出客观、准确的结论。

三、罪犯心理矫治效果评估的时机

一个完整的矫治过程是由系列步骤、若干次行动所组成的。如何使每次矫治行动既有独立性又有连续性，达到前后衔接、循序渐进、步步提升的效果并最终实现心理矫治目标，一个不可缺少的手段就是进行矫治效果的评估。因而，矫治效果的评估并非一定到矫治结束才做，在矫治过程中就应该不断地评估矫治效果，通过评估分析，及时对矫治目标、矫治技术等进行修正，达到顺利推进心理矫治的目的。当然，矫治结束前的评估是对整个矫治过程效果的评估，更全面、更重要。就具体的罪犯心理矫治工作来说，一个完整的矫治过程，通常设定一个或两个矫治总目标，矫治的过程就是矫治总目标下的具体目标不断实现的过程。在这一过程中，评估时间点的确定，即评估时机的选择是评估技术的时间性要求。一般可以将矫治过程中矫治效果的评估分为过程评估和结案前评估。

（一）过程评估的时机

过程评估的次数和时间点，要根据罪犯心理矫治中的具体情况尤其是具体矫治目标的实现状况而定。通常，在数次矫治行动实施后可以作小结性评估；在一个阶段性的矫治行动后可以作阶段性评估；在重要的具体矫治目标或关键性矫治目标实施行动完成后，可以作专题性评估等。需要注意的是，评估时机的确定要恰如其分，灵活机动，总的原则是，能够掌握矫治效果，有助于提高矫治的效果。

（二）结案评估的时机

心理矫治结案前评估的内容主要是矫治总目标的实现情况，包括总目标是否完成、完成程度、存在问题及其原因分析和新的矫治或跟进服务建议。罪犯在服刑期间，其矫治的根本目标总是通过一系列既具有内在联系又相对独立的矫治活动逐步实现的。时间性是罪犯心理矫治的重要特征。结案时间，是罪犯心理矫治的一项重要构成要素。对罪犯心理矫治在结案前进行准确的评估，不仅可为矫治机构奖励罪犯提供客观依据，也为矫治工作者制定新的矫治方案、确定新的矫治目标打下良好的基础，同时也可激发罪犯的信心，增强接受矫治内动力，正面强化和巩固矫治效果。罪犯心理矫治结案前的评估，是对心理矫治结案前所进行的全面性效果评估，是针对矫治的总体成效而言的，评估时间总是在心理矫治结案前。

（三）罪犯不同服刑阶段效果评估时机

罪犯改造进程的差异性主要体现在入监、中期和出监 3 个不同的阶段，对罪犯改造的不同阶段应当使用不同的量表和方法进行评估。

在入监阶段，测定罪犯的危险等级和程度，为制定个别化矫治方案服务。一般对新入监的罪犯，应当在负责新收分流罪犯的监狱或者监区，集中进行为期两个月的入监教育，第一次矫治效果评估应在入监教育结束之后进行。在服刑中期阶段，罪犯矫治效果评估主要是在罪犯日常行为考核的基础上，结合使用"罪犯心理认知行为量表"，测定罪犯在矫治进程中的改变程度。在出监阶段，使用有关专业量表对罪犯矫治效果和重新犯罪的可能性进行预测。

入监评估是罪犯改造效果评估的基础和前提，也是监狱对罪犯实施有效矫正的开端。入监评估就是通过基本信息采集、结构性面谈、心理认知行为评估（XRX）、人身危险性评价和人格量表等专业技术，准确把握罪犯的个性心理特征、犯因性问题和人身危险性，为制定个别化矫正方案以及分管分押提供科学建议。其中，对罪犯的人身危险性进行预测，并提出有针对性的处置建议，是入监评估的重要内容和关键环节。中期评估是罪犯矫治效果评估的关键，它以落实个别化矫正方案为基础，通过对罪犯的心理认知行为的定期测试、个别化矫正方案的实施情况和行为表现的考核，对罪犯心理矫治和行为矫正过程进行持续性、定量性的综合评价，为及时制订、修正和实施阶段性矫正方案提供科学依据。其所构建的心理与行为矫正量化的数学模型，科学有效地将罪犯的矫正奖励、处遇等挂钩，形成对罪犯有力的激励约束机制，成为督促罪犯主动配合矫正方案、自觉改造的内在动力。出监评估是罪犯矫治效果评估的最后一个阶段，也是评价监狱教育矫正罪犯效能的标志。通过对罪犯矫正方案实现情况的考评、刑罚体验评估和重新犯罪测评等，综合评价罪犯服刑期间的总体矫治状况，较为科学地预测罪犯刑满释放后重新犯罪的可能性，为安置帮教、社区矫正工作提出有针对性的保护建议。[1]

 学习任务二 罪犯心理矫治资料整理

【案例】11-2

民警小赵跟随心理矫治经验丰富的矫治中心李主任共同对罪犯何某开展心理矫治工作。李主任按照咨询方案跟何某进行了12次心理咨询，在咨询过程中进行了心理评估，并介绍何某加入罪犯人际沟通小组里接受团体辅导，何某产生了一定的变化，矫治中形成了诸多资料。

【思考】

面对这么多的资料，小赵很着急，该如何整理呢?

罪犯心理矫治资料整理主要是指对罪犯心理矫治过程中产生的文字资料和数字资料的整理。罪犯心理矫治资料整理是根据心理矫治的目的，运用科学的方法，对调查及矫治过程中所获得或产生的资料进行审查、检验、分类、汇总等加工，使之系统化和条理化，并以集中、简明的方式反映心理矫治对象总体情况和矫治效果情况。罪犯心理矫治资料整理的要求是真实性、准确性、完整性和系统性。

一、罪犯心理矫治资料整理的一般流程与方法

罪犯心理矫治资料整理的一般流程见表11-1。

表11-1 一般临床资料

一般资料	个人成长史	目前状态
人口学资料	婴幼儿期	
生活状况	童年生活	精神状态
婚姻家庭	少年生活	身体状态
工作记录	青年期生活	社会工作与社会交往
社会交往	犯罪以及后续过程及评估	监内生活与交往
其他	其他重大转化及评估	

---

〔1〕 章恩友编著:《罪犯心理矫治》，中国民主法制出版社2007年版，第249~252页。

（一）罪犯心理矫治资料整理的一般流程

对通过心理测验以及其他多种方法收集到的资料以及矫治过程中形成的资料进行整理，其流程主要如下：

1. 整理归纳一般资料。包括人口学资料、生活状况、婚姻家庭、工作记录、犯罪类型、原判刑期、有无重大疾病、身心创伤和精神病史、娱乐活动等。

2. 整理个人成长史、犯罪史资料。包括婴幼儿期、童年期、少年期、青年期生活以及犯罪过程、收押、审判以及入监过程等。

3. 整理开展心理矫治前后的精神、身体和社会工作与社会交往状态资料（注意内心世界的特点：想象力；创造性；价值观；理想；对未来的描述等）。

（1）精神状态：包括感知觉、注意力、记忆、思维状态；情绪、情感表现；意志行为（自控能力、言行一致性等）；人格完整性、稳定性。

（2）身体状态：包括有无躯体异常感觉；近期体检报告。

（3）监狱生活与日常交往：包括罪犯的日常生活、交往状况（与民警和同犯接触是否良好）；家庭关系（亲子关系、夫妻关系等）。

4. 对资料来源的可靠性予以说明。包括评定方法的可靠性、思维合理性，比较同一资料的不同来源是否统一或矛盾。

影响资料可靠性的因素：过分随意地交谈、矫治工作者的倾向性很可能给罪犯形成暗示，造成罪犯自我评估和环境判断失真，对所获资料会有重大影响；矫治中心资料收集和决策者非同一人，决策者会对资料理解错误；罪犯阻抗对收集资料有重大影响；原始资料与后期资料不一致，会影响诊断和矫治。

（二）罪犯心理矫治资料整理的方法

罪犯心理矫治过程中所搜集的资料一般可分为数据资料和文字资料。前者是通过结构化访谈得来的，有时涉及诸多对象，由此产生相当多的资料，对此可进行统计分组统计汇总。后者多为非结构的访谈、观察材料和文献资料，一般是少数典型罪犯或个案的材料。这两类资料的整理过程大致相同，但整理方法不同。

1. 文字资料。罪犯心理矫治资料整理过程中，定性资料基本上都是文字资料。由于文字资料在来源上存在差异，所以其整理方法也略有不同。但是通常情况下可划分为审查、分类和汇编三个基本步骤。对于文字资料的审查，主要解决其真实性、准确性和适用性问题。对于文字资料的分类，就是将资料分门别类，使得繁杂的资料条理化、系统化，为找出规律性的联系提供依据。对于文字资料的汇编，主要是指根据整理分析的实际要求，对分类完成之后的资料进行汇总、编辑，使之成为能反映被矫治罪犯客观情况的系统、完整的材料。

2. 数据资料。数据资料是调查研究定量分析的依据。在资料的整理阶段，为了便于得出正确的结论，需要对数据资料作进一步的处理，一般程序包括数据资料检验、分组、汇总和制作统计表、统计图四个阶段。检验，主要是对数据资料的完整性和正确性进行检验，以确保准确的研究结果。分组就是把调查的数据按照一定的标志划分为不同的组成部分。汇总就是根据资料整理要求把分组后的数据汇集到有关表格中，并进行计算和加总，集中、系统地反映矫治对象总体的数量特征。经过了汇总的数据资料，一般要通过表格或图形表现出来。为保证矫治效果的评估以及建档的准确，对整理过的资料在用于分析研究之前，仍有必要对它们进行最后的检验。

二、罪犯心理矫治资料整理的定量分析技术

（一）心理矫治资料整理的定量分析技术

定量分析法是对社会现象的数量特征、数量关系与数量变化进行分析的方法。定量又称为观测或测量。测量就是把一个数和一个测量单位联系起来去描述事物的某种性质。在科学认识过程中，测量将理论与实践、经验认识与它的数学表达联系起来。

测量不能停留在表面的定量层次上，而要与定性认识相结合。定性认识使得测量所得到的数字获得有意义的解释。而测量过程中的定量性质又使得对客体的认识具有准确性，富有说服力。对事物进行测量，最终是为了更好解释客观世界中的各种现象，把握其内在性质，从而更好地认识世界。具体在开展资料整理的数据整理部分，常用到数理统计中的描述统计、推论统计，分析数据过程中常用到的方法有相关分析、回归分析、聚类分析等。

一般的定量分析常用以下五种定量分析技术：

1. 比率分析法。它是通过计算罪犯心理咨询或矫正效果的有关指标之间的比率，来进行分析评估的一种方法，以确定指标在罪犯心理咨询或矫正中的重要性。

2. 趋势分析法。它对同一矫治对象相关测量数据指标连续几年的数据作纵向对比，观察其变化方向。为预测未来罪犯心理健康或矫正效果的发展方向提供帮助。

3. 结构分析法。它通过对矫治对象各个矫治内容在总体矫治结果中的比重或组成的分析，考量各咨询或矫正方法产生的效果在总体矫正效果中的地位。

4. 相互对比法。它通过咨询或矫正指标的相互比较来揭示各指标之间的数量差异，既可以是个人近期同前期各指标间的纵向比较，也可以是不同咨询或矫正对象之间的横向比较，通过比较找出差距，进而分析形成矫治效果差距的原因。

5. 数学模型法。数学模型被广泛应用，特别是在经济预测和管理工作中，由于不能进行实验验证，通常都是通过数学模型来分析和预测经济决策所可能产生的结果。罪犯心理矫治资料整理过程中同样可以运用数学模型法，通过建构数学模型来分析和预测矫治所可能产生的结果。

以上五种定量分析方法中，比率分析法是基础，趋势分析法、结构分析法和对比分析法是延伸，数学模型法代表了定量分析的发展方向。

对于罪犯心理矫治效果的评估，上述定量分析技术有其应用价值，值得监狱心理矫治工作者重视运用。

（二）前后测技术

前后测技术是罪犯心理矫治资料整理中基本的定量分析技术。"前测"是在心理矫治工作开始前对矫治对象的相关资料进行测量评价与收集。"后测"则是在心理矫治实施之后对矫治对象的相关资料进行测量评价与收集。采用统计分析技术对前后测结果作比较，我们就可以得到矫治对象通过心理矫治工作所产生的矫治效果。心理矫治工作人员在开展罪犯心理矫治工作时，应当有这样的理念与意识，从而促进心理矫治的科学化。

前后测技术在罪犯心理矫治中的应用场景有多种：一是实施某个矫治项目时应用前后测技术，如对暴力型罪犯实施愤怒控制训练项目时，在训练项目实施前和训练项目结束时，对其情绪与自我控制能力等心理现象各测量一次并作分析比较，以确定干预效果；二是对罪犯实施某个心理矫治方案时应用前后测技术；三是罪犯入监和出监时应用前后测技术。

 学习任务三　罪犯心理档案建设

【案例】11-3

在为何某进行心理矫治工作过程中，民警小赵有了很多收获，也树立起了很强的工作责任感和自信心，李主任决定给小赵一个机会，给新入监的罪犯建立心理档案，并且为何某等犯人进行心理档案的完善工作。

【思考】

摆在民警小赵面前的问题是，他要弄清楚为什么要建立罪犯心理档案？罪犯心理档案要怎样建设？

一、罪犯心理档案的含义

罪犯心理档案是指记载罪犯心理测验资料及关于罪犯心理特点、行为习惯、不良心理矫治方案、矫治效果的文字、图表、声像等材料。由监狱机关制作和保存，逐人建立，涵盖罪犯心理全貌，显示动态发展趋势。其作用是为教育矫治罪犯、验证矫治效果、显示服刑期间罪犯心理发展轨迹、预测刑满释放人员重新犯罪的可能性以及进行有关科学研究提供翔实有据的资料。由监狱机关通过心理测验和直接考核、社会调查等合法手段获得。

二、罪犯心理档案的作用

罪犯心理档案的建立是监狱对罪犯矫治工作由粗放转向精细、由一般化向个别化发展的标志，为将心理科学运用于罪犯改造工作，并使之系统化、科学化、制度化打下基础。建立罪犯心理档案是罪犯心理矫治的基础性和经常性工作之一。

（一）有利于探索罪犯服刑期间心理发展轨迹

罪犯心理档案的建立对于丰富罪犯考核内容，实现考核工作的科学化、系统化，提高教育矫治工作针对性具有重要意义。在本章何某案例中，民警根据何某入监后为他先后实施的几次心理评估，并且针对每次评估结果都开展了一系列的分析总结工作。对其中开展的心理干预，也收集了相关资料。这样我们就可以得到何某的心理发展轨迹。如不进行建档，没有完整的记录分析，就难以实现对何某的矫正进行科学的考核工作。

（二）有利于民警相互之间的工作交流

开展心理矫治工作本身需要有准确的心理诊断结论和丰富翔实的心理矫治活动资料，这些资料需要作专门记载。

在实施心理矫治过程中，还需要将采取的矫治措施及取得的效果在心理档案中如实地记载。在罪犯何某的案例中，将何某每个阶段的资料都搜集到心理档案中，这些资料的保存便于民警小赵或其他民警了解何某在什么情况之下进行过哪些心理干预，民警选取了哪些干预手段，是否取得了相应的效果；如果没有达到预期的目的，是否有其他措施等。这些详细的记载对后续开展工作以及进行总结有着非常重要的作用。

（三）有利于开展出狱预测

通过罪犯心理档案，综合分析罪犯心理发展变化的轨迹，为我们预测罪犯出狱或假释后有无再犯罪的可能提供充分的依据。完善的罪犯心理档案还可以起到预警作用，将这部分有"心病"的罪犯及时地筛查出来，并且针对每个人制订矫治方案，进行针对性干预，就可以减少其重新犯罪的可能性。

（四）有利于开展罪犯心理研究

罪犯心理档案还为我们从事科学研究提供了充分的数据和事实资料。罪犯心理档案不但能够筛查存在心理问题的罪犯，还能通过分析、归纳和总结，得出本监狱罪犯存在的心理问题情况，有助于提出监管改造对策，从而有利于罪犯矫正积极性的提高，营造良好的矫正氛围。

三、罪犯心理档案建设的流程

罪犯心理档案建设过程主要涉及三个流程：

（一）确定心理档案内容

这主要包括心理测验结果及评估结论、罪犯自述材料、罪犯生活史及评语、罪犯疾病史、对罪犯的心理矫治方案、心理矫治实施情况及疗效检测记载、矫治效果的心理学评析、罪犯自我矫治成效评定资料、罪犯心理咨询记录、出狱时进行的再犯罪心理预测及行为倾向判断、出狱后的帮教监督建议等。

（二）心理档案资料的搜集

本章第二节已对此作了阐述。归纳起来，搜集心理档案资料主要包括选择合适的测评工具进行施测，如选择标准化的测验、采用自编的问卷调查、通过谈话观察来了解情况、借助监狱的各种评定记录或罪犯日记等来获得信息。

（三）心理档案的建立与归档整理

1. 归档范围。凡是在监狱服刑的罪犯均需建立心理档案。

2. 归档时间。罪犯入监开始建立，随时补充完善。

3. 归档要求。凡归档的心理资料都必须齐全完整；由心理矫治部门的专、兼职档案员，负责归档材料的收集、整理；按要求分类立卷；按顺序编排档案号，做好档案规范工作。

4. 档案的排列。按照监区或者心理状况严重程度等方式分类排列。

5. 归档手续。罪犯心理档案专人保管，每次增加资料都需要档案管理人员核准签收，档案出借与回收同样要严格管理，有记录，并归档。

四、罪犯心理档案的主要内容

罪犯心理档案主要由以下内容组成：

1. 心理测验结果及评估结论。心理测验资料，一般应包括常用的几个心理测验量表的检测资料。评估结论主要应对罪犯个性缺陷、犯罪的主客观原因和教育矫治重点作出判断。

2. 罪犯自述材料。主要叙述犯罪心理形成和演变过程，对自我犯罪原因的认识，对人生历程的经验教训总结。

3. 罪犯生活史及评语。在评语中应对其社会化程度和主要缺陷作出判断。

4. 罪犯如果有神经症、人格障碍或精神障碍的病史，应记录在案。

5. 罪犯心理矫治方案。包括拟采取的主要矫治措施，实施矫治的阶段及人员分工，预期达到的矫治目标等。

6. 心理矫治实施情况及疗效检测记载。

7. 对服刑过程中发生的重大事件和重要变化所作的心理分析，以及采取的针对性矫治措施。

8. 为检测矫治效果所进行的模拟情境实验及效果记录。

9. 罪犯自我矫治成效评定材料及罪犯集体评定记录。

10. 罪犯矫治状况起伏变化情况及心理发展轨迹图。

11. 针对犯罪原因所采取的某些生化实验研究和医疗措施及其效果。

12. 罪犯心理咨询记录。

13. 出狱时进行的再犯罪心理预测及行为倾向判断。

14. 出狱后的帮教、监督建议。

五、罪犯心理档案建立和使用注意事项

（一）建立注意事项

建立罪犯心理档案是一项技术性强，又需要耗费一定时间和精力的工作。

1. 人员选拔。要选择那些责任心强、懂得心理学知识的民警承担这项工作，并要对他们进行专门训练，让他们认识到建立心理档案的意义和要求，学会正确地运用心理测验，客观地分析测验数据，掌握建档的基本技术。

2. 开展形式要科学。要搞好试点，防止一哄而起，搞形式主义，要通过样板示范和及时交流经验，推动工作逐步展开。

3. 建档内容要完整。要注意罪犯心理档案在内容上的完整性，应全面反映罪犯的心理状况，不仅要着力诊断罪犯的心理缺陷和人格障碍，还要充分发掘和全面记载其常态心理和人格中的"闪光点"。

4. 罪犯心理档案的建立和不断充实完善是一个动态的过程，应把这项工作贯穿于罪犯教育矫治过程的始终。

（二）使用注意事项

关于罪犯心理档案的使用，应注意以下几点：

1. 罪犯心理档案一般只供心理医生和矫治专业人员查阅、使用，其他监狱民警经过批准，可以查阅，但应由有关专业人员进行指导。对心理测验数据要科学解释，防止错误理解。

2. 在使用心理档案的资料时，要全面考虑问题，对档案中的项目或结论，应与其他方面联系起来思考和运用，切不可断章取义，孤立地看问题。

3. 要遵守心理测验和心理咨询的基本规则，对不宜公布的事项，不能在日常工作中加以引用，以免降低心理矫治工作的威信和水平。

本章小结

1. 罪犯心理矫治效果评估就是根据监狱开展心理矫治工作的目标和要求，按照一定的评估标准，选择恰当的评估方法，对经过一定阶段矫治的罪犯是否达到预期的矫治目标和要求所作的鉴定和判断。

2. 罪犯心理矫治资料整理主要是指对罪犯心理矫治过程中产生的文字资料和数字资料的整理。罪犯心理矫治资料整理是根据心理矫治的目的，运用科学的方法，对调查及矫治过程中所获得或产生的资料进行审查、检验、分类、汇总等加工，使之系统化和条理化，并以集中、简明的方式反映心理矫治对象总体情况和矫治效果情况。罪犯心理矫治资料整理的要求是真实性、准确性、完整性和系统性。

3. 罪犯心理档案是指记载罪犯心理测验资料及关于罪犯心理特点、行为习惯、不良心理矫治方案、矫治效果的文字、图表、声像等材料。其作用是为教育矫治罪犯、验证矫治效果、显示服刑期间罪犯心理发展轨迹、预测刑满释放人员重新犯罪以及进行有关科学研究提供翔实有据的资料。

问题思考

1. 什么是罪犯心理矫治效果评估？如何正确理解罪犯心理矫治效果评估的标准？
2. 罪犯心理矫治效果评估的途径主要有哪些？
3. 罪犯心理矫治资料整理的流程是什么？罪犯心理档案使用要注意哪些事项？

拓展阅读

1. 宋胜尊：《罪犯心理评估——理论·方法·工具》，群众出版社 2005 年版。
2. 宋行主编：《服刑人员个案矫正技术》，法律出版社 2006 年版。

专题十一 实训项目

·模块四　专业队伍建设·

专题十二　心理矫治民警队伍建设

 **学习任务一　心理矫治民警职业能力建设**

　　监狱心理矫治民警，既是执法者，又是咨询师，角色冲突显而易见。监狱心理矫治工作对矫治工作人员的素质要求包括职业理念、能力、矫治技术等方面，职业理念由职业态度和职业品格组成，其中敬业乐业、共情尊重、价值中立、助人自助是职业态度的基本要求，真诚奉献、恪尽职守是职业品格的基本要求；能力包括洞察分析与综合能力、表达能力和自我平衡能力；矫治技术主要包括参与性技术和影响性技术，这部分内容在第五章已述。监狱心理矫治工作者还需掌握基本的专业知识，如监狱学、犯罪学、心理学、精神病学等。

一、心理矫治民警的角色冲突与协调

（一）心理矫治民警的角色冲突

　　从目前监狱心理矫治现状看，监狱民警是心理矫治专业队伍的构成主体，而警察角色与心理咨询师角色之间的冲突是显而易见的。

　　1. 监狱民警与罪犯的关系是监狱工作中的基本矛盾关系，是一种既相互对立又相互依存的辩证关系。监狱民警作为行刑者和执法主体而存在，罪犯则作为执法客体和行刑对象而存在；在行刑中处于主导、支配地位的民警和接受刑罚惩罚与改造的罪犯构成了监狱行刑矛盾的主要、次要两大方面，这两大方面自行刑法律关系产生之时就随之诞生，且将伴随着罪犯服刑的整个过程，双方均无选择的余地，是一种不可或不易调和的、对立的特殊矛盾关系。作为管理者的警察角色身份担负着教育改造的重任，是以社会的标准尺度来衡量罪犯是否符合再社会化的程度，要求罪犯不得逾越社会规范和监规纪律，具有一种支配、指挥、规定、操控、评估和惩罚的行为倾向。

2. 心理咨询师是特殊的助人职业，咨询的目标是改善当事人的心理健康，一切都必须服从于这一目标。咨询师必须以当事人的需要为中心，尊重当事人的价值选择、兴趣、个性等，帮助当事人自己去探索、决策、行动，有效地开发其潜能，取得心理咨询的最大成效。因此，当事人是作用者，咨询师只是支持者和催化剂，两者之间是信任、平等和合作的关系。咨询师的角色身份要求其必须保持中立性态度，即一种宽容、非支配、非评判、非压制性的态度；职业限制性条款下的咨询师首先关注的不是当事人的行为是否符合群体的规范，而是他的行为是否能增进他的人格健康发展。即使是面对一些反社会的价值观和一些引起心理障碍的价值理念，咨询师的干预也只是积极的引导而非支配、压制和惩罚。

"鱼和熊掌不可兼得"。管理者的权威与咨询师的平等、共情角色要求的强烈反差所带来的双趋式冲突，时常会让从事心理矫治工作的监狱民警陷入两难境地，部分人在处理角色矛盾时会顾此失彼从而影响了矫治工作的开展，而一旦角色转换失败就会使矫治工作前功尽弃甚至适得其反。

（二）心理矫治民警角色冲突的协调

加大监狱民警心理健康知识的普及力度，采取有效手段激励广大监狱民警学习心理学知识，使全体民警都具备心理学的基本知识。完善培训制度，实行心理咨询师培训定期化、常规化，鼓励他们积极参加心理师考试，引导他们开展心理矫治工作的调查、总结、探索、研究和个案积累。例如，设立"首席心理师"制度，加大激励措施，实行首席心理师津贴制度，以调动心理矫治工作人员的积极性；建立心理师督导制度，可以促进受督导者的专业成长，帮助受督导者个人发展，提高工作成效。

二、心理矫治民警的职业理念与能力

心理矫治民警的职业理念包括职业态度与职业品格两个方面。

（一）心理矫治民警的职业态度

一名优秀的心理矫治民警，应当具备敬业乐业、共情尊重、价值中立、助人自助等良好的职业态度。

1. 敬业乐业。敬业，就是但凡做一件事，便忠于一件事，将全部精力集中到这件事上。心理矫治民警能否做到敬业，要看其是否将心理矫治工作当作一种精神享受的人生体验，也就是热爱这个岗位和职业。爱岗是敬业的前提，敬业是爱岗情感的升华，是对职业责任、职业荣誉的深刻理解和认识。因此，爱岗才能敬业，敬业首先要爱岗，从事心理矫治工作的民警首先要热爱这份职业。现实生活中，可能有一些心理矫治民警一开始并不怎么喜爱这份工作，但相处时间长了，就会慢慢体验到这份职业的价值和情感，进而喜欢心理矫治这份平凡而有意义的工作。

敬业才能乐业。所有的职业都会有可乐的地方，只不过不容易被发现，而且很多人又不知如何去乐业。"知之者不如好之者，好之者不如乐之者"，说的就是乐业。当一个人专注于一件事时，就能做到心无旁骛，并会逐渐感悟和品味出其中的乐趣，久而久之，就能够培养出对职业的一份独特享受。心理矫治民警面对的是犯了罪的人，有的思维偏激，有的人格缺陷，还有的长期与违法犯罪环境和人员为伍，他们心理扭曲、变态，心理矫治工作的难度不小，似乎只有困难没有什么趣味可言。但这却是一份非常有意义的工作。从事这项工作多年的一些心理矫治民警大都有一个共同的感受，即只要专心从事矫正机构的心理矫治工作，时间长了，就能慢慢地觉察体悟到这份职业的特殊意义。随着工作的进展和成功，使人产生一种成就感，并渐渐地陶醉在自己的工作里。可见，乐业能加深理解矫治工作的职业内涵，可以让心理矫治民警切身感受到自己的人生价值。

2. 共情尊重。共情是指体验别人内心世界的能力。它在心理矫治领域包括三方面含义：①心理矫治民警借助于罪犯的言行，深入对方内心去体验他的情感、思维；②心理矫治民警借助于知识和经验，把握罪犯的体验与其经历、人格间的关系，以便更好地分析问题的实质；③运用咨询技巧，把自己的关切理解传达给对方，以影响对方并取得反馈。共情的作用在于，心理矫治民警通过设身处地地理解对方，无条件地接受对方，使罪犯感受到自己被理解、被接纳、被关怀、被同情，体会到平等、尊重、理解、支持，从而促进他们自我探索、自我反省，真正实现双方的心灵交流。这是开展心理矫治工作的必要前提。这一点，对情感型矫治对象（如女犯、未成年犯等）的效果尤为明显。

共情的前提是尊重。尊重是指要把罪犯作为有思想感情、内心体验、生活追求和具有独特性、自主性的个体去对待，即意味着一视同仁、以礼相待、信任对方、保护隐私，并对其现状、价值观、人格、权益等方面表现出主动的关注。罗杰斯非常强调尊重对心理治疗的意义，提出了"无条件尊重"的理论，并将其列为使求助者人格产生建设性改变的关键条件之一。监狱心理矫治工作的对象不同于社会人，由于罪犯的特殊身份，可能会使得尊重这一职业态度在心理矫治过程中大打折扣。为此，心理矫治民警应当从职业的角度感受尊重的重要性，尊重罪犯的意义在于可以给其创造一个安全、温暖的氛围，使其最大程度地表达自己。同时可以唤起对方的自尊心和自信心，并成为对方模仿的榜样，起到激发潜能的作用。

3. 价值中立。价值中立的职业态度是指心理矫治民警在对待罪犯反映的各种信息与事件时，保持中立与中性的立场。而不是以个人持有的价值取向作为考虑问题的参照点，对罪犯的个性特点及观点进行随意评价和批判。采取价值中立的态度开展心理矫治工作，对于确定罪犯的真实心理问题具有不可替代的作用。只有通过中立的视角，才能理性地分析相关信息，做出正确的判断。反之，则会疏忽甚至对重要情节视而不见，按照自己的主观想象作出错误的结论，会造成在矫治环节无法对症下药的现象。目前，在我国监狱心理矫治工作中，强调价值中立的职业态度尤为重要，因为我国监狱心理矫治工作开展时间不长，特别是许多心理矫治民警曾经在管教岗位工作过较长时间，擅长于思想教育而不是心理矫治，因而容易去作价值判断，对一些正常诉求信息会觉得是无理诉求或是在逃避劳动，甚至认为是故意刁难、抗拒改造。这会对罪犯是否存在真正的心理问题造成误判，错失心理矫治的良机。

价值中立的职业态度还要求心理矫治民警在罪犯心理评估、心理健康教育、心理咨询治疗、心理预测和心理危机干预等环节采取中性的立场。既不能简单地按自己的主观想象采取心理矫治措施，也不能随意迎合罪犯的情感或观点，而是尽可能地引导罪犯自己去面对想法，使之产生了解和探索的好奇心，进而作出多角度的处理。同时，中性的立场可以确保心理矫治民警不把个人的情绪带到工作中，能够增强罪犯对心理矫治民警的信任感，便于全程建立良好的咨询关系。另外，在心理矫治过程中，心理矫治民警应尽量采用中性词来表达态度，按照"理解""倾听"的角度使用中性词语。在这一点上，"价值中立"区别于"共情"，但两者不应对立起来。"共情"要求以来访者的情感体验世界、以来访者的眼光来看世界，这是建立良好咨访关系的基础，也是理解来访者内心世界的前提。但是，在诊断来访者心理问题或犯罪心理内容时，又要以矫治者的知识和经验作价值中立的分析与判断。

4. 助人自助。助人自助是指心理矫治民警在解决罪犯的心理问题和矫正犯罪心理的过程中，要帮助罪犯发展起积极的心理能量，依靠他们自身的力量去获得自我成长。

心理矫治民警透过心理现象与行为表现，对罪犯的心理问题形成准确的判断；罪犯在心理矫治民警的帮助下，重新认识自己，形成新的自我观念，进而改变行为。从这个角度来说，前者是助人的环节，后者带有自助的成分。助人环节是促动自助环节的基础，每个人包括罪犯都有主观能动性，通过心理矫治民警的有效引导，正确地认识自己和他人，建立新的思维方式、情感与行为方式，增强改变自己的决心和信心，并对自己行为的后果负责，即在心理矫治民警的帮助下，罪犯重新认识自我、重新认识他人和周围环境，从自知到自信、自控，进而达到自我指导、自我改变的目的。

（二）心理矫治民警的职业品格

心理矫治民警的职业品格分为品质和性格两个方面。品质是指个人的核心价值体系应当符合心理矫治的职业品质，即真诚奉献、恪守职责；性格特指个人的修养应当适应心理矫治的职业特性，主要有热情亲和、沉稳严谨等方面。

1. 真诚奉献。真诚即真实诚恳，是指通过真心实意、坦诚相待以感动他人而最终获得他人的信任。在心理矫治活动中，心理矫治民警通过对罪犯真心诚意的关注，增强其信任感，建立起良好的心理矫治关系。真诚的态度是发自内心的，即使内心不认同罪犯的行为，仍能关心其对行为的理解和想法，并能节制自己的反移情，积极帮助罪犯找到解决问题的方法。心理矫治民警的诚实与宽容，在心理矫治工作中具有重要的意义，一方面，可以为罪犯提供一个安全自由的氛围，能让对方知道可以袒露自己的软弱、失败、过错、隐私等内容而无需顾忌，使罪犯切实感到自己被接纳、信任和关心；另一方面，心理矫治民警的坦诚也为罪犯提供了良好的榜样，使其以真实的自我进行互动。当然，表达真诚不等于毫无顾忌地说实话或自我情绪的随意发泄，真诚的表达也不是越多越好，应当根据具体情况把握适度。

奉献是指满怀感情地为他人服务、做出贡献，不计较个人的得失。目前，监狱开展心理矫治工作的人员以取得心理咨询师资格的警察为主，由于还没有实现职业化的分工，民警在日常工作中承担着多方面的管理事务，心理矫治工作只是其中的一项工作。而心理矫治工作的开展具有一定的框架模式，如特殊的场地、规定的时间等，会与民警的正常上班时间发生冲突，因此就需要心理矫治民警必须具有奉献的良好品质。如果因心理矫治的需要而延迟下班时间，心理矫治民警不能因下班时间已到而中止心理矫治工作特别是危机干预工作，因为一旦心理矫治工作中止，很可能会影响工作效果，甚至使效果走向预期的反面。

2. 恪守职责。恪守职责是基本的职业道德，是相关人员在职业活动中的行为要求。每种职业都担负着一定的职业责任和职业义务。同样，从事心理矫治工作也有其职责的具体规范。从本质上讲，监狱心理矫治是一项职业行为，心理矫治民警与罪犯之间的关系是一种职业关系，而不是一般的交往关系。因此，心理矫治民警不仅需要具备心理咨询的职业要求、条件和素养，还应当具备高尚的职业道德，按照职业要求履行好职责。

　　心理矫治民警能否做到恪守职责，取决于其责任感的强弱。责任感是主体对于责任所产生的主观意识，也就是责任在人的头脑中的主观反映形式。责任感是衡量心理矫治民警精神素质的重要指标。在监禁环境下开展心理矫治工作，在技巧的运用上往往容易与传统的个别谈话教育相混合。此时，心理矫治民警的责任感显得尤为重要，需要本着对工作负责的精神，严格按照心理矫治工作的特定模式进行，使罪犯真正体会到心理矫治的精髓而不能以个别谈话教育代替之，否则会使罪犯对心理矫治失去客观的认识，进而失去信心。

　　3. 热情亲和。热情是指人们对求助者提供帮助时表现出来的具有浓厚感情色彩的周到、友好、主动的态度。热情是一名心理矫治民警必须持有的态度，因为很难想象冷冰冰的心理矫治氛围能带来良好的矫治效果。只有视助人为己任的心理矫治民警，才能最具分寸地表达热情的态度。在监狱心理矫治工作中，热情主要体现在四个环节上：一是罪犯初次心理矫治时的适当询问，表达关切，以缓解其紧张不安和疑虑等心情；二是注意倾听罪犯的叙述，以激发其合作愿望；三是矫治过程时做到耐心、认真、不厌其烦，以安定其情绪；四是心理矫治工作结束时告知注意事项，使其感受到温暖。当然，热情的表示也要把握好度，过于夸张的热情表示反而会造成紧张的气氛。

　　亲和力是人与人之间信息沟通、情感交流的一种能力。亲和力的培养方法主要是平时养成尊重别人、乐于助人的习惯。具有亲和力的心理矫治民警，能始终做到以自信乐观向上的心情去面对每一名罪犯，加深信任感。因为罪犯接受心理咨询与治疗时往往会有更强的自卑心理，除了心理问题和障碍给来访罪犯带来内心压力外，还因其特殊的被羁押身份在心理矫治民警面前产生"低人一等"的想法，为心理矫治工作的开展带来更大的难度。监禁环境中心理矫治工作的顺利开展，需要心理矫治民警具备亲和的品性，消除歧视心理，以平等对话的心理和方式开展工作。

　　4. 沉稳严谨。沉稳是指沉着稳重、不浮躁，表示做事很稳重、很谨慎、很小心。一个人的成熟度是沉稳的基础，主要表现在人格的稳定性和协调性两个方面。人格稳定性和协调性高的人在个性倾向性方面不会出现经常性的冲突，如没有内在的价值观冲突，对人生和世界形成了自己的观念和态度体系，遇事有主见，能容忍多样性，忍让他人的生活态度，有稳定的情绪生活和较强的自制力等。罪犯的价值观冲突千奇百怪，心理矫治民警如果具有成熟的品性，则能采取"以不变应万变"的沉稳方式顺利开展工作。同时，衡量心理矫治民警成熟度的另一个标志是对矫治对象心理问题的独立思考与判断性。在监狱众多的心理矫治案例中，罪犯作为被监管的来访者在面对具有管理者身份的心理矫治民警时，往往带有深层的功利心理，希望通过与民警面对面的私密接触，达到拉近人际关系、检举其他罪犯违规行为等目的，借此传递很多狱内犯情信息给工作人员。这就要求心理矫治民警在尊重来访者的感觉和诉求时，也要清醒地尊重自己的判断，独立思考来访者言语的真正用意和深层表达，使自己更深入地进入到对当事人的理解和接纳中去。

所谓严谨，就是严密谨慎。严谨的风格是心理矫治工作的基本要求，心理矫治的特性需要矫治工作人员始终保持认真、负责的精神，保持一丝不苟、精益求精的态度，对每一个心理矫治个案都要做精做细，不心浮气躁，不好高骛远。尤其是罪犯处于监禁状态时，其心理问题的产生很大程度上与监禁状态相关，很多症结与执法政策和形势变化相关，那么作为了解各项政策的心理矫治民警必须养成严谨的品格来慎重地对来访罪犯作出回应，不泄露秘密，也不随意编造政策，以确保心理矫治工作的有序进行。

（三）心理矫治民警的能力

1. 心理矫治民警的洞察分析与综合能力。洞察分析与综合能力是指心理矫治民警观察、发现事物本质，客观、周密分析事物间内在联系的能力，是心理矫治民警的专业技能之一，它能够使心理矫治民警透过来访罪犯身上的言行、表情、眼神、步态、语气、躯体姿势等纷繁复杂的现象观察到其心理的内在实质，并具有分析现象与本质之间关联的能力，进而找到矫治来访罪犯心理的有效对策。

（1）洞察。洞察就是明察秋毫、透彻了解，即通过现象看本质。监狱心理矫治的特性要求从事心理矫治工作的民警具备更强的洞察能力，对罪犯心理问题的本质具有穿透力、感受力，也就是对矫治对象的认知、情感、行为的动机与相互关系的透彻了解。洞察属于理性的创造性功能，用精神分析的术语来讲，就是变无意识为有意识。心理矫治民警的洞察力如何，往往决定心理矫治个案的成败。洞察分为两个方面：一是对非言语行为的洞察，通过对罪犯外在各种状况的观察，如衣着、表情、身姿、眼神等非语言性行为的注意，记录其相关信息。其中，对心理矫治过程中大多数人共有的反应，如好奇、疑虑等现象，可以不必记录；但对一些不寻常的、出乎意料的、个案特有的行为，需要详细记录，为专项分析提供有价值的信息。二是对语言的洞察，通过对罪犯的声调、音调、内容等细节的体会，理解语言表达之中、之外的含义，听出"弦外之音"。

（2）分析。分析是一种科学的思维活动，就是将研究对象的整体分为各个部分、方面、因素和层次，并分别地加以考察的认识活动。心理矫治工作注重分析能力，其目的在于细致地寻找能够解决罪犯真实心理问题的主线，并以此制定针对性的矫治措施。洞察是科学分析的前提，但最犀利的观察代替不了理性的分析。心理矫治民警要充分认识罪犯心理问题的本质，必须将洞察的信息分解至最基本的成分，然后分别加以研究。分析也是对矫治对象的重新认识，在心理矫治工作中，应当防止先入为主，避免简单地套用一般性的因果关系。因为许多罪犯的行为看上去相同，但形成的缘由并不一定相同，即心理问题的产生常常是多因一果的现象。心理矫治民警在分析时，应根据各方面的信息形成一条主线，通过由此及彼、由表及里的过程，找到问题的来龙去脉，必要时还应当专项求证。总之，分析的方法越是客观科学，主观臆测的成分就会越少。

（3）综合。综合就是将已有的关于矫治对象各个部分、方面、因素和层次的认识联结起来，形成对矫治对象的统一、整体的认识。综合与分析相对应，是认识过程中相互联系着的两个方面，属于一种统一的思维方法。心理矫治民警的综合能力同样十分重要，需要在深入分析的基础上，对矫治活动中收集到的各种信息（语言、非语言形式的谈话、测验、档案资料等）进行综合分析归纳。心理矫治民警只有把分析过的罪犯情况有机联系起来，形成科学的结论，才能确立合理、现实的咨询目标，才能根据问题的主次内外、轻重缓急有条理地实施矫治进程。综合是在分析的基础上进行的，它的基本特点就是探求矫治对象心理问题各方面相互联系的方式，它不是关于各个构成要素的认识的简单相加。因此，心理矫治民警要凭借扎实的专业功底和综合能力，找准根本性问题，以求得每个矫治对象的根本性解决。

2. 心理矫治民警的表达能力。表达能力是指运用语言和非语言行为来传达对相关人和事的理解、引领、关心等个人意愿表示的能力。在心理矫治环节，表达是分析综合能力的结果与继续，即心理矫治民警将分析综合后的相关信息或指导意见以清晰的语言表达给罪犯。如果出现"词不达意""言不由衷"等现象，不但无法使心理矫治中的各类技巧正常发挥功效，也无法使罪犯理解和接纳心理矫治民警的工作意图，更会引起双方不必要的误解而影响到整体工作的开展。其中，表达的适切性、目的性、真实性、感染性、启发性是心理矫治民警需要着重培养的能力。

（1）即时表达。即时表达是指心理矫治民警在矫治过程中对罪犯通过语言与非语言信息的即时反馈式表达。在矫治之初，罪犯的心理一般存有一定的疑虑，心理矫治工作人员应通过即时表达方式打消其顾虑，主要表达出矫治内容的保密性，宽容与接纳的态度，尊重对方的意见，以营造出良好的矫治氛围。在矫治的强化环节，应针对罪犯普遍存在的焦虑状态，以即时表达方式说明矫治的目的，通过鼓励、引导、安慰、共情、倾听、反问、理解和专注的表情等方式，减轻罪犯的心理压力。有效的即时表达可以明晰罪犯的真实意思，同时也要求心理矫治民警始终关注罪犯的状态，集中精力引导矫治对象按照预设的矫治方案进行。即时表达还要求心理矫治民警掌握促进谈话顺利进行的技巧，主要是适时使用得体的过渡性语言、重复罪犯的相关表述、了解其感受和看法等。

（2）综合表达。一般是指在矫治活动的后期通过语言方式对罪犯提出指导意见。综合表达以心理矫治民警的总体概括、归纳分析、综合说理等能力为基础。在具体矫治过程中，矫治民警综合分析罪犯所谈的事实、信息、情感、行为反映等情况，以工作经验和专业知识能力为基础确定个案的具体指导意见，以概括的形式进行综合表达。在特殊的个案矫治中，综合表达不一定只有在后期或结束后进行，也可以在矫治过程中随时运用，只要判定对罪犯所提某件事的主要内容已基本掌握即可。有效的综合表达需要事先做好对矫正对象的前期分析工作，找准主要问题及其原因，通过矫治过程的进一步论证丰富矫治的指导意见。另外，对罪犯犯因性问题的矫正，也需要心理矫治民警具有一定的语言表达能力。

3. 心理矫治民警的自我平衡能力。自我平衡能力包括自觉能力与自身平衡能力。自觉能力实际上是"自知之明""人无完人"的认知水平；自身平衡能力主要是排除负面信息感染、平衡其他矛盾与主体工作关系的自我调节水平。心理矫治民警的自我平衡能力在矫治过程中十分重要，因为罪犯作为一个特殊群体，比社会上一般人员更容易走极端，矫治的难度更大，对心理矫治民警的能力素质要求也相应地更高。

（1）自觉能力。自觉能力是指对自身优势和局限性的客观认知，关键是能否对自身能力的局限性有一个客观的判断。如果心理矫治民警能够正确分析自身能力与新时期心理矫治工作的差距，并以此进行自我完善，加强自身修养，增强专业功底，那么建设一支高素质的专业队伍就会成为每一名从事心理矫治工作人员的自觉行动。自觉能力还包括自我生存价值的评价，这类评价常常和自我成就感以及社会主流文化联系在一起。这就需要心理矫治民警从事业的角度看待所从事的职业，按民警核心价值观的要求投身岗位实践，并从中查找自身的不足，努力增强自觉能力的培养锻炼。唤醒自觉能力培养的关键力量应该是对责任感的承担，如果把履行好心理矫治工作的职责作为自己的使命与责任，就能正确对待自觉能力的培养锻炼问题，从而有效地减少心理矫治民警因个人主观性、情绪化对工作产生的影响。

（2）自身平衡能力。自身平衡能力是指针对负面信息感染等因素造成的心理不平衡进行自我调节的能力。心理矫治工作的自我调节特指用自己能够控制的能力来加强和维持自己行为的过程，表现为三个阶段：一是自我观察阶段，是在矫治过程中遇到不平衡因素后，对自身心理活动或行为表现进行自我观察的过程；二是自我判断阶段，是对自己的心理活动或行为是否符合矫治工作要求进行自我评价的过程；三是自我反应阶段，是经过反思对自己的心理活动或行为进行调整的内心体验过程。一般来说，修养水平高、心理素质好、平衡能力强的人，能更有效地调节自己的情绪，因为他们在遇到问题时，善于明理与宽容。能够做到及时自我平衡的人在矫治工作中会通过语言、表情及行为的调整，使矫治工作正常进行。由于心理矫治民警在工作过程中接触的绝大多数是罪犯的负面信息，其负面思维、心理、事件等也一一进入了心理矫治民警的大脑，势必也会引发心理矫治民警的个人负面心理。如果心理矫治民警不能及时地将这些不良情绪排除，不仅将影响心理矫治民警接下来的工作心态，长此以往更会引发心理疾病，与心理矫治工作间形成一种恶性循环。同时，心理矫治民警在社会中扮演的角色是多重的，如同时是父母、丈夫或妻子、矫治工作人员等；担当的各类责任也是多重的，除了心理矫治工作以外，常常会遭遇很多生活和工作的难题，也会产生这样那样的心理矛盾和冲突。而心理矫治工作的开展是因需的、无选择性的，是根据罪犯的需要开展的，并不受制于心理矫治民警心理状态的好坏。因此，心理矫治工作一旦展开，矫治民警就必须要平衡好自身内心矛盾与矫治工作的关系，只有具备了这种平衡能力，才不会将个人情绪带入矫治工作中去。

三、心理矫治民警的专业知识基础

心理矫治民警在实践工作中应具备监狱学、犯罪学、心理学综合知识、精神病学、犯罪心理学、罪犯心理矫正等专业知识。

1. 监狱学。监狱学是以《监狱法》作为基本研究对象的科学，属于部门法学。监狱学除研究监狱法律制度外，还要研究监狱历史、狱政管理、罪犯教育、罪犯劳动、罪犯心理、监狱经济管理、监狱医疗卫生、监狱建筑和刑满释放人员的社会保护等极其广泛的内容。

2. 犯罪学。犯罪学是一门以犯罪现象为研究对象的学科。在我国大陆地区，无论理论研究还是实际操作范围，犯罪学隶属于法学，属刑事法学方向，广义上还包括专门寻找犯罪行为出现的实际原因，以提供一个方法减轻犯罪行为对社会的影响。

3. 心理学综合知识。心理学是一门研究人类的心理现象、精神功能和行为的科学，既是一门理论学科，也是一门应用学科。包括基础心理学与应用心理学两大领域。

心理学研究涉及知觉、认知、情绪、人格、行为、人际关系、社会关系等许多领域，也与日常生活的许多领域——家庭、教育、健康、社会等发生关联。

心理学一方面尝试用大脑运作来解释个体基本的行为与心理机能，也尝试解释个体心理机能在社会行为与社会动力中的角色；另一方面它也与神经科学、医学、生物学等科学有关，因为这些科学所探讨的生理作用会影响个体的心智。

心理学家从事基础研究的目的是描述、解释、预测和影响行为。应用心理学家还有第五个目的——提高人类生活的质量。这些目标构成了心理学事业的基础。

4. 精神病学。精神病学是现代医学科学的一个分支和重要组成部分。研究精神障碍的病因、发病机理、病象和临床规律以及预防、诊断、治疗和康复等有关问题。现代精神病学在理论上涉及自然科学、心理科学和社会科学的若干分支，在实践上已发展到与社会心理卫生相结合的阶段，从而扩展了该学科的范畴。现代精神病学不单涉及各种精神病、神经症、心身疾病或伴随躯体疾病的精神障碍的诊治，还涉及适应障碍、人格障碍、性功能失调，以及诸多类别的儿童智力、能力或品德上发育障碍的防止、矫正和处置问题。

这些内容繁多的心理或行为异常，在监管一线的工作中经常遇到，并成为心理矫治民警所面对的一大难题，该学科的相关知识理所当然地应当受到心理矫治民警的重视并学习掌握。

5. 犯罪心理学。犯罪心理学是研究影响和支配犯罪人实施犯罪行为的心理形成、发展和变化规律以及犯罪对策的心理依据的学科，是一门介于犯罪科学和心理科学之间的交叉学科，既具有很强的理论性又有很强的实践性。它从心理学角度研究犯罪人形成犯罪心理和发生犯罪行为的原因、过程和规律，为司法机关揭露和惩戒犯罪以及预防犯罪、矫治犯罪提供心理科学依据和方法。

6. 罪犯心理矫正。罪犯心理矫正是指监狱帮助服刑者改变犯罪思想、情感与行为，使其适应社会生活的一系列教育活动和措施。包括两部分：①使用常规手段的罪犯心理矫治；②使用专门技术的罪犯心理治疗。二者相互联系，不能截然分开。

在中国监狱，其主要内容有：①进行系统的思想、文化、技术教育；②运用说理、感化、行为训练、因人施教等方法进行分类教育和个别教育；③组织罪犯参加劳动生产，培训劳动技能，养成劳动习惯；④加强监区文化建设，努力在监区内形成良好的精神文明氛围；⑤实行累进处遇制，实施严格、文明、科学的管理，激励罪犯的改造动机；⑥利用组织罪犯到社会参观，由社会团体或社会知名人士来监视察、探望，订立帮教合同等形式，沟通监内外信息，使罪犯逐渐适应社会；⑦开展文明健康的文娱体育活动，陶冶情操；⑧在心理诊断的基础上，开展个别和团体心理咨询。

根据司法部规定，各监狱按在押罪犯数的2%配备心理咨询师，到2018年3月，仅黑龙江省监狱系统已取得国家心理咨询师资格的民警就有1112名（包括二级和三级）。相对社会心理咨询师的人数来看，这个比例已经相当可观。但是在这么庞大的队伍中经过系统的专业教育和训练的心理咨询人员较少，这些人员除少数是医学、心理学、教育学专业外，大多数是其他专业，如法学、经济学、管理学、监狱管理等，只经过了3个月至6个月的短期培训，是在实践中不断摸索和积累经验成长起来的。实践证明，这种短期培训显然不能很好地协助新手成长。经过一段时间的工作，部分人员很快就显现出职业的"瓶颈期"，在咨询中甚至在生活中出现迷茫、困惑等情绪，影响到监狱民警的正常生活与工作质量。

同时，各监狱数量众多的心理矫治民警都是分散在各个部门工作，往往还承担着非咨询工作。一些民警只是作为一个"考证人"出现，考心理咨询师[1]是由单位安排，以完成队伍建设指标；他们不是自觉自愿从事心理矫治工作，职业归属感不强，也就不能很用心、很主动地开展相应工作。可以说，目前我国监狱系统心理矫治民警队伍已经较为庞大，但是专业素质却显得不足，并且缺乏有效的管理。

一、心理矫治民警健康维护的必要性

（一）心理矫治民警个人成长的需要

心理矫治民警首先是一名心理咨询师，而任何一名咨询师在专业理论知识、实践操作以及个人修养上，总是存在或多或少的局限性。如果自身存在心理误区或盲点，往往会对心理咨询工作产生一定的消极影响。心理咨询有一句行话，"心理咨询师能走多远，带领你的来访者就能走多远"。

监狱系统相对社会其他行业来说，与社会的联系较少，平时的工作也相对封闭，所以相互间交流业务、探讨工作、获取信息和互相支持的机会、资源都较少。这种情况对心理矫治民警的成长是十分不利的。在现实中常常会听到有的心理矫治民警感叹："有时进行咨询后，明明已和来访者一起分析出他存在问题的原因，但这时我却不知该怎么办了。"

---

〔1〕 人力资源和社会保障部于2017年9月15日《关于公布国家职业资格目录的通知》中，不再保留"心理咨询师"资格。2018年1月起停止了心理咨询师的职业资格考试。监狱心理矫治队伍建设工作也许会引来一个较大的变革——作者注。

（二）心理矫治民警"瓶颈期"问题突显

随着心理咨询工作的正常开展，心理矫治民警接触的个案也逐渐增多，遇到的问题各种各样：有认知问题的，有情感问题的；有家庭关系问题的，有监禁环境中人际关系问题的；有服刑改造问题的，还有刑满释放前心理问题的等。每一次咨询，除了做好咨询时的 50 分钟外，还要完成个案材料的整理。每一个来访者都可能给心理矫治民警带来负面信息或负面情绪，但同时却又得不到有效的技术指导与督导，慢慢地心理矫治民警的工作"瓶颈期"就会出现，得不到有效缓解后就会出现职业倦怠。这是一种个体无法应付外界超出个人能量和资源的过度要求而产生的心神耗竭状态。出现这种状态的心理矫治民警，在平时的工作生活中会无缘无故地表现出焦虑、过度紧张、精力不足、身心疲惫、易怒状态，工作效率降低，生活质量下降等情况。

（三）咨询对象的特殊性

近年来，随着社会法制环境的提升，对罪犯教育改造质量提出了更高的要求，心理矫治也成为继教育改造、劳动改造、监管改造之后的第四个改造手段，被学界广泛认可。罪犯作为一个特殊咨询群体，不像社会咨询对象那么主动、那么纯粹，还有很多可能并不是心理上的问题，如刑事政策问题、法院判决问题、拘禁障碍等。这些问题是心理矫治民警必须面对并需要有所了解的，这扩大了心理矫治民警的工作边界；而且我国的法制在不断完善中，需要心理矫治民警不断学习新的法律知识与刑事政策，从而带来一些心理咨询外的冲突。长此以往，使矫正机构的心理矫治民警产生更大的心理负担。

种种状况都表明，监狱系统必须尽快建立起符合监狱实际的维护心理矫治民警身心健康的保障体系，以避免出现无效或有害的心理咨询，甚至对心理矫治民警个体本身产生不良影响。

二、心理矫治民警心理健康维护措施

知识需要更新，能力需要发展，经验需要积累，心理矫治民警职业的特殊性决定了咨询师的成长是一个动态的过程，是一个终身学习的过程。所以，每一级矫正机构都应当重视监狱心理咨询师队伍的培训、管理与维护工作，使心理矫治民警队伍培训实现"持久化"，管理实现"制度化"，维护实现"终身化"，努力造就一支专业素养优良、身心健康的心理矫治民警队伍。

心理矫治民警心理健康的维护措施，可以通过加强对心理矫治民警后续知识技能的培训，寻求专业"督导"，自我减压，学会放松，不断加强自身学习实现自我成长等途径来实现。具体措施见本章第三节"心理矫治职业化"。

三、民警心理咨询师专业督导机制建设

近年来，我国监狱心理矫治工作发展迅速，按司法部教育改造考核标准，要求各监狱100%开展心理健康教育，100%对罪犯进行心理测验，100%为罪犯建立心理咨询档案。同时，对各监狱民警心理咨询师的配备及工作开展有了明确的要求。但是，现实表明监狱心理矫治工作的开展还是缺乏"工作规范"的督导、"民警心理咨询师个体心理健康"的保障，各省民警心理咨询师队伍系统管理已是迫在眉睫。从维护民警心理咨询师心理健康和更有效地开展工作的角度出发，各省监狱管理局运行"民警心理咨询师督导机制"非常迫切和必要。"心理督导"是对长期从事心理矫治工作的民警心理咨询师和治疗师职业化过程的专业指导。心理督导在西方国家的心理咨询培训体系中占有非常重要的地位，是伴随着咨询师整个生涯的一项重要内容。

建立民警心理咨询师专业督导机制以成立民警心理咨询师督导机构为最主要内容。该机构功能有：一是对各省监狱心理矫治工作的决策起建议作用和指导功能，以保证罪犯心理矫治工作开展的专业性、规范性和统一性，保护来访罪犯的健康利益；二是维护监狱系统民警心理咨询师心理健康，及时解决民警心理咨询师的心理问题、职业倦怠问题、咨询困惑问题等；三是对获证民警心理咨询师的再培训与考核。

（一）机构设置及人员配备

民警心理咨询师督导机构设置在省监狱管理局，可隶属于政治部，由专职和兼职人员组成。专职人员，一般配备1~3名，必须是心理学专业硕士研究生以上学历，有较为深厚的心理学知识与心理咨询经验，具有一定的督导能力。兼职人员人数可不限，根据需要随时调整、补充，人员方面以有督导资质的社会资深心理咨询专家组成。

（二）经费及制度保障

应当给予民警心理咨询师督导机构经费保障，并建立相应的管理制度，实现督导工作制度化管理。

（三）运行

民警心理咨询师督导机构的建立，目的是规范矫正机构的心理矫治工作，维护在册民警心理咨询师的身心健康。所以，不管是对矫治工作的督导，民警心理咨询师身心健康的督导，还是对个案的督导，督导师个人业务能力的督导等工作，都要常态化地开展。

 学习任务三　心理矫治职业化

随着社会的发展，各行各业分工越来越细，职业化、专业化程度要求也越来越高。监狱工作也一样，现代社会对监狱职能提出了更高的要求，必然对监狱警察也提出职业化的要求，将原来粗放型的职业分类，转为专业化的职业分工，如刑务处理、安全管理、教育矫正、心理矫治、警务保障等，要求科学化设置、专业化训练、有序化管理，以达到专家型的管教队伍体系。

一、心理矫治职业化含义

所谓职业化，就是一种工作状态的标准化、规范化和制度化，即要求人们把社会或组织交代下来的岗位职责，专业地完成到最佳状态，准确扮演好自己的工作角色。在合适的时间，合适的地点，用合适的方式，说合适的话，做合适的事。

以国际通行的概念分析，职业化的内涵至少包括四个方面内容：一是以"人事相宜"为追求，优化人们的职业资质；二是以"胜任愉快"为目标，保持人们的职业体能；三是以"创造绩效"为主导，开发人们的职业意识；四是以"适应市场"为基点，修养人们的职业道德。

心理矫治工作职业化，就是根据心理学的基本原理与操作要求，结合监狱等矫正机构工作实际，制定出心理矫治工作通行的操作规程，将监所心理矫治工作程序化、标准化、规范化、制度化，使心理矫治工作为管理、教育、矫治罪犯事业发挥最大功效。其具体含义包括：一是矫正机构的心理矫治职业化，其首先不能离开心理学的基本原理与操作要求。二是必须结合矫正工作实际，制订出切实可行的操作规程；操作规程要求简单、明了，易操作。

二、心理矫治职业化实现途径

（一）建立健全心理咨询师队伍素质专业化的培育体系

人是做任何工作最关键要素，心理矫治工作也一样。心理咨询师队伍的素质专业化程度决定着心理矫治工作的成败。而心理矫治工作职业化是持续发展的过程，必须始终贯穿于心理矫治工作的各个阶段。

1. 构建完善心理咨询师的专业知识和能力结构。促进心理咨询师职业化最重要的就是提高心理咨询师的专业知识和专业技能。所以，学习心理学理论知识是专业化过程的第一步。从事监狱心理矫治工作，若没有丰富的心理学知识可以运用，尤其是对罪犯这一特殊人群心理知识的学习掌握，就无法帮助来访罪犯，更不可能根据自己的特点形成独特的咨询风格。监狱心理矫治工作的专业知识与能力结构有其特殊性，既要研究一般人的心理，还要了解罪犯的特殊心理；既要学习基础理论知识、咨询治疗方法，掌握面谈技术、心理测量方法，以及提高自身综合素质，还要结合国内外罪犯心理矫治工作的新形势、新要求，运用科学的方法研究探讨我国监狱心理矫治的工作内容、工作特征与素质要求，从而构建起心理咨询师的专业知识和能力体系，为民警心理咨询师自身的专业发展和继续教育提供理论依据。

2. 构建完善心理咨询师培养和培训体系。由于监狱心理咨询师大多是经过短期培训、考证上岗的，有的培训前没有系统学习过心理学知识，仅靠短期培训所掌握的心理学基础知识就仓促上阵，专业化程度与水平不足。这就要求建立健全心理咨询师的继续教育体系，使每个心理咨询师在考证后仍能够接受足够的专业培训，在工作中能够获得持续的专业发展。

监狱要适应心理矫治工作的专业化要求，就必须完善不同阶段心理咨询师的培训内容。第一阶段是为民警心理咨询师提供上岗前的培训，把好入口关。除了必须获得国家认证心理咨询师证书外，在上岗前还要联系矫正机构实际进行较为系统的专业培训。其中课程结构的设置及任课教师的选择至关重要。培训的时间及内容应作统一安排，除理论培训外，还要形成相对稳定的实践培训模式。第二阶段是对新上岗的心理咨询师进行上岗培训，过好适应关。任何职业生涯的前几年都是他们从事该专业工作的关键适应期，这一阶段的状况决定其一生专业素质的高低。要特别重视新咨询师的上岗培训，并把它看作是专业成长的一个重要的和不可或缺的阶段，逐步加以规范化和制度化，如即时提供支持和帮助，有更高一级咨询师的跟踪辅导，有比较系统的训练课程和评价体系等。第三阶段是对在职心理咨询师的再培训工作，过好专业关。要对咨询师的持续专业化发展形成明确思路，规定每名心理咨询师每年须参加专业培训的时间，进行脱产培训，使在职培训规范化。同时，心理矫治在职培训要进一步专业化，可以有所侧重，针对每一名咨询师在实践中所擅长的侧重点进行分类培训，如认知疗法、行为疗法、精神分析疗法等的培训，或人际交往、婚姻家庭、社会技能训练等重点培训，以深化咨询师的专业所长，形成"百家争鸣"的局面。

3. 构建完善心理矫治队伍质量保证体系。

（1）严格心理咨询师的各项管理制度。心理咨询师的专业化要求建立规范有效的心理咨询师管理制度。目前，有的监狱已经建立了心理咨询师管理制度，但这些管理制度还有许多不足，如制度不系统，缺少理论的支持，跟不上时代的变化，缺少可操作性等。要促进心理咨询师的专业化，监狱必须根据专业的要求，紧密结合工作实际，进一步完善心理咨询师准入制度、考核制度和晋升制度等。

（2）确立监狱心理咨询师的职业道德和专业伦理。无论咨询师的个人风格如何，心理咨询师都必须严格遵守"心理咨询师职业道德与伦理规范"，遵循心理矫治的基本原则，如保密原则、中立原则和助人自助原则等，并且所有这些原则都应该体现并贯穿于咨询与治疗的整个过程。监狱心理矫治工作需要强调保密原则。虽然在罪犯心理矫治的专业书籍和教材中都认为，若在咨询中发现罪犯有危及监管安全的，如自杀、脱逃、行凶等行为倾向时，就须突破保密原则，及时与有关部门沟通，并加以防范控制。但在咨询实践中，实际上很少需要突破保密原则。绝大多数时候，来咨询的罪犯在咨询过程中表达出有行凶、自杀、脱逃的倾向时，其实其危险性相比没有说之前已经降低了。正确的做法应当是，及时与上一级咨询师沟通，及时会诊，并跟踪咨询，消除隐患。这样才能让咨询工作正常进行，才能让更多的罪犯相信，来咨询是安全的，咨询师是值得信任的。

（3）建立并完善优秀心理咨询师的工作评价体系。要通过对优秀心理咨询师资格认定来不断促进心理咨询师的专业化成长。优秀心理咨询师资格认定制度的建立有利于咨询师的持续性专业成长和发展，因为对于接受认定的咨询师来说，认定的过程本身就是专业发展和提高的绝好机会。如认定程序和方法要求受认定的咨询师在一定的时间里对工作实绩进行总结并提供典型的个案进行交流，这要求咨询师进行大量的思考，准备各种材料等。对于未接受认定的咨询师，经过认定的优秀咨询师成为他们的榜样及努力方向。高标准和高要求的优秀咨询师资格认定制度，将有助于促进咨询师的快速成长。

（4）在实践中不断促进心理咨询师的专业发展。其一，在传帮带中促进新咨询师专业化成长。①慎重选择初次咨询对象，树立信心。选择刚入监所并经心理测试确定有问题的罪犯，或是经筛选相对容易咨询的对象，由易到难，循序渐进。②及时交流跟踪指导，培养自信。在前期咨询过程中，可安排有经验的咨询师作指导，让新咨询师在掌握相关技能的同时，更快进入咨询轨道。其二，搭建实践平台促进咨询师专业化成长。①可要求新咨询师给新罪犯上心理辅导课，这样既可提高新罪犯心理健康水平，又可作为新心理咨询师的习艺场所，使其能力得到锻炼。②可要求咨询师给全监所罪犯讲授心理学课，让咨询师在压力中成长，汲取更多的知识营养，不断超越自我。③参与心理咨询相关的座谈会、研讨会等活动，在交流研讨中提高咨询能力。④经常开展心理咨询的心得体会交流活动，如防自杀专题会、疑难个案咨询交流会以及其他相关工作会议，不断创造机会让咨询师相互交流工作体会，体现个人工作的成就感与价值感。其三，通过培训、外出考察学习以及自我学习促进咨询师专业化成长。通过不断的培训接受新理念、充实新知识；通过全省、全国心理矫治工作考察交流，达到开阔视野、提升咨询水平的效果；通过心理咨询师自身主动学习，自觉终身学习，在工作中琢磨业务，总结经验，以不断提高专业知识和专业技能。其四，在矫正机构内的咨询师中成立"互助沙龙"。以完全自愿的、自由组合的方式，在心理咨询师中成立"互助沙龙"，这是一个简便易行而有效的方法。定期开展活动，地点不限，可以是谈个案，谈个人问题，也可以做拓展训练等。通过此类活动，加强专业沟通，提高咨询技术，搭建起心理支持系统。其五，在省局成立心理咨询师督导队伍。对全省监狱心理咨询师进行业务、心理状态的督导，以提升咨询师业务水平，解决长期咨询后产生的咨询师个体心理危机。

（二）建立健全心理矫治工作职业化的外部支持体系

心理矫治工作职业化不仅是咨询师自身的问题，也涉及外部环境的问题。心理矫治工作的专业化涉及矫正机构心理矫治工作硬件设施的配置、其他民警的支持、罪犯的主动参与等，尤其是在监狱心理矫治工作职业化实施的初期阶段，其成功与否、进程快与慢，在很大程度上依赖于外部环境的支持和保障。

1. 硬件设施的投入。硬件投入是开展心理矫治工作职业化的必要条件。缺乏相应的硬件设施，不利于心理矫治工作深入、持久、有效地开展。在一些矫正机构，尚未建立起心理矫治室，设施不规范，资料也不齐全。咨询师在这种环境下难以有效开展工作，更难以实现咨询工作职业化。有效的咨询需要有一个良好的工作环境作保障，如咨询室的选择与布置、咨询相关场所的建设、咨询设备的配置、咨询软件的必要配备等，都要与专业化要求相一致，使咨询师和来访罪犯在安定和谐的气氛中开展咨询，达到良好的咨询效果。

2. 领导重视与民警支持。领导重视是心理矫治工作职业化的必要保障。随着矫正机构管理部门出台心理矫治的相关规范性文件，各级领导对心理矫治工作越来越重视，但是相关工作要从注重培养心理咨询师的数量转变到提高咨询师的质量上来，并且重视工作的真正落实，要从粗放型管理转变到专业化管理上来。为此，首先，要求各级领导转变心理矫治"无用论""与教育改造一回事"等错误认识，树立监狱心理矫治工作是进一步确保监狱监管安全，提高教育改造质量的有效途径的认识。其次，监狱要加大心理学知识的全员培训力度，让更多的民警能接受心理学知识的培训，能把心理咨询的基本原理运用到教育矫正工作中去，在帮助民警维护自身心理健康的同时，在管理教育罪犯的过程中自觉地运用心理学知识以取得实效。最后，心理矫治工作部门要主动与其他岗位民警进行沟通交流，取得他们的理解与支持。

3. 罪犯的主动参与。罪犯的主动参与是心理矫治工作实现职业化的土壤。要重点做好以下工作：①在罪犯中进行心理学知识的普及，营造良好心理矫治氛围。可以通过刊物、面向罪犯的报纸、墙报等，以及电视、广播、影视作品、动漫作品等形式，让罪犯学习心理健康知识，明白常见心理问题的表现形态。②灌输咨询理念。要从新入监罪犯开始，不断灌输心理健康及咨询的相关理念，让全体罪犯对心理问题、心理障碍有初步的认识，明确什么时候有必要找心理咨询师咨询。③简化求助方式。尽可能简化罪犯的求助方式，可以在各单位设立信箱，或通过各单位心理辅导员填好心理矫治预约单，确保各种渠道畅通。

（三）建立健全心理矫治工作规范化运作体系

心理矫治工作规范化运作是心理咨询师职业化的前提与必经之路，而心理矫治工作模式的确定、操作流程的规范、心理档案建设规范以及对咨询师的心理督导等，构成规范化运作的重要组成部分。

此外，可以成立矫正机构专业心理咨询师协会。在全国监狱系统以及其他矫正机构中成立心理工作者协会，把获证的咨询师吸收入会，在省级成立分会；建立内部网站促进咨询师之间的相互交流，使咨询师有归属感。

同时，要建立罪犯心理矫治工作专业化的评审标准以及评估办法，开展有效的专项评比工作，促进心理矫治工作职业化规范运作。

（四）力求个案突破，深化心理咨询工作

罪犯心理矫治工作与社会心理咨询工作有所区别，除了矫治罪犯心理问题之外，最主要的目的还是服务矫正机构的管理、教育与改造工作，并确保监管安全。要实现心理矫治工作的职业化建设，提高这项工作的地位，应当在个案矫治上有所突破，以实现个案的有效矫治作为工作重点。罪犯个别化矫治与分类矫治，是实现我国心理矫治工作职业化的必由之路。正是一个个富有成效的个案矫正成功案例，彰显着罪犯心理矫治职业化的光辉。

三、心理矫治工作者的选拔与培养

目前，我国监狱心理矫治队伍的专业化水平较低是制约整体心理矫治工作向纵深发展的关键因素。因此，选拔、培养一支优秀的、专业化水平较高的队伍，是矫治工作的当务之急。

（一）心理矫治工作者的选拔

鉴于矫治工作专业性强、责任重大，监狱选拔从业人员时至少要注意把握以下几个方面：

1. 热爱心理矫治工作，责任心强。心理矫治工作者首先要热爱所从事的工作，对矫治工作本身有着浓厚的兴趣和热情。他们平日就有着助人为乐的价值趋向，在帮助他人的同时，自己也获得了道义上的满足。他对心理矫治的热情，不是来源于某种功利目的，而是出于对这种助人活动本身感兴趣的动机。这一点非常重要。

心理矫治工作者的责任心有三层含义：一是对罪犯认真负责，严格按照道德、法律规范的要求帮助他们，绝不能超越法律、道德的界限；二是对监狱、对社会负责，通过消除罪犯的心理问题，给他所在的监区、他周围的朋友和亲人带来安定和快乐，为监狱安全做出一份贡献；三是对自己负责、对心理矫治工作这一职业负责，努力提高自己的专业水平，积极寻求自我成长的途径，不因为自己的无知、怠惰和失误给自己和这个职业涂上污点。

2. 有一定基本素质和素养。从监狱选拔心理矫治工作者的角度，可以参照以下几个方面进行选拔：

（1）具备较为健全的性格。为人开朗、豁达、热心、诚恳，有着较强的开放意识和探索精神；自我调节不良情绪的能力较强，能与他人建立良好的人际关系；有自信心。

（2）有学习能力和反思能力。勤学好问，善于思考，有着较强的求取新知识的好奇心和热情。有自省意识，善于反思，遇到困难和问题，不轻易责备、埋怨他人，而是善于从中学习和思考。

（3）对心理学、教育学、哲学等人文科学有着浓厚的兴趣，喜欢探索有关人性的各门知识。

（4）做事认真、踏实。对于担负的任何职责，都能静下心来履行和完成，不浮躁、不虚夸，不过分注重形式，不做表面文章。

（5）平时有助人的意识和习惯。对他人的苦难富有同情心和怜悯心，心地善良，乐于助人，愿意为他人提供力所能及的各种帮助。

（二）心理矫治工作者的培养

1. 要树立对心理矫治工作者长期培养的观念。目前，心理矫治工作者中只有一部分人接受过一些短期培养，大部分人尤其是改造一线的心理矫治工作者接受培养的机会很少。心理矫治工作者的专业特长、素养养成以及技能掌握不是短期培养所能奏效的。矫治工作专业性强，技术和方法纷繁复杂，非短时间所能掌握。比如，在许多发达国家从事心理矫治的监狱心理学家一般至少拥有心理学或精神病学学士学位（多数拥有硕士或博士学位），有一定的临床经验，品性良好且通过行业协会的资格考核而获得了从业资格。我国监狱系统目前还不具备这样的人才条件，但是必须树立通过长期培养（可以纳入学历教育或继续教育轨道）使心理矫治工作者获得逐步成长的意识和观念。

2. 对心理矫治工作者建立梯级性常规培养机制。对心理矫治工作者的培养体制最好实现常规化、梯级化、规范化和可操作化，这样才能使得培养工作不再成为一项空洞的内容，而有了实际的和现实的保障。

（1）常规化。监狱及其管理部门要高度重视心理矫治工作者培养的长期性，把心理矫治工作者培养纳入常规工作之中，避免临时性、偶然性运作。

（2）梯级化。目前监狱对心理矫治工作者的培养尚未分出梯级，无论心理矫治工作者素质高低、专业技能掌握多少、工作开展情况如何，都千篇一律地参加同一形式和同一内容的培训，这不利于其中优秀的心理矫治工作者脱颖而出。因此，必须在对从业人员进行考核和评价的基础上，根据心理矫治工作者的具体情况进行梯级化培养，建立和完善初级、中级、高级的人才培养模式。

（3）规范化。既然要为监狱培养优秀的心理矫治工作者，那么从课程设置、师资配备、教学管理、考试考核、实习时间等环节都必须进行规范化运作。这里最重要的一个环节就是高水平师资的配备。培训教师不仅要精通心理学、教育学、哲学、管理学、社会学等人文学科的理论知识，而且应当具有丰富的实践经验，确实能够引领心理矫治工作者在理论层次和实践层面的专业成长。

（4）可操作化。目前培训工作中，一个突出问题是过分注重理论的传授和教学，实践操作很少或没有。学员在学习后，虽然也掌握了一定的知识和理论，但对这些知识如何在实践中运用却较为模糊。比如，沟通是一项非常重要和基本的心理矫治技术和方法，但在实践中如何做到沟通？有效沟通是怎样的过程？对沟通有害的要素是怎样影响沟通的？这些知识仅仅让学员从理论上学习是远远不够的，必须对学员进行沟通训练，让他们切实感受到"有效沟通""无效沟通""有害沟通"之间的区别，学会在心理矫治过程中运用才算是掌握了这一技能。就像游泳训练过程一样，如果只让学员背会游泳的要领而不在水中实地体验和练习，那么学员永远也无法真正学会游泳。所以，培训过程必须加强体验和实践教学环节，让学员学会感受，学会操作。

3. 建立心理矫治工作者督导机制。督导是由具有深厚的专业知识与技能以及实践经验丰富的督导师，通过观察、分析、评价，对初级心理矫治工作者（或称受导者）在业务学习与实践操作上给予及时、集中、具体的指导和帮助，以不断提高学习者对矫治工作理论的理解和操作技能的掌握，是心理矫治工作者专业成长与个人成长的重要环节。

心理矫治工作者也是普通人，他们在矫治实践中肯定会遇到各式各样的问题和比较棘手的个案，需要更精湛的督导者给予业务上的指导。另外，心理矫治工作者也面临着自我人格成长问题，也有自己难以面对和解决的心理冲突，需要在督导者的帮助下进行处理。督导制度目前在我国很多领域尚未建立，还没有一个成功的模式可以借鉴。在监狱系统建立督导制度可在小范围、条件许可的地区进行试点，逐渐积累经验，扩大督导队伍。可以把受过专业培训的个别教育能手、对心理矫治事业热心的社会各界专家吸纳进督导队伍中来。但无论如何，要使心理矫治工作者得到更快、更顺利地成长，培养体制和督导体系都非常重要，必不可少。

另外，要为心理矫治工作者建立统一档案，对心理矫治工作者的培养、考核、工作变动等情况进行跟踪，并建立相应的激励机制和专业技术职称评定机制。作为一个专业技术性岗位，从业人员应当相对固定。心理矫治工作者经过培养，得到成长后一般不宜进行岗位调动，但应该鼓励在不同矫治岗位之间进行人员轮换和经验交流。

本章小结

1. 心理矫治民警的职业理念集中在职业态度和职业品格上，要求做到敬业乐业、共情尊重、价值中立、助人自助；真诚奉献、恪守职责、热情亲和、沉稳严谨。

2. 具备洞察分析与综合能力的心理矫治民警能够观察、发现事物本质，表达能力体现了心理矫治民警表达的适切性、目的性、真实性、感染性、启发性，自觉能力是心理矫治民警总结提高的动力。同时，应具备自我平衡能力，不能因自身负面情绪影响心理矫治工作。

3. 咨询师的心理健康维护有其必要性：一是咨询师个人成长的需要，二是咨询师咨询"瓶颈期"问题的突显，三是咨询对象的特殊性。

4. 维护心理咨询师的身心健康，可以通过加强对咨询师后续知识技能的培训、寻求专业督导、自我减压、学会放松、不断加强自身学习实现自我成长等途径来实现。

5. 建立咨询师督导机构，其功能包括：一是对罪犯心理矫治工作的决策起建议作用和指导功能；二是维护监狱系统心理咨询师心理健康，及时解决心理咨询师的心理问题、职业倦怠与咨询困惑等。

6. 实现心理矫治工作职业化，应当做到：建立健全心理咨询师队伍素质专业化的培育体系；建立健全心理矫治工作职业化的外部支持体系；建立健全心理矫治工作规范化运作体系；力求个案突破，深化心理矫治工作。

问题思考

1. 心理矫治民警应具备哪些职业理念与能力？
2. 如何做好对心理矫治民警的心理健康维护？
3. 谈谈对心理矫治职业化实现途径的理解。

拓展阅读

1. 郭念锋主编：《国家职业资格培训教程：心理咨询师（三级）》，民族出版社 2005 年版。

2. 邵晓顺主编：《服刑人员心理矫治：理论与实务》，群众出版社 2012 年版。

参考文献

1. 曹广健：《服刑人员团体心理辅导策略》，中国财政经济出版社 2013 年版。

2. 陈丽云、樊富珉、梁佩如等编著：《身心灵全人健康模式：中国文化与团体心理辅导》，中国轻工业出版社 2009 年版。

3. 段晓英主编：《罪犯改造心理学》，广西师范大学出版社 2010 年版。

4. 樊富珉：《团体心理咨询》，高等教育出版社 2005 年版。

5. 樊富珉、何瑾编著：《团体心理辅导》，华东师范大学出版社 2010 年版。

6. 范辉清主编：《罪犯心理分析与治疗》，法律出版社 2015 年版。

7. 傅安球编著：《实用心理异常诊断矫治手册》，上海教育出版社 2001 年版。

8. 高秦安主编：《循证矫正实务纲目》，法律出版社 2015 年版。

9. 郭念锋主编：《心理咨询师（基础知识）》，民族出版社 2005 年版。

10. 郭念锋主编：《国家职业资格培训教程：心理咨询师（三级）》，民族出版社 2005 年版。

11. 郭念锋主编：《国家职业资格培训教程：心理咨询师（二级）》，民族出版社 2012 年版。

12. 黄兴瑞主编：《罪犯心理学》，金城出版社 2003 年版。

13. 姜乾金主编：《医学心理学》，人民卫生出版社 2005 年版。

14. 马立骥主编：《罪犯心理与矫正》，中国政法大学出版社 2009 年版。

15. 马立骥主编：《罪犯心理与矫正》，中国政法大学出版社 2013 年版。

16. 马立骥、姚峰：《犯罪心理学：理论与实务》，浙江大学出版社 2014 年版。

17. 栗克元、吕瑞萍主编：《犯罪心理学》，郑州大学出版社 2009 年版。

18. 李玫瑾：《犯罪心理研究——在犯罪防控中的作用》，中国人民公安大学出版社 2010 年版。

19. 李世棣等编著：《犯罪心理学》，中国人民公安大学出版社 1986 年版。

20. 刘邦惠主编：《犯罪心理学》，科学出版社 2009 年版。

21. 罗大华、何为民：《犯罪心理学》，浙江教育出版社 2002 年版。

22. 罗大华、何为民主编：《犯罪心理学》，中国政法大学出版社 2007 年版

23. 秦海莲、吴春辉主编：《服刑人员心理矫治》，中国政法大学出版社 2015 年版。

24. 阮浩主编：《罪犯矫正心理学》，中国民主法制出版社 1998 年版。

25. 邵晓顺：《限制减刑服刑人员犯罪案例分析与启示》，群众出版社 2013 年版。

26. 邵晓顺主编：《服刑人员心理矫治：理论与实务》，群众出版社 2012 年版。

27. 邵晓顺、薛珮琳主编：《矫正机构中期教育理论与实务》，群众出版社 2015 年版。

28. 邵晓顺等编著：《戒毒人员团体辅导理论与实务》，中国人民公安大学出版社 2019 年版。

29. 石国兴：《心理健康教育新论》，河北人民出版社 2012 年版。

30. 宋胜尊：《罪犯心理评估：理论、方法、工具》，群众出版社 2005 年版。

31. 宋行主编：《服刑人员个案矫正技术》，法律出版社 2006 年版。

32. 司法部监狱管理局编：《心理健康教育》，南京大学出版社 2013 年版。

33. 王长虹、丛中主编：《临床心理治疗学》，人民军医出版社 2012 年版。

34. 王利杰、曹化霞主编：《监狱学基础理论》，中国检察出版社 2011 年版。

35. 王威宇主编：《罪犯心理矫正》，中国政法大学出版社 2017 年版。

36. 吴宗宪编著：《国外罪犯心理矫治》，中国轻工业出版社 2004 年版。

37. 吴宗宪：《罪犯改造论——罪犯改造的犯因性差异理论初探》，中国人民公安大学出版社 2007 年版。

38. 吴宗宪主编：《中国服刑人员心理矫治》，法律出版社 2004 年版。

39. 吴宗宪主编：《中国服刑人员心理矫治技术》，北京师范大学出版社 2010 年版。

40. 许又新：《神经症》，北京大学医学出版社 2008 年版。

41. 杨威主编：《罪犯心理学》，中国民主法制出版社 2009 年版。

42. 叶俊杰主编：《罪犯心理咨询与矫正》，华中科技大学出版社 2011 年版。

43. 翟中东：《国际视域下的重新犯罪防治政策》，北京大学出版社 2010 年版。

44. 章恩友主编：《罪犯心理矫治技术》，中国物价出版社 2002 年版。

45. 章恩友：《罪犯心理矫治基本原理》，群众出版社 2004 年版。

46. 章恩友编著：《罪犯心理矫治》，中国民主法制出版社 2007 年版。

47. 张亚林、曹玉萍主编：《心理咨询与心理治疗技术操作规范》，科学出版社 2014 年版。

48. 周圆主编：《团体辅导：理论、设计与实例》，上海教育出版社 2013 年版。

49. ［美］赫根汉：《人格心理学导论》，何瑾、冯增俊译，海南人民出版社 1986 年版。

50. ［美］吉拉德·伊根：《高明的心理助人者》，郑维廉译，上海教育出版社 2008 年版。

51. ［美］约翰·布鲁德斯·华生：《行为主义》，李维译，浙江教育出版社 1998 年版。

52. ［英］詹姆斯·马吉尔：《解读心理学与犯罪——透视理论与实践》，张广宇等译，中国人民公安大学出版社 2009 年版。

53. ［美］Curt R. Bartol，Anne M. Bartol：《犯罪心理学》，杨波等译，中国轻工业出

版社 2009 年版。

54. ［美］Judith S. Beck：《认知疗法：基础与应用》，张怡等译，中国轻工业出版社 2013 年版。

55. ［英］Ronald Blackburn：《犯罪行为心理学——理论、研究和实践》，吴宗宪、刘邦惠等译，中国轻工业出版社 2000 年版。